Juin 91

sous la direction de
Michel Balard,
professeur à l'Université Paris XII

Le monde au Moyen Age
espaces, pouvoirs civilisations

Jean-Philippe Genet

HACHETTE

non

Document de couverture : Tapisserie de Bayeux (détail) :
ici le duc Guillaume s'embarque dans un grand navire à bord duquel il traverse la mer, XIe siècle.
Archives Giraudon.

ISBN 2-01-016303-6

Introduction

Le Moyen Age, on le sait depuis longtemps, n'existe pas : il fallut bien, lorsque les humanistes de la « Renaissance » eurent convaincu leurs contemporains que l'homme nouveau, régénéré par la redécouverte de l'Antiquité classique, avait reconquis la maîtrise de son destin, désigner d'un terme commun l'ensemble des temps qui s'étaient écoulés jusqu'à eux depuis la fin de l'Empire romain. Temps obscurs, temps barbares, ces temps « intermédiaires » — voilà ce que veut dire Moyen Age — furent partiellement réhabilités par le XIXᵉ siècle chrétien, qui voulut y voir le temps de la foi. Heureusement, un imposant travail scientifique a permis de mieux comprendre l'histoire de cette période qui, aujourd'hui, révèle sa richesse et sa complexité. Encore faut-il s'y repérer : un millénaire au moins, et un espace, ou plutôt des espaces, sans cesse mouvants, à la fois dans leurs limites et dans leurs structures.

Le point de départ est la chute de l'Empire romain d'Occident. Non pas une chute brutale : en deux siècles environ (IVᵉ-Vᵉ siècle), le fonds pré-romain ressurgit dans la partie occidentale de l'Empire, et l'invasion des peuples germaniques ne fait qu'abattre une structure politique, prestigieuse mais déjà vidée d'une bonne part de sa substance. Le Moyen Age occidental naît de l'élargissement de l'espace créé par la collision entre un Empire méditerranéen et l'âge de fer du monde des steppes et des forêts nordiques. L'Empire d'Orient, lui, s'accroche encore au passé universaliste de Rome et s'épuise dans la poursuite d'une vieille politique : tenir l'Occident contre les Barbares et concurrencer les Perses. Tâche démesurée, qui, sans le ruiner tout à fait, l'empêche de résister au formidable dynamisme de l'Islam : l'expansion arabe, qui porte en à peine un siècle la religion musulmane de l'Espagne à l'Indus et des confins de la Chine au Sahara, représente le deuxième élargissement décisif de l'espace médiéval pendant le premier millénaire et l'ère chrétienne : encore l'essor des échanges transcende-t-il déjà ces limites. Au XIIIᵉ siècle, l'expansion mongole élargit une troisième fois l'horizon, ouvert à l'ensemble du continent asiatique, dont la fermeture au siècle suivant détermine les entreprises des Européens vers l'ouest : circumnavigation de l'Afrique et enfin exploration atlantique. De proche en proche, en quatre étapes majeures, l'ensemble du monde habité est ainsi intégré pour la première fois en un seul espace continu, même s'il recèle encore bien des mystères. Notre cadre géographique varie donc au fil du temps : si le centre initial reste le monde romain, les interdépendances spatiales nous conduiront à élargir ou à réduire la focale.

L'histoire politique du Moyen Age n'est intelligible qu'en fonction de cette vision dynamique de l'espace : seule, elle rend compte de la dialectique de l'espace et des pouvoirs. Car cet espace désormais ouvert, et donc incontrôlable, il faut le tenir par les hommes, faute de structures urbaines ou étatiques, surtout à l'Occident. Ni l'État romain, caduc, ni les chefferies guerrières, trop frustes pour qui a connu Rome, ne conviennent : le Moyen Age, à l'Occident comme à l'Orient, invente un politique neuf ; il tâtonne, il erre, mais dans ce cadre sans cesse mouvant, l'histoire des pouvoirs nous fait suivre la genèse de mondes nouveaux, tantôt avortés, tantôt triomphants. Histoire dans laquelle les événements occupent une place importante : ayant valeur de signes, ils résument une évolution, matérialisent une rupture d'équilibre. Ils ne sont pas intelligibles en eux-mêmes : l'histoire des pouvoirs ne s'éloigne jamais de celle des représentations et des mentalités, tout comme elle dépend de celle des systèmes sociaux et économiques. Ce livre se veut donc une première approche, au-delà de nos propres modes de lecture du temps et de l'espace, étrangers aux hommes du Moyen Age, pour baliser un vaste terrain, et inciter le lecteur à poursuivre ses réflexions et ses lectures. Un ensemble de cartes répertorié à la fin de chaque chapitre, l'aidera à situer le récit dans l'espace.

Avertissement

Le sens des mots suivis d'un astérisque est expliqué dans le glossaire à la fin du livre. Chaque mot n'est suivi d'un astérisque que lors de sa première apparition dans l'ouvrage.

Première partie :

L'ENFANTEMENT DU MONDE MÉDIÉVAL

Au départ, donc, Rome. L'Empire romain stabilise son territoire, après les conquêtes de Trajan (la Dacie, l'Arabie). Hadrien commence à réaliser le *limes*, frontière défensive matérialisée en Europe par un ensemble de fortins reliés à des postes établis à intervalles réguliers et, en retrait, à des camps militaires auxiliaires ; et, en Orient et en Afrique, par une grande rocade routière ou par un fossé continu. Espace strictement limité, à l'intérieur duquel, depuis Dioclétien, de vastes *diocèses* regroupent les provinces, à leur tour subdivisées en *cités*. Espace hiérarchisé, fermement structuré, qui sert de cadre à l'exercice du pouvoir par une administration d'État, dont l'action est facilitée par un réseau de communications exceptionnel (notamment grâce aux voies romaines).

Mais, au IVe siècle déjà, l'édifice romain est affaibli. En fait, pendant la plus grande partie de son histoire, Rome combat sur deux fronts. Sur ses frontières du Nord, elle affronte les Barbares, peuples de la forêt ou de la steppe. Dès le IIe siècle, sous le règne de Marc-Aurèle, des peuples germaniques (Quades, Marcomans) ou asiatiques (Sarmates) se pressent sur le *limes* du Danube. Au IIIe siècle, la poussée des Alamans (à partir de 234) et la migration des Germains orientaux (défaite et mort de l'empereur Dèce à Abrittus en 251) font peser une menace plus grave encore. A l'Orient, Rome est engagée dans un conflit d'une autre nature : il s'agit de lutter contre les Perses Sassanides. Depuis qu'en 224 les Sassanides, Iraniens et Zoroastriens, ont évincé les Parthes plus hellénisés, l'affrontement tourne à leur avantage : l'expédition de Gordien III en 244 est un échec, et en 260 l'empereur Valérien est battu et fait prisonnier.

La réorganisation de l'Empire par Dioclétien à partir de 284, permet de redresser la situation : le *limes* d'Orient est reconstitué, les Barbares contenus, mais les réformes donnent à l'armée (portée à 430 000 hommes) un poids déterminant et engendrent sous la forme de la tétrarchie (un Auguste et un César pour chacune des deux parties de l'Empire) une division entre Orient et Occident qui, définitive en 395, perdurera jusqu'à la fin du Moyen Age, dans la mesure où l'Empire byzantin est l'héritier direct de l'Empire d'Orient. Cet Empire militaire, où la religion impériale, pourtant renforcée par Dioclétien, ne suffit plus à maintenir la cohésion, a bientôt un ciment supplémentaire, le christianisme : à partir de Constantin (maître de l'Occident en 312 après la bataille du Pont Milvius et de l'Orient en 324 après celle d'Andrinople), la religion chrétienne, autorisée par l'édit de Milan en 313 est devenue peu à peu la religion officielle. Constantin n'en reconnaît pas moins l'hétérogénéité fondamentale de son Empire en décidant en 324 de créer une nouvelle capitale sur l'emplacement de la colonie grecque de Byzance : Constantinople, au cœur de la *pars orientalis*, est dédicacée en 330, nouvelle Rome.

Cependant, derrière l'uniformité de façade s'accroît la diversité. La partie orientale de l'Empire, où les villes sont encore florissantes, le commerce dynamique, s'oppose à l'occidentale, où l'aristocratie abandonne les villes pour s'établir dans ses vastes *villas* qu'il faut souvent enclore de murailles. Car l'*ager*, l'espace domestiqué, cultivé, recule devant le *saltus*, la lande, la forêt ; car le Barbare, surtout, est là, menaçant. Barbare de l'extérieur, nous l'avons vu ; mais, plus encore, Barbare de l'intérieur. Le long du *limes* sont cantonnées les armées romaines qui défendent la frontière. Or, elles n'ont de romaines que le nom. Elles sont pour la plupart constituées d'unités recrutées chez les Barbares, dont les chefs occupent désormais des positions importantes au niveau central de l'Empire. Les anciens soldats, ou des hommes pris dans des peuples alliés, fournissent les colons qui remettent en valeur les campagnes dévastées par les incursions barbares, ou par le choc des armées romaines qui s'affrontent pour faire accéder leurs généraux respectifs à la pourpre impériale : la bataille qui, au IVe siècle, a le plus affaibli l'armée romaine est celle de Mursa qui, en 351, met aux prises l'empereur Constance II et l'usurpateur Magnence.

L'Empire d'Occident est donc barbarisé de l'intérieur, au moins sur sa périphérie. La crise économique fait le reste ; le déclin des villes, les révoltes des paysanneries surexploitées (*bagaudes* de Gaule, *circoncellions* d'Afrique) font partout resurgir le vieux fond préromain : le Moyen Age commence là, dans cette résurgence sous le plaquage romain, de la protohistoire européenne, celle des Celtes, des Ibères, des Germains. Derrière l'État romain, bien avant qu'il ne s'effondre, se profilent les chefs de guerre, qui n'exercent leur pouvoir qu'à travers leurs hommes et les liens qui les unissent à eux. Là est la source de l'élargissement géographique des perspectives : les deux mondes que le *limes* est censé séparer commencent désormais à se rassembler.

De l'implosion de la *pars occidentalis* de l'Empire romain découle des réactions qui entraînent le réaménagement des systèmes de pouvoir et la redéfinition de l'espace. Tout d'abord, l'effondrement de l'Empire d'Occident oblitère le *limes* : de l'Irlande aux steppes russes et au-delà, s'étend bientôt un espace ouvert, sans limites réelles (même si l'Église a, dans l'ancien territoire impérial, conservé la division romaine des *cités* et des *diocèses*). Là, les peuples, anciens ou nouveaux, cherchent, entre souvenir romain et tradition propre, à établir leur emprise, coexistant souvent avec leurs lois sur un même territoire. C'est dans les anciens territoires romains, où les peuples germaniques s'ancrent le plus profondément, que se façonne, dans un processus qui dure un demi-millénaire, un système de pouvoir efficace et adapté, appelé faute de mieux, « féodal ». Processus différent de ceux qui sont à l'œuvre dans la *pars orientalis* de l'Empire dont les héritières (légitimes ou non), Byzance et l'Islam mettent en œuvre d'autres systèmes politiques. La première période de l'histoire du Moyen Age est, pour une large part, celle de la concurrence que se livrent ces trois civilisations, Europe occidentale et septentrionale, Byzance et Islam.

1

La mise en place de l'Occident barbare

La décomposition de l'Empire romain est un processus complexe, au rythme inégal dans les deux parties de l'Empire. Brutale aux yeux des contemporains, elle s'intègre en fait dans le glissement pluriséculaire des peuples de l'Asie et de l'Europe des steppes vers l'ouest et le sud. Leur incursion altère d'autant plus les structures de l'Empire d'Occident qu'ils s'y implantent. Le plus souvent, un fœdus, traité en bonne et due forme, installe sur un territoire dépendant de l'empereur ces peuples qui restent soumis à leur roi. Dualité donc, politique, juridique, ethnique, souvent compliquée par une dualité religieuse : d'où une instabilité que rois et chefs de guerre essaient de surmonter.*

CHRONOLOGIE ET GÉOGRAPHIE DU MOUVEMENT DES PEUPLES

Les deux branches du mouvement

❑ ***Une branche orientale.*** Les steppes qui vont du Danube à l'Oural sont une zone dans laquelle aucune structure politique ne freine l'avancée de peuples mus par des intérêts divers. Des peuples asiatiques, d'origine iranienne, les Scythes jusqu'au IVe siècle av. J.-C., puis les Sarmates et enfin d'autres peuples moins importants, comme les Roxolans, les Iazyges et à partir du Ier siècle de notre ère les Alains, occupent les steppes du sud depuis le Caucase. Ils y rencontrent d'autres peuples, d'origine germanique ceux-là, venus de la Scandinavie et des rivages orientaux de la Baltique : les Bastarnes, au IIIe siècle av. J.-C., qui se mêlent à des populations celtes (les Galates), les Costoboques (IIe siècle av. J.-C.) et surtout les Goths, qui, dans le courant du IIIe siècle, absorbent les autres peuples germaniques et les débris des peuples asiatiques subsistant encore (Alains, Sarmates). Ils occupent les steppes du sud, l'ancienne Dacie romaine et se pressent sur la frontière du Danube.

❑ ***Une branche occidentale.*** Elle est constituée par des peuples dont l'origine est sans doute aussi la Scandinavie, mais dont le parcours est difficile à suivre. Il est en effet impossible de dissocier clairement Celtes et Germains : le terme « Germain » est de fabrication latine. L'archéologie suggère que le mouvement des Germains remonte à la fin de l'âge du bronze, avec un établissement de peuples venus de Scandinavie sur les rives du Danemark et de la Poméranie vers 1000 av. J.-C., descendant vers la Westphalie vers 800 av. J.-C. Mais jusqu'au IIe siècle av. J.-C., cette avancée, bloquée par la grande expansion celte, n'explose que par intermittence : au IIe siècle av. J.-C., Cimbres et Teutons pénètrent les terres celtiques et atteignent les limites de Rome pour être battus par Marius à Aix-en-Provence (102 av. J.-C., défaite des Teutons) et à Verceil (101 av. J.-C., défaite des Cimbres). La poussée d'Arioviste, vers 58 av. J.-C., est l'origine directe de la guerre des Gaules qui nous est connue par le récit de César. Entre 165 et 180, les Quades et les Marcomans, liés aux Costoboques et aux Bastarnes orientaux, mettent en péril l'Empire de Marc-Aurèle ; à partir de 234, l'invasion des Alamans ouvre une nouvelle période de crise de l'Empire : le plus grave danger est néanmoins celui des Goths (bataille d'Abrittus en 251). C'est d'ailleurs la poussée gothique qui entraîne l'invasion des peuples occidentaux au début du Ve siècle.

Les Goths

❑ ***Jusqu'à l'arrivée des Huns,*** ils nous sont connus par l'archéologie et par des historiens du VIe siècle (Cassiodore, Jordanès). Passés par la Scandinavie et la Poméranie, ils sont vers 230 au nord-ouest de la mer Noire : en contact avec Sarmates et Iraniens, ils sont devenus comme eux des semi-nomades cavaliers, adoptant le costume iranien et l'art des steppes. Dès cette époque, on distingue deux groupes : les Ostrogoths, à l'Est, et les Wisigoths, vers l'Ouest. Après Abrittus, l'empereur Aurélien leur abandonne la Dacie (271). Comme tous les voisins de l'Empire, ils lui fournissent des soldats et un processus d'assimilation s'amorce : fédérés en 332, ils sont christianisés au IVe siècle. Leur premier évêque, Ulfilas, qui crée une écriture et une langue littéraire pour traduire le Nouveau Testament, est un arien ; les Goths seront donc ariens ainsi que tous les peuples germaniques en contact avec l'Empire, à l'exception des Francs.

L'arrivée des Huns en 375 bouleverse ce fragile équilibre : une véritable panique s'empare des Ostrogoths dont le roi Hermanaric se suicide ; ils se ruent vers l'ouest, franchissent Dniepr et Danube, entraînant les Wisigoths et d'autres peuples (Alains, Ruges, Skires, Érules). A l'automne 376, ayant tout perdu, affamés, ces peuples demandent asile à l'Empire : si les Ostrogoths, dirigés par Athanaric, restent jusqu'au milieu du Ve siècle en Pannonie et en Moldavie sous le protectorat des Huns, les Wisigoths, dirigés par Fritigern, sont établis en Thrace, à l'intérieur même de l'Empire.

❑ ***Les Wisigoths.*** Victimes d'une exploitation éhontée, ils se révoltent poussés par la misère : en 378, l'armée romaine est écrasée à la bataille d'Andrinople, et l'empereur Valens tué. Le peuple divague dans les Balkans jusqu'à ce qu'un nouveau *fœdus* le fixe en Mésie, au sud du Danube, en 382.

Cet accord est un grand succès pour l'empereur d'Orient, Théodose : en 388, il écrase les troupes de l'occidental Eugène, commandées par le Franc Arbogast, à la bataille de la Rivière Froide et, pour la dernière fois, réunifie l'Empire. S'il le divise entre ses deux fils Arcadius (Orient) et Honorius (Occident), il prévoit en effet qu'après sa mort (qui survient en 395) un seul homme aura la tutelle des deux princes, le Vandale Stilicon. Mais lorsqu'en 395, le nouveau roi des Wisigoths, Alaric, entraîne ses hommes vers Constantinople et assiège en vain la capitale, le patrice Rufin est trop heureux de le détourner vers l'Illyrie et de là vers l'Occident de son rival Stilicon. En 401, Alaric part vers l'Italie, occupe en 402 la Vénétie et menace la capitale d'Honorius, Ravenne ; Stilicon lui cède alors la Dalmatie et la Norique. Une nouvelle rupture se produit en 408 ; Stilicon est assassiné et Alaric et son peuple descendent vers l'Italie où en 410, ils mettent Rome à sac. L'*Urbs* est pendant trois jours livrée au pillage des Barbares : même si, officiellement, l'Empire d'Occident ne disparaît qu'en 476, la date de 410 symbolise mieux que toute autre son effacement.

L'intention d'Alaric semble avoir été de passer en Afrique. Il descend donc vers le sud de l'Italie, mais meurt en Calabre en 410. Le roi Athaulf ramène alors le peuple vers le nord et, après avoir franchi le Mont-Genève en 412, l'installe sur le territoire des cités de Bordeaux, Toulouse, et Narbonne, et épouse la sœur d'Honorius, Galla Placidia. Athaulf se tourne alors vers l'Espagne. Bien qu'il soit assassiné en 415, l'entreprise réussit et en 416 un nouveau *fœdus* est conclu : chargés de pacifier l'Espagne troublée par d'autres Barbares, les Wisigoths forment alors un royaume arien fédéré. Le royaume wisigothique sera d'ailleurs l'allié fidèle des derniers empereurs, fournissant l'aide militaire qu'on lui demande et Théodoric Ier (roi de 418 à 451) sera d'ailleurs tué en combattant les Huns, Théodoric II (roi de 453 à 466) et Euric (466-485) portent ce premier royaume barbare à son apogée, dominant depuis leur capitale Toulouse, l'Espagne et la Gaule du Sud jusqu'à la Loire.

Ariens, les Wisigoths ne peuvent s'intégrer à la population ibéro-romaine catholique. Deux hiérarchies religieuses, deux aristocraties, deux lois (codification des lois germaniques dans le Code d'Euric) coexistent donc. Cette structure double est caractéristique des premiers royaumes barbares, et c'est une cause de faiblesse, d'autant que la cité romaine — où les évêques jouent un rôle clé — reste la circonscription administrative de base : la population catholique n'accepte pas pleinement ses nouveaux maîtres ariens. Ceci explique sans doute qu'Alaric II (485-507) soit battu et tué par le Franc Clovis, catholique, à Vouillé en 507 ; les Wisigoths abandonnent alors la Gaule du Sud (sauf la Septimanie, l'actuel Languedoc) et le royaume wisigothique se recentre sur l'Espagne.

Les Germains occidentaux

L'arrivée des Huns et les déplacements des Wisigoths entraînent une véritable réaction en chaîne. En 406, le *limes* rhénan cède et les peuples de la plaine danubienne, les Vandales, les Suèves et les Burgondes, accompagnés de Sarmates et d'Alains, franchissent le Rhin, bousculant d'ailleurs au passage les peuples germaniques déjà établis sur le Rhin, les Francs au nord, les Alamans au sud : bien qu'étendant progressivement leur aire de diffusion, ces deux derniers peuples ne créent pas à l'époque d'entités politiques importantes, même si leur implantation est profonde. En témoigne le fait que la frontière linguistique entre langues romane et germanique correspond étroitement à la limite de cette poussée franque et alémanique, alors que les trois peuples germaniques qui se taillent dans la partie occidentale de l'Empire des royaumes indépendants de fait n'ont pas modifié les structures linguistiques.

❑ ***Les Vandales.*** Reconnus pour la première fois au nord du Jutland, les Vandales sont constitués de deux groupes, les Silings (cf. Silésie) et les Hasdings. Après avoir tenté de migrer vers la Dacie, ils s'orientent vers le sud-ouest, entre Main et Danube. Attaquant d'abord la Rhétie (401) ils se heurtent à la frontière du Rhin en 405. L'ayant franchie, ils traversent la Gaule et essaient de s'installer, comme les Suèves, en Espagne ; c'est contre eux que Rome requiert les services des Wisigoths. Les Vandales se regroupent alors au sud de l'Espagne, en Bétique (d'où le nom Andalousie) vers 419-420. Mais leur pillage systématique des ressources du pays les oblige à gagner l'Afrique en 429 : on sait qu'environ 80 000 individus passent en Afrique sous la conduite du roi Genséric.

En dix ans, ils dévastent l'Afrique du Nord (où Saint Augustin est l'un des artisans de la résistance romaine) et s'installent dans l'ancienne province romaine d'*Africa* où leur roi Genséric établit sa capitale à Carthage en 439. Ils sont fédérés* dès 435, et en 442, leur occupation de la partie orientale de l'*Africa* est officialisée. La partie occidentale est, quant à elle, abandonnée aux Berbères. Véritables prédateurs, ils n'établissent même pas, comme les Wisigoths, un État à structure double ; les romano-berbères sont dominés, l'aristocratie romaine systématiquement spoliée, les catholiques persécutés (les Vandales sont ariens). Les Vandales étendent leur emprise maritime sur la Méditerranée occidentale : ils multiplient les raids, attaquent Rome, une nouvelle fois mise à sac en 455 et conquièrent les Baléares, la Corse et la Sardaigne, se lançant enfin sans succès contre la Sicile.

❑ ***Les Suèves.*** Après avoir franchi le Rhin, ce peuple proche des Alamans et très morcelé (cf. Souabe), traverse la Gaule dans les pas des Vandales et installe, à la suite des attaques des Wisigoths, un royaume au nord-ouest de l'Espagne, centré sur la région de Braga.

❑ ***Les Burgondes.*** Venus de Scandinavie (cf. Bornholm, nom ancien Borgondarholm), ils sont au IIIe siècle au nord du Danube et dans la vallée du Main, au nord et à l'est des Alamans. Dès 413, un *fœdus* les installe dans la partie romaine de la Rhénanie, mais ce premier royaume est détruit par le général romain Aetius et par les Huns en 436 (mort du roi Gunther : ce serait la racine historique de la légende des Niebelungen). En 443, un nouveau *fœdus* les installe en *Sapaudia*, et ce deuxième royaume burgonde s'étend peu à peu du sud de la Champagne à la Durance. Autour de ses deux capitales (Genève, Lyon) et du centre religieux de Saint-Maurice d'Agaune, ce royaume binational (romain et burgonde) essaie de trouver sa cohésion ; partagé au plan religieux entre arianisme et catholicisme, il est le plus tolérant des royaumes barbares envers ce dernier.

LA POUSSÉE HUNNIQUE ET SES EFFETS

Les Huns

Souvent présentés comme le déclencheur des invasions, le peuple hunnique est en fait mal connu. Les runes « protobulgares », proches des runes turques de la vallée de l'Iénisséï lui appartiennent-elles ? Si oui, il s'agirait d'un peuple turc. Faut-il les rapprocher des *Chounoï* des sources grecques, signalés au nord du Caucase en 190, ou en Arménie (comme mercenaires) en 290 ? Peut-on encore les rattacher aux *Xun* qui, d'après les sources chinoises, détruisent la résidence des empereurs de la dynastie Tsin en 311 ? Il semble en tout cas s'agir de peuples parents qui sont depuis le début du premier millénaire en mouvement pour des raisons obscures. Les Huns, puisque tel est le nom de ceux qui débouchent sur l'Ukraine, entraînent dans un véritable tourbillon d'autres peuples qu'ils absorbent ou fédèrent.

En 375, ils ont détruit l'établissement gothique d'Ukraine et s'y installent. En 408, leur roi, Uldin, se brouille avec l'Empire d'Orient mais a de bonnes relations avec les chefs de l'armée romaine en Occident : leurs razzias visent alors l'Empire d'Orient. A partir de 425, ils centrent leur domination sur la Pannonie, développant une sorte d'État avec sa cour et sa bureaucratie (le chef des bureaux, le Romain de Pannonie, Oreste, sera le père du dernier empereur d'Occident, Romulus Augustule). En 434, Attila devient leur roi : il dévaste d'abord les Balkans, puis à partir de 449, se tourne vers l'Occident. En 451, il ravage la Belgique, Metz et avance jusqu'à Orléans ; accroché pendant son repli à la bataille des « Champs Catalauniques » (Moirey, près de Troyes) il délaisse alors la Gaule pour l'Italie, qu'il ravage en 452, allant jusqu'à Rome où il a une entrevue avec le pape Léon.

Mais Attila meurt en 453 et la puissance hunnique ne lui survit pas : le conglomérat hétéroclite de peuples et de tribus qui s'était constitué autour des Huns se dissout. Il est vrai que d'autres peuples (à commencer par les Avars, qui arrivent à partir de 461) les remplacent et jouent un rôle équivalent. La poussée hunnique, brève, a cependant suffi à ruiner définitivement l'édifice impérial.

La fin de l'Empire

Le système du *fœdus* avait permis à l'Empire de survivre à l'invasion germanique. Et entre les zones attribuées aux peuples barbares subsistent des armées romaines, même si elles n'ont de romain que le nom. En 408, l'homme fort de Rome, le général barbare Stilicon est assassiné à l'instigation de l'empereur Honorius, qui veut réserver les postes de commande aux purs Romains : le sac de Rome par Alaric en 410 allait ruiner cette révolution... Les traités ne garantissent qu'une reconnaissance nominale de l'autorité impériale dans les royaumes germaniques, mais Rome domine toujours de vastes zones. Quatre armées de campagne tiennent encore en Gaule (Aetius), en Afrique (le comte Boniface), en Illyrie, et en Italie (autour de l'empereur, à Ravenne) tandis qu'un « bastion civil » subsiste en Provence. En 423, Honorius III meurt et son neveu Valentinien III, fils de Galla Placidia (sœur d'Honorius et ex-femme du roi Athaulf) et du général Constance, monte sur le trône : mais c'est sa mère, Galla Placidia, qui gouverne.

Elle s'appuie sur les armées, en menant un jeu d'alliances complexe avec les généraux : son allié principal est Aetius, qui s'oppose au comte Boniface, dont le sort est définitivement réglé par les Vandales. Aetius se maintient : il bat les Wisigoths et les Burgondes, réprime les révoltes de l'Armorique, contient les Francs. Surtout, il réussit avec l'aide des Wisigoths à faire face au péril hunnique : mais du coup il détourne les Huns sur Rome. Inquiet de ces succès, Valentinien III fait assassiner Aetius en 454, mais tombe lui-même sous les coups des hommes de sa victime en 455 ; la même année, le sac de Rome par les Vandales accable encore les Romains. On décèle dans ces événements un antagonisme entre les aristocraties de Gaule et d'Italie qui aboutit de fait, après 461, à une séparation totale. Dès lors, les armées romaines n'ont guère plus de « légitimité » que les rois barbares qui, eux, ont en général conclu un *fœdus* : tout dépend, pour les généraux comme pour les rois, des rapports qu'ils entretiennent avec les familles de l'aristocratie sénatoriale, qui, malgré les importantes distributions de terres aux Barbares, continuent à contrôler de leurs *villas* une immense richesse foncière, que détiennent également les évêques, issus d'ailleurs de ces mêmes familles.

Malgré tout, une kyrielle d'empereurs se succède encore en Italie jusqu'en 476 : le pouvoir appartient en fait aux généraux barbares qui commandent la dernière armée de campagne subsistant après la disparition de celle de Gaule, celle d'Italie. A Ricimer (456-472), fils d'un Suève et d'une Wisigothe, succède Odoacre, sans doute un Skire. Si celui-ci doit sa carrière à Oreste, l'ancien chef de l'administration d'Attila, il doit son pouvoir à son armée, à laquelle il a fait attribuer le tiers des terres de l'Italie ; il finit par faire exécuter Oreste et déposer son fils, l'empereur Romulus Augustule, en 476. Il n'y a plus d'empereur en Occident.

LA STABILISATION DE L'EUROPE BARBARE

A l'orée du VIe siècle, on constate que les peuples barbares qui semblaient devoir traverser l'Europe, s'y sont fixés en des ensembles politiques nouveaux, plus ou moins stables. Partout, il a fallu établir un *modus vivendi* entre anciens et nouveaux occupants du sol. Ainsi les structures héritées de l'Empire romain disparu se combinent avec celles des sociétés barbares pour engendrer un monde nouveau. Mais en Gaule et dans les îles britanniques, le mouvement des peuples se prolonge et des solutions différentes au problème de l'installation sont proposées.

Les îles britanniques et l'Armorique

Dans cet espace, seule l'Angleterre *(Britannia)* a été romanisée. Mais, depuis 407, elle est abandonnée par l'armée romaine dont les chefs (Maxime en 383, Constantin III en 407) sont attirés, sur le continent, par l'espoir de la couronne impériale. Les tribus celtes se livrent des luttes sans merci, tandis que les *Scotti*, pirates celtes d'Irlande, et les Pictes dévastent les côtes et le Nord du pays. Dans ce contexte de violence et d'anarchie interviennent les Germaniques, Angles et Saxons.

❑ ***Les Anglo-Saxons.*** Depuis le IIe siècle ap. J.-C. un ensemble de peuples germaniques, les Angles, les Saxons et les Jutes, sont installés sur la côte Nord de l'Allemagne, en Basse-Saxe et dans le Jutland. La Bretagne romaine, menacée, est défendue par un *limes* côtier, le *litus saxonicum*. Dans l'île abandonnée par les troupes romaines, le vieux fonds celtique reparaît promptement, même si quelques rares cités, comme Londres, conservent à la fois leurs structures et leur activité économique. Les chefs de l'aristocratie celto-romaine se livrent des luttes acharnées : la légende selon laquelle le chef Vortigern ait fait appel en 449 à deux guerriers germaniques, Hengist et Horsa, qui se seraient ensuite révoltés en 455 et installés dans le Kent avec leurs bandes, a peut-être un fond de vérité ; mais l'archéologie montre que les Saxons étaient présents dans l'île (comme mercenaires ?) depuis 409 au moins...

Malgré la résistance de chefs bretons (Ambrosius Aurelianus, le peut-être légendaire Arthur) dont nous ne savons presque rien, la conquête germanique progresse. Une victoire bretonne vers 500 (Mont Badon) arrête un temps la poussée qui reprend avec les Saxons de l'Ouest (les rois Cerdic et Ceawlin) après 571 et aboutit à l'organisation de toute une série de royaumes germaniques, les Bretons étant quant à eux progressivement repoussés en Cornouaille, dans le Pays de Galles et, au Nord, dans le Cumberland et le Galloway écossais. Les Angles se seraient surtout installés au Nord et en East-Anglie, les Saxons au Sud-Ouest et dans le bassin de la Tamise, les Jutes dans le Kent : mais ces localisations sont sujettes à caution, d'autant que d'autres influences sont présentes, notamment celle des Francs ; inversement, les établissements saxons sur les côtes de la Gaule (région de Boulogne, embouchure de la Loire) sont importants.

❑ ***Les Pictes et les Scotts.*** La Bretagne est d'ailleurs exposée à d'autres dangers. Au Nord, ce sont les Pictes — sans doute celtes, mais assez mystérieux, leur nom (*picti*, « ceux qui sont peints ») étant purement descriptif —, installés dans l'actuelle Écosse qui font des raids ravageurs (367, 429 par exemple). Mais le danger représenté par les *Scotts* (pirates irlandais) est encore plus grand. C'est d'ailleurs au cours d'un raid sur la côte galloise, vers 400, que ces pirates prennent comme otage le jeune Patrick, qui évangélisera l'Irlande. Ils établissent même un royaume scottique dans le Dalriada, sur la côte Ouest de l'Écosse : ce royaume unifie en effet le pays en 843 ce qui explique qu'il porte leur nom.

❑ ***L'émigration bretonne.*** La résistance bretonne a donc partiellement échoué : fuyant l'avance germanique et plus encore les pillages des *Scotti*, beaucoup de Bretons, dès le milieu du Vᵉ siècle, viennent sous la conduite de chefs politiques, et surtout religieux, se fixer en Armorique. L'apogée du mouvement de migration se situerait dans la seconde moitié du VIIᵉ siècle. Cette émigration atteint aussi la Galice et la Normandie.

La Gaule

En Gaule, plusieurs forces sont en présence : les Wisigoths au sud de la Loire, les Burgondes à l'est de la Saône et du Rhône, les Ostrogoths en Provence. Mais au Vᵉ siècle, deux zones restent obscures : l'Ouest, le *tractus armoricanus* où l'armée romaine d'Aetius continue à garder la frontière, et le Nord où s'est établi et progresse régulièrement le peuple franc. Le terme franc, les « hardis », apparaît au IIIᵉ siècle et désigne une coalition hétérogène de peuples germaniques unis pour la guerre. On distingue en général deux groupes essentiels : les Saliens au Nord, les Rhénans (ou Ripuaires) à l'Est. S'ils opèrent des raids dangereux en Gaule (257, et vers 268-275), ils s'établissent surtout le long du *limes* du Rhin et leurs rapports avec les Romains sont étroits : ils fournissent à l'Empire de nombreux soldats (y compris des généraux, comme Arbogast), mais surtout des paysans, installés comme colons dans la Gaule du Nord (les *laeti*).

Les Francs glissent alors peu à peu au sud de l'embouchure du Rhin et de la Meuse (Betuwe). Après avoir mené une campagne contre eux, l'empereur Julien l'Apostat les installe comme fédérés en Toxandrie en 358. Après 406, ils descendent progressivement vers le sud, occupant les zones évacuées par les Romains. Les Rhénans — qui avaient défendu le *limes* du Rhin contre les autres peuples germaniques — sont à Cologne vers 440, au moment où un roi, Clodion, (qui ne serait pas l'ancêtre de Clovis) s'empare de Tournai. Pendant cette période, ils s'entendent bien avec les Romains d'Aetius et ses successeurs, Aegidius puis Syagrius, aux côtés desquels ils opèrent contre les Huns en 451, et contre les Saxons de la Loire en 470. La poussée franque s'intensifie alors : la région de Trèves est occupée par les Rhénans vers 475. Un homme prend alors la tête de ce mouvement et lui donne un élan et une portée considérables : Clovis, fils de ce Childéric, roi de Tournai, dont le tombeau, datant de 481, a été retrouvé dès le XVIIᵉ siècle. En 486, allié à un autre roi, Ragnachaire, il prend Soissons, la capitale de Syagrius qui, livré par ses alliés les Wisigoths, est mis à mort. Tout le pays jusqu'à la Loire est alors soumis aux Francs, et ce d'autant plus facilement que de nombreux *laeti* francs y sont déjà établis.

La chronologie de l'histoire de Clovis est très incertaine, notre source la plus explicite, Grégoire de Tours, étant particulièrement déficiente à cet égard ; mais le dessein général ne fait guère de doute. A partir de 491, Clovis lance plusieurs campagnes vers l'est et bat d'autres peuples germaniques : Alamans, à la bataille de « Tolbiac » (Zülpich ? le lieu est en fait aussi incertain que la date, 495 ou 506), et Thuringiens. C'est à l'occasion d'une de ces campagnes que Clovis, qui a épousé en deuxième mariage une princesse burgonde catholique, se convertit lui-même au catholicisme (baptême par saint Rémi à Reims, mais en quelle année : 496 ? 498 ? 506 ? 498 paraît la date la plus logique). Les Francs sont donc les premiers Germains catholiques et non ariens. En 507, Clovis bat les Wisigoths à Vouillé et domine dès lors (s'il ne l'occupe pas) toute la Gaule au sud de la Loire. S'étant déjà débarrassé des roitelets saliens et rhénans, il installe une dynastie royale unique et choisit comme capitale, Paris, dans une région très « gallo-romaine ». Son catholicisme lui vaut d'ailleurs le soutien de l'aristocratie gallo-romaine, de l'épiscopat et apparemment de l'empereur d'Orient qui voit dans les Francs d'utiles rivaux aux Ostrogoths, présents en Italie. Alors que les royaumes méridionaux sont « dualistes », le royaume franc a seul les moyens de réaliser une fusion originale.

L'expansion se poursuit après la mort de Clovis (511). Les Francs éliminent le royaume burgonde (533-534) et conquièrent la Provence (537) tandis que les rois Thierry (511-539) et Théodebert (534-548) établissent une sorte de protectorat sur les Thuringiens, les Alamans et les Bavarois. Cette domination, assez superficielle il est vrai, atteint son apogée vers 560. Pour la première fois, les tribus germaniques du Nord-Ouest (à l'exception des Frisons et des Saxons) sont intégrées dans une construction politique relativement stable.

Les royaumes méridionaux dualistes

Quatre peuple (et royaumes) barbares se sont établis en Europe méridionale : Wisigoths, Suèves, Vandales, et Ostrogoths. Ils sont, à la différence des Francs et plus tard des Anglo-Saxons, tous dualistes : aucune fusion n'est envisageable entre Germains et Romains, qui ont chacun leurs lois, leurs modes de gouvernement et leur religion (catholique pour les Romains, arienne pour les Germains).

❑ ***L'Italie.*** Odoacre est maître du pouvoir grâce à son armée. Mais celle-ci est peu nombreuse, et la classe sénatoriale est peu désireuse de financer un accroissement qui renforcerait le pouvoir d'un chef barbare. Lorsqu'en 489, rééditant à un siècle de distance le scénario wisigothique, l'empereur Zénon lâche sur l'Occident le roi des Ostrogoths Théodoric et son peuple, Odoacre ne peut résister aux 25 à 30 000 hommes du Goth : sa capitale, Ravenne, est prise en 493 et lui tué. De 493 à 500, les Ostrogoths s'installent progressivement sur les terres de l'armée d'Odoacre, sous la conduite d'un fonctionnaire romain, Libérius.

Théodoric, en effet, multiplie les marques de déférence à l'égard de la civilisation, des institutions et de l'aristocratie romaine qui, en dépit du problème religieux, s'accommode fort bien de sa présence : la civilisation romaine brille de ses derniers feux et les écrits de Boèce et de Cassiodore exerceront sur tout le Moyen Age une influence considérable. Mais en 523, l'empereur d'Orient et le pape prennent des mesures rigoureuses contre les ariens. Théodoric réagit et perd la confiance de la fraction la plus traditionaliste du sénat : il fait exécuter deux des personnages les plus prestigieux de l'aristocratie romaine, Symmaque et son gendre Boèce, suspectés d'intelligence avec l'Empire d'Orient (524). Il fait également arrêter le pape Jean Ier, qui meurt en captivité (526).

La mort de Théodoric, peu après, laisse ses successeurs face à un problème insoluble : comment gouverner un État dualiste ? Toute politique favorable aux Romains catholiques mécontente les Goths ariens ; toute politique favorable à ces derniers mécontente les Romains, excités en sous-main par l'Empire d'Orient. Les successeurs de Théodoric ne peuvent résoudre le dilemme et l'empereur d'Orient Justinien saisira l'occasion d'une reconquête en 535.

❑ ***La péninsule ibérique et l'Afrique.*** Le souverain le plus prestigieux du monde méditerranéen, au début du VIe siècle, est le roi des Ostrogoths, Théodoric. Il exerce après Vouillé un véritable protectorat sur l'Espagne wisigothique, que son intervention a sauvé de la débâcle. Le jeune roi Amalaric gouverne avec l'appui de troupes ostrogothiques. Le roi des Vandales, Thrasamund (496-523), est depuis 500 le beau-frère de Théodoric ; d'ailleurs, au moment de sa mort, ce dernier préparait une grande expédition contre le royaume vandale où son influence était contestée.

La disparition de Théodoric laisse les deux royaumes devant le problème du dualisme. En Espagne, Amalaric croit se concilier les Francs en épousant une fille de Clovis : mais sa volonté de la convertir à l'arianisme entraîne une expédition du roi franc Childebert qui prend Narbonne. Amalaric est peu après assassiné et ses successeurs, Theudis et Agila, sont respectivement tués en 548 et 554. Le royaume wisigothique reste instable et doit, en outre, compter à l'intérieur même de la péninsule avec les Suèves et les Basques.

En Afrique, les successeurs de Thrasamund se débattent dans des crises dynastiques (Gélimer dépose Hildéric en 530) et, à l'égard des catholiques, oscillent entre persécution (Thrasamund) et conciliation (Hildéric). Dépourvus du soutien réel de la majorité catholique, appuyés sur une base sociale réduite, ils sont incapables de résister efficacement à l'avance progressive des confédérations berbères dont certaines sont chrétiennes et aux incursions des tribus nomades venues du désert.

Ainsi Europe méditerranéenne et Europe du nord-ouest offrent-elles un spectacle contrasté. Dans la seconde, des structures relativement homogènes prévalent, sur le long terme du moins : dans les îles britanniques, chaque peuple s'assure son territoire, sans mélanges, sans partages. En Gaule, au contraire, l'homogénéité religieuse crée les conditions d'une fusion qui va se faire en plusieurs siècles, engendrant une civilisation nouvelle. Dans l'Europe méditerranéenne, en revanche, le dualisme interdit toute stabilisation : les royaumes barbares méridionaux, succès spectaculaires et rapides, sont aussi, à l'exception du royaume wisigoth, des succès brefs. Le dualisme donne en effet l'occasion à l'Empire d'Orient d'intervenir dans ces régions ; à plus long terme, l'absence de structures socio-politiques solides facilitera la conquête de ces régions par les Arabes au VIIe siècle et au début du VIIIe siècle.

CARTE

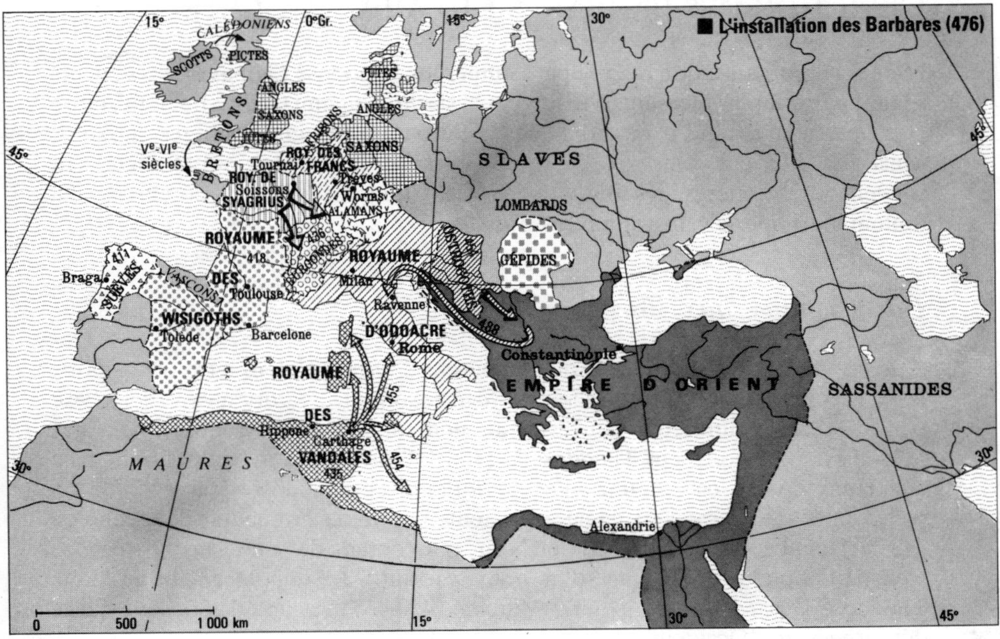

2

L'Empire d'Orient jusqu'au milieu du VIIe *siècle*

L'Empire d'Orient semble conserver intacte dans la tempête l'intégrité du territoire et du système romains. Résistant aux Barbares, il ne renonce jamais à sa souveraineté : Théodoric se voit comme un roi indépendant allié à l'empereur, pour qui il n'est qu'un gouverneur, autonome certes, mais soumis à son autorité supérieure. Aussi l'Empire se lance-t-il, dès que possible, dans la reconquête de la pars occidentalis. *Mais les divisions qui apparaissent à l'intérieur même de la* pars orientalis *de l'Empire, encore accentuées par l'effort exigé par la reconquête, montrent bien que l'Empire subit une crise profonde, et que sa survie doit passer par une nécessaire mutation : celle qui fait de l'Empire romain d'Orient l'Empire byzantin.*

L'ÉVICTION DES BARBARES ET LA RECONQUÊTE

Malgré la réorganisation opérée par l'empereur Théodose (379-395), les dangers se font partout plus pressants à la fin du IVe siècle : ennemi traditionnel, l'Empire perse passe au second plan, alors que les Barbares sont aux frontières du Nord. Mais vue d'Orient, l'histoire de ces peuples est différente : s'ils franchissent souvent les frontières, les Barbares finissent toujours par être détournés. La diplomatie impériale reste maîtresse du jeu.

La résistance aux Barbares

Après le désastre d'Andrinople où l'empereur d'Orient Valens a trouvé la mort, les Wisigoths, d'abord installés par un *fœdus*, sont ensuite orientés vers l'Illyrie par le patrice Rufin, qui gouverne au nom du fils de Théodose, Arcadius (395-408). Son successeur Théodose II (408-450) adopte la même politique face aux Huns ; Attila est nommé *magister militum* et Théodose II accepte de lui payer un tribut. Certes, Attila ne se contente pas de ces honneurs ; il descend en 443 le Danube, prend Belgrade et Nish, n'acceptant de renoncer au siège de Constantinople qu'en échange d'un nouveau tribut. Le remplacement du faible Théodose II par l'efficace général Marcien (450-457) est une des raisons qui le détourne vers l'Occident en 450.

L'effondrement de l'Empire d'Attila en 453 ne desserre pas l'étau. Contre les Barbares, les empereurs utilisent les deux armes classiques de l'Empire romain.

D'une part, ils recrutent chez les Barbares eux-mêmes leurs armées, mais ils éliminent les clans ethniques trop puissants, interdisant l'apparition d'un Odoacre oriental : ainsi, Léon Ier (457-473) élimine l'Alain Aspar allié aux Goths en s'appuyant sur les Isauriens (tribus montagnardes du Taurus), et après le court règne de Léon II (473-474), l'Isaurien Zénon (474-491) chasse ses propres compatriotes. D'autre part, ils continuent à utiliser le système du *fœdus* : le chef des Ostrogoths, Théodoric, est fait lui aussi *magister militum* et installé en Mésie, avant d'être envoyé vers l'Italie que prétend gouverner en toute indépendance Odoacre, qui a renvoyé les insignes impériaux à Constantinople en 476, après la déposition de Romulus Augustule.

La reconquête de Justinien

Les empereurs d'Orient ont donc toujours sauvé la face, y compris en Occident. Le successeur de Zénon, l'empereur Anastase (491-518), administrateur compétent et restaurateur des finances byzantines, oblige Théodoric à obtenir la légitimation de son pouvoir ; selon Grégoire de Tours, il aurait envoyé à Clovis, roi des Francs, les insignes consulaires. La fiction de l'unité de l'Empire demeure. En 518, l'Illyrien Justin (518-527) monte sur le trône, mais bientôt son neveu Justinien est associé au pouvoir ; il règne seul de 527 à 565, avec le double objectif de rétablir à la fois l'unité de l'Empire et l'orthodoxie chrétienne : les royaumes germaniques ariens lui sont donc doublement insupportables.

❑ ***L'Afrique.*** En 530, l'usurpation de Gélimer fournit à Justinien le prétexte attendu : son général Bélisaire, avec une armée d'environ 15 000 hommes l'oblige à se rendre en 534. Le royaume vandale s'effondre et les richesses de Rome, pillées par Genséric sont ramenées à Constantinople pour y être montrées en triomphe au peuple de la ville. Le peuple vandale, déjà amoindri, disparaît rapidement, mais le pays reste exposé aux incursions et aux révoltes des Berbères (535-536, 543, 546). La paix semble revenue à partir de 548, à l'exception d'une grande attaque berbère en 568.

❑ ***L'Italie.*** C'est une toute autre affaire : il faut dix-neuf campagnes de 535 à 555 pour venir à bout de la résistance gothique... Une première période de guerres s'achève en 540 avec la victoire de Bélisaire sur le roi ostrogoth Vitigès, emmené à Constantinople lors d'un nouveau triomphe. Mais Bélisaire est surpris par un sursaut du peuple ostrogoth dont le nouveau roi, Totila, est d'abord vainqueur : le successeur de Bélisaire, Narsès, qui a reçu d'importants renforts, réussit à battre Totila en 552 et, en 554, écrase les débris du peuple goth au pied du Vésuve, sans pouvoir intervenir au nord du Pô avant 561, par crainte des Francs. Dans ces luttes terribles, les deux armées pratiquent la politique de la terre brûlée ; ses villes détruites, sa population massacrée, l'Italie a plus souffert en vingt ans de reconquête impériale qu'en un siècle et demi d'invasions. Cela est surtout vrai de l'Italie centrale, celle des deux capitales, Rome et Ravenne.

❑ *La Bétique.* Les troupes libérées par la victoire en Italie sont envoyées en Espagne du Sud où Justinien profite des divisions qui opposent les prétendants à la couronne depuis la mort du roi Amalaric, en 531. L'un de ces prétendants, Athanagild, prend appui sur les catholiques et s'oppose donc aux ariens : aussi obtient-il l'appui de Justinien. Le patrice Libérius qui commande l'armée d'Espagne est victorieux ; Athanagild doit finalement abandonner la Bétique à son allié en 554.

LES FAIBLESSES DE L'EMPIRE D'ORIENT

La brillante réussite militaire de la reconquête ne doit cependant pas faire illusion : le système politique est loin d'être stable, l'unanimité religieuse loin d'être faite. Surtout, les menaces extérieures s'aggravent encore.

L'instabilité politique

Les territoires reconquis sont exsangues et le prélèvement fiscal nécessaire pour financer la reconquête et pour tenir les autres fronts a atteint un niveau insupportable. L'Empire traverse de ce fait une grave crise économique et sociale et l'autocratie impériale est à plusieurs reprises attaquée : la sédition *Nika* met en péril le trône de Justinien en 532. L'institution impériale apparaît d'autant plus fragile qu'elle oscille entre le principe de la succession dynastique (de Théodose à Marcien, en passant par Arcadius et Théodose II ; Justin, Justinien puis Justin II (565-578), celui de la succession par cooptation (Léon I choisit pour gendre son meilleur général, Zénon, et Tibère II (578-582) fait César un autre grand général, Maurice (578-602)), ou enfin celui de la succession par élection du sénat (Anastase en 491 ; Justin en 518) ; sans parler des usurpations.

Ainsi, Phocas renverse Maurice en 602 : l'armée refuse d'hiverner au nord du Danube, alors que la gravité du péril slave l'exige. Maurice et ses fils sont massacrés, et l'usurpateur Phocas (602-610) impose un régime de terreur, persécutant aristocrates, juifs et monophysites. L'Empire est au bord de la guerre civile, tandis que Perses, Slaves et Avars passent à l'offensive : en 610, Phocas est à son tour renversé par l'exarque de Carthage, Héraclius, qui, sur le plan militaire, redressera partout la situation. Mais la fragilité de l'Empire perdure dans la profondeur des divisions religieuses, qui focalisent toutes les raisons d'opposition au pouvoir de Constantinople.

La profondeur des divisions religieuses

D'une façon générale, les provinces orientales ont adopté des positions hérétiques dans le domaine christologique, le dogme de la Trinité étant manifestement difficile à assimiler. Depuis le concile de Nicée en 325, la position orthodoxe de l'Église est celle de la stricte consubstantialité du Père et du Fils. Cette position est réaffirmée avec rigueur au concile de Chalcédoine en 451 qui, pour les siècles à venir, reste le fondement de l'orthodoxie.

Si l'arianisme (le Christ est une créature du Père) se développe surtout en Occident dans les royaumes germaniques, on trouve en Orient deux positions déviantes : le nestorianisme (le Christ est essentiellement humain), né en Syrie et répandu chez les chrétiens de Perse ; et le monophysisme (le Christ est essentiellement divin), qui se développe au milieu du Ve siècle sous l'impulsion du patriarche d'Alexandrie Cyrille et s'implante solidement en Égypte, mais aussi en Syrie et dans une partie de l'Asie mineure. Sans doute ces hérésies répondaient-elles à l'exigence monothéiste des peuples sémitiques, gênés par la complexité du dogme trinitaire : elles sont en tout cas une façon d'exprimer face à Constantinople à la fois une identité et une protestation.

En effet, les conciles œcuméniques* condamnent ces hérésies en même temps que, pour mieux lutter contre elles, ils affirment la primauté de Constantinople sur les autres patriarches orientaux (Antioche, Jérusalem et Alexandrie). Mais la persécution aboutit paradoxalement à renforcer la solidité de l'implantation régionale des hérésies, dans la mesure où coupées de Constantinople, les églises monophysites adoptent les langues locales, le copte en Égypte et le syriaque en Syrie. Bien sûr, les esprits avisés qui ne manquent pas réalisent le danger de cette situation pour l'unité de l'Empire et recherchent des compromis théologiques ; dès 482, l'*Hénotique* de l'empereur Zénon et du patriarche Acace, puis le monoénergisme (les deux natures dans le Christ, mais une seule énergie) et plus tard encore le monothélisme (deux natures, mais une seule volonté), prôné par l'empereur Héraclius. Plusieurs empereurs (tel Anastase) sont même monophysites, et sous le règne de Justinien, son épouse Théodora se fait la protectrice officielle des monophysites. Mais les fanatiques des deux bords font échouer toute conciliation. Ce n'est donc pas un hasard si, après deux siècles de luttes religieuses, les provinces orientales, qui ont malgré elles financé la reconquête d'un Occident auquel tout les oppose, tombent si facilement sous la coupe des Arabes...

La poursuite des invasions

L'effondrement de la puissance hunnique, s'il a créé le répit nécessaire à la reconquête, ne signifie pourtant pas la fin des grandes invasions. Il faut donc maintenant défendre non seulement la frontière du Nord, mais aussi les territoires reconquis.

❑ ***Les Germains.*** Le peuple lombard (qui s'attribue une origine scandinave) apparaît sur l'Elbe au Ier siècle av. J.-C. et s'établit à la fin du IIe siècle aux abords de la Pannonie. Au VIe siècle, après la disparition des Huns, il est installé le long du Danube avec d'autres petits peuples germaniques (Érules, Gépides) et acquiert une certaine puissance en même temps qu'il se christianise (mais les Lombards sont ariens). Audouin, roi vers 547, conclut même un *fœdus* avec Justinien qui lui confie la Norique et la Pannonie et lui assure un subside régulier ; des guerriers lombards servent aux côtés de Narsès dans les dernières campagnes contre les Ostrogoths.

Or le peuple lombard est menacé, aussi bien à l'ouest, par les contrecoups de l'expansion des Francs, qu'à l'est, par l'arrivée d'un nouveau peuple, les Avars, qui écrasent les Gépides. Peu désireux de subir le même sort, Alboin semble avoir abandonné son territoire aux Avars et, converti à l'arianisme, peut-être pour gagner le soutien des derniers Goths d'Italie du Nord, il se met en marche vers l'Italie en avril 568, avec son peuple et des bandes hétéroclites dans lesquelles on trouve des Gépides, des Sarmates, des Thuringiens, des Bavarois, des Saxons et même des Bulgares. Aquilée (dont le patriarche s'établit à Grado) est prise dès mai 568 ; Milan tombe en 569, Pavie en 572. Alboin est assassiné cette même année : la royauté disparaît en 574 et les Lombards se divisent en une multitude de bandes armées qui, conduites par des « ducs », se répandent dans toute l'Italie. Lorsqu'en 584 la royauté est rétablie au profit d'Authari, les Byzantins ne tiennent plus qu'une bande de territoires en Italie centrale, de Rome à la lagune vénitienne (avec leur capitale à Ravenne), et le Sud (Naples, la Calabre, la péninsule d'Otrante).

Un nouveau royaume barbare est donc né ; centré sur Pavie, il est encore fragile à la fin du VIe siècle et l'anarchie et la violence prévalent en Italie, obligeant le gouvernement byzantin à engloutir des ressources considérables dans la défense du maigre territoire qui lui reste. La Bétique est pratiquement abandonnée à son sort : la grande place forte intérieure de Cordoue est reprise par les Wisigoths dès 572, les derniers postes côtiers tombent en 629. Si l'on ajoute que l'Afrique romaine, sans cesse attaquée par les Berbères, est bientôt réduite à peu de choses, on voit que les conquêtes de Justinien n'ont pas été durables.

❑ ***Les Slaves.*** Si quelques jalons marquent l'avance des peuples germaniques, celle des peuples slaves a une histoire obscure : peut-on attribuer aux Slaves la culture « lusacienne » observée dans la Pologne du premier millénaire av. J.-C. ? Toujours est-il que ces peuples slaves sont au VIe siècle présents des bouches du Danube et du Dniestr à la Vistule.

Leur premier contact avec l'Empire date du règne de Justin, à un moment où ils amorcent une expansion qui s'oriente selon trois axes principaux : vers le nord-est, avec l'occupation de tout le Nord de la Russie ; vers l'ouest, jusqu'aux rives de la Baltique atteinte dès le VIe siècle au nord, et vers les Balkans au sud. Il ne s'agit pas de conquêtes, mais bien d'une occupation des sols, d'une sorte de colonisation, car les Slaves ne semblent pas avoir de structures politiques développées : mais ils sont souvent utilisés comme masses de manœuvre par les tribus asiatiques, Avars ou Bulgares, et c'est mêlés à ceux-ci qu'ils font leurs premières incursions dans l'Empire.

Après quelques raids culminant avec le siège de Constantinople en 626, ces populations slaves s'implantent massivement dans les Balkans. Les Sklavènes, comme on appelle ces Slaves du Sud, s'installent nombreux en Macédoine, moins nombreux en Épire, Thessalie et Grèce. Leur langue ne subsiste d'ailleurs qu'en Macédoine ; partout ailleurs, ils sont rapidement assimilés et christianisés. Après 626, ils ne sont plus réellement dangereux et après les campagnes des empereurs Constant II en 658 et Justinien II en 688-689, ils sont contrôlés par l'Empire : les *sklavinies** intégrées permettent la remise en valeur des zones abandonnées après le passage des Goths.

❑ ***Avars et Bulgares.*** Au milieu du VIe siècle, le peuple (mongoloïde?) des Avars est encore au nord de la mer Caspienne. Mais sous la pression des Turcs, il fait mouvement vers l'ouest ; fidèle à la politique de l'Empire d'Orient, Justinien le détourne encore plus loin, et les Avars se heurtent alors aux Gépides qu'ils détruisent. Ils deviennent ainsi les voisins des Lombards et, après le départ de ceux-ci pour l'Italie, occupent la Pannonie. Ils passent alors à l'offensive contre l'Empire, à partir de 572 ; en 582, le Khagan Baïan installe sa capitale à Sirmium, et mène régulièrement des razzias dans l'Empire avec le concours des Slaves. Après l'échec du siège de Constantinople en 626, toutefois, leur rôle s'amenuise, les tribus slaves se révoltant contre leur domination. Repliés plus au nord, leur campement-capitale est finalement détruit par Charlemagne en 796 ; à partir de 822, ils disparaissent de toute source.

Après eux paraît un peuple turc, celui des Bulgares. Des détachements bulgares sont déjà signalés aux frontières sous Zénon et Anastase, et des Bulgares accompagnent même les Lombards en Italie pour finalement s'établir dans la région de Bénévent. Mais ce n'est qu'à la fin du VIe siècle que l'ensemble du peuple quitte ses campements situés entre les côtes de la Caspienne et celles de la Mer d'Azov pour se diriger vers les Balkans ; après avoir mené de nombreux raids à l'intérieur de l'Empire, les Bulgares passent finalement le Danube pour, vers 680, s'établir en Mésie : au contraire des Avars, ils représentent pendant plusieurs siècles un danger mortel pour l'Empire.

La permanence de la question d'Orient

La paix de 363 a en principe réglé les querelles entre Romains et Perses Sassanides. De fait, les deux grands Empires sont contraints à la paix par les mêmes difficultés, puisqu'ils sont simultanément attaqués par les Barbares : l'Empire perse subit pendant le Ve siècle le choc d'envahisseurs venus du monde des steppes, les Kouchans et les Huns Hephtalites qui en 484 remportent une grande victoire à la suite de laquelle ils dévastent une grande partie de l'Empire.

Cette menace s'estompe à la fin du Ve siècle et l'Empire perse atteint son apogée sous l'impulsion du roi Khusraw Anushirvan (Chosroës I, 531-579). Dès qu'il le peut, ce souverain reprend la traditionnelle politique de lutte contre les

Romains. En 540, Antioche est prise et rasée, et les troupes perses atteignent la Méditerranée. A prix d'or, Justinien obtient plusieurs trêves et finit par conclure une paix humiliante en 562. Si les Perses abandonnent les territoires qu'ils disputaient aux Romains, tant sur la mer Noire (la Lazique) que sur la Méditerranée, l'Empire romain s'engage à payer un lourd tribut et renonce à toute propagande chrétienne en Perse (où, il est vrai, la plupart des chrétiens sont nestoriens). Khusraw complète ce succès en anéantissant les Huns Hephtalites (ou Jouan Jouan) grâce à l'appui des Turcs Tou Kiue de l'Orkhon, qui établissent quant à eux un second Khanat centré sur la Sogdiane (Samarcande).

Mais la puissance des Perses est minée de l'intérieur et sous le règne de Khusraw II (590-628), l'exploitation intensive des ressources de l'Empire qu'implique cette politique agressive, combinée à l'avidité des généraux et des gouverneurs de province de plus en plus autonomes, entraîne une grave crise. Certes, les Perses mènent encore de dures offensives : ils mettent à sac Jérusalem en 614, et en 618 ou 619 atteignent Alexandrie. Mais en 622, l'empereur Héraclius, qui a acquis en tant qu'exarque* de Carthage une grande expérience militaire passe à l'offensive, allié aux Khazars. En 625, il prend l'Arménie et détruit en 627 l'armée perse à Ninive. En 628, il prend, au cœur même de la Perse, le palais royal de Dastgard, contraignant Khusraw II à la fuite. La mort de leur souverain laisse les Perses désorganisés et le triomphe que célèbre Héraclius en 629 paraît total ; l'ennemi de toujours, celui qui menaçait les forces vives de l'Empire, les provinces les plus riches et les plus peuplées de l'Orient, est enfin abattu.

La perte de l'essentiel des terres reconquises à grands frais en Occident par Justinien, la slavisation des Balkans avec au nord l'installation des Bulgares, et la fracture entre les deux parties de l'Empire, l'une orthodoxe (Italie, Balkans, ouest et nord de l'Asie mineure), l'autre hérétique (le reste de l'Asie mineure, la Syrie, l'Égypte) façonnent peu à peu une nouvelle identité politique, celle de l'Empire byzantin. Il sort de la dépouille de l'Empire romain à la fois dans la terrible crise du début du VIIe siècle et dans les victoires d'Héraclius : celui-ci ne choisit-il pas de prendre le titre de *basileus*, que les Grecs donnaient jusque-là au roi des Perses ? Lorsque la conquête arabe a, en quelques années, dissipé les illusions glorieuses du triomphe d'Héraclius en 629 et absorbé toutes les provinces orientales, Byzance est née. En ce sens, l'entreprise folle de Justinien, illusion mortelle pour l'Empire d'Orient, était nécessaire à la naissance de l'Empire byzantin, consolidant les deux piliers sur lesquels repose la puissance d'un Empire recentré dans l'espace, l'orthodoxie chrétienne, d'une part, l'incomparable prestige idéologique de l'Empire universel des Romains de l'autre.

CARTE

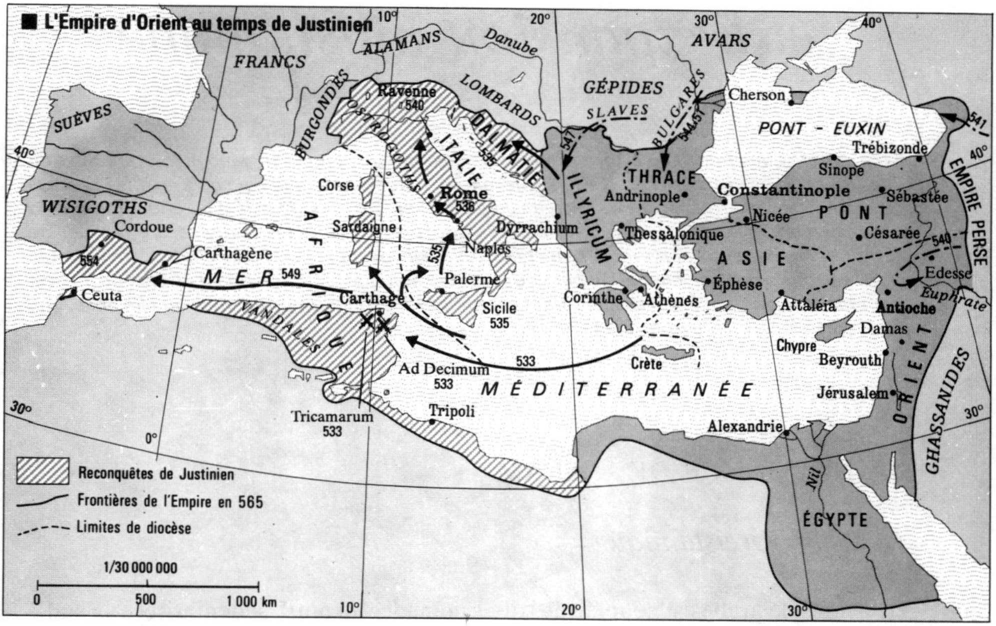
■ L'Empire d'Orient au temps de Justinien
FRANCS
ALAMANS
Danube
AVARS
GÉPIDES
SLAVES
BULGARES
LOMBARDS
BURGONDES
OSTROGOTHS
SUÈVES
WISIGOTHS
Ravenne
540
ITALIE
DALMATIE
535
ILLYRICUM
THRACE
Cherson
PONT - EUXIN
Trébizonde
Sinope
Sébastée
541
EMPIRE PERSE
Corse
Rome
536
Sardaigne
Naples
Dyrrachium
Andrinople
Constantinople
Nicée
PONT
Césarée
540
Thessalonique
ASIE
Edesse
Euphrate
Cordoue
554
Carthagène
MER
549
AFRIQUE
VANDALES
Ceuta
Carthage
Palerme
Sicile
535
Corinthe
Athènes
Éphèse
Attaléia
Antioche
Damas
Chypre
Beyrouth
Jérusalem
ORIENT
GHASSANIDES
Ad Decimum
533
Crète
533
MÉDITERRANÉE
Tricamarum
533
Tripoli
Alexandrie
Nil
ÉGYPTE
Reconquêtes de Justinien
Frontières de l'Empire en 565
Limites de diocèse
1/30 000 000
0
500
1 000 km
0°
10°
20°
30°
40°

3

Le monde arabe et l'expansion musulmane

Il n'a pas été question jusqu'ici des Arabes ; ce n'est pas une omission, bien qu'ils apparaissent dans les sources dès 853 av. J.-C. Mais leur rôle est modeste, régional, jusqu'à ce que le succès de la prédication de Mahomet les projette en pleine lumière. Le vide créé par l'effondrement du pouvoir perse et le fossé grandissant entre le pouvoir byzantin et les provinces orientales de l'Empire permettent l'apparition d'un type nouveau de pouvoir, celui d'une communauté cimentée par la religion plutôt que par une structure étatique ou le prestige d'un chef de guerre. Formule inédite, dont le succès fulgurant ne doit pas masquer les problèmes qu'elle pose, qui, au fil des siècles, recevront bien des réponses.

LA NAISSANCE DE L'ISLAM

L'Arabie préislamique

La péninsule arabe est peuplée de tribus nomades au nord, sédentarisées au sud : dans le Yémen, de petits royaumes sédentaires se sont formés, en général à partir de cités-États. Ils réussissent par un système sophistiqué d'irrigation à mettre en valeur les terres qu'ils dominent, mais leur fortune est surtout due à leur position d'intermédiaires entre monde romain, Perse et Inde. Irriguée et cultivée, l'Arabie du Sud contraste avec le Centre et le Nord désertiques : au nord sont installées depuis le Ier siècle ap. J.-C. des tribus sans doute d'origine yéménite, les Lakhmides et les Ghassanides, tandis qu'au Centre les quelques oasis du désert qui permettent la circulation dans la péninsule sont dominées par des tribus bédouines nomades.

Au début de notre ère, profitant de leur situation d'intermédiaires maritimes, les royaumes du Sud prospèrent. Le royaume de Saba, dont la capitale est Mârib, unifie à son profit le sud de la péninsule au IIIe siècle. Mais au IVe siècle, le christianisme se répand de l'autre côté de la mer Rouge, dans le royaume d'Axoum (Abyssinie) et les Romains, délaissant l'intermédiaire yéménite, privilégient ces chrétiens : la civilisation yéménite décline et la région est une première fois conquise par les Abyssins (335).

Au début du VIe siècle, un autre royaume du Sud, celui des Himyarites, paraît prospère ; mais son roi, Dhu Nuwas, converti au judaïsme, fait brûler tous les chrétiens ; à nouveau, les Abyssins envahissent le sud de la péninsule et imposent leur domination au royaume himyarite (525). Le commerce se déplace alors vers le nord, moins exposé aux incursions des Abyssins et de leurs clients (malgré une expédition du roi himyarite Abraha vers La Mecque en 570), et la péninsule entière est prise dans le tumulte de la lutte entre Byzantins et Sassanides. Ceux-ci réagissent aux attaques des Abyssins et à partir de 570 leurs armées attaquent le Yémen, devenu dès 572 une sorte de protectorat perse.

Les luttes sur les frontières de la Syrie et de l'Euphrate ont aussi une telle intensité que le commerce caravanier des tribus du nord (les Ghassanides, chrétiens monophysites, sont alliés à Byzance, et les Lakhmides, chrétiens nestoriens, aux Perses) est pratiquement impossible. Seule, protégée par l'âpreté même du désert, la zone centrale reste pratiquable ; d'où la prospérité des oasis caravanières, et notamment, au début du VIIe siècle, de celle de La Mecque, dont les marchands ont donc des contacts extérieurs étendus.

Mahomet

La Mecque est dominée par un clan, celui de Quraysh, lui-même divisé en deux branches principales : celle d'Abd Shams, qui a pour fils Omeyya et pour petit-fils Abu Sufyan ; et celle de Hashim, dont le fils Abd-al-Muttalib a lui-même trois fils, Al Abbas, Abdallah, et Abu Talib. Mahomet, né aux environs de 570, est le fils d'Abdallah, qui meurt jeune. Il passe au service d'Abu Talib, puis à celui d'une riche veuve, Khadidja ; il voyage alors sur les pistes caravanières, entrant en contact avec chrétiens, juifs et zoroastriens. Or, la religion de l'Arabie préislamique, malgré des composantes multiples est assez rudimentaire, combinant des croyances aux génies (les *djinns*) avec la croyance en des divinités d'origine humaine (*les cinq justes*) ou non (*Hobal et la triade ouranique* Lune/ Soleil/ Étoile de Vénus).

Il épouse Khadidja et, dégagé des soucis matériels, prend vers 610 l'habitude de se retirer dans la solitude pour méditer : il commence à avoir la vision de l'ange Gabriel qui lui ordonne de « réciter » et de prêcher la soumission (*islam*) à un dieu unique. La « récitation » de Mahomet convainc quelques disciples, notamment dans sa famille, mais l'aristocratie de La Mecque, dans son ensemble, le rejette. A la mort du chef hashimite qui le protégeait, le pouvoir étant passé aux mains de la branche omeyyade hostile, Mahomet quitte La Mecque pour Yathrib, où il a été choisi pour arbitrer les querelles des tribus arabes : c'est l'Hégire (622), et Yathrib devient Médine, la ville du prophète (Medînat an nabî). Il est vrai que la récitation de Mahomet ne peut laisser indifférent les dirigeants : elle dicte, indissociables, une religion et une loi qui est autant loi morale que loi sociale. Fondateur de religion avant tout, Mahomet est en même temps (à la différence du Christ, par exemple) fondateur d'une communauté politique autonome, sinon d'un État à proprement parler.

De 622 à 628, la communauté de fidèles groupée autour de Mahomet à Médine croît régulièrement, malgré l'hostilité des Mecquois qui provoquent plusieurs affrontements armés à partir de 622 : mais la « guerre du fossé » (627) est un échec pour eux, et Mahomet est autorisé à venir en pèlerinage au sanctuaire mecquois, la Ka'aba, dont il attribue la paternité à Abraham (d'où le prestige de ville sainte de la cité, supérieur, par exemple, à celui de Jérusalem). Conscients de la force et du prestige de Mahomet, les dirigeants omeyyades préfèrent s'entendre avec lui : le Prophète rentre à La Mecque et, au prix de luttes parfois assez dures (défaite de la tribu des Hawazin à la bataille d'Hunayn) obtient le ralliement de l'ensemble des tribus arabes, dont la plupart acceptent l'islam. Il meurt en juin 632 et, après quelque hésitations, ses fidèles lui choisissent pour successeur Abu Bakr, l'un des tous premiers convertis, qui devient *calife* (c'est-à-dire lieutenant, en l'occurrence de l'envoyé d'Allah).

L'expansion de l'islam sous les successeurs de Mahomet

❑ ***Les causes d'un triomphe.*** En 629 Héraclius célébrait à Constantinople son triomphe sur l'Empire perse, en totale décomposition. Les tribus arabes, en pleine effervescence depuis la prédication de Mahomet et les luttes qui accompagnent leur ralliement au Prophète, mesurent au cours de leurs razzias le vide politique en Perse et l'impopularité du pouvoir byzantin en Syrie et en Égypte. Ni Mahomet, ni ses premiers successeurs, n'ont voulu « conquérir » l'Empire des Perses ou celui de Byzance : mais le dynamisme engendré par la réunion des tribus au sein d'une même foi galvanise les énergies. La crise religieuse de la *ridda** (« l'apostasie ») qui suit la mort de Mahomet incite les dirigeants musulmans à détourner l'énergie des tribus hors d'Arabie. Les tribus, qui agissaient jusque-là isolément, obéissent maintenant à une autorité unique, exaltant l'orgueil de la race arabe, facteur d'unité. Beaucoup plus qu'une quelconque supériorité militaire, ce dynamisme idéologique et religieux se combine à la dérisoire faiblesse des deux géants épuisés par leurs luttes séculaires pour permettre, en dix ans, de 634 à 644, une formidable expansion qui, sous l'autorité des trois premiers successeurs de Mahomet, Abu Bakr (632-634), Umar (634-644) et Uthman (644-656), se développe selon deux axes principaux.

❑ ***L'expansion vers l'est.*** L'Empire perse est envahi et rapidement conquis. La victoire de Qadisiyya, en 637, est consolidée par la construction sur l'Euphrate de deux grands camps arabes qui deviennent des villes, Basra, au sud, et Kufa, au nord. Les Arabes progressent ensuite jusqu'au Tigre et prennent la capitale Ctésiphon, avant de poursuivre vers l'est où la bataille de Nihawend (642) scelle le sort de l'Empire sassanide dont les provinces orientale et septentrionale sont conquises dans les années suivantes : Arménie (640-643), régions côtières de la Caspienne, plateau iranien et confins du Khurasân (prise de Marw en 651 où Yazdegerd, le dernier souverain perse, est assassiné) et Kirman.

❑ ***L'expansion vers l'ouest.*** La conquête de la Syrie est d'abord réalisée par deux grandes victoires sur les troupes byzantines, Ajnâdayn en 634 et le Yarmuk en 636, et la prise, non sans complicité des populations locales, des deux cités de

Damas en 635 et de Jérusalem, en 638. Le calife Umar désigne alors comme gouverneur l'Omeyyade Mu'awiya, fils d'Abu Sufyan. Ce choix mécontente l'un des chefs arabes, Amr' : entraînant une partie des tribus, il part vers l'Égypte en 639. Babylone d'Égypte est prise en 641, Alexandrie en 642. Comme en Iraq, les Arabes édifient en 643 un camp militaire principal à Fustât (futur Le Caire) à partir duquel ils complètent leur conquête, notamment en direction de la Cyrénaïque, tandis que Mu'awiya lance en Syrie une campagne maritime contre Chypre en 649. Un immense Empire est né en quelques années : encore faut-il pouvoir le gouverner.

LES PROBLÈMES DU CALIFAT

Les divisions internes

Au début, le problème principal n'est pas le gouvernement des conquêtes, mais l'autorité suprême au sein de la communauté des croyants, c'est-à-dire le problème du Califat. Il est incomplètement réglé par Mahomet : l'idée qui se dégage des propos du Prophète est que le plus digne doit diriger les croyants. Le choix d'Abu Bakr, qui n'était pas personnellement mêlé aux luttes entre les différentes factions du clan Quraysh illustre cette option. Abu Bakr prend l'initiative de désigner son propre successeur en la personne d'Umar. Mais le contact avec Byzantins et Perses révèle aux Arabes la succession héréditaire. Le successeur d'Umar est un membre du clan Quraysh, Uthman : mais bien que l'un des premiers disciples de Mahomet, il appartient à la branche omeyyade et favorise systématiquement son clan, désignant notamment Mu'awiya comme gouverneur de Syrie. D'où la fureur des Hashimites et surtout celle du clan d'Ali, neveu et gendre du Prophète dont il a épousé la fille Fatima, autour duquel se regroupent les « Médinois », les fidèles de la première heure, pour lesquels il est inacceptable qu'un Omeyyade puisse être considéré comme « le plus digne ».

Ali s'impose donc comme successeur d'Uthman, assassiné en 656. Mais il est aussitôt suspecté d'être l'instigateur d'un meurtre dont il bénéficie et qu'il n'a en tout cas pas condamné. Il est d'ailleurs contesté par ses propres partisans, et doit d'abord faire face à une révolte menée par l'une des femmes de Mahomet, Aïcha (bataille du chameau, 656). Plus grave est l'opposition omeyyade qui, menée par Mu'awiya, s'appuie sur la Syrie. En 657, les armées d'Ali et de Mu'awiya sont en présence à Siffin sur l'Euphrate, mais les deux chefs s'en remettent à un arbitrage : en 659, l'arbitrage d'Edhrodh conclut à la complicité d'Ali dans l'assassinat d'Uthman, et les troupes de Syrie et d'Égypte proclament aussitôt Mu'awiya calife. Sa position est confortée par l'assassinat d'Ali en 661. Il règne jusqu'en 680, transmettant le titre califal à ses fils : la dynastie omeyyade, fondée en 659, dure jusqu'en 750.

La crise laisse des séquelles profondes. D'abord, une partie des musulmans a désapprouvé l'ensemble du processus de négociation et d'arbitrage engagé par Ali et Mu'awiya : ce sont les *kharidjites*, c'est-à-dire les « sortants ». Hostiles au Califat lui-même, ils souhaitent en fait revenir au système assez anarchique de gouvernement des tribus bédouines. Ils sont les instigateurs de l'assassinat d'Ali, et Mu'awiya ne l'a emporté que parce qu'il a échappé, lui aussi, à un assassinat. Ensuite, les partisans d'Ali n'acceptent ni le verdict d'Edhrodh, ni la victoire de Mu'awiya. Ils forment une *shi'a*, un parti. Certes, le fils aîné d'Ali, Hasan, s'est rallié à Mu'awiya ; mais à la mort de l'omeyyade, le cadet, Husaïn se révolte ; surpris par les troupes omeyyades à Kerbela en 680, il est massacré.

Le « martyr » d'Husaïn consacre la rupture irréversible entre les *shi'ites* et ceux qui acceptent, au nom de la tradition (la *sunna*, d'où leur nom ultérieur de *sunnites*), la victoire de Mu'awiya. Le shi'isme devient dès lors une puissante force d'opposition au Califat omeyyade, surtout en Iraq, en Iran et au Khurasân où émigrent les tribus favorables à la « Famille », les descendants d'Ali et de Fatima, d'abord, mais bientôt tous les descendants d'Ali et même d'Abu Talib. C'est au nom d'un fils d'Ali et de la « Hanafite ». Muhammad, qu'est menée la terrible révolte de Mukhtar, qui tient la plus grande partie de l'Iraq de 685 à 687. Mais les révoltes qui minent progressivement la puissance omeyyade n'ont pas seulement une origine dynastique : l'expansion spectaculaire de l'Islam est aussi à l'origine d'une grande crise.

Le Califat et l'expansion

Malgré des successions difficiles entre 680 et 685, la dynastie se maintient : le règne du calife Abd el Malik (685-705) est surtout consacré à l'organisation des territoires conquis, celui de Walid Ier (705-715) voit repartir l'activité de conquête.

❑ ***La poursuite des conquêtes.*** Les conquêtes du Califat ne peuvent se poursuivre vers le nord, où les populations d'Asie mineure soutiennent fermement l'Empire byzantin. Les Arabes attaquent plutôt par mer, assiégeant Constantinople en 678 : ils sont un danger mortel pour Byzance et les îles de la Méditerranée, mais leurs gains de territoire sont modestes.

L'expansion se développe donc à l'est et à l'ouest. A l'est, la Transoxiane est conquise par les troupes de Qutayba de 705 à 714, et les razzias qui franchissent l'Indus entrent en contact avec le monde indien. Plus au nord, les Arabes pénètrent les terres turkmènes. Là, ils se heurtent à l'expansion chinoise et, en 751, la victoire arabe du Talas marque le point ultime de l'avance de l'Islam dans cette région. Avec des grandes villes comme Samarcande, la Transoxiane connaît néanmoins l'essor d'une civilisation particulièrement brillante.

A l'ouest, l'*Africa* romaine (Ifriqya), administrée par Byzance depuis 535, est conquise à partir de 677 : réorganisée par l'empereur Maurice, l'Afrique byzantine est menacée par le fort élan des royaumes berbères dont certains sont d'ailleurs chrétiens. Mais l'Église d'Afrique est proche de la papauté romaine plus que de Constantinople et l'administration militaire très impopulaire. Une révolte met à la tête du pays l'exarque Grégoire (645), mais coupé de Byzance, il ne peut résister à la première attaque arabe ; il est battu et tué en 647 ; peu nombreux, les assaillants se replient, mais en 670, Oqbâ ben Nafî amène une nouvelle armée et fonde Qairouan. Les Arabes se heurtent cependant aux Berbères, désormais alliés aux Byzantins : Oqbâ est tué en 682, Qairouan abandonnée en 688. En 698, les Arabes échouent encore devant Carthage (révolte de la Kahenna), mais prennent la ville en 702. Ils complètent peu à peu leur difficile conquête du Maghreb, car les Berbères sont divisés, avec deux grandes confédérations, les Zanatas et les Sanhadjas, et la religion musulmane progresse rapidement : elle est finalement imposée aux Berbères en 718-719. L'islamisation rapproche les Berbères des Arabes, mais ils restent peu soumis comme le montre la grande révolte de 740-741. Le Maghreb sert de tremplin pour le passage du détroit de Gibraltar (711) et la conquête par Tarik de l'Espagne (711-714), sur laquelle nous reviendrons.

Mais après le règne de Walid, il n'y a plus de conquêtes importantes. La grande expédition sur Constantinople en 716-717, attaque combinée par terre et par mer, échoue. Au VIIIe siècle, les Arabes sont bloqués par des ennemis irréductibles, résolus et, pour certains, nouveaux : les chrétiens des Asturies dans les Pyrénées et plus tard les Francs qui arrêtent une razzia arabe à Poitiers (732), les Khazars alliés des Byzantins dans le Caucase, les Chinois rencontrés au-delà de la Transoxiane. Ils ont aussi partout atteint des frontières naturelles difficiles à franchir. Qui plus est, la part des non-Arabes dans l'armée est devenue très importante (Tarik, par exemple, est un Berbère) : d'où un problème qui est l'une des facettes d'une crise socio-politique plus vaste.

❑ ***La crise socio-politique.*** La conquête ne paraît pas d'abord poser de problèmes insurmontables. Les populations, plus autonomes et moins écrasées d'impôts que par leurs maîtres précédents, tolèrent les envahisseurs, qui restent d'ailleurs souvent isolés dans leurs camps sans chercher à convertir les non-musulmans. Mais un double problème de fiscalité et de terres apparaît vite.

Les Arabes musulmans paient en effet un impôt perçu à la fois comme une aumône et une purification : le *zakât*, en principe égal au dixième de leur revenu, en fait peu de choses. En revanche, ils ont droit à la *ghanîma*, c'est-à-dire au butin pris lors des razzias et des conquêtes et dont le cinquième seulement va au calife (par opposition au *fay'*, territoire conquis qui reste à la communauté). Cet argent, qui finance la conquête, s'épuise vite ; après 649, les conquêtes sur une grande échelle s'arrêtant, la source est tarie. Pour mater les révoltes, lutter contre les Berbères et les Byzantins, il faut donc payer les tribus arabes et exploiter les non-musulmans. On leur impose deux impôts, qui s'alourdissent vite : la *djizya*, un impôt de capitation, et le *kharaj*, un impôt foncier dont le taux est très supérieur à celui du *zakât*.

L'organisation financière est d'ailleurs par excellence l'élément unificateur du Califat, puisqu'il n'y a ni arabisation, ni islamisation systématiques ; elle montre que la conquête est le bien de la communauté. D'où une tension avec les protagonistes de cette conquête, qui restent structurés en tribus. Et cette organisation unifiée développe aussi son contraire, puisque faute d'administration, les califes confient la gestion et le prélèvement des impôts aux diverses populations indigènes : d'où le maintien, voire l'accentuation des diversités locales. Aussi le calife Uthman, pour affermir son pouvoir, distribue-t-il à ses fidèles (à commencer par Mu'awiya et ses hommes) des terres d'État, vacantes par le départ des autorités perses et byzantines ; c'est d'ailleurs l'une des causes essentielles de son assassinat.

Les conséquences de cette politique sont graves. Outre la crise religieuse et politique qu'elle provoque, elle entraîne la naissance d'une nouvelle catégorie de propriétaires arabes qui se distinguent des autres uniquement parce qu'ils ne paient presque pas d'impôts. Or, les conversions commencent à se produire et se multiplient rapidement : les convertis, assimilés aux affranchis (les *mawalis*) doivent-ils payer l'impôt comme des sujets protégés (*dhimmis*) ou comme des musulmans arabes ? S'ils sont assimilés à ces derniers, alors ils ont droit au butin et ne doivent que le *zakât* au lieu de la *djizya* et du lourd *kharaj* ; assimilés aux *dhimmis*, ils continuent à payer le *kharaj* et conservent un statut inférieur. Cette solution apparaît indispensable à la survie d'un Califat qui s'appuie sur les tribus arabes, mais son motif ne peut être que racial, et non religieux. La tension est moins aiguë en Syrie, province omeyyade par excellence, car les cadres du Califat dont la capitale est à Damas sont essentiellement des *mawalis* syriens. Mais elle est très vive en Iraq, où Mukhtar recrute précisément ses partisans parmi les (*mawalis*) et en Iran, où les shi'ites l'attisent de leurs mieux.

En quelques années, une civilisation et une puissance nouvelles sont nées, à partir d'un phénomène religieux d'une rapidité et d'une ampleur sans précédent dans l'Histoire. Le triomphe de l'Islam et le dynamisme de son économie et de sa vie intellectuelle ne doivent cependant pas masquer le fait que l'Islam ne peut résoudre de façon harmonieuse les problèmes d'assimilation et de structuration politique et qu'il connaît dans la première moitié du VIIIe siècle une grave crise. La révolution abbasside en sortira ; il n'empêche que le monde islamique apparaît singulièrement brillant et fort par rapport à Byzance et surtout au reste de l'Europe.

CARTE

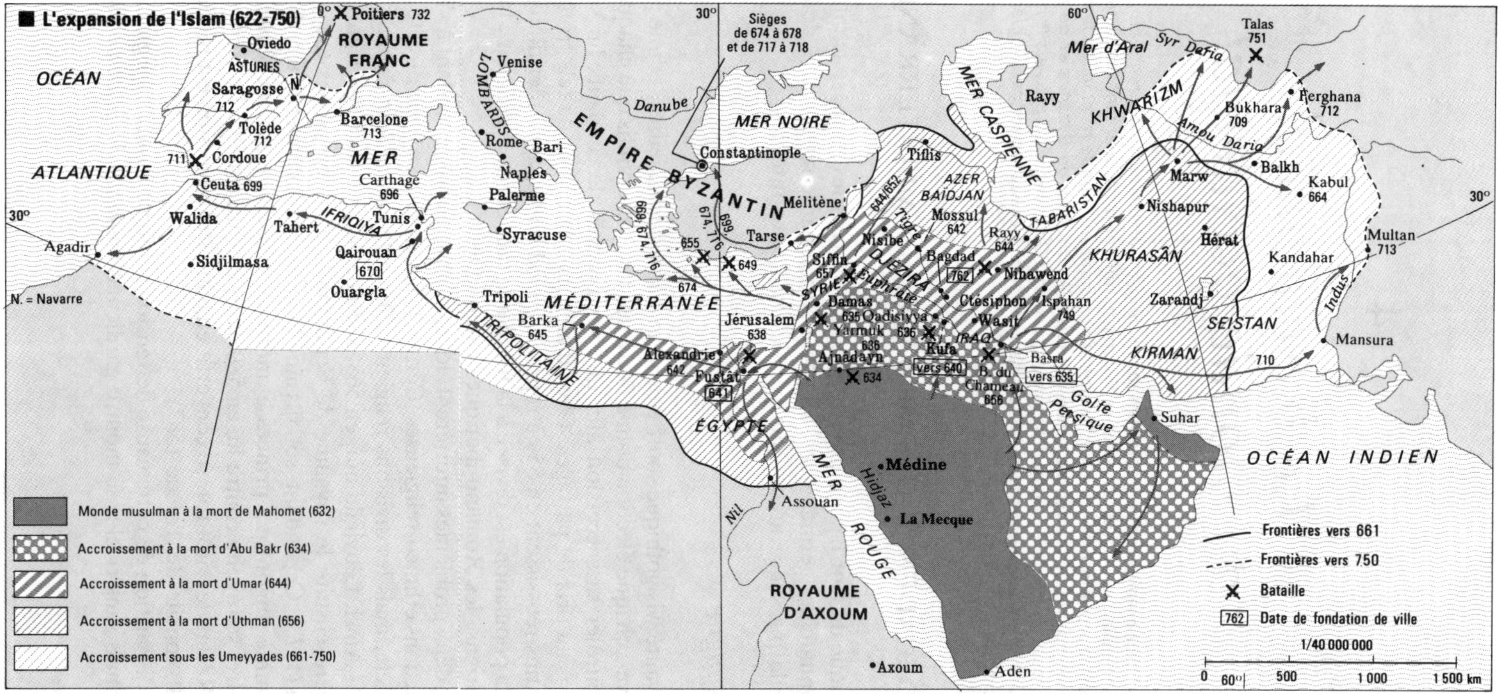
■ L'expansion de l'Islam (622-750)
OCÉAN
ATLANTIQUE
Oviedo
ASTURIES
Saragosse
712
Tolède
712
711
Cordoue
Ceuta 699
Walida
Agadir
Sidjilmasa
N. = Navarre
Poitiers 732
ROYAUME
FRANC
N.
Barcelone
713
MER
Carthage
696
Tunis
IFRIQIYA
Tahert
Qairouan
670
Ouargla
Tripoli
TRIPOLITAINE
Barka
645
LOMBARDS
Venise
Rome
Bari
Naples
Palerme
Syracuse
MÉDITERRANÉE
EMPIRE BYZANTIN
Danube
Sièges
de 674 à 678
et de 717 à 718
Constantinople
MER NOIRE
669, 674, 716
674, 716
699
655
649
674
Tarse
Mélitène
Alexandrie
642
Fustât
641
ÉGYPTE
Nil
Assouan
Jérusalem
638
SYRIE
Damas
635
Yarmuk
636
Ajnâdayn
634
Siffîn
657
Nisibe
DJEZIRA
Tigre
Euphrate
644/652
Tiflis
AZER
BAÏDJAN
Mossul
642
Bagdad
762
Qadisiyya
636
Ctésiphon
Kufa
vers 640
IRAQ
Wasit
Basra
vers 635
B. du
Chameau
656
Nihawend
Rayy
644
Ispahan
749
MER CASPIENNE
Rayy
TABARISTAN
KHWARIZM
Mer d'Aral
Syr Daria
Amou Daria
Talas
751
Bukhara
709
Ferghana
712
Marw
Balkh
Kabul
664
Nishapur
Hérat
KHURASÂN
Zarandj
SEISTAN
KIRMAN
710
Kandahar
Multan
713
Indus
Mansura
Golfe
Persique
Suhar
OCÉAN INDIEN
MER
ROUGE
Hidjaz
Médine
La Mecque
Aden
ROYAUME
D'AXOUM
Axoum
30°
0°
30°
60°
30°
60°
Monde musulman à la mort de Mahomet (632)
Accroissement à la mort d'Abu Bakr (634)
Accroissement à la mort d'Umar (644)
Accroissement à la mort d'Uthman (656)
Accroissement sous les Umeyyades (661-750)
Frontières vers 661
Frontières vers 750
Bataille
762 Date de fondation de ville
1/40 000 000
0 500 1 000 1 500 km

4

Le basculement du monde occidental

La mort de l'Empire romain et la naissance de deux ensembles cohérents au plan religieux comme au plan politique, Byzance et l'Islam, modifient profondément les conditions d'existence de l'Europe occidentale. La Méditerranée, cœur du monde romain, se ferme. Adossé à cette mer hostile où naviguent presque seules les marines de Byzance et de l'Islam, ayant rompu tout lien avec un Empire désormais byzantin, l'Occident se tourne vers le nord qui prend le pas sur l'Europe méditerranéenne. Ce basculement précède l'essor carolingien qui en est la consécration.

LA DÉCADENCE DES MONARCHIES MÉDITERRANÉENNES

L'Afrique du Nord, conquise par Byzance puis par les Arabes, ne fait plus partie des monarchies germaniques, affectées autant par le retrait forcé de Byzance, la nouvelle puissance arabe, que par des faiblesses internes.

L'Espagne

La royauté wisigothique souffre de deux faiblesses majeures. D'une part, elle est élective : chaque élection donne lieu à des troubles, tandis que chaque roi essaye de contrôler sa succession afin que ses propres descendants lui succèdent, y compris au prix de partages. C'est d'ailleurs à la faveur de tels troubles que les Byzantins réussissent en 554 à reprendre pied en Espagne méridionale. D'autre part, la population est divisée à la fois par la race et par la religion : les Wisigoths sont ariens, les Romano-ibériques catholiques.

Les deux problèmes interfèrent, les candidats au trône tendant à s'appuyer sur des factions ethnico-religieuses. Certes, la succession en ligne directe s'impose au VIe siècle, mais les divisions religieuses jouent alors au sein-même de la famille royale. Ainsi, Léovigild qui, en 568, succède comme roi à son frère Athanagild, récupère ensuite le royaume de Septimanie, alors en possession de son frère Liuva (†573). Cependant, son fils aîné Herménégild, converti au catholicisme par sa femme Ingonthe, princesse mérovingienne, et par l'évêque de Séville Léandre, se révolte contre lui en 580 et est exécuté en 585. Le frère d'Herménégild, Récarède, sitôt roi, se convertit en 586 : sa conversion est rendue publique au IIIe concile de Tolède (587).

La disparition de cette cause de tension renforce l'autre : l'Église catholique, désormais sans rivale, se montre gardienne vigilante du principe électif qui lui donne un grand pouvoir. Le IVe concile de Tolède (633) affirme le principe de l'élection, le VIIIe (653) le réaffirme. Malgré cela, malgré aussi les crises de réaction arienne, l'Espagne connaît des règnes brillants, comme ceux de Chintila (631-642) Chindaswinthe (642-653), et Receswinthe (653-672). Ce dernier promulgue le *Forum Judicum* qui vaut à la fois pour les « Goths » et pour les « Romains ». Au cours de cette période, la péninsule est unifiée : les Suèves ont été annexés en 585, les Vascons sont contenus, les révoltes de la Septimanie matées (631 et 672) et surtout la province byzantine de Bétique est progressivement reconquise de 570 à 629.

Chrétiens catholiques, unis devant la loi, les « Hispaniques », faute de pouvoir politique stable, n'en sombrent pas moins dans le chaos. Après la déposition de Wamba en 680, les luttes des factions aristocratiques se déchaînent, surtout à chaque succession ; le tout sur fond de persécution religieuse, l'Église catholique attisant l'hostilité à l'égard des Juifs, chassés en 681 s'ils refusent la conversion.

Cette même année, les Arabes se manifestent pour la première fois. En 711, ils profitent de l'affrontement entre le roi élu, Rodrigue, et le fils du roi défunt, Akhila, pour passer en Espagne : leur armée, commandée par Tarik, est victorieuse au Rio Barbate et s'empare de Séville et de Tolède. Peu à peu, ils conquièrent toute l'Espagne, Septimanie comprise : seuls restent à l'écart de cette domination les hautes vallées pyrénéennes, le pays Vascon et surtout les Asturies. Un moment submergés, les Asturiens se révoltent en 718 et sous la conduite de leurs rois Pélage (718-737) et Alphonse Ier (739-757) étendent considérablement le territoire chrétien, d'ailleurs séparé des terres arabes par un *no man's land*.

Pourquoi la conquête ne fut-elle pas totale ? L'une des raisons est sans doute l'attachement des populations à leurs traditions : convertis, les Espagnols n'adoptent pas l'arabe, catholiques (mozarabes), ils continuent à obéir à la hiérarchie catholique restée sur place. Surtout, les conquérants, trop éloignés du Califat pour que celui-ci puisse arbitrer leurs luttes, sont divisés : aux rivalités traditionnelles des tribus arabes se superpose l'hostilité entre Berbères et Arabes. Aussi le réduit asturien peut-il résister et les Arabes ne mènent en Gaule que des razzias au lieu d'entreprendre une vraie conquête. La famine catastrophique de 750 met fin à toute vélléité d'expansion.

L'Italie lombarde et byzantine

A la fin du VIe siècle, l'Italie est en lambeaux, partagée entre les Lombards, l'Empire byzantin et le pape qui, peu à peu, joue son propre jeu.

❑ ***L'Italie du Centre et du Sud.*** Toute une série de territoires reste en principe soumise à l'autorité du représentant de l'Empire byzantin, l'exarque de Ravenne, le reste appartenant aux Lombards. Mais l'autorité de l'exarque se dégrade dans la zone centrale de l'Italie, allant de la Vénétie à Rome. Les populations sont de moins en moins enclines à suivre l'empereur byzantin dans ses complexes évolutions théologiques et préfèrent la papauté qui développe son influence politique au détriment d'empereurs iconoclastes qu'elle considère comme des ennemis.

Dans le Sud, on assiste d'abord à un recul du pouvoir byzantin, bientôt confiné au duché de Naples, à la Sicile et à la Calabre, ces deux provinces étant d'ailleurs rattachées en 732 au patriarcat de Constantinople. L'empereur Léon III (717-740) confisque même les immenses domaines pontificaux en Italie du Sud. Dès 701, les Arabes apparaissent, attaquant la Sicile. La rupture entre Byzance et la papauté laisse les Byzantins seuls pour défendre leurs positions contre eux ; mais de leur côté, les papes (dont le plus remarquable est Grégoire le Grand, pape de 590 à 604) sont seuls pour défendre leurs positions face aux Lombards. Ces derniers sont actifs dans le duché de Bénévent, qui établit, sous les règnes de Grimoald Ier (649-662) et de Romuald Ier (662-687), une véritable hégémonie sur l'Italie du Sud. Ce morcellement de l'autorité s'avère désastreux lorsque l'intensité des attaques arabes, au IXe siècle, redouble.

❑ ***Le royaume lombard.*** Après le meurtre du roi Cleph, en 574, les Lombards se sont d'abord éparpillés dans la péninsule, avec autant de ducs qu'il y avait d'armées : pendant une vingtaine d'années, Francs, Byzantins et Lombards se disputent la plaine du Pô et l'Italie centrale. En 584, les Lombards refondent leur monarchie, la dotant d'emblée de biens considérables. Authari (roi de 584 à 590) résiste aux Francs et son successeur Agilulf (590-616) les rejette hors d'Italie, concluant avec eux une paix en 605. Agilulf, installé à Monza près de Milan, favorise une évolution rapide de la monarchie. Relativement unifiée, avec sa capitale à Pavie, elle atteint son apogée à la fin du VIIe siècle (règnes de Cunipert, 688-700 ; Aripert, 700-712 ; et Liutprand, 712-744). Elle présente une physionomie étonnamment préféodale, avec un rôle important confié aux *arimanni*, les guerriers lombards libres, chargés de protéger les terres du fisc. Seuls restent indépendants les deux duchés de Spolète et de Bénévent, ce dernier jouant un rôle grandissant en Italie du Sud.

La force de la monarchie vient en partie de ce que les rois lombards, hésitants (Agilulf, Rothari (636-652) sont ariens) se convertissent en 652 au catholicisme ; ils peuvent désormais prétendre, eux aussi, défendre l'Italie contre l'empereur iconoclaste. Liutprand, en particulier, prend Ravenne et s'y maintient trois ans (731-733) ; il assiège Rome à deux reprises (730 et 739). Le pape Zacharie s'incline. Par la paix de Terni (741), les Lombards renoncent cependant à Rome, mais ont les mains libres pour s'emparer des terres byzantines du Nord. En 751, seules l'Istrie et la Vénétie leur échappent encore, et la situation est intenable pour le pape. Le pape Étienne II se tourne alors vers la puissance nouvelle du continent, l'Austrasie, que Liutprand avait su se concilier, à la différence de ses successeurs Ratchis (744-749) et Astolphe (749-756) ; Étienne II a, en 754, une entrevue à Ponthion avec Pépin le Bref, qu'il nomme patrice de Rome tandis que Pépin donne au pape le duché de Rome et l'exarchat de Ravenne, fondant ainsi le Patrimoine de Saint-Pierre, embryon de l'État pontifical. Les campagnes de

755-756 inscrivent ces décisions dans les faits : coupée de Byzance par l'hérésie, divisée, amoindrie par les attaques arabes, l'Italie tombe ainsi sous l'influence d'une des puissances nouvelles du Nord.

L'ESSOR DE L'EUROPE SEPTENTRIONALE

La crise mérovingienne

La Gaule mérovingienne est un cas intermédiaire ; la part romanisée souffre, alors qu'en Austrasie, la part la plus germanique, s'édifie un pouvoir fort qui va bientôt dominer l'ensemble du pays.

❑ ***Les causes d'une faiblesse.*** L'image des « rois fainéants » caricature la décadence mérovingienne. L'anarchie apparente et l'impuissance royale ne tiennent pas, en fait, à telle ou telle personnalité mais à des structures difficiles à maîtriser. Tout d'abord la Gaule est un pays divers, dont la diversité s'accentue. Les marges (l'Armorique devenue Bretagne après l'installation des Bretons, la Novempopulanie devenue Gascogne après celle des Vascons, ou Basques) sont pratiquement autonomes. Le Sud reste peu germanisé, Wisigoths et Burgondes n'ayant laissé qu'une faible empreinte sur l'Aquitaine pour les premiers, la Bourgogne et la Provence pour les seconds. En revanche, le Nord est beaucoup plus germanisé et deux régions s'individualisent : l'Austrasie à l'est, la Neustrie à l'ouest.

Cette distinction entre Sud et Nord est importante, car s'il y a un placage d'éléments romains, favorisé par les évêques et perpétué jusqu'à l'époque carolingienne, la royauté franque est essentiellement une royauté germanique. Le pouvoir du roi est sacré et magique, et les rois francs sont des *reges criniti*, des rois dont les cheveux longs symbolisent leurs pouvoirs magiques. Le pouvoir du roi tient au lien personnel qu'il a avec ses guerriers et ses fidèles, en particulier les *antrustions* ; l'administration est rudimentaire, le roi se déplaçant d'un domaine ou d'une cité à l'autre pour y consommer ses richesses. Le royaume reste un bien patrimonial appartenant à la lignée sacrée des rois francs.

D'où les partages, plus cohérents qu'il n'y paraît. A côté de noyaux germaniques francs à peu près stables d'où émergent progressivement la Neustrie et l'Austrasie, et de l'ancien royaume burgonde (Bourgogne), l'Aquitaine et la Provence romaines apparaissent comme un « Eldorado » colonial dont les partages visent à la fois à équilibrer les parts des uns et des autres et à casser le particularisme. Le concept d'un *regnum Francorum* supérieur prime toujours sur les royaumes « partiels », les *Teilreiche* : le partage n'est pas signe d'anarchie, mais méthode de gouvernement. Cette politique entraîne cependant une réaction des aristocraties et des Églises locales qui imposent au VIIe siècle la constitution d'ensembles plus stables : les rois changent, l'organisation domaniale et politique, si embryonnaire soit-elle, demeure. Les maires du palais prennent de ce fait une importance croissante, en Austrasie, en Neustrie et en Bourgogne.

❑ *Les manifestations d'une faiblesse.* Les fils de Clovis se sont partagés la Gaule en quatre royaumes : le royaume de Thierry, dont la capitale est Reims, préfigure déjà l'Austrasie, avec les vallées de la Meuse, de la Moselle et du Rhin ; celui de Clodomir a pour capitale Orléans, celui de Childebert Ier Paris, et celui de Clotaire Ier Soissons. Malgré ces divisions, l'expansion se poursuit encore vers l'est. Clotaire Ier, par le jeu des héritages, reconstitue à son profit un royaume uni en 560-561 mais ses fils le divisent à nouveau : Caribert à Paris. Gontran à Mâcon, Sigebert à Metz et Chilpéric Ier à Soissons. La fin du VIIe siècle dégénère en une guerre civile qui dure de 570 à 613, et oppose surtout Chilpéric (assassiné en 584) et sa femme Frédégonde d'une part, à Sigebert, tué en 575, puis à sa femme Brunehaut dans un conflit particulièrement confus. Mais, Clotaire II, fils de Chilpéric est seul roi de 614 à 629, et son fils Dagobert Ier lui succède et règne seul de 629 à 639. Après lui, à l'exception d'une très brève période (Childéric II, 673-675), l'unité ne se retrouve plus. De même, Dagobert, qui fait campagne contre les Avars, est le dernier souverain franc à guerroyer au loin.

Le pouvoir effectif passe dès la seconde moitié du VIIe siècle aux maires* du palais. En Austrasie, il appartient à la famille du maire du palais de Dagobert, Pépin Ier de Landen, mort en 639, auquel succède son fils Grimoald : à la mort de Sigebert III en 656, Grimoald fait monter sur le trône son propre fils, rebaptisé pour l'occasion Childebert (« l'Adopté »). Tentative prématurée : père et fils sont massacrés et Wulfoald devient maire. La mairie du palais de Neustrie est alors la puissance dominante avec Ebroïn, maire de 657 à 673 et de 675 à 680, qui domine la Bourgogne, après l'élimination de son chef, saint Léger, évêque d'Autun (vers 679). Mais l'assassinat d'Ebroïn en 680 redonne le dessus aux maires du palais d'Austrasie.

Depuis 679, le maire austrasien est Pépin II. La sœur de Grimoald, Bigga, a en effet épousé Ansegisèle, lui aussi rejeton d'une illustre et puissante famille, celle d'Arnulf, évêque de Metz : leur fils Pépin II, héritier des deux lignages, dispose d'une formidable puissance foncière. Il écrase les Neustriens à la bataille de Tertry en 687 et devient maire du palais de Neustrie en 694. A sa mort en 714, une grave crise familiale éclate cependant. Les deux fils que Pépin a eu de son épouse officielle, Plectrude, sont morts, et celle-ci exerce une sorte de régence pour son petit-fils Théodoald, un enfant. Elle emprisonne le fils que Pépin a eu d'un mariage secondaire, Charles (Martel). Aussitôt, la Neustrie (où Ragenfred s'est saisi de la mairie) et les voisins germaniques de l'Austrasie se ruent à la curée. Tout paraît remis en cause, mais le pouvoir austrasien ne sombre pas : la montée en puissance de l'Austrasie n'est pas due à la « chance » d'une famille heureuse.

❑ *L'affirmation de l'Austrasie.* Les Pippinides, appuyés sur leurs propres forces (terres, fidèles) ont cherché à prévenir le développement des forces centrifuges qui affectent les autres pouvoirs en Gaule. Charles Martel, devant les désastres subis par Plectrude, n'a pas de mal à rallier les fidèles de son père. Victorieux de

Ragenfred à Amblève (716) puis à Vincy (717), il fait campagne avec une énergie inlassable contre Saxons, Frisons et Neustriens. A partir de 724, son pouvoir est si solide qu'il se tourne vers la Gaule méridionale.

L'Aquitaine et la Provence sont pratiquement indépendantes depuis le milieu du VIIe siècle, la Bourgogne depuis le début du VIIIe siècle ; ces duchés « nationaux » se stabilisent. Or, les Arabes attaquent depuis l'Espagne la Gaule méridionale, obligeant le duc d'Aquitaine Eudes et le duc de Provence Mauron à composer : en 721 ils assiègent sans succès Toulouse, et de 719 à 725 ils occupent la Septimanie wisigothique d'où ils poussent un raid jusqu'à Autun. Eudes se sent si menacé en 732 qu'il appelle au secours son pire ennemi, Charles Martel : la contre-attaque culmine en 732 à la bataille de Poitiers, qui non seulement met fin aux razzias arabes mais surtout permet à Charles de rétablir l'autorité franque en Aquitaine ; pour la Bourgogne et la Provence, il faut une série d'expéditions entre 734 et 741. Œuvre parachevée par son successeur Pépin III, qui en 759 reprend la Septimanie et de 762 à 768 abat le duché aquitain.

Les maires du palais d'Austrasie sont aussi menacés au nord. Pépin II prend Utrecht aux Frisons et les refoule de l'autre côté du Rhin et Charles Martel annexe leur territoire en 733-734. Mais les Saxons restent dangereux, même si une longue série de campagnes de 720 à 738 permet à Charles Martel de les contenir sur la rive droite du Rhin. Les Alamans sont soumis plus facilement en 730, et une alliance est conclue avec les Bavarois par le mariage de la fille de Charles Martel, Hiltrude, et du duc Odilon en 728.

❑ ***Les racines de la puissance austrasienne.*** Un tel succès n'est pas dû à la seule force militaire : les Pippinides utilisent un allié idéologique puissant, le christianisme. L'avancée du protectorat franc est étroitement liée à la progression du christianisme, qui le plus souvent précède l'installation franque. Ainsi, les Austrasiens protègent les missions des moines aquitains, irlandais et anglo-saxons. La première mission importante est celle de l'Irlandais Killian (†697) qui évangélise Bavarois et Hessois. Il est suivi par le Northumbrien Willibrord (†739) qui fonde en 690 l'évêché d'Utrecht et convertit les Frisons. Le Wisigoth Pirmin (†753) fonde quant à lui l'abbaye de Reichenau sur le lac de Constance pour évangéliser les Alamans ainsi que plusieurs monastères vosgiens.

Le plus grand de ces missionnaires est l'Anglo-Saxon Wynfrith. Né dans le Devon vers 680, il arrive en Germanie auprès de Willibrord en 716. Lors d'un voyage à Rome en 719, il reçoit du pape le nom de Boniface et la mission de convertir les nations païennes et d'évangéliser la Hesse et la Thuringe. De retour à Rome en 723, il reçoit du pape Grégoire II le titre d'évêque. Aussi crée-t-il une série d'évêchés, Würzburg, Erfurt, Salzbourg, Ratisbonne et Freising, en même temps que de grands monastères, Fulda, Kitzingen et Fritzlar. Lors d'un troisième voyage romain, il reçoit du pape Grégoire III le *pallium*, symbole de la délégation de l'autorité apostolique qui lui est conféré : il devient alors évêque puis achevêque de Mayence en 751 et grâce à sa nouvelle dignité réorganise avec l'appui des souverains l'Église franque dans son ensemble, avec quatre conciles tenus entre 742 et 748. En 755 il repart malgré son âge évangéliser la Frise du Nord, mais il est massacré par les païens.

La deuxième racine de la réussite austrasienne est d'avoir su donner une assise foncière à sa puissance militaire. Charles Martel est le grand artisan de ce bouleversement : il a renouvelé complètement le stock de terres indispensable à l'entretien d'une armée forte et nombreuse où prédomine la cavalerie lourde, consommatrice de quantités importantes (pour l'époque) de cuir et de fer. Il l'a fait en installant ses guerriers sur les terres d'Église : son succès spectaculaire contre les Arabes et le soutien enthousiaste accordé aux missions lui permettent de résister au mécontentement des clercs, dont les sources ecclésiastiques permettent pourtant de mesurer la vigueur.

Les conquêtes recommençant, la terre redevient abondante. Ainsi, Charles, à la fin de sa vie, puis ensuite ses successeurs offrent à nouveau des terres immenses à l'Église, tout en s'assurant des clientèles nombreuses et fidèles. Lorsque Charles Martel meurt en 741, ses deux fils Carloman et Pépin III le Bref se partagent le *regnum*, écartant leur demi-frère Griffon. De nombreux soulèvements révèlent pourtant la fragilité de l'œuvre accomplie et en 743 un fantoche mérovingien, Childéric III, est réinstallé sur le trône. Les expéditions de l'énergique Pépin contre les Aquitains, les Alamans et les Bavarois, ramènent le calme ; débarrassé de son frère, opportunément devenu moine au Mont-Cassin en 747, il veut donner une base solide à son pouvoir.

Les largesses de Pépin envers l'Église l'ont rendu idéologiquement acceptable auprès de celle-ci. Or, la papauté, abandonnée par les Byzantins, a besoin de l'appui franc pour résister aux Lombards : lorsqu'en 750 Pépin fait poser au pape Zacharie la question de savoir si le roi doit être celui qui a le titre ou celui qui a le pouvoir, la réponse pontificale ne peut faire de doute. Childéric III est déposé et Pépin reçoit, sur le modèle wisigothique ou celte, l'onction*. Il est une nouvelle fois sacré en 754 à l'entrevue de Ponthion par le pape Étienne II. Les deux campagnes menées en 754-755 et 756 desserrent l'étau qui étouffe la papauté. Une deuxième monarchie franque est donc consacrée : le fils de Pépin, Charlemagne, la portera à son plus haut niveau de puissance.

Les îles britanniques

La frontière entre Germaniques et Celtes se stabilise dans la première moitié du VIIᵉ siècle. L'histoire politique des îles reste cependant agitée et obscure, contrastant avec un exceptionnel dynamisme culturel.

❑ ***Les pays celtes.*** L'Irlande est divisée en une multitude de petits royaumes, parmi lesquels le Connacht, dont le roi le plus célèbre, Niall aux Neuf Otages (380-405), prédomine longtemps. Ses descendants, les O'Neill, conservent la dignité de roi suprême, *Ard Ri*, jusqu'en 1002. Ces royaumes s'opposent dans des luttes interminables qui n'empêchent pas l'essor extraordinaire du christianisme irlandais à partir du début du VIᵉ siècle, même si l'*Ard Ri* n'est converti qu'en 565. L'épiscopat ne joue qu'un rôle effacé dans cet essor, les diocèses étant très nombreux, donc trop petits ; mais dans d'immenses monastères (Armagh, Clonfert, Clonart, Clonmacnoise, Kildare, Derry...) se pressent des foules de jeunes gens, attirés par le prestige des « saints » dont ils veulent devenir les disciples. L'Irlande étant un pays sans substrat romain, un effort intense est entrepris pour acquérir la culture antique nécessaire à la compréhension de la Bible et des textes des Pères de l'Église. Les *scriptoria* des monastères copient, illuminent et calligraphient un des manuscrits, et c'est aux Irlandais que l'on doit d'avoir conservé des textes latins. A la différence du monachisme continental, le monachisme irlandais est héroïque, tourné vers les entreprises dangereuses : l'œuvre de conversion (et le martyr auquel elle conduit souvent) est l'un des buts des moines irlandais, qui deviennent ainsi les auxiliaires du pouvoir austrasien. Le mouvement commence avec saint Colomba qui fonde en 585 le monastère de Iona, d'où partent des missionnaires vers l'Islande, les îles Féroé, la Northumbrie (fondation de Lindisfarne), la Gaule et la Germanie. Saint Colomban (†615) fonde pour sa part les monastères de Bobbio et de Luxeuil.

L'Écosse est aussi le théâtre de guerres ethniques incessantes, puisque Pictes, Scotts (Irlandais du Dalriada), Breatons du Galloway et Angles des Lowlands s'opposent jusqu'à ce que Kenneth Mac Alpine, roi des Scotts, devienne aussi roi des Pictes et en 843 unifie pour la première fois l'Écosse.

❑ ***Les royaumes anglo-saxons.*** L'Angleterre, elle aussi, est divisée en une multitude de royaumes nés de la conquête germanique, sans que l'on sache s'ils ont une base ethnique ou s'ils correspondent aux armées primitives. En tout cas l'institution royale est bien établie, comme le montre la célèbre découverte de Sutton Hoo (Suffolk), le tombeau d'un roi de la dynastie east-anglienne des Wuffingas (peut-être Redwald, l'inhumation étant datée vers 625-630). Le vaisseau d'inhumation (24 m de long et 4 m de large, conçu pour quarante rameurs) contenait un admirable mobilier funéraire, comprenant des armes, des plats d'argent (dont un grand plateau portant la marque de l'empereur Anastase), et des pièces d'or dans une très belle bourse (une quarantaine, soit une par rameur, toutes différentes...), mais surtout un grand étendard de fer et un sceptre constitué par une pierre de meule sur laquelle sont sculptés huit visages (les Wuffingas ?).

La royauté guerrière et dynastique que révèle Sutton Hoo est également mise en valeur par l'historien Bède, notre source principale. Un élément d'équilibre est l'existence du *Bretwalda*, sorte de roi suprême dont la domination est éphémère, les dynasties les plus puissantes se livrant une lutte acharnée pour l'hégémonie. A la fin du VIe siècle, le roi du Kent, Ethelbert (†616), domine cependant. Marié à une princesse mérovingienne, il introduit le christianisme et l'influence franque : il est le premier à promulguer un code juridique anglo-saxon, les *Lois d'Ethelbert*. L'East-Anglie de Redwald (†625) domine ensuite, puis le pouvoir passe aux royaumes situés plus au Nord, Mercie et Northumbrie (réunion des deux royaumes de Deira et de Bernicie) qui se livrent une lutte intense sous les règnes du roi de Northumbrie, Edwin (tué en 633) et du roi de

Mercie, Penda (tué en 654). La Northumbrie d'Oswy (†670) paraît d'abord victorieuse, mais elle est rapidement affaiblie par des dissensions internes et par le renouveau de la puissance picte : le VIIIe siècle est celui de l'hégémonie de la Mercie, sous Ethelbald (716-757) et Offa (757-796), qui construit une grande fortification de terre pour consolider la frontière avec les Gallois (*Offa's dyke*). Au IXe siècle, le royaume méridional du Wessex prend son essor et réalise l'unité de l'Angleterre.

Mais il existe alors un facteur d'unité efficace, le christianisme. La christianisation commence au début du VIe siècle, mais à la fin du siècle, en 597, le pape Grégoire le Grand envoie en Angleterre une mission dirigée par Augustin, qui s'installe à Canterbury (Kent) et en devient le premier évêque. Bientôt, cette évangélisation méridionale est relayée par celle menée dans le Nord depuis le monastère de Lindisfarne par où arrivent, via Iona, les moines irlandais. En dépit de violentes réactions païennes, elle se poursuit avec succès pendant le VIIe siècle, malgré deux obstacles. L'un est l'opposition entre l'archevêché de Canterbury, organisé par Théodore de Tarse, envoyé en mission (668-690) pour enrayer la décadence de l'Église dans le Sud de l'Angleterre, et l'évêque d'York Wilfrid : la rivalité de York (archevêché en 735) et de Canterbury est constante. L'autre est l'opposition entre inspiration romaine (prédominance épiscopale : monachisme bénédictin) et inspiration irlandaise (prédominance d'un monachisme héroïque), cristallisée sur la date de Pâques, puisque les Irlandais dont le comput* diffère ne célèbrent pas Pâques, date mobile, le même jour que les Romains ; finalement, Wilfrid fait triompher au synode de Whitby, en 663, le parti romain.

Le choix du synode est une rupture supplémentaire entre les Celtes et les Anglo-Saxons, mais ceux-ci se sont approprié le meilleur du christianisme irlandais : la capacité missionnaire, comme le démontreront saint Willibrord et Boniface, et le dynamisme culturel, dont Bède le Vénérable offre le meilleur exemple. C'est en Angleterre que Charlemagne ira chercher Alcuin pour redonner vie et brillant à la vie culturelle en Gaule.

❑ ***La Frise.*** Les Frisons n'ont pas une histoire politique bien glorieuse : déjà signalés entre Ems et Elbe au I^e siècle av. J.-C., ils y restent, et jusqu'au Ve siècle développent une culture proto-frisonne entre Aalmere et Elbe (provinces actuelles de Frise et de Groningue). A partir du Ve siècle, ils s'étendent vers le sud-ouest (le « Sincfal ») ainsi qu'à l'est de l'Ems. Les Frisons participent aussi à la conquête de l'Angleterre et, de fait, paraissent proches des Anglo-Saxons. A cette époque, ils ont des rois, de type germanique primitif (chefs de guerre) : on les connaît par les sources franques, tel ce Radbod qui meurt en 719, ou Bubo, tué en 734 par Charles Martel. Car le pays est vite conquis par les Francs : déjà Pépin II a poussé jusqu'au Vieux Rhin en 690-695. Ce territoire est reconquis en 714-719 par Charles Martel qui conquiert la Frise centrale en 730. En même temps le pays est christianisé, avec un évêché à Utrecht.

Mais l'originalité des Frisons est leur rôle économique. Malgré les conditions difficiles, ils développent agriculture et élevage de façon intensive sur leurs *terpen*, ces buttes de terre artificielles qui les abritent des inondations. Surtout, ils se livrent au grand commerce sur leurs bateaux à fond plat (*kogge*) ou arrondis (*houlques*), reliant l'Angleterre anglo-saxonne (Londres) et la Gaule franque (le port de Quentovic) aux entrepôts scandinaves de Ribo et de Haithabu, leur centre principal étant Dorestad. Ils échangent les esclaves d'Angleterre et de Scandinavie, l'étain et la laine anglaise, les fourrures scandinaves, mais aussi les soies, les épices et l'argent de Byzance, qui ont transité par la Russie jusqu'à la Baltique. Ce commerce utilise comme monnaies les *sceattas*, monnaies d'argent que l'on retrouve jusqu'en Italie du Nord.

L'EXPANSION CAROLINGIENNE

A la mort de Pépin en 768, ses deux fils Charles (Charlemagne) et Carloman lui succèdent. Mais en 771, la mort de Carloman (dont la famille se réfugie en Italie) fait de Charlemagne le seul maître. Le dynamisme économique et culturel de l'Europe du Nord-Ouest, la puissance militaire de l'aristocratie austrasienne et l'alliance de l'Église qui fait du pippinide le défenseur attitré de la seule force unitaire de l'Europe, le christianisme, concourent au succès de Charlemagne. Il utilise au mieux ces éléments pour donner au *regnum* sa plus grande extension. Les pays conquis, divisés en comtés confiés à des fidèles du roi, le plus souvent francs, sont intégrés au *regnum* ; les zones sensibles des frontières sont constituées en grands commandements regroupant plusieurs comtés sous l'autorité d'un marquis (*mark-graf*, comte de la marche). Le souvenir de l'Empire romain d'Occident resurgit.

L'expansion franque vers la Germanie

❑ ***Vers la Saxe.*** En Germanie septentrionale, l'élément essentiel de l'expansion franque est la conquête de la Saxe. Depuis les Mérovingiens, les Francs sont actifs en Germanie, en Hesse, en Thuringe et surtout dans les vallées du Main et du Neckar où leur colonisation se développe dès Charles Martel. Dans ces régions, la concurrence avec les peuples saxons (Westphaliens, Angariens, Ostphaliens et Nordalbingiens) est vive ; raids saxons de pillages et raids francs de représailles se succèdent.

La conquête de la Saxe est envisagée à partir de 772. Dès 773-775 les expéditions prennent une coloration religieuse (destruction de l'*Irminsul*, l'arbre sanctuaire de l'ethnie) et politique (construction de fortins). En 777, un accord intervient, avec une promesse de conversion des Saxons. Mais dès 778, le chef Widukind se révolte, et en 779-780 de nouvelles expéditions, accompagnées de baptêmes en masse, sont nécessaires. Un nouvel accord est conclu en 782, pour être aussitôt violé par Widukind qui écrase une armée franque au Süntelgebirge (782). Charlemagne fait massacrer 4 500 Saxons à Verden et de 782 à 785 une guerre féroce aboutit à la conquête et à l'instauration d'un christianisme de terreur. La domination franque est si exécrée qu'elle provoque encore une révolte en 792 que Charlemagne réprime par la déportation massive d'une partie des habitants et l'installation de colons francs ; toutefois, le capitulaire saxon de 795 accorde aux uns et aux autres l'égalité de statut.

Il n'y a plus de grande révolte mais une partie du pays est désertée, et les tribus slaves, Abotrites (Holstein et Mecklembourg occidental) et Wilzes (Mecklembourg oriental), s'installent dans les zones abandonnées. Charlemagne termine aussi à la faveur de ces campagnes la conquête de la Frise orientale et organise une marche de Nordalbingie, au nord du pays saxon, pour contenir les Danois qui commencent à se montrer dangereux.

❑ ***Vers la Germanie centrale et méridionale.*** Les Francs sont déjà installés en Franconie, et l'Alémanie est annexée au royaume franc. En revanche, le duc de Bavière, Tassilon III, neveu de Pépin le Bref et époux d'une fille du roi des Lombards, Didier, gagne sans cesse vers l'est (la Carinthie) et le sud (la région de l'Adige), inquiétant Charlemagne, à partir du moment où il a conquis l'Italie. En 781, puis en 787, il exige du duc le renouvellement du serment vassalique autrefois prêté. En 788, Tassilon est déposé et condamné à mort pour non respect de ce serment (il est déporté à Jumièges), et la Bavière annexée au *regnum*.

Par la Bavière, les Francs entrent en contact avec les Avars, alliés de Tassilon, qui sont installés en Pannonie : trois expéditions en 791, 795 et 796, permettent de les écraser et de mettre la main sur le butin accumulé dans le *Ring** avar, près du confluent de la Tisza et du Danube ; l'évangélisation des Avars, confiée à Arn de Salzbourg, fait disparaître l'identité culturelle du peuple vaincu : du coup, le *no man's land* qui sépare les terres germaniques de celle des Avars est constitué en une nouvelle marche, la marche de l'Est (Ostmark).

L'expansion franque à partir de la Gaule

Charlemagne doit aussi guerroyer en Gaule où les particularismes sont toujours vivaces. Face à la Bretagne, il organise d'abord un groupement de comtés (le fameux Roland en est un moment le chef) puis à partir de 780 une grande marche dont le centre est installé au Mans. En 799, à la suite d'une campagne du comte Guy, l'Armorique paraît enfin soumise ; mais dès 811, elle se soulève.

Les Carolingiens sont en fait beaucoup plus préoccupés par le Sud-Ouest de la Gaule. Au début du règne, des campagnes soumettent l'Aquitaine et la Septimanie. Par ces provinces. Charlemagne entre en contact avec la péninsule ibérique où l'Émirat de Cordoue est en pleine crise politique : le gouverneur de Saragosse, et peut-être même le *wali** de Barcelone l'appellent au secours. Mais la campagne organisée en 778 tourne mal : Saragosse ne s'ouvre pas à l'armée franque, dont l'arrière-garde est massacrée sur le chemin du retour par les Basques au col de Roncevaux.

Conséquence de cet échec, le roi franc donne des gages au particularisme aquitain : un royaume d'Aquitaine est recréé pour son fils Louis en 781, et une marche organisée au Sud, regroupant Toulouse et la Septimanie. A partir de cette base, de nouvelles expéditions sont lancées : en 801, Tarragone et Barcelone sont prises, et en 804-807 ce sont de nouveaux efforts pour prendre Tortosa. Le résultat de tout ceci est une nouvelle marche, la marche d'Espagne.

L'Italie

Dès 773, le pape Hadrien fait appel au roi franc. Didier, roi des Lombards, attaque en effet à nouveau le Patrimoine de Saint-Pierre. Bien que Charlemagne ait épousé sa fille (répudiée d'ailleurs sitôt l'inévitable rupture), Didier lui est hostile, et entend faire donner l'onction royale aux deux fils de Carloman. Il se lie aussi au duc de Bavière, Tassilon, son gendre. Charlemagne assiège Didier à Pavie en 774 et l'oblige à capituler. Il annexe le royaume lombard dont il ne change pas l'organisation, mais une révolte en 776 le contraint à entreprendre une profonde réforme, accompagnée de l'introduction d'un personnel dirigeant franc et alaman et de nombreux colons ; l'autonomie du royaume est cependant rétablie en 781 pour Pépin, deuxième fils de Charlemagne.

L'annexion du royaume lombard rapproche Charlemagne de Rome et de Byzance, présente en Italie du Sud. Le roi s'est rendu à Rome pour célébrer Pâques en 774 ; il aurait, à cette occasion,confirmé les promesses de donations faites par son père. En tout cas, il est clair que la papauté assure d'une façon de plus en plus directe le gouvernement des terres qu'elle revendique, l'autorité suprême du roi restant sauve. Quant au contact avec Byzance, il est tout d'abord bon, puisque l'impératrice Irène fait demander à Charlemagne la main de sa fille. Mais l'intervention carolingienne dans le duché de Bénévent provoque la fureur des Byzantins qui préparent une grande expédition (qui n'aura jamais lieu) pour la reconquête du royaume lombard. Charlemagne s'empare dans ces circonstances du Nord de la Vénétie et de l'Istrie. Mais la révolution de 797 fomentée par Irène contre son propre fils Constantin VI met fin à la crise, en abaissant le prestige de Byzance : abaissement qui compte aussi dans la décision de recréer un Empire en Occident.

L'ÉTAT CAROLINGIEN

La réussite territoriale de Charlemagne est en effet éclatante. Victorieux sur presque toutes les frontières, imposant son pouvoir aux royaumes secondaires d'Aquitaine et d'Italie, Charlemagne ne peut plus se contenter du vieux cadre de la monarchie franque que son père Pépin le Bref avait pourtant rénovée en se faisant donner la couronne ; le prestige du souverain franc est tel que l'idée d'une nouvelle rénovation, celle de l'Empire, fait son chemin à la fin du XIIIe siècle, que ce soit chez les intellectuels de la Chapelle* du palais d'Aix-la-Chapelle, ou autour du pape, à Rome. Mais, derrière une savante construction idéologique dont le souvenir marquera profondément le monde médiéval, qu'en est-il de la nature profonde du nouvel « État »?

Le couronnement impérial

❑ ***Le besoin d'une autorité impériale.*** Le couronnement impérial résulte autant des manœuvres pontificales que de celles de l'empereur et de son entourage. Celui-ci — au premier rang duquel Alcuin — élabore l'idéologie d'un « Empire chrétien » qui emprunterait à la fois au passé romain, que les historiens et les poètes de la cour d'Aix-la-Chapelle redécouvrent, et à la tradition biblique (thème de la royauté davidique). Mais à Rome, depuis les négociations de Pépin le Bref avec les papes Zacharie et Étienne II, et surtout depuis la venue de Charlemagne en 774, un double processus est engagé : il s'agit à la fois d'une intégration croissante des États du Patrimoine de Saint-Pierre dans la zone d'autorité du roi des Francs, et, en même temps et grâce à cela précisément, d'un renforcement du pouvoir du pape sur des territoires qui jusque-là relevaient plutôt du *basileus* et ne respectaient guère le pouvoir temporel de la papauté.

Aussi, lorsqu'une fois de plus le pape Léon III est en difficultés avec l'aristocratie romaine, il cherche un défenseur en la personne du patrice des Romains, Charlemagne. Echappant de justesse à un attentat grâce aux *missi* francs, il se réfugie en 799 auprès de lui à Paderborn, réclamant, comme d'ailleurs ses adversaires, son jugement. Mais à quel titre le roi des Francs et des Lombards ou même le patrice des Romains peut-il juger un pape*, en l'occurrence accusé des pires crimes? Il manque bien à l'Occident l'autorité d'un empereur...

❑ ***Les ambiguïtés du couronnement.*** Arrivé à Rome en novembre, Charles fait arrêter les auteurs du complot contre Léon III qui se disculpe par serment le 23 décembre lors d'une grande assemblée réunissant clergé romain et nobles francs. On y décide de reconstituer l'Empire en fonction du principe déjà invoqué en 751 : que celui qui détenait la *potestas*, ait aussi le *nomen imperatoris*... Il ne reste plus qu'à accomplir la cérémonie. Depuis 476, la liturgie impériale est oubliée; il faut donc s'inspirer de la liturgie byzantine qui comporte trois éléments : les acclamations, le couronnement de l'empereur par le patriarche*, et enfin la *proskynèse* (prosternation) de tous les présents. Mais le couronnement romain de Noël 800 s'écarte, sur un point essentiel, de ce schéma. Le pape semble en effet avoir réussi à couronner l'empereur avant que ses guerriers ne l'acclament. C'est donc l'Église (en fait la papauté), et non le peuple qui a « créé » l'empereur, et il y a là une ambiguïté qui pèse sur toute l'histoire de l'Europe médiévale, affaiblissant en fin de compte aussi bien l'Empire que la papauté.

La construction idéologique

Les circonstances du couronnement ont sans doute mécontenté Charlemagne : il voyait son Empire comme un Empire chrétien, l'empereur, élu de Dieu, le garant suprême de la foi et le pape n'ayant qu'un rôle strictement sacerdotal (ce pourquoi l'empereur doit protéger le pape). Et Charlemagne n'a pas hésité à se mêler d'affaires religieuses, intervenant par exemple en Espagne, au-delà du territoire qu'il contrôle, pour combattre l'hérésie adoptioniste (résurgence de l'arianisme : le Christ est seulement « adopté » par le Père), ou encore dans la préparation des *Libri Carolini* pour contester les conclusions du concile de Nicée de 787.

Empire chrétien, l'Empire est aussi romain : mais Charlemagne se veut rénovateur de l'Empire d'Occident seul, pour se concilier les bonnes grâces des Byzantins, qui accueillent cependant avec indignation le couronnement de 800 — le titre un moment abandonné d'empereur des Romains est réintroduit dans la titulature du *basileus*. Sur le point de se réconcilier avec l'impératrice Irène, Charlemagne s'oppose à son successeur, Nicéphore Ier, qui rompt toute relation avec lui et proclame le pape Léon III schismatique. Une guerre s'ensuit : les Francs s'emparent de la Vénétie et de la Dalmatie, et, attaqués par les Bulgares, les Byzantins finissent par reconnaître en 811, non sans réticences, le titre impérial de Charlemagne qui leur rétrocède les provinces conquises.

La nature de l'État carolingien

Mais derrière la construction idéologique, qu'en est-il de la réalité du pouvoir, du contrôle de l'espace et des hommes ? L'État carolingien dispose d'une structure administrative plus forte que celle du royaume mérovingien, avec en son centre le palais, où s'assemblent les grands, où sont rédigés les *capitulaires* expédiés ensuite aux comtes et aux évêques, et d'où partent les *missi dominici*, envoyés du roi qui inspectent les comtes dans leurs comtés. Les comtes gouvernent l'ensemble du territoire à partir des *honores** (ensembles de terres et de revenus) qui leur sont attribués pour qu'ils aient les moyens d'agir, et commandent aux hommes libres, assurant le respect des sentences des tribunaux publics. Apparemment, nous retrouvons une notion du territoire proche de celle de l'Empire romain. Le souverain dispose d'une armée nombreuse qui, chaque année, regroupe en principe les hommes libres du peuple franc au champ de Mars pour décider des campagnes à mener.

En réalité, de plus en plus, ne viennent à l'armée que les fidèles du souverain (les *vassi dominici*) ou ceux de ses agents, les comtes notamment. La structure administrative existe, et les comtes et leurs délégués exercent les prérogatives publiques caractéristiques d'un État ; mais les ressources de cet État sont d'abord des ressources en terres, terres de l'Église, terres de l'aristocratie, dont la finalité réelle est de permettre l'équipement et l'entretien des hommes dont l'empereur a besoin. Aussi la structure administrative *publique* est doublée par une deuxième structure, constituée par l'intégration de la structure *privée* des relations personnelles (vassaliques) dans les institutions publiques. En ce sens, la monarchie carolingienne s'est admirablement adaptée à la réalité des structures sociales. Elle incorpore un élément de ce qui sera plus tard la féodalité : le lien personnel entre le souverain ou son représentant et le vassal ; d'ailleurs, vassaux et fidèles reçoivent (à titre le plus souvent viager) des bénéfices qui sont quant à eux les antécédents du fief.

Une ambiguïté subsiste cependant, que révèle bien l'institution en 780 du serment de fidélité au souverain, d'abord seulement négatif (ne rien faire contre lui), puis à partir de 802 de plus en plus élaboré. Pour Charlemagne, le serment, s'il remet au premier plan le lien entre roi et sujets, ne fait que confirmer le devoir général de fidélité de tous les hommes libres envers celui qui est l'incarnation de la loi ; cependant, quand il est effectivement demandé, le serment peut être ressenti par certains comme conditionnel ; soit que ceux qui ne le prêtent pas se sentent déliés du devoir de fidélité, soit que ceux qui le prêtent lui accordent une signification contractuelle. Dans les révoltes que Charlemagne réprime, il y a les deux éléments ; leur importance grandit sous ses successeurs.

Vassalité et bénéfice sont donc partie intégrante de « l'État » carolingien : il y a osmose du public et du privé, trait qui annonce le féodalisme, comme d'ailleurs le rôle déterminant de la personnalité du souverain et seigneur. De ce point de vue, Charlemagne est plus un roi médiéval qu'un nouvel empereur, et sa personnalité exceptionnelle est l'un des facteurs déterminants du succès. Autre constatation : le bénéfice n'existe que par l'absence d'un système de ressources qui permette au souverain de rétribuer ses agents. Or la quantité des bénéfices à distribuer est restreinte, si les limites de l'Empire sont fixes. L'Empire carolingien reste un « Empire » prédateur, qui se nourrit de ses conquêtes : elles seules alimentent sans trop de conflits le système de la vassalité et du bénéfice. Il est condamné à l'expansion.

Dans cette Europe du Nord-Ouest naît le Moyen Age européen. Le christianisme, les cultures irlandaise et anglo-saxonne, le commerce frison, la puissance austrasienne en sont les composantes, Rome n'étant plus qu'un souvenir lointain. Souvenir assez fort, pourtant, pour qu'encore une fois on rende vie au mythe impérial en insufflant aux vestiges romains la vitalité renaissante de l'Europe du Nord : c'est le sens de l'œuvre de Charlemagne. Son Empire, présenté comme une restauration de l'Empire romain d'Occident, est en réalité une construction originale, qui intègre dans une même structure de pouvoir la force guerrière de l'Austrasie et des aristocraties militaires germaniques d'une part, et les capacités idéologiques et administratives d'une Église franque renouvelée par l'inspiration irlandaise et anglo-saxonne ; Charlemagne réussit la synthèse manquée par les Mérovingiens. Celle-ci peut-elle durer ? Au sud, l'Islam est un adversaire redoutable ; à l'est, les armées carolingiennes ont atteint la limite de leur rayon d'action, les marches sont à peine colonisées ; au nord et à l'ouest, de nouveaux venus redoutables, les Vikings, apparaissent, ruinant les régions maritimes qui ont revitalisé l'économie franque. La construction politique de Charlemagne, brillante, mais fragile et ambiguë, peut-elle lui survivre ?

CARTE

L'Empire carolingien
0°Gr.
15°
Principaux palais de Charlemagne
Grands monastères
Villes commerçantes à l'Est
PICTES D'ÉCOSSE
Strathclyde
ROY. DE NORTHUMBRIE
ROYAUMES
ANGLO-SAXONS
R. DE MERCIE
WESSEX
ESSEX
IRLANDE
BRETONS
ROYAUMES
Pays de Galles
Dike d'Offa
Cornouaille
JUTES
DANOIS
Danewirk
NORMANDS 810
Schwentine 798
NORDALBIGIENS
OBODRITES
WILZES
LINONS
Birka
Hambourg
Brême
Verden
Frise
Saxe
Süntdal 782
Magdebourg
Corvey
772
Eresbourg
Fulda
Erfurt
SORBES
TCHÈQUES 805-806
MORAVES
SLOVAQUES
AVARS
Vistule
Oder
809
812
808-811
806
Nimègue
Mersen
Herstal
Aix-la-Ch.
Cologne
Saint-Omer
Saint-Riquier
Saint-Wandrille
Ribemont
Corbie
Ingelheim
Mayence
Hallstadt
Forchheim
Quierzy
Attigny
AUSTRASIE
Premberg
Pitres
Saint-Denis
Reims
Thionville
Paris
Ponthion
Verdun
Meuse
Moselle
Ratisbonne
Mautern
Linz
Lorch
Pochlarn
Danube
Strasbourg
786/799
BRETAGNE
NEUSTRIE
Seine
Rhin
ALÉMANIE
Bavière (788)
Marche de Pannonie
Marche de Bretagne
814
Tours
Loire
841
Fontenoy-en-P.
Luxeuil
Saône
Carinthie
NORMANDS 799
Poitiers
732
Saint-Maurice
Ring avar?
796
795
45°
AQUITAINE
Lyon
BOURGOGNE
ROYAUME
Aquilée
Bordeaux
Vienne
Milan
Pavie
Venise
799
Pô
CROATES
Dalmatie
BOSNIENS
SERBES
Cavadonga
722
Pampelune
ROYAUME DES ASTURIES
GASCOGNE
Roncevaux 778
NAVARRE
Rhône
Nîmes
759
PROVENCE
LOMBARD
(jusqu'en 774 royaume d'Italie ensuite)
Ravenne
DOMAINE DE SAINT PIERRE
Spalato
Narbonne
SEPTIMANIE
Arles
DUCHÉ DE SPOLÈTE
Farfa
Rome
Cattaro
Marche d'Espagne
Gérone 795
Corse
812
Ebre
Barcelone 801
Tarragone 808
Tortosa 811
Mont-Cassin
DUCHÉ DE BÉNÉVENT
787
Naples
ÉMIRAT DE CORDOUE
Sardaigne
EMPIRE BYZANTIN
Baléares
Palerme
Sicile
Berceau des Carolingiens
EMPIRE DE CHARLEMAGNE EN 814
Royaume carolingien en 768 (Pépin le Bref)
Pays occupés mais non pacifiés en 768
Territoires tributaires de Charlemagne en 814
Annexions de Charlemagne (768-814)
Zone soumise à l'influence de Charlemagne en 814
Échelle : 1/15 000 000
0
500 km

5

La seconde vague des invasions et l'effondrement carolingien

L'Empire de Charlemagne révèle vite ses limites. Les mouvements des peuples, un moment ralentis, reprennent au début du IXe siècle, et la puissance de l'Islam demeure menaçante en Méditerranée. Mais plus que ces causes externes, ses propres faiblesses abattent l'État carolingien. Au temps des épreuves, les rêves romain ou davidique ne sont plus que des fantasmes derrière lesquels reparaissent la violence indocile, la faim de terre et de pouvoir des guerriers francs. Mais c'est aussi dans l'apparente anarchie de cette sombre époque que se forge un nouveau système de pouvoirs, la féodalité.

LES INVASIONS

Les Vikings

❑ ***Les Scandinaves.*** Les Frisons fréquentent déjà les terres scandinaves, à Haithabu au Danemark ou à Birka sur le lac Malar en Suède. Il s'agit d'un monde assez isolé jusqu'au VIIIe siècle, même s'il connaît alors une brillante civilisation (dite de Vendel) dont les belles tombes à navire révèlent déjà une double activité militaire et maritime. Isolés, ces peuples germaniques ont acquis des caractères originaux.

A la base de la structure sociale, se trouvent les propriétaires fonciers libres. Les plus riches, chefs de lignages, dominent l'assemblée des libres (le *thing*) et conduisent leurs hommes à la guerre. Au-dessus d'eux, viennent les chefs régionaux héréditaires, les *jarls*, et ceux des royautés proches des royautés héroïques germaniques (dynasties des Yglingar en Norvège et en Suède dans l'Uppland, mais aussi au Danemark, peu connu avant la dynastie des Jellings au Xe siècle). En tout cas, les trois nationalités se distinguent dès le VIIIe siècle. Ces peuples sont païens. Leur religion et leur histoire politique primitives sont mal connues, malgré les *runes*. La poésie des *scaldes* n'apparaît il est vrai que dans la seconde moitié du IXe siècle, donc après le contact avec les traditions poétiques irlandaises. Quant à la religion, l'*Edda* n'est connue que par un seul manuscrit islandais du XIIIe siècle.

❑ ***Le dynamisme scandinave.*** Les causes et les débuts de l'expansion scandinave sont obscurs : les sources les plus explicites sont les *sagas*, mais elles datent des XIIe et XIIIe siècles ; quant aux sources « européennes », elles sont morcelées et témoignent surtout d'une intense stupeur. Seule l'archéologie est fiable, mais elle n'est suffisamment développée qu'en Scandinavie même et en Angleterre du Nord. La cause la plus vraisemblable est celle d'une crise socio-politique résultant de la croissance engendrée par la paix et par un relatif réchauffement climatique. Les chefs libres auraient eu à la fois les moyens et la tentation de se lancer dans des aventures extérieures pour échapper à l'emprise royale. Il est symptomatique qu'à l'exception du Danemark, les dynasties royales ne prennent que tardivement part aux expéditions qui passent du commerce et de la piraterie à la conquête et à la colonisation.

– *Les Norvégiens.* Ils se manifestent les premiers, apparaissant sur les côtes d'Angleterre, d'Irlande et de Gaule dans la dernière décennie du VIIIe siècle. De Bergen, ils atteignent les îles Shetland où ils s'installent. De là, ils s'embarquent vers le nord ou vers le sud. Au nord, ils atteignent les îles Féroé, l'Islande, où ils s'établissent vers 860, le Groenland, découvert par Éric le Rouge en 981 et colonisé à partir de 996, et même l'Amérique (le Vinland, découvert par Leif Ericson vers l'an 1000, mais plus tard oublié). Au sud, ils atteignent l'Écosse (*« Sutherland »*, le pays du sud), les îles Hébrides et l'île de Man (où se développent des civilisations celto-norvégiennes qui prospèrent jusqu'au XIIIe siècle), l'Irlande enfin où après de dures luttes se créent de petits royaumes centrés sur les ports (Dublin, Limerick, Cork, Waterford, Wexford). L'expansion norvégienne est la plus aventureuse, guidée par le hasard et la curiosité héroïque ; elle ne débouche pas sur de grandes constructions politiques, mais du Vinland à Séville (brûlée en 844) et même jusqu'au Maroc, elle couvre un espace immense.

– *Les Danois.* Leurs routes longent les côtes de la mer du Nord d'où ils gagnent l'Angleterre et la Gaule. Plus organisés, ils cherchent du butin, et pour cela fixent rapidement leurs camps de base à l'embouchure des fleuves (par exemple sur la Loire ou sur la Seine, à l'île d'Oissel). De là, ils mettent en place une véritable fiscalité d'extorsion, les *Danegelds* avant d'exiger de vastes concessions de terres qu'ils colonisent. Mais les armées danoises, si elles ont plus de cohésion que les autres, ne l'ont que le temps d'une compagne : la paix génère la crise et la plupart des États danois disparaissent vite.

En Angleterre, les Danois s'installent ainsi dans le Nord et en East-Anglie (877). Le roi anglo-saxon Alfred (871-899) organise alors la résistance, l'appuyant sur des *burhs* royaux fortifiés et revitalisant la civilisation anglo-saxonne. Une reconquête s'ensuit : le royaume danois d'York disparaît en 954, même si le Nord de l'Angleterre (le *Danelaw*) reste profondément marqué par le peuplement et par les traditions danoises. L'Angleterre est difficile à défendre : lorsque les rois danois de la fin du Xe siècle, Harald Dent-Bleue (940-985) et Sven Barbe-Fourchue (985-1014) prennent en main l'organisation des expéditions, les Anglo-Saxons sont vaincus. En 1016, le fils de Sven, Knut le Grand achève la conquête de l'Angleterre et règne sur un vaste Empire danois englobant aussi, après la mort de son frère Harald (1018), Danemark, Scanie, puis Norvège (1030-1035).

A sa mort en 1035, les rivalités de ses fils Harald († 1040) et Harthacnut († 1042) permettent à l'Anglo-Saxon Édouard le Confesseur de remonter sur le trône (1042) mais à la mort de ce dernier, l'aristocratie anglo-danoise fait encore appel au Danois Harald le Sévère (ancien chef de la garde varangue de Constantinople et gendre du prince de Kiev, Iaroslav) : il est battu et tué par les Anglo-Saxons d'Harold à Stamfordbridge (1066). Lorsque le vainqueur d'Harold, Guillaume le Conquérant, est à son tour menacé par le roi danois Svend Estridsen en 1069, il prend les devants en massacrant l'aristocratie anglo-danoise et en dévastant le *Danelaw* : c'est la fin de la puissance danoise en Angleterre.

En Gaule, les têtes de pont fluviales donnent naissance à des mini-États. Le seul qui dure est la Normandie, nom qu'elle doit à ses occupants. Charles le Simple l'a donnée en 911, par le traité de Saint-Clair sur Epte au chef Rollon, sans doute originaire du lignage des jarls des Orcades, lui-même lié à celui des jarls du pays de More en Norvège, mais chef d'une troupe essentiellement danoise. Survivant à une grave crise de croissance en 942-944, la Normandie est le seul État viking qui « réussit ». Ses chefs s'approprient et préservent à leur profit les prérogatives de la puissance publique : paradoxalement, la Normandie est à la fin du Xᵉ siècle un vrai conservatoire des institutions carolingiennes, en pleine décomposition partout ailleurs ; la féodalité normande est de ce fait très particulière. De plus, la langue scandinave disparaît dès le début du XIᵉ siècle et le christianisme connaît un développement rapide, grâce à la fondation par les ducs d'une série de grands monastères bénédictins. Sans doute reste-t-il chez les Hauteville (fondateurs des État normands d'Italie du Sud) et chez le duc de Normandie Guillaume le Conquérant quelque chose de l'esprit viking : mais leur appétit de conquête et leur dynamisme doivent aussi beaucoup au féodalisme...

– *Les Suédois.* Ils sont en relation avec l'Orient, où les Vikings sont nommés Varègues*, depuis le VIIᵉ siècle au moins, à en juger par l'archéologie. Habitués de la côte Est de la Baltique, ils remontent fleuves et lacs, portant leurs barques sur les interfluves jusqu'au Dniepr et à la mer Noire, ou jusqu'à la Volga, d'où ils atteignent la Caspienne et (via le Don) la mer Noire. La longueur de ces routes les oblige à une attitude différente de celle des Vikings d'Occident : il y a certes, des épisodes guerriers mal connus, à l'exception du dernier, l'expédition catastrophique menée en 1040 par le chef Ingvar contre le *« Serkland »*, au nord de l'Iran, mais dans l'ensemble les Varègues se présentent comme des commerçants ou des mercenaires. La garde varègue des empereurs byzantins est célèbre, et les *« Varangoï »* au service de Byzance combattent de la Syrie à la Sicile.

C'est aussi à titre de mercenaires que les Varègues s'intègrent aux *druzhina* (bandes militaires) assurant la sécurité des *gorodas** slaves qui se sont développées sur les grandes routes commerciales de l'Est : Novgorod, Smolensk, Vladimir, Kiev etc... Ils profitent rapidement de leur situation pour obtenir le pouvoir politique dans plusieurs de ces villes : plusieurs expériences sont connues à partir du milieu du IXᵉ siècle, la plus remarquable étant celle d'Oleg, fils de Rurik, qui s'impose à Novgorod, à Smolensk et surtout à Kiev en 882. Il fonde ainsi une dynastie qui règne jusqu'au XVIe siècle et une principauté qui est l'embryon de l'État russe. Le terme russe apparaît en effet à ce moment-là, et, bien que les opinions des historiens divergent sur ce point, il semble désigner les élites varègues qui ont pris la direction des peuples slaves : lorsqu'en 907 Oleg assiège Constantinople, il est désigné comme le chef des « Rôs », et il est sûr qu'il a des troupes largement slaves. Les liens avec la Suède se distendent cependant au XIe siècle, d'autant plus facilement qu'au Xe siècle les dynastes varègues ont été convertis au christianisme par l'intermédiaire de Byzance, alors que les Suédois ne le seront qu'à partir du XIe siècle par des missionnaires allemands ou danois.

Les Hongrois

Peuple de la steppe, ils sont d'origine ougrienne et non turque, même si des tribus turques se sont jointes à eux, tels les Onogoures qui leur donnent leur nom (eux-mêmes s'appellent Magyars). Installés sur la Kama au VIIe siècle, ils migrent vers l'Ukraine orientale, sans doute à cause des Turcs. En 889, attaqués par un peuple turc, les Petchénègues (eux-mêmes bousculés par les Ouzes et les Khazars), ils fuient vers l'Ukraine occidentale où l'empereur byzantin Léon VI les utilise pour attaquer les Bulgares à revers. Abandonnés par Byzance, pris entre Bulgares et Petchénègues, ils franchissent les Carpates sous la conduite du roi Arpad et s'installent en Pannonie, vide depuis l'effondrement des Avars.

De là ils rayonnent sur toute l'Europe occidentale, organisant presque chaque année une grande expédition (33 entre 899 à 955), parfois fort lointaine, les points extrêmes étant Brême au nord (915), Mende au sud-ouest (924), et Otrante au sud-est (947). Ces raids dévastent les campagnes; nombre de monastères sont détruits. Les villes souffrent moins, les Hongrois comptant sur la surprise et la terreur pour obtenir des rançons plutôt que de s'attarder en de longs sièges. Presque toujours vainqueurs, ils déciment les élites militaires carolingiennes, notamment en Germanie, leur terrain de prédilection. Mais en 955 ils sont écrasés à la bataille du Lechfeld par le roi de Germanie Otton Ier et ils se replient dès lors sur la Pannonie où ils s'implantent définitivement. Leur roi Vajk se convertit au christianisme en 996-997 pour épouser une princesse bavaroise et il reçoit en l'an 1000 la couronne sous le nom d'Étienne (plus tard saint Étienne) : avec eux, l'Europe gagne une nouvelle composante dont l'un des mérites est précisément de fermer définitivement la voie des invasions asiatiques.

Les Sarrasins

La grande poussée de l'Islam s'apaise en Europe après la conquête de l'Espagne : la voie de terre est fermée par la puissance carolingienne. Le danger musulman se manifeste cependant en permanence à partir des voies maritimes et des bases navales plus ou moins indépendantes, située sur les côtes d'Espagne ou d'Afrique du Nord. Après 827, les « Sarrasins » s'emparent de la Sicile, puis en 902 des Baléares. Ils s'installent aussi sur les côtes de la Gaule et de l'Italie dans des repaires à partir desquels ils rayonnent parfois très loin : en Gaule, ils sont à *Fraxinetum* (La Garde-Freinet, dans le massif des Maures) d'où ils vont jusqu'aux cols alpins ; en Italie, ils sont au Liri (entre Rome et Naples), à Agropoli, au sud de Salerne, à Tarente (840-880) et à Bari (841-871). De là, ils tentent une conquête de l'Italie du Sud que seul l'empereur byzantin Basile Ier empêche.

Sans être conquises, la Corse et la Sardaigne, sans cesse dévastées, sont coupées du continent. Sur tout le littoral de la Méditerranée occidentale, les populations désertent la côte devenue répulsive et toujours à la merci d'une attaque surprise (Gênes est ainsi prise en 932) pour se réfugier sur des sites perchés ; l'habitat dispersé, les églises et les monastères isolés disparaissent. Si à la fin du xe siècle la plupart des places fortes sarrasines sont reprises (972-973 pour *Fraxinetum*), l'insécurité des côtes méditerranéennes est pour longtemps encore un caractère propre à l'Europe occidentale.

L'EFFONDREMENT CAROLINGIEN

Partages de l'Empire et naissance des royaumes nationaux

❑ ***Louis le Pieux et ses descendants.*** Le successeur de Charlemagne, Louis le Pieux, faible et influençable tombe sous la coupe de ses conseillers ecclésiastiques. Ceux-ci ont bien vu le danger : en 817, l'*ordinatio imperii* prévoit en effet que chacun des trois fils du nouvel empereur (Lothaire, Louis et Pépin, qui meurt en 838) aurait un lot de territoires, mais que l'Empire ne serait pas partagé et irait à l'aîné, Lothaire. Or, l'édifice est affaibli par le remariage de Louis le Pieux avec la Bavaroise Judith qui obtient, en 829, qu'un lot soit constitué pour le fils né de cette union, Charles. Cette violation de l'*ordinatio* provoque une guerre entre Louis et ses trois premiers fils : appuyés par le pape Grégoire IV, ces derniers obtiennent l'abdication de leur père en 833.

Mais Lothaire, devenu empereur, suscite l'hostilité de ses frères : il relâche son père, mais celui-ci, ballotté au gré des alliances qui se font et se défont, n'est plus, jusqu'à sa mort en 840, qu'un empereur fantoche. Les guerres continuent cependant. En 841, Lothaire est battu par ses deux frères survivants, Louis (le Germanique) et Charles (le Chauve) à la sanglante bataille de Fontenoy-en-Puisaye. Pour reconstituer ses forces, il n'hésite pas à s'allier avec les Danois et les Saxons révoltés : Louis et Charles réunissent alors leurs forces à Strasbourg en 842 et se prêtent un serment mutuel d'aide et d'assistance. On sait qu'ils durent le répéter en deux langues, l'une romane, l'autre germanique afin d'être compris de tous leurs fidèles : il n'y a pas de meilleur symbole du processus de fractionnement de l'Empire carolingien. Finalement, plutôt que de se battre, les trois frères se partagent l'Empire en 843 par le traité de Verdun. Louis le Germanique obtient la Bavière et les pays germaniques de la rive droite du Rhin, Charles le Chauve les pays romans jusqu'à l'Escaut, la Meuse, la Saône et le Rhône. Quant à Lothaire, outre le titre impérial, il garde la partie intermédiaire, vitale pour le prestige de l'autorité impériale à savoir, la « Lorraine », en fait le cœur de l'Austrasie, avec Aix-la-Chapelle, l'Italie, avec Rome et la voie de passage entre les deux. L'ensemble est appelé Lotharingie (d'où Lorraine).

A la mort de Lothaire, cet État composite se fractionne : l'aîné, Louis II, obtient à la fois l'Italie et le titre impérial, Lothaire II, la Frise et l'Austrasie (la Lorraine), et Charles, la Provence. A la mort de Louis II, en 875, le dernier des fils survivants de Louis le Pieux obtient du pape la couronne impériale, acceptant du même coup un assujettissement de l'Empire à la papauté. La couronne impériale passe ainsi, au gré des négociations avec la papauté, à Louis II le Bègue, puis après une vacance de trois ans, à Charles le Gros (882) qui, incapable, est déposé par les grands de Germanie sous l'impulsion d'un bâtard de son frère Carloman, Arnulf (assemblée de Tribur, 887). Ce dernier, comme d'ailleurs plusieurs rois d'Italie, porte le titre impérial, bien que celui-ci n'ait plus aucune signification.

❑ ***Le destin des royaumes nationaux.*** La perte du prestige impérial accélère le processus commencé en 841-843 : la disparition de la fiction révèle la constitution d'ensembles « nationaux » plus ou moins stables.

– *La Germanie.* Arnulf consolide son pouvoir en Germanie avant de se préoccuper de l'Empire. Il lui faut alors effectuer deux descentes en Italie (894 et 895) pour être couronné empereur : mais il meurt en 899. Son fils, Louis IV l'Enfant, lui succède mais meurt à 18 ans en 911, alors que la Germanie est ravagée par les Hongrois. La nécessité de la défense prime sur la légitimité dynastique : les grands désignent le duc de Franconie Conrad Ier (dont la mère était une carolingienne), puis en 919, le duc de Saxe, Henri l'Oiseleur, qui n'a aucun lien avec les carolingiens : la dynastie austrasienne laisse la place aux Saxons, ennemis traditionnels des Francs. Henri Ier reconnaît l'autonomie des « duchés nationaux », mais récupère la Lorraine (925) et bat les Hongrois (933), les Slaves et les Danois, donnant à la monarchie un grand prestige. Son fils Otton (d'où le nom de dynastie ottonienne) lui succède sans difficulté en 936.

– *La Lorraine.* Dans cette zone, aucun pouvoir stable ne s'affirme ; elle est constamment disputée entre les rois de Germanie et ceux de Francie qui essaient respectivement de récupérer les bases ancestrales de la puissance carolingienne. A partir de 925, elle est pour l'essentiel sous contrôle ottonien.

– *La Francie.* Charles le Chauve règne longtemps sur le royaume des Francs de l'Ouest, mais les forces centrifuges se manifestent déjà. La Bretagne (duc

Nominoë, et ses successeurs Erispoë, Salomon, Alain) reste inaccessible, la Gascogne (avec, au-delà des Pyrénées, la naissance de la Navarre) échappe en 880 au contrôle carolingien, tandis que des principautés se constituent en Flandre (Beaudouin) et en Septimanie (Bernard). Après la mort de Charles le Chauve en 877, Louis II le Bègue ne règne que deux ans, ne laissant à sa mort que deux jeunes enfants : Louis III, mort en 882 et Carloman, mort en 884. Les grands, effrayés par le péril viking, font appel à l'empereur Charles le Gros plutôt qu'au futur Charles III (le Simple), encore enfant. Mais l'empereur, trop occupé par les affaires d'Italie et de Germanie (où il est déposé en 887) ne peut défendre la Francie contre les Vikings : suivant l'exemple des grands de Germanie, les grands de Francie donnent en 888 le pouvoir à Eudes, comte de Paris, fils et héritier du marquis de Neustrie, Robert le Fort.

Robert le Fort a en effet reçu de Charles le Chauve la mission de défendre l'ensemble des comtés entre Loire et Saône : il est d'ailleurs mort au combat face aux Vikings à la bataille de Brissarthe (866). Eudes s'est quant à lui illustré en défendant Paris contre les Vikings en 885. Les grands de Francie se détournent de la famille carolingienne, absorbée par le mirage lotharingien, le rêve de l'Empire et les rivalités dynastiques, pour se tourner vers ceux qui défendent le pays contre les envahisseurs. Mais une fois roi, Eudes n'a pas plus de moyens qu'auparavant et il est à son tour submergé par les responsabilités. A sa mort, en 898, le pouvoir revient donc au carolingien Charles III le Simple.

Ce dernier, obsédé par la Lorraine qu'il conteste aux Arnulfiens, sacrifie délibérément l'Ouest du royaume et se brouille avec les grands : d'où le traité de Saint-Clair sur Epte en 911 avec Rollon, qui doit laisser au roi les mains libres pour intervenir à l'Est. Les grands désignent en 922 un nouveau roi, le frère d'Eudes, Robert Ier : lorsqu'il est tué à la bataille de Soissons (923), les grands désignent pour lui succéder son gendre, Raoul de Bourgogne. Charles III meurt en 929, Raoul en 936 : le fils de Charles III, l'énergique et capable Louis IV d'Outremer — il s'était un temps réfugié en Angleterre — monte sur le trône (936-954). Il s'intéresse aussi à la Lorraine, mais appuyé sur un minuscule domaine, centré sur Laon, il doit composer avec le puissant Hugues le Grand, fils de Robert le Fort.

Ses successeurs, Lothaire (954-986) et Louis V (986-987) s'engluent dans la même contradiction : vouloir récupérer la Lorraine, où les Ottoniens se sont implantés, appuyés sur leur base saxonne, alors qu'eux-mêmes ne disposent d'aucune base comparable en Francie. A la mort de Louis V, l'archevêque de Reims, Adalbéron, (que Louis V voulait faire déposer pour son soutien à la politique ottonienne) pousse les grands à donner le trône au fils d'Hugues le Grand, Hugues Capet (987). Une tentative de restauration carolingienne menée par le frère de Lothaire, Charles de Lorraine, échoue. Il est livré à Hugues en 991 par Adalbéron de Laon. C'est la fin de la dynastie de Charlemagne.

– *La Bourgogne et la Provence.* Gendre de l'empereur Louis II, Boson a été proclamé roi des Bourguignons et des Provençaux. A sa mort, en 887, son fils Louis se maintient en Provence, tandis que Rodolphe Ier est élu roi de Bourgogne, fort de ses comtés de Bourgogne transjurane. Louis de Provence se jette dans l'imbroglio italien pour conquérir la couronne impériale : il s'en saisit en 901, mais est fait prisonnier et aveuglé par ses adversaires à Vérone. Il règne donc sur la seule Provence jusqu'à sa mort. Son fils est dépossédé par Hugues d'Arles qui, lui aussi, est essentiellement intéressé par l'Italie. En 932, il vend le royaume de Provence au roi de Bourgogne Rodolphe II, qui reconstitue à son profit le royaume de Boson, État vaste mais faible qui perdure jusqu'en 1034, date à laquelle il est réabsorbé par l'Empire.

– *L'Italie.* Elle est disputée entre deux arrière-petits-fils de Charlemagne, Guy de Spolète et Bérenger de Frioul. Guy, vainqueur, est couronné empereur en 891 mais son pouvoir n'est pas reconnu en Italie du Nord. A la mort de son fils Lambert en 898, la lutte est acharnée entre Bérenger de Frioul et ses voisins occidentaux : il est vainqueur de Louis de Provence en 905, mais en 922 les grands font appel à Rodolphe II de Bourgogne. Victorieux, celui-ci profite de l'assassinat de Bérenger en 924, mais est chassé par la révolte des grands qui, en 926, offrent la couronne à Hugues d'Arles. Hugues est à son tour vaincu en 945 par Bérenger d'Ivrée qui, à la mort de Hugues (947) et de son fils Lothaire (950) devient roi ; mais la veuve de Lothaire, Adélaïde, fille de Rodolphe II de Bourgogne, fait appel au roi de Germanie, Otton Ier, qui descend en Italie et l'épouse (951). Bérenger est éliminé en 961 : le couronnement impérial de 962 est la conséquence de la mainmise ottonienne sur le royaume d'Italie. Il ouvre un nouveau chapitre de l'histoire européenne.

Les modifications des structures politiques

La tourmente des invasions, l'instabilité des frontières, et les luttes dynastiques ont profondément transformé les structures de l'Empire. L'impuissance des Carolingiens, où qu'ils soient, à redresser la barre tient moins à leur incapacité individuelle qu'à ces modifications de structures, aboutissant à ce que l'on appelle parfois la révolution féodale. Dès 840, il est pratiquement impossible de retirer leurs *honores** aux fonctionnaires et le synode de Coullaines, en 843, officialise la pratique. De même, en 877, le capitulaire de Quierzy rend les comtes pratiquement inamovibles et consacre l'hérédité des bénéfices, entrée depuis déjà longtemps dans les faits. Plus grave encore, les fidélités sont détruites puisque les efforts des princes carolingiens pour débaucher les vassaux de leurs adversaires aboutissent à des fidélités multiples, vidées de leur sens.

Les palliatifs aggravent le mal. Les distributions massives de bénéfices (Charles le Chauve aurait distribué pour la seule Francie quatre fois plus de terres que Charlemagne pour tout l'Empire) appauvrissent les souverains. L'attribution de « grands commandements » par le regroupement de plusieurs comtés pour assurer une défense effective donne quelques résultats, mais elle constitue à terme des pôles centrifuges qui évoluent en principautés autonomes. Certaines de ces principautés, trop faibles, s'effondrent à leur tour, laissant le pouvoir réel s'exercer au niveau du château local.

La reconnaissance du rôle éminent de l'Église, enfin, fait de celle-ci une autorité qui, se considérant comme supérieure à celle du roi, s'érige en juge de sa légitimité et de la moralité de ses actes. Mais l'Église est elle aussi atteinte par la mutation générale : évêques et abbés entrent dans les liens de vassalité, le haut-clergé se laïcise, et l'aristocratie dépouille les églises de leurs terres. Ainsi s'asphyxie le dernier soutien des Carolingiens.

L'élargissement de l'Europe chrétienne

Le tableau n'est pas entièrement négatif, car cette implosion de l'Empire carolingien s'accompagne d'un mouvement continu de conversion des peuples que la seconde vague des invasions a mis en contact avec l'Europe chrétienne. Avec la religion se diffusent aussi les influences politiques et culturelles, et les peuples de la périphérie de l'Empire s'agrègent bientôt à l'Europe chrétienne et cessent de la menacer.

❑ ***Les Scandinaves.*** La conversion est liée aux transformations politiques du monde scandinave et elle est en général encouragée par les souverains qui voient là l'occasion de renforcer leur pouvoir. En Norvège, Harald le Bon († 960) et Olaf Tryggvason († 1000) sont baptisés, mais le fils de ce dernier, saint Olaf, roi de 1016 à 1030, assure, non sans heurts violents avec l'aristocratie, la conversion de l'ensemble du peuple : il est assassiné en 1030 et le royaume annexé par Knut le Grand ne recouvre son indépendance qu'en 1035.

Au Danemark, le roi Harald à la Dent Bleue (mort vers 986) convertit vers 960 son peuple et consolide du même coup la monarchie danoise qu'illustrent son fils Sven et son petit-fils Knut. Sous l'égide de la dynastie danoise, les missionnaires allemands œuvrent aussi en Norvège, convertissent l'Islande et atteignent la Suède où la conversion du roi Olof Eriksson Sköttkonung reste sans lendemain : un archevêché n'est organisé à Lund que vers 1100 et le développement de la monarchie suédoise date seulement du XIIe siècle.

❑ ***Hongrois et Slaves occidentaux.*** La conversion en 996-997 de Vajk (saint Étienne) et des Hongrois a déjà été évoquée. Les Slaves, de leur côté, achèvent de se sédentariser et leurs chefs voient dans la conversion un bon moyen de légitimer et de stabiliser leur pouvoir. Au sud, la Croatie de Tomislav Ier, qui reçoit sa couronne du pape Jean X en 925, est convertie par les Latins, et essaie d'imposer sa domination à la Serbie : mais celle-ci est incorporée à la Bulgarie, et passe donc dans l'orbite byzantine.

La même concurrence se retrouve en Europe centrale : la principauté de Moravie est convertie par Byzance mais elle est rapidement détruite par les Hongrois. Les Tchèques de Bohême, convertis au début du Xe siècle au christianisme latin sous l'égide de leur roi saint Venceslas (915-929), dominent alors la région. Le roi Boleslas Ier (929-967) et la dynastie nationale des Przemyslides doivent cependant résister à l'influence germanique tout comme la grande principauté qui regroupe sous l'autorité du prince des Polanes, Mieszko Ier, les Polanes (installés autour de Gniezno) et les Vislanes (établis le long de la Vistule). Mieszko Ier se convertit en 966 et le titre de roi de Pologne est reconnu à son fils Boleslas le Vaillant en 1025 : ce dernier réussit un temps à dominer la Bohême et établit solidement la dynastie des Piast. Plus à l'est enfin, le prince de Kiev Vladimir, converti en 987 par les Byzantins, dirige une principauté russe, d'ailleurs assez instable.

La grande tourmente qui paraît engloutir l'Europe occidentale peu après la mort de Charlemagne est donc une période de mutations profondes. Sous les ruines de l'État carolingien, construction fragile et éphémère, s'amorce la révolution féodale qui, transformant les rapports de production et donnant le pouvoir à la classe des guerriers, redonne une vitalité nouvelle à l'économie et à la puissance de l'Europe. En même temps, l'Église se maintient et ses missionnaires gagnent au christianisme ces peuples qui paraissaient les adversaires les plus implacables du monde carolingien : les Hongrois et les Scandinaves, la plupart des Slaves. Chrétiens, ces peuples font désormais partie d'une Europe qui sort agrandie de l'épreuve.

CARTE

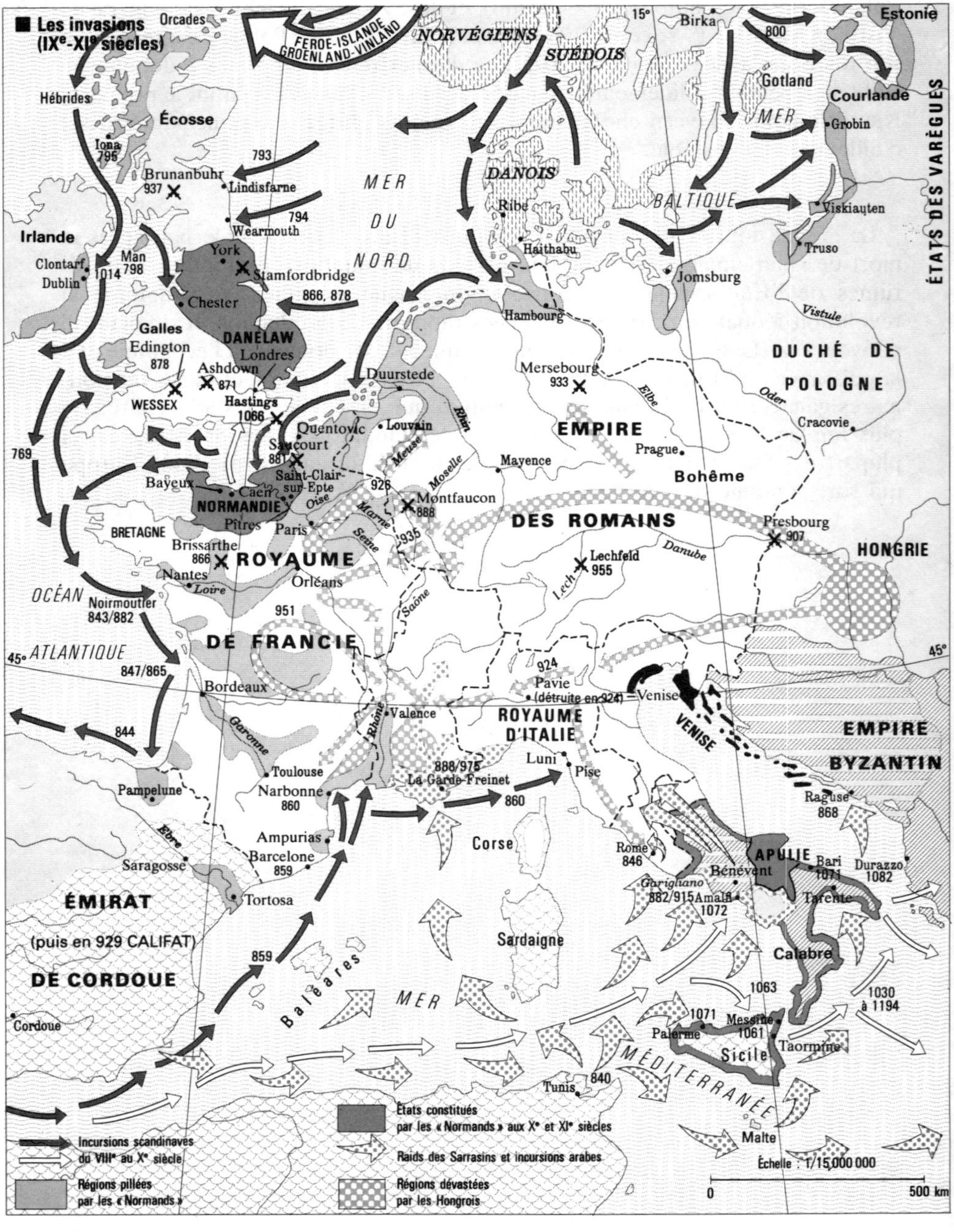
■ Les invasions (IXe-XIe siècles)
Orcades
FEROE-ISLANDE GROENLAND-VINLAND
NORVÉGIENS
SUÉDOIS
15°
Birka
800
Estonie
Hébrides
Écosse
Iona 795
793
Gotland
Courlande
MER
Grobin
ÉTATS DES VARÈGUES
Brunanbuhr 937
Lindisfarne
MER DU NORD
DANOIS
794
Wearmouth
Ribe
BALTIQUE
Viskiauten
Irlande
York
Haithabu
Truso
Clontarf 1014
Dublin
Man 798
Stamfordbridge
Jomsburg
Chester
866, 878
Hambourg
Vistule
Galles
DANELAW
Edington 878
Londres
Ashdown 871
WESSEX
Hastings 1066
Duurstede
Mersebourg 933
DUCHÉ DE POLOGNE
Elbe
Oder
Quentovic
Louvain
Rhin
EMPIRE
Cracovie
769
Saucourt 881
Meuse
Prague
Moselle
Mayence
Bohême
Bayeux
Caen
Saint-Clair-sur-Epte
926
NORMANDIE
Oise
Montfaucon 888
DES ROMAINS
Presbourg 907
BRETAGNE
Pîtres
Paris
Marne
Seine
935
HONGRIE
Brissarthe 866
ROYAUME
Lechfeld 955
Danube
Nantes
Loire
Orléans
Lech
OCÉAN
Noirmoutier 843/882
Saône
951
DE FRANCIE
45°
ATLANTIQUE
847/865
924
Pavie (détruite en 924)
Venise
Bordeaux
VENISE
Valence
Garonne
Rhône
ROYAUME D'ITALIE
EMPIRE BYZANTIN
844
888/975
Luni
Pise
Toulouse
La Garde-Freinet
Pampelune
Narbonne 860
860
Raguse 868
Ebre
Ampurias
Corse
Barcelone 859
Rome 846
APULIE
Saragosse
Bari 1071
Durazzo 1082
Bénévent
Garigliano 882/915
Amalfi 1072
Tortosa
Tarente
ÉMIRAT (puis en 929 CALIFAT) DE CORDOUE
Sardaigne
Calabre
859
Baléares
1063
MER
1030 à 1194
Cordoue
1071
Palerme
Messine 1061
Taormine
Sicile
MÉDITERRANÉE
Tunis
840
Malte
États constitués par les « Normands » aux Xe et XIe siècles
Incursions scandinaves du VIIIe au Xe siècle
Raids des Sarrasins et incursions arabes
Échelle : 1/15 000 000
Régions pillées par les « Normands »
Régions dévastées par les Hongrois
0
500 km

6

Les terres d'Islam VIIIe-XIe siècle

Alors que la civilisation islamique atteint le zénith de sa splendeur sur les plans intellectuel, artistique et économique, les structures politiques et religieuses de l'Islam prennent des formes nouvelles. D'une part, l'effacement progressif de l'autorité suprême du calife, garant de l'unité religieuse et politique de la communauté des croyants, donne aux divisions religieuses, sensibles dès la mort du Prophète, la légitimité et la permanence qu'elles n'avaient pas. D'autre part, le morcellement politique favorise l'émergence de nombreux États indépendants, fondés à la fois sur le particularisme religieux et sur la force militaire. Ce dernier caractère favorise la pénétration des Turcs qui en 1055 s'installent dans la capitale du Califat.

LES CONSÉQUENCES DE LA RÉVOLUTION ABBASSIDE

Les causes structurelles de la révolte

En 750, le calife omeyyade Marwan II est battu à la bataille du Grand Zab et les membres de sa famille sont presque tous massacrés. Le mouvement qui aboutit à cette révolution a trois racines principales.

❑ ***Une racine religieuse.*** Il s'agit d'une réaction en faveur de la famille Hashimite, la famille du Prophète : beaucoup, à commencer par les shi'ites, estiment qu'elle doit détenir le Califat. Si la branche Alide de la famille, liée aux formes extrêmistes du shi'isme s'est épuisée dans des luttes aussi violentes que stériles politiquement, la branche abbasside s'est assurée une base solide dans le Khurasân.

❑ ***Une racine ethnique et régionale.*** Les Omeyyades ont continué de s'appuyer uniquement sur l'élément arabe et, en cas de besoin, sur des convertis d'origine exclusivement syrienne. D'où un vif mécontentement, non seulement à la périphérie du Califat (Iran, Khurasân), mais aussi dans les régions centrales comme l'Iraq. Ces régions appuient la révolution abbasside, avec une dominante iranienne prononcée.

❑ ***Une racine sociale.*** La fiscalité omeyyade a dû, dans un contexte de besoins croissants, résoudre le problème des *mawalis*, ces convertis qui réclamaient que leur qualité nouvelle de musulman se traduise aussi sur le plan fiscal. Certes, une réforme dans la première moitié du VIIIe siècle a admis qu'ils soient désormais astreints au paiement du *zakât* et non plus à celui de la *djizya* ; mais le *kharadj*, impôt sur la terre, primitivement payé par les seuls non-musulmans, reste lié à la possession terrienne, même si son propriétaire est musulman... Le chef de la révolution de 750 est d'ailleurs un *mawali* iranien établi à Kufa, Abu Muslim, qui appelle à la révolte contre les Omeyyades pour obtenir la désignation d'un *imâm* appartenant à la « Famille ».

Les solutions abbassides

Proclamé calife à Kufa en 749, Al Saffah (750-754) et plus encore son successeur Al Mansur (754-775) rompent avec Abu Muslim, éliminé en 755. D'une part, ils recentrent leur domination sur l'Iraq, où Al Mansur fonde en 762 Bagdad, ville circulaire conçue par son plan même pour être le centre de l'Empire califal ; et d'autre part, ils prennent leurs distances avec le shi'isme, et notamment avec les Alides, persécutés à partir de 762. De ces deux orientations découlent les solutions que les Abbassides tentent d'apporter à la crise révélée par la révolution de 750.

❑ ***Une solution religieuse, le sunnisme.*** Jusque-là, on ne peut en effet vraiment parler de sunnisme : les Abbassides vont pourtant faire de ce courant de pensée une véritable doctrine. A la base du sunnisme abbasside est l'*idjmâ*, le consensus communautaire, qui implique du même coup la soumission du croyant aux pouvoirs établis. Par nature conservateur politiquement, le sunnisme attribue au calife un rôle de garant et d'exécutant dans le domaine religieux, la religion étant fondée sur le respect de la tradition, telle qu'elle apparaît dans le Coran et dans la *Sunna** interprétée par les docteurs les plus éminents. D'où un grand développement des études coraniques, et notamment du droit, le *fiqh* : tout ce qui relève en fait des prescriptions coraniques, de la *sharî'a*. Une tentative du calife Al Mamun (813-833) pour aller plus loin et faire du calife l'autorité suprême en matière dogmatique (*mutazilisme*) échoue cependant.

Appuyé sur le sunnisme et sur la légitimité que celui-ci lui confère, le calife lutte contre les opposants. Contre les shi'ites, il joue des divisions de l'adversaire : les isma'iliens (ou shi'ites septimains) qui estiment que le dernier *imâm* légitime est Isma'il, le septième *imâm*, s'opposent aux duodécimains qui estiment que la lignée continue. Le tombeau d'Husayn à Kerbela est détruit, plusieurs révoltes sont noyées dans le sang. De même, les Kharidjites, de plus en plus nombreux dans le Maghreb (secte ibadite), sont persécutés. Cependant, malgré les progrès du sunnisme, shi'isme et kharidjisme se développent, et confèrent aux opposants de l'autorité califale une légitimité religieuse. C'est d'autant plus grave pour les Abbassides que la religion est l'essence de leur pouvoir.

❑ ***Une solution sociale et politique.*** Le système mis en place par les Abbassides instaure une sorte de division du travail. Le calife est l'autorité suprême, absolue, régie par une étiquette et un cérémonial perfectionnés. L'essence de son pouvoir est religieuse et il ne s'occupe guère des aspects concrets du gouvernement et de l'administration, qui sont l'affaire des *mawalis*. Sous les Omeyyades, les *mawalis* syriens jouaient déjà un rôle certain, mais avec les Abbassides, les *mawalis* proviennent de tout l'Empire, même si les Iraniens prédominent (cf. les femmes des califes). L'administration est dirigée par le *vizir* (terme iranien — c'est significatif — qui veut dire « auxiliaire »). Ce système fonctionne bien jusqu'au milieu du IXe siècle. Les *vizirs* exercent la réalité du pouvoir, mais les califes n'ont aucun scrupule à se débarrasser d'eux : ainsi Harun al Rashid (786-809) élimine brutalement la puissante famille des Barmécides après l'avoir utilisée dix-sept ans !

L'armée est en principe soumise au calife. Elle est composée de mercenaires, d'abord Khurasaniens puis progressivement et bientôt exclusivement Turcs. Elle pose rapidement de graves problèmes : les garnisons turques tiennent le palais, et elles vont faire et défaire les califes. De plus, cette armée coûte cher, et il faut puiser dans les ressources des gouverneurs de province pour l'entretenir. En contrepartie, le calife délègue à ses gouverneurs des pouvoirs de plus en plus étendus, leur conférant le titre d'*amir* (commandant) ; en 936, le gouverneur de l'Iraq, Ibn Ra'ik, reçoit à son tour le titre d'*amir al umara* (commandant des commandants) : en 945, une famille shi'ite et iranienne révoltée, celle des Buyides, s'empare du titre et, exerçant la réalité du pouvoir, confine le calife dans un rôle d'apparat. Mais les Buyides deviennent à leur tour le jouet des garnisons turques sunnites : une situation confuse réglée, nous le verrons, par la prise de Bagdad par le beg seldjoukide Tughril en 1055. Celui-ci reconnaît l'autorité théorique du calife, mais se réservant le double titre d'*amir al umara* et de sultan, il tient solidement le pouvoir en main : toutefois, il ne l'exerce plus que sur une zone restreinte, car l'impuissance des califes a provoqué le morcellement du Califat.

LA FRAGMENTATION DU CALIFAT

En dépit de l'unité profonde de la civilisation musulmane qui subsiste, des entités autonomes apparaissent à la faveur des difficultés politiques et religieuses du Califat.

L'Occident

❑ ***L'Espagne.*** Seul survivant du massacre des Omeyyades en 750, Abd-ar-Rahman se réfugie en Espagne. Il installe sa capitale à Cordoue et prend le titre d'*amir* ; puis, au Xe siècle, suivant l'exemple fatimide (cf. *infra*), celui de calife. Le Califat omeyyade ne menaçe jamais les Abbassides. Il s'ancre solidement en

Espagne, appuyé sur une armée et une administration composées de Berbères et d'Arabes de Syrie réfugiés, et que dirigent, pour le compte du calife, le *hadjib*. Le plus célèbre est Al Mansur (Almanzor) dont les razzias terrorisent l'Occident chrétien à la fin du Xe siècle. Le long règne d'Abd-ar-Rahman III (912-961) est l'apogée du Califat, alors capable de résister à la fois à la poussée chrétienne et aux visées des puissances maghrébines. Sa civilisation est extrêmement brillante. Mais après l'assassinat du calife Abd al Malik en 1008, les différents corps de mercenaires s'opposent et le Califat de Cordoue disparaît en 1031, laissant le champ libre à ces *reyes de taïfas* qui dominent le pays jusqu'en 1085.

❑ ***Le Maghreb.*** L'unique survivant d'une famille alide, celle des Idrissides, réfugié dans le Maghreb, crée en 786 un petit État dont la capitale, Fès, fondée en 808, connaît un brillant essor. Plus à l'est, les Kharidjites révoltés fondent plusieurs principautés, dont la plus florissante, celle de Tahert, fondée en 787 par l'Iranien Rustem appuyé sur les Berbères Zenatas, s'étend bientôt sur l'ensemble du Maghreb central.

Pour parer à ces sécessions, le calife Harun al Rashid confie la charge héréditaire de la défense de l'Ifriqya à Ibn al Aghlab, qui fonde en 800 la dynastie aghlabide des émirs de Qairouan : les Aghlabides s'emparent de la Sicile et de Malte, et harcèlent l'Italie du Sud. Parallèlement, ils contiennent d'autant mieux la poussée des Idrissides et des Rostémides que ceux-ci regardent plutôt vers le Sahara que vers l'Orient et la Méditerranée. Les principautés maghrébines établissent un prospère commerce caravanier à travers le désert jusqu'aux fleuves Sénégal et Niger. Dans les grandes cités d'échange, Aoudaghost, Tombouctou, ils se procurent l'or africain et entrent en contact avec l'Empire du Ghana.

L'équilibre du IXe siècle est bouleversé par l'installation, en 909, de la dynastie shi'ite des Fatimides en Ifriqya : le *mahdi* Ubayd Allah est un isma'ilien qui a échoué en Orient mais les Fatimides éliminent les Aghlabides, absorbent la principauté rostémide de Tahert et imposent leur suzeraineté aux Idrissides, bien que les populations ne soient pas shi'ites. Ils ont pourtant du mal à contenir les révoltes berbères : aussi se détournent-ils du Maghreb pour conquérir l'Égypte (969-974), prenant le titre califal ; le calife shi'ite fatimide se pose en concurrent shi'ite du calife sunnite de Bagdad.

Les Fatimides laissent le Maghreb à des gouverneurs qui sont bientôt indépendants, les Zirides en Ifriqya, et les Hammadides dans le Maghreb central. Les relations se détériorent complètement lorsque les Zirides se rallient en 1046 au Califat de Bagdad : les Fatimides lâchent sur eux des tribus arabes nomades, restées assez primitives et cantonnées jusque-là en Haute-Égypte, les Hilaliens : elles dévastent toute l'Afrique du Nord au milieu du XIe siècle et mettent fin à deux siècles de grande prospérité.

❑ ***L'Égypte.*** Elle s'est émancipée du contrôle de Bagdad bien avant l'arrivée des Fatimides. De 877 à 905, elle est dirigée par une dynastie fondée par un officier turc, les Tulunides, puis, de 939 à 970, par celle des Ikhshidides. Mais les

Fatimides en font la première puissance musulmane du temps, créant une nouvelle capitale, Al Kahira (Le Caire) près de Fustat, où ils édifient dès 975 la grande mosquée d'Al Azhar, destinée à propager la religion et l'idéologie shi'ites. Animés par la volonté de détruire le Califat rival de Bagdad, les califes fatimides engagent toutes leurs forces en Syrie et en Palestine, poussant parfois jusqu'à Damas leur domination dans une région âprement disputée aux représentants locaux du pouvoir abbasside et aux Byzantins.

La puissance fatimide provient de la prospérité exceptionnelle de l'Égypte à cette époque. A la richesse agraire de la vallée du Nil s'ajoute en effet un essor commercial rapide. Le développement de la puissance turque dans l'Asie centrale a en effet complètement désorganisé le commerce caravanier : les routes maritimes dont le débouché naturel est l'Égypte en profitent. Mais les Fatimides doivent, comme leurs rivaux abbassides, compter avec une armée d'abord berbère, bientôt turque. Ses chefs, dès la seconde moitié du XIe siècle, menacent le pouvoir du calife : en 1073, celui-ci fait appel au gouverneur d'Acre, Badr, un Arménien, qui réorganise le Califat en donnant au vizir le contrôle de l'armée. En fait, le résultat est que la réalité du pouvoir appartient désormais au vizir-sultan plutôt qu'au calife. Le pouvoir égyptien ne parvient pas à surmonter sa crise.

L'Orient

La décomposition de l'Orient, plus tardive, n'en est pas moins profonde. Elle est due à la fois à des révoltes et à des processus d'autonomisation plus ou moins tolérés par les Abbassides : mais la progression des Turcs bouleverse tout.

❑ ***Les révoltes.*** Elles viennent de groupes divers, affectant toute la zone orientale et sont un élément déterminant du processus de décomposition. L'Iran est secoué par des révoltes anti-arabes et même anti-islamiques, notamment celles d'Al Mukanna (776-780) et de Babak (817-838). En Iraq, les révoltes ont plutôt une connotation sociale, comme celle des esclaves noirs des grands domaines du Sud, les Zandj (869-883). En Iraq encore et au Yémen, la révolte des Qarmates (du nom de son fondateur Hamdan Qarmat) est un mouvement à la fois religieux (isma'ilien) et social : durement réprimé, il garde des partisans et donne naissance à un État autonome à Bahrein qui dure jusqu'en 1075. Au Yémen, les Zaydites shi'ites se rendent indépendants : la plus grande partie de l'Arabie proprement dite échappe à l'autorité califale.

❑ ***Le Khurasân.*** Mais d'une façon générale l'autonomie est acquise par la délégation du pouvoir califal. Au Khurasân, pour simplifier, se succèdent ou coexistent quatre dynasties : les Tahirides (821-873), les Saffarides (873-900), dont le pouvoir est d'origine insurrectionnelle (Al Saffar : « le chaudronnier »), supplantés en 900 par les Samanides, eux-mêmes gouverneurs autonomes de la

Transoxiane depuis 875, et qui gouvernent alors toute la partie orientale du Califat. Mais les Samanides sont la proie des chefs militaires turcs et ils sont éliminés par la dynastie turque des Ghaznévides dont le plus grand souverain, Mahmud (992-1030), après avoir porté la limite nord de ses États jusqu'à l'Amou Darya, se lance dans la conquête de l'Inde du nord, s'emparant de la vallée de l'Indus, du Pendjab et de Lahore.

❑ ***La Syrie et l'Iraq.*** Les Hamdanides constituent au début du xe siècle une principauté shi'ite centrée sur l'Iraq du Nord, dont la capitale est fixée à Mossul. Sayf al Daoula qui en 944 conquiert Alep et toute la Syrie du Nord, donne sa plus grande extension à un État qui éclate cependant après sa mort en une multitude de petites principautés sous la poussée convergente des Fatimides et de la reconquête byzantine. Quant aux Buyides, ils ont établi un pouvoir autonome, favorisant le développement du shi'isme au cœur même du Califat abbasside.

La poussée turque

Depuis le milieu du xe siècle, les grandes tribus turques des Oghouzes et des Karluks glissent lentement vers les frontières du Califat, bousculées sur leurs arrières par les Mongols. La lutte contre ces derniers est d'autant plus difficile qu'ils sont déjà convertis à l'islam. Nombreux à pénétrer dans le Califat, soit comme mercenaires, soit comme esclaves, les Turcs prennent peu à peu dans les armées samanides et abbassides une place qui leur permet de jouer un rôle politique de premier plan : les dynasties toulounides et ghaznévides sont fondées par des officiers turcs, et c'est précisément le Ghaznévide Mahmûd qui, pour abattre les Samanides, introduit les Karluks en Transoxiane, où ils fondent la principauté qarakhanide : il s'agit là non de quelques mercenaires, mais de tribus entières.

Aux côtés des Karluks s'établissent des tribus oghouzes et notamment celle du chef Seldjouk, d'abord au service des Samanides : battue en 1025 par Mahmûd, la tribu est scindée en deux groupes. L'un, conduit par Arslan, est déporté au Khurasân, l'autre, dirigé par Tshagri et Tughril, trouve refuge sur les bords de la mer d'Aral. Ces groupes s'affranchissent rapidement de la tutelle ghaznévide et dès 1040, le chef Tshagri Beg s'empare du Khurasân (bataille de Dandanqan près de Marw), rejetant vers l'est la puissance ghaznévide désormais centrée sur l'Indus.

Tshagri donne à son frère Tughril Beg tout ce qu'il pourra conquérir vers l'ouest : Tughril s'empare rapidement du rebord occidental du plateau iranien. De là, il progresse dans deux directions : d'une part, il avance vers Bagdad, où il entre en 1055, recevant du calife abbasside (qui échange ainsi un protecteur shi'ite contre un protecteur comme lui sunnite) le titre de sultan ; et d'autre part Tughril puis son fils Alp Arslan († 1072) étendent le pouvoir turc, avec l'aide du fils d'Arslan, Qutlumush, et de son groupe, sur l'Azerbaïdjan, l'Arménie (conquête du royaume d'Ani en 1064) et l'Anatolie. Ils menacent directement la puissance byzantine, terrassée à la bataille de Mantzikiert en 1071. Ces conquêtes sont complétées par l'annexion de la Géorgie (1068), tandis que les fils de Qutlumush et notamment Soliman constituent le sultanat de Roûm en intégrant la plus grande partie de l'Arménie et de l'Anatolie.

A Bagdad, Malik Shah, sultan en 1072 et son *vizir* Nizam al Mulk organisent le nouvel Empire seldjoukide. Ce triomphe turc n'est pas seulement militaire ; c'est aussi un triomphe du sunnisme, et les dynastes turcs, seldjoukides ou ghaznévides, sont farouchement hostiles à toute forme de shi'isme : les sultans turcs de Bagdad concentrent rapidement leurs efforts sur la conquête du Califat fatimide d'Égypte. C'est d'ailleurs pourquoi ils laissent son autonomie au sultanat de Roûm, dans une zone qui ne les intéresse pas directement.

Le monde islamique présente donc au milieu du XIe siècle un visage très différent de celui qu'il présentait au milieu du VIIIe siècle. La prédominance arabe a désormais disparu. Apparaît alors un monde ouvert sur l'Asie, sur les steppes où derrière les conquérants turcs se profilent déjà les Mongols, mais aussi sur l'Inde et les mers de l'Orient. Les trois siècles qui voient ce prodigieux élargissement des horizons, cet essor des relations commerciales et cette apogée d'une civilisation brillante, n'ont cependant pas résolu le problème politique inhérent à l'Islam depuis la mort de Mahomet. L'Islam est désormais, et pour longtemps si ce n'est pour toujours, divisé en puissances concurrentes, les rivalités politiques se nourrissant des dissensions religieuses, et notamment de l'hostilité irréductible entre sunnisme et shi'isme.

7

L'Empire byzantin VIIe-XIe siècle

L'Empire byzantin n'a pu garder les conquêtes de Justinien. Surtout, il a plié sous le choc arabe : les provinces orientales (Syrie, Égypte) sont perdues, l'Empire réduit à ses terres balkaniques et à l'Asie mineure. Encore faut-il pouvoir les défendre contre les menaces des ennemis extérieurs, et éviter la renaissance des dissensions religieuses qui ont rendu si fragile l'Empire de Justinien et d'Héraclius. Place assiégée, Byzance doit accomplir une profonde mutation religieuse et idéologique pour trouver les ressources nécessaires à la résistance.

RESTAURATION DE L'UNITÉ ET MUTATION DE L'ÉTAT

Le problème religieux

Les empereurs de la dynastie héraclide veulent faire disparaître les séquelles des querelles christologiques : en 648, le *Typos* (la « Formule ») interdit purement et simplement toute discussion sur la nature du Christ. Et le concile *in Trullo* (tenu dans le *troullos*, la grande salle à coupole du palais) met fin aux débats en 680, en condamnant définitivement le monothélisme.

Mais la nouvelle structure territoriale de l'Empire ne supprime pas les risques de dissensions religieuses : dans le système politique byzantin, l'hérésie est le meilleur moyen d'exprimer l'opposition à l'égard du pouvoir central. Les parties balkanique et italienne de l'Empire sont très attachées au culte des saints et surtout à celui de la Vierge, essentiel d'ailleurs dans la liturgie byzantine : d'où un véritable culte des images saintes, culte dont les moines sont les plus ardents propagateurs. Au contraire, dans la partie orientale de l'Empire (confins arméniens, Asie mineure), le contact régulier avec le judaïsme et l'islam, l'influence de l'hérésie paulicienne hostile à toute forme de culte, se sont combinés pour créer une véritable phobie du culte des images et un attachement profond à une religion plus spirituelle, détachée de tout contact réducteur à l'image humaine. Or, les empereurs qui succèdent aux Héraclides après 711 sont en général originaires de ces régions : ils prennent parti pour l'iconoclasme, l'hostilité envers les images, s'opposant à l'iconodoulie (adoration des images).

Le Syrien Léon III fait même, en 730, de l'iconoclasme la religion d'État, et son successeur Constantin V Copronyme réunit en 754 un concile à Hiéréia pour

obliger l'Église à accepter ses vues. Il persécute les moines, leur laissant le choix entre le mariage et l'aveuglement, et transforme les monastères en casernes ou en établissements de bains. Mais l'opposition à cette politique est vive : lorsque le successeur de Constantin V, le modéré Léon IV meurt en 780, le pouvoir passe à son épouse, l'Athénienne Irène. Occidentale, celle-ci est une fervente iconodoule et restaure le culte des images au concile de Nicée en 787.
Irène gouverne d'abord au nom de son fils, Constantin VI. Lorsque ce dernier manifeste quelque velléité de retour à l'iconoclasme, elle ordonne qu'il soit aveuglé et se fait proclamer impératrice. Mais, incapable de mettre fin aux querelles religieuses, elle est déposée par Nicéphore Ier en 802. Avec l'Arménien Léon V l'iconoclasme revient tellement en force, que le *basileus*, trop timide au gré des extrémistes, est assassiné à Sainte-Sophie pendant l'office de Noël en 820 et remplacé par le fondateur de la dynastie amorienne, Michel Ier, lui aussi iconoclaste fervent. Pourtant, au fil des ans, le soutien dont bénéficie l'iconoclasme se réduit, et en 843 le retour à l'orthodoxie clôt l'histoire des grandes hérésies byzantines.

Le problème idéologique : la légitimité impériale

La querelle de l'iconoclasme aggrave une autre cause d'instabilité politique permanente : l'incapacité à régler la succession impériale qui met en péril l'autre pilier de l'État byzantin, l'institution impériale. Les tentatives pour mettre en place une succession dynastique ne manquent pourtant pas : les Héraclides et les Macédoniens en offrent deux exemples parmi d'autres.

❑ ***Les Héraclides.*** Héraclius meurt en 641. Il laisse une veuve, Martine, et deux fils, nés d'épouses différentes. Le premier, Constantin III, tuberculeux, meurt immédiatement ; le second, Héraclonas, et sa mère l'impopulaire Martine sont déposés et ont qui le nez, qui la langue coupés, pour ne plus prétendre au pouvoir. Le fils de Constantin III, Constant II, monte alors sur le trône ; il a pris la précaution d'assassiner son frère Théodose mais il doit bientôt s'exiler à Syracuse où il est assassiné à son tour en 668. Son fils, Constantin IV, lui succède : il a vite fait de couper le nez de ses deux frères, Héraclius et Tibère, mais meurt en 685. Lui succède alors son fils Justinien II qu'une révolution chasse du trône en 695. Les chefs militaires, Tibère Apsimar et Léontios se disputent le pouvoir, ce qui permet la restauration de Justinien II, en dépit de son nez coupé, en 705. S'il fait assassiner Tibère Apsimar et Léontios, il est cependant massacré en 711 avec son fils Tibère... Cette succession presque caricaturale de révolutions de palais et d'assassinats politiques révèle à la fois l'insuffisance du principe dynastique seul, qui ne met pas le détenteur du titre impérial à l'abri de la contestation, mais aussi l'attachement à la notion de légitimité, qui amène à choisir le nouvel empereur dans la dynastie en place.
En fait, la notion de légitimité se renforce : l'instabilité même lui donne plus de

prix, l'iconoclasme affaiblissant la légitimité religieuse de l'empereur. C'est dans ce contexte qu'il faut comprendre l'attitude du pape Étienne II lorsqu'au milieu du VIIIe siècle il se tourne vers la dynastie austrasienne : 754 est à la fois la date de l'entrevue de Ponthion et celle du concile de Hiéréia, coïncidence qui n'a rien de fortuit... Et le développement d'un nouvel Empire en Occident apparaît comme une nouvelle menace pour l'empereur byzantin. Tout cela accroît l'importance de la légitimité politique, qui s'attache de plus en plus au palais impérial, et plus particulièrement à la salle du Porphyre où accouchent les impératrices ; d'où le surnom de Porphyrogénète donné aux princes et aux princesses qui y sont nés ; il confère une légitimité collective qui unit à la fois le concept dynastique et la notion romaine de magistrature. L'histoire de la dynastie macédonienne montre comment, conjuguée à l'orthodoxie retrouvée, la légitimité politique renouvelée renforce le pouvoir impérial.

❑ ***Le cas des Macédoniens.*** La dynastie macédonienne est fondée par Basile : ce fils de paysans macédoniens, d'origine arménienne, est un écuyer qui, grâce à sa beauté et à sa force, est devenu le favori de l'empereur Michel III l'Ivrogne, qui lui a fait épouser sa maîtresse, Eudocie. En 867, sentant les dispositions de l'empereur changer, Basile le fait assassiner et s'empare du trône ; on peut difficilement imaginer origines plus médiocres pour une dynastie impériale... Mais avec l'aide du grand patriarche Photius, Basile Ier s'attache à restaurer à la fois l'image du pouvoir et la concorde religieuse. Cette œuvre est poursuivie par son fils, Léon VI, grand législateur, qui monte sur le trône en 886.

Mais, malgré les trois mariages autorisés par l'Église, il ne peut avoir de fils : bravant l'opposition de l'Église, il installe au palais sa maîtresse Zoé qui lui donne le fils tant attendu, Constantin VII Porphyrogénète. Ce dernier est couronné en 912, à la mort de son père, tandis que Zoé est chassée. Une révolution de palais la ramène au pouvoir, associée à un grand propriétaire de Cappadoce, Léon Phocas. En 919, un des grands capitaines byzantins, Romain Lécapène se saisit de la couronne impériale : mais il se fait désigner simplement co-empereur, et marie sa fille Hélène à Constantin VII ; lorsque Romain est déposé par ses propres fils en 944, Constantin VII se retrouve seul empereur, après s'être débarrassé des fils de Romain. Il meurt en 959, laissant le trône à son fils Romain II qui meurt dès 962. Ses deux fils Basile et Constantin restent à la garde de sa veuve Théophano.

Le système est en fait un système polaire : autour du pôle de légitimité, le (ou les) Porphyrogénète(s) gravitent au gré des alliances ou des luttes des co-empereurs qui permettent au pouvoir byzantin de s'adapter à l'évolution des forces politiques et sociales, sans ces ruptures spectaculaires qui sous les Héraclides ont mis en danger l'institution impériale elle-même. Ainsi, Théophano, bien qu'elle-même fille d'un simple cabaretier, sert-elle à son tour de pôle ; elle se remarie d'abord avec Nicéphore Phocas, le plus grand général byzantin, qui devient empereur ; puis elle devient la maîtresse d'un autre général, Jean Tzimiscès, qui assassine Phocas et devient à son tour empereur. Le patriarche oblige alors Tzimiscès à chasser Théophano puis à épouser — toujours selon le principe dynastique — une fille de Constantin VII. A la mort de Tzimiscès, des membres de la grande noblesse, Bardas Phocas et Bardas Skleros se disputent le pouvoir, mais ne peuvent supplanter la dynastie en place, le grand eunuque Basile gouvernant au nom de ses petits neveux.

En 985, le jeune Basile II, grâce à l'aide de troupes russes, se débarrasse du grand eunuque et des nobles, inaugurant son règne personnel, le plus brillant et l'un des plus longs (jusqu'en 1025) de l'histoire byzantine. Ecœuré par les expériences de sa jeunesse, Basile II ne s'est pas marié : les filles de son frère (et successeur) Constantin VIII deviennent les nouveaux pôles dynastiques. L'aînée, Zoé, épouse d'abord Romain III Argyre (1028-1034) puis Michel IV (1034-1041). Agée, elle adopte alors Michel V (1041-1042) ; quand ce dernier veut se débarrasser d'elle, une révolution la ramène au pouvoir, et elle épouse Constantin IX Monomaque (1042-1055). La cadette, Théodora, à son tour détentrice de la légitimité, adopte Michel VI (1056-1057).

Ce système polaire permet donc de gérer les crises politiques sans porter atteinte à la légitimité dynastique : les crises n'en sont pas moins réelles, et derrière la souplesse du système politique transparaît l'intensité de la crise globale de la société byzantine.

Une crise de société

En effet, la réussite de la dynastie macédonienne n'empêche pas qu'au sein de l'État byzantin s'est développé un antagonisme que les grands empereurs comme Basile Ier ou Basile II ont jugulé, mais que les successions difficiles (comme celles de la période 1025-1057) portent à son paroxysme. L'ossature sociale, fiscale et militaire de l'Empire repose depuis Héraclius sur les moyens propriétaires, qui fournissent les *stratiôtes**, les soldats de l'armée des thèmes*. Ils font aussi fonctionner la communauté villageoise, d'autant plus importante pour l'État que le village est la base de l'imposition fiscale, les défaillances d'un contribuable étant compensées par un supplément de versement de la part des autres. Or, la résistance à l'Islam et aux Bulgares oblige l'Empire à un effort militaire exceptionnel, et la pression fiscale est telle que de nombreux paysans libres préfèrent, pour échapper à l'impôt, vendre leurs terres à des puissants (les *dunatoi*). Devenus simples *parèques* (paysans attachés à un domaine) et cultivant la terre des puissants, ils paient une redevance à ces derniers, mais sont dispensés de l'impôt et du service militaire. La base fiscale de l'État et sa base de recrutement se réduisent, car il est difficile de contraindre les *dunatoi* à payer ; seuls les empereurs forts et redoutés, tel Basile II, y parviennent. Une autre solution est d'interdire aux puissants, comme le fait Romain Lécapène, le rachat des terres des *stratiôtes* ; mais l'évolution paraît inéluctable : en période de difficultés, il est plus facile de faire appel aux troupes privées des grands propriétaires fonciers qu'à l'armée d'un État exsangue.

Ainsi la moyenne propriété est-elle laminée. L'aristocratie est maîtresse de l'Empire, mais elle est profondément divisée : à l'aristocratie des puissants, membres de vieilles familles (Phocas, Skléroi, Comnène) et détenteurs de grands domaines, parmi laquelle se recrutent les chefs militaires en raison de la disparition des *stratiôtes*, s'oppose l'aristocratie des fonctionnaires qui ont utilisé leur position dans l'État pour mettre la main sur les terres paysannes. A cette opposition s'en superpose d'autres : les groupes de pression régionaux cherchent ainsi à obtenir un engagement impérial prioritaire pour la défense de telle ou telle région.

Romain III Argyre, Constantin IX Monomaque et Michel VI représentent l'aristocratie civile. La morgue de Michel VI provoque cependant la révolte des chefs militaires : le patriarche Michel Cérulaire ayant tranché en faveur de ces derniers, Michel VI doit laisser son trône à Isaac Comnène (1057). Devant la ruine des finances publiques, Isaac révoque les donations de ses prédécesseurs, provoquant un violent conflit avec l'Église : Michel Cérulaire est déposé mais Isaac Comnène, découragé, abdique en 1059. Le parti des fonctionnaires le remplace alors par Constantin X Doukas (1059-1067). Cependant, la situation militaire est alors si tragique que sa veuve, Eudocie, doit épouser en 1068 un général, Romain Diogène, qui devient ainsi empereur. Lorsque Romain est fait prisonnier par les Turcs à Mantzikiert en 1071, un représentant de l'aristocratie civile, Michel VII Doukas, évince le vaincu : il se maintient au pouvoir jusqu'en 1078 ; il est alors renversé par Nicéphore Botaniates, lui-même chassé par Alexis Comnène en 1081 : l'État byzantin est désormais aux mains des grands propriétaires fonciers militaires.

BYZANCE ET SES VOISINS

La rivalité entre Byzance et Islam ne doit pas faire oublier que les frontières de l'ouest et du nord restent une constante préoccupation : à l'ouest, les destins de Rome, de la papauté et de l'Italie ne peuvent laisser indifférents les héritiers de l'Empire romain ; au nord, Slaves, Bulgares, Petchénègues sont par moment plus dangereux encore que l'Islam. Mais sur ces frontières, Byzance manie non sans succès diplomatie et influence religieuse. Au contraire, la lutte contre l'Islam est d'abord une lutte pour la survie.

Byzance et l'Islam

❑ ***La lutte pour la survie.*** La pression arabe se maintient après les conquêtes de l'Égypte et de la Syrie. Les armées des Omeyyades ravagent tous les ans, de 663 à 678, l'Asie mineure et leur flotte s'empare de toutes les îles de la mer Égée, menaçant directement Constantinople à partir de 674. Mais Constantin IV (668-685) galvanise la résistance et les Arabes, effrayés par les feux grégeois et malmenés par les tempêtes, lâchent prise en 678. Leur effort se reporte alors sur l'Afrique, bien qu'ils restent dangereux pour l'Asie mineure byzantine : en 691-692, ils soumettent l'Arménie byzantine et en 710-711 ravagent Cilicie et Cappadoce. En 717-718, ils assiègent à nouveau Constantinople, mais grâce aux Bulgares, l'empereur Léon III est vainqueur. La pression arabe demeure cependant, et il faut une vingtaine d'années de dures campagnes couronnées par la grande victoire d'Akroïnon (740) pour assurer la survie de l'Asie mineure byzantine.

La querelle de l'iconoclasme et le problème bulgare affaiblissent à nouveau Byzance, qui à la fin du VIIIe siècle se retrouve en position difficile, avec de lourds tributs à payer. Mais la mort du calife Harun al Rashid en 809 marque un relâchement de la pression arabe : sans doute les Arabes jouent-ils un rôle essentiel lors de la révolte — aux causes sociales et religieuses — de l'usurpateur Thomas en 820-823 ; et, en 838, lorsqu'ils s'emparent d'Amorium, menaçant l'Anatolie. Les Byzantins commencent néanmoins à réagir, notamment en construisant une grande flotte qui, à deux reprises (853, 863), pousse jusqu'en Égypte, dévastant Damiette à l'embouchure du Nil. Les armées byzantines lancent à leur tour des raids en Asie mineure et reconstruisent les fortifications de Nicée et d'Ancyre : en 863, l'armée du plus dangereux des chefs arabes, Omar, émir de Mélitène, est anéantie.

❑ ***L'offensive byzantine.*** Les débuts de l'offensive byzantines sont difficile ; les succès en Asie mineure n'empêchent pas les Arabes d'attaquer l'Arménie et, en 904, le renégat Léon de Tripoli ravage Thessalonique. Surtout, l'essentiel des forces byzantines est engagé contre les Bulgares de Siméon et il est impossible d'exploiter les victoires de la flotte en 908 et en 911. A la mort de Siméon en 927, l'empereur (Arménien) Romain Lécapène et son général Jean Courcouas (Arménien lui aussi) passent à l'attaque : Mélitène est prise et reprise (931 et 934) ; après quelques revers infligés par Saïf ad Daoula, Courcouas prend Édesse (943-944). Nicéphore Phocas conquiert la Crète (960-961) et Chypre (965) et écrase définitivement les forces de l'État Hamdanide, occupant même un bref instant la capitale Antioche (962). En 974-975, Tzimiscès porte l'offensive contre les Fatimides : à partir d'Antioche, il prend Baalbeck et Damas, descendant jusqu'à Acre. Il s'arrête sur la route de Jérusalem, mais l'équilibre au Proche-Orient est à nouveau favorable aux Byzantins.

Basile II oriente la poussé byzantine dans une autre direction : l'Arménie s'était libérée des Arabes sous la dynastie nationale des Bagratides depuis la fin du IXe siècle. Mais après la mort de Gagik Ier (1020), les dissensions internes permettent à Basile II d'ajouter à l'Empire trois provinces nouvelles, le Vaspurakan, l'Ibérie et Théodosioupolis, tandis que le royaume d'Ani, laissé en viager au fils de Gagik, Jean Smbat, doit à sa mort revenir à Byzance ; Constantin IX assure en effet l'annexion.

❑ ***L'effondrement face aux Turcs.*** Mais les Turcs seldjoukides, qui se sont emparés du pouvoir à Bagdad, s'installent aux portes de l'Asie mineure. En 1065, ce nouvel adversaire ravage l'Arménie. Les Turcs prennent Ani, dévastent la Cilicie et s'emparent de Césarée. L'inquiétude suscitée par leurs victoires porte au pouvoir le général Romain Diogène qui constitue en catastrophe une armée hétéroclite, où voisinent Normands, Ouzes et Petchénègues. Victorieux en 1068 et en 1069, Romain Diogène est écrasé à Mantzikiert en 1071 : emprisonné, il conclut néanmoins un traité avantageux. Pourtant, lorsqu'il rentre à Constantinople, le pouvoir est aux mains de Michel VII Doukas qui le fait aveugler. Les Turcs considèrent le traité comme caduc : Alp Arslan et les Seldjoukides se jettent sur l'Asie mineure, dont ils conquièrent la plus grande partie, constituant le sultanat de Roûm (c'est-à-dire des Romains) confié à un cousin d'Alp Arslan, Soliman.

Les frontières de l'Ouest et du Nord

❑ ***Bulgares et Slaves du Sud.*** Les Slaves du Sud progressivement assimilés, le système des thèmes est imposé à l'ensemble des Balkans dans le courant des VIIIe et IXe siècles. Le plus grand danger vient des Bulgares, peuple d'origine fino-ougrienne dont le khan* Asparuch est installé à la fin du VIIe siècle sur le bas-Danube, à la suite de ses victoires sur Constantin IV. Relativement peu nombreux, les Bulgares sont rapidement slavisés et, débarrassés par les campagnes de Charlemagne de leurs ennemis les Avars, ils se tournent contre Byzance.

Krum, roi de Pliska, lance l'offensive en 809 : il prend Serdica (aujourd'hui Sofia). L'empereur Nicéphore Ier riposte ; il prend Pliska, incendie le palais du khan, mais, surpris dans les montagnes, est massacré avec son armée en 811 ; Krum aurait fait de son crâne une coupe... A nouveau victorieux à Versinikia en 813, Krum assiège Constantinople en 813 et en 814, mais meurt d'un coup de sang ; ses troupes abandonnent le siège. Ses successeurs préfèrent bénéficier d'une alliance qui leur laisse un territoire très agrandi. L'influence byzantine progresse d'ailleurs à la faveur de la christianisation ; lorsque l'activité missionnaire byzantine dans les pays slaves amène le tsar Boris à envisager la conversion au christianisme, il hésite entre Rome et Constantinople, mais les Byzantins ont recours aux armes. Boris finit par se convertir en 864, noyant dans le sang une réaction des Boïards bulgares païens : l'organisation de l'Église bulgare reste néanmoins une pomme de discorde, car Boris tient à avoir en Bulgarie une Église autocéphale.

Les guerres avec les Bulgares reprennent donc sous le règne du tsar Siméon, en dépit de la conversion. A partir de 894-895, le conflit implique aussi les Hongrois, appelés au secours par Byzance pour prendre à revers les Bulgares, qui ripostent en poussant les Petchénègues contre les Hongrois... Byzance accepte de verser un tribut mais, en 912, se croit assez forte pour le refuser. Siméon reprend l'offensive, visant cette fois la couronne impériale : le régent, le patriarche Nicolas le Mystique, qui gouverne au nom du jeune Constantin VII, ne trouve le salut que dans le couronnement de Siméon comme co-empereur et la promesse de marier sa fille à Constantin. L'ampleur des concessions révèle l'étendue du péril ; mais sitôt Siméon occupé ailleurs, une révolution de palais annule ces dispositions. Une nouvelle fois vainqueur à Acheloos en 917, Siméon étend son pouvoir sur les Balkans. Romain Lécapène le neutralise cependant plus ou moins en lui opposant un nouvel adversaire, la Croatie de Tomislav (910-928). La mort subite de Siméon en 927 met fin à la lutte : son successeur, Pierre, épouse la fille de Lécapène et se contente de la reconnaissance de l'indépendance du patriarcat bulgare à Ochrida et du paiement d'un tribut.

L'influence byzantine s'accroît encore en Bulgarie pendant cette période mais, en 965, les Byzantins, fiers de leurs victoires contre les Arabes s'affranchissent à nouveau du versement du tribut ; ils ont un nouvel allié, le Russe Sviatoslav, qui en 968-969 écrase les Bulgares. Cet allié devient à son tour dangereux, et il faut une extraordinaire compagne de Jean Tzimiscès jusqu'à Silistrie pour battre en 971 le vainqueur des Khazars et des Bulgares, Sviatoslav. Ce dernier est tué au retour, au passage du Dniepr, par les Petchénègues ; les Byzantins en profitent alors pour annexer la Bulgarie. Mais à la mort de Tzimiscès, les Bulgares se soulèvent, et le fils d'un gouverneur byzantin, Samuel Comètopoulos, reconstitue à son profit l'Empire de Siméon. Dès qu'il a les mains libres, Basile II réagit : il échoue en 986, mais repasse à l'offensive en 992 et entame en 1001 une conquête systématique : en 1014, l'armée de Samuel est encerclée et écrasée ; selon la tradition byzantine, Basile II aurait fait aveugler les 14 000 prisonniers, à l'exception d'un sur cent, éborgné seulement pour pouvoir reconduire la lamentable troupe : Siméon meurt deux jours après l'arrivée de ses hommes à Prilep et en 1018, Basile II annexe la Bulgarie.

❑ ***Les Slaves du Nord.*** Les relations de Byzance avec les Slaves du Nord, alliés potentiels contre les Bulgares, sont dans l'ensemble pacifiques. Les Russes font leur apparition avec une violente attaque en 860 ; une nouvelle attaque en 907 aboutit à la conclusion d'un traité en 911 entre l'empereur Léon VI et le prince russe Oleg. Le texte prévoit l'établissement de relations commerciales et la participation de contingents russes aux campagnes byzantines : que ce soit avec Sviatoslav en 968 ou avec l'aide fournie à Basile II en 988, cette aide russe est souvent décisive. Certes, il faut réagir contre Sviatoslav et en 1043 encore, une expédition russe menace Constantinople, mais, dans l'ensemble, les rapports de Byzance et des Russes sont bons, d'autant que la religion renforce bientôt ces relations.

Byzance joue en effet un rôle décisif dans la conversion des peuples slaves : Cyrille et Méthode ont évangélisé la Moravie, et mis au point l'écriture slave primitive (glagolithique) ; ils ont traduit en slavon les écritures saintes et établi une liturgie slavonne. Appuyée sur des bases sérieuses, l'œuvre de conversion survit aux vicissitudes que connaissent les premiers apôtres : Cyrille meurt dès

869, l'État morave s'effondre. Mais, outre les Bulgares, les autres peuples slaves de l'Est sont progressivement convertis, y compris les Russes. Déjà en 957, la princesse Olga, mère de Sviatoslav, s'est solennellement convertie. En 989, Basile II récompense les Russes de leur intervention en offrant la main de sa sœur, la Porphyrogénète Anne, au prince de Kiev, Vladimir. La conversion de la principauté de Kiev, la plus importante entité politique russe, est dès lors acquise. La transmission de la religion chrétienne mais aussi d'une partie de sa culture et de ses traditions par Byzance aux peuples slaves est un événement capital.

❑ ***L'Occident.*** Les relations entre Byzance et l'Occident connaissent une évolution double. D'un côté, les problèmes territoriaux sont moins importants : l'iconoclasme détache aussi sûrement l'Occident byzantin de l'Empire que le refus du monophysisme a aliéné l'Orient. En Vénétie, l'autorité byzantine est bientôt purement formelle. En Sicile, sans soutien des populations, les Byzantins ne se maintiennent face aux Arabes que dans quelques places fortes : l'île est progressivement conquise à partir de 827 et la dernière place forte, Taormina, est prise en 902. En 1038, Michel IV confie à Georges Maniakès le soin de reconquérir l'île ; mais l'éphémère récupération ne survit pas à la révolte de Maniakès en 1042.

En Italie du Sud, les Arabes n'ont jamais conquis tout le territoire byzantin : Bari est même reprise par les Grecs en 876, et Nicéphore Phocas agrandit et restructure les possessions byzantines. L'Italie du Sud est cependant une possession fragile, attaquée par les empereurs occidentaux, troublée par les dissensions entre Byzance et la papauté. Une fois les Sarrasins chassés de leur tête de pont du Garigliano en 915, les duchés lombards de Bénévent et de Salerne reprennent de l'importance : Pandolfo de Bénévent est même chargé par Otton Ier en 969 de conquérir le territoire byzantin. Bien que fait prisonnier, il domine un moment la région d'Ancône à la Calabre. Mais à sa mort, tout se défait et ce pays morcelé connaît une histoire troublée jusqu'à ce qu'en 1071, l'année même de Mantzikiert, des nouveaux venus, les Normands de Robert Guiscard éliminent le pouvoir byzantin.

Sur le plan idéologique, les rapports avec l'Occident sont en revanche, de plus en plus importants. L'iconoclasme coupe Byzance du pape : la restauration de l'Empire en Occident est une atteinte à l'universalisme du pouvoir impérial byzantin qui encourage dès lors le patriarche byzantin à attaquer l'universalisme du pouvoir ecclésiastique romain. Ici encore, nous retrouvons la figure essentielle de Photius : même si c'est l'un de ses successeurs, le patriarche Michel Cérulaire, qui consacre la rupture définitive entre Rome et Byzance en 1054, les conflits sont incessants. Que le prétexte soit la juridiction sur l'Église bulgare (867) ou sur celle d'Italie du Sud (1054), il renvoie toujours aux prétentions universalistes de l'empereur byzantin ou à celles du pape de Rome. Le même problème sous-tend les relations avec les empereurs occidentaux : l'amitié sous le court règne d'Otton III (fils d'une princesse byzantine, Théophano, parente de

Jean Tzimiscès) à la fin du xe siècle est une exception, la règle reste la plus franche hostilité entre ces deux mondes.

L'arrivée des Turcs a bouleversé l'équilibre de l'Orient ; comme le monde islamique, Byzance est profondément ébranlée. A la fin du XIe siècle, elle a perdu presque toute l'Asie mineure au profit du sultanat de Roûm et se trouve confinée aux Balkans. Désormais grec, l'Empire byzantin cherche désespérément de l'aide ; mais d'Occident ne viennent qu'incompréhension et menaces. Il n'est pas prématuré de souligner que ce n'est pas l'Islam qui tuera Byzance : l'évolution rapide de l'Occident (féodalisme, réforme grégorienne) rend celui-ci totalement étranger aux prétentions idéologiques et religieuses de Byzance. Les Occidentaux, forts de leur puissance nouvelle, iront bien en Orient attaquer l'Islam, mais ce sera pour leur propre compte.

CARTE

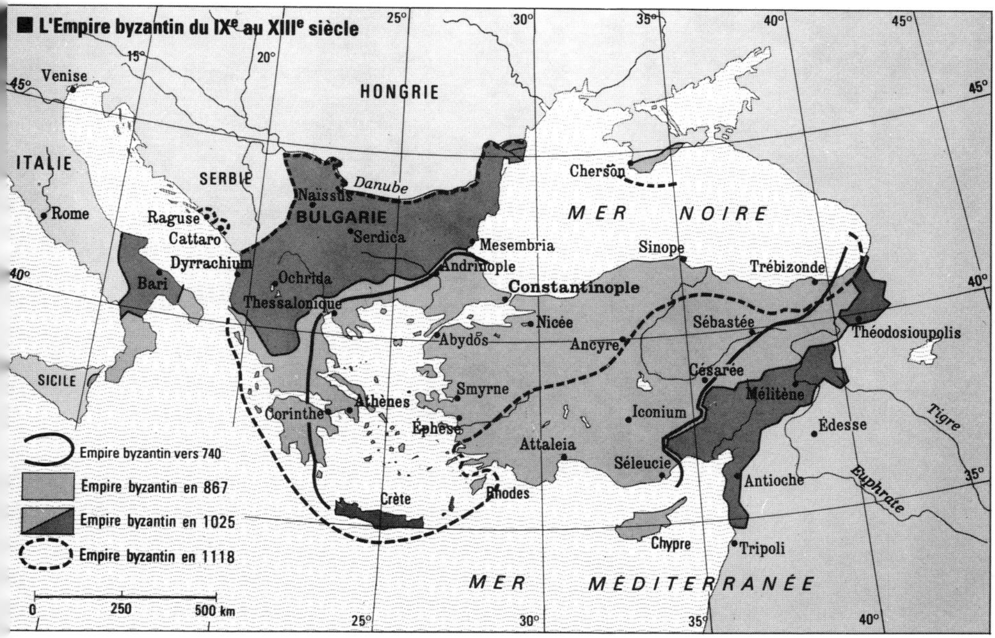

Deuxième partie :

L'EUROPE DE LA RÉVOLUTION FÉODALE

A partir du Xe siècle prend place en Occident ce que l'on appelle la « révolution féodale ». Terme sans doute ambigu par ses connotations, mais qui traduit bien la profondeur de la mutation que connaît l'Occident. Les sources, rares et difficiles à interpréter, révèlent dans les pays de l'Europe de l'ouest, et surtout dans ceux qui ont fait partie de l'Empire carolingien, un double mouvement social. D'une part, une classe militaire libre se constitue dans la mouvance de l'ancienne noblesse carolingienne des comtes puis des châtelains, celle des *milites*, les guerriers professionnels à cheval. Les structures familiales de ce groupe évoluent vers le lignage patrilinéaire, tout entier organisé pour la conservation du nom et du bien foncier. Les hommes sont, au sein de cette classe, liés par des liens forts d'hommage et de fidélité jurée, constituant une parenté symbolique qui renforce une « hiérarchie d'égaux ». Le processus est lent : simple groupe professionnel au Xe siècle, les *milites* s'intègrent peu à peu à l'aristocratie châtelaine au point que l'on peut, au XIIe ou au XIIIe siècle selon les régions, observer une « noblesse » homogène.

D'autre part, cette classe militaire libre exerce dans son ensemble, et à un niveau de plus en plus modeste, au nom de son pouvoir de commandement (*bannum*), des prérogatives qui étaient jusque-là celles de l'autorité publique : justice, prélèvement fiscal (tailles etc.), exigence de services de voierie, de garde. La paysannerie, où tout opposait jusque-là les conditions libres et serviles, s'uniformise dans la dépendance, soumise à l'arbitraire des nouveaux maîtres dans le cadre des seigneuries que ceux-ci ont constituées à leur profit, le plus souvent par la violence. L'organisation de ces seigneuries se marque parfois dans le paysage par le réaménagement autoritaire des terroirs et de l'habitat autour du château et de la place forte (*incastellamento* italien, *castelnaux* gascons, etc.). Mais cette dépendance étroite et personnelle libère l'exploitation paysanne : le paysan est, pour la première fois, un agent économique autonome, poussé à l'accroissement de sa production à la fois par la pression du prélèvement seigneurial et par la possibilité d'un profit. Une puissante dynamique économique s'amorce ainsi : les grands défrichements accroissent la surface cultivée, la croissance de la production soutient celle de la population et ce pendant près de quatre siècles ; les surplus alimentent le renouveau du commerce, la renaissance des villes et la monétarisation de l'économie.

L'émiettement de la puissance publique vide d'une part de leur substance les institutions traditionnelles : Empire, Église, monarchies dont les rois sacrés et couronnés se distinguent encore des princes, des comtes et des châtelains émancipés au cours du processus de démembrement de l'Empire carolingien. La réalité du pouvoir chemine désormais au gré des liens d'homme à homme dans une tumultueuse anarchie. Mais peu à peu émergent de nouveaux pouvoirs, et les institutions s'adaptent aux nouvelles structures sociales et économiques : les vieilles monarchies se muent en monarchies féodales, la réforme grégorienne modifie la place de l'Église dans la société, le mouvement communal donne aux villes le moyen politique de se développer.

La période centrale du Moyen Age est donc marquée par l'émergence dans un Occident, longtemps oscillant entre le legs romain et les traditions de l'Europe protohistorique, de structures sociales, politiques, religieuses et économiques originales. Révolution en effet, aussi ample que celle résultant de l'apparition de l'Islam en Orient, plus profonde que celle qu'a connue la partie orientale de l'Empire, moins éprouvée il est vrai. L'Europe féodale est la matrice de l'Europe moderne, le lieu d'une lente recomposition des pouvoirs qui lui confère une capacité de résistance accrue à l'égard des menaces extérieures, et l'autorise même à prendre l'offensive, comme le montrent aussi bien la *Reconquista* que les croisades.

1

L'Empire et l'Église

L'Empire et l'Église, l'un comme l'autre détenteurs d'une légitimité d'essence divine, ont une visée universelle et se veulent supérieurs aux autres pouvoirs. Profondément marquées par l'œuvre de Charlemagne, ces deux institutions freinent les effets de la révolution féodale, mais elles s'y adaptent aussi : l'Empire amorce ainsi un recentrage sur l'espace germanique tandis que l'Église, par la réforme grégorienne, se coupe de la société laïque pour mieux la contrôler. Mais ce faisant les deux pouvoirs n'abandonnent rien de leurs prétentions, et ils s'engagent dans une compétition de plus en plus violente, en dépit d'accords passagers.

L'EMPIRE DES OTTONIENS ET DES PREMIERS SALIENS

Par sa taille et sa composition complexe — l'Allemagne avec ses cinq composantes « nationales » (la Saxe, la Lorraine, la Souabe, la Bavière et la Franconie), ses marches (la Carinthie et le Nordmark), et les deux royaumes annexes d'Italie et de Bourgogne, par l'héritage qu'il prétend relever — celui de Charlemagne et, à travers lui, celui des empereurs romains —, par sa position privilégiée à l'égard tant du pape que du *basileus* byzantin, l'Empire reste au XIe siècle la première puissance politique d'Occident.

L'État impérial

❑ ***Les racines allemandes.*** L'Empire, rétabli par Otton Ier en 962, doit d'abord sa puissance à ses racines allemandes. En 919, la couronne de Germanie est en effet passée au duc des Saxons, Henri l'Oiseleur (919-936). A la différence des Francs, les Saxons sont intéressés surtout par les marges orientales de la Germanie et c'est d'Henri que datent les débuts de la colonisation germanique. Sa victoire sur les Hongrois à Mersebourg confère d'ailleurs à l'Allemagne du Nord une sécurité relative, même s'il faut attendre celle d'Otton Ier au Lech, en 955, pour que disparaisse la menace hongroise.

A la mort d'Henri, l'assemblée d'Aix-la-Chapelle désigne son fils Otton pour lui succéder : les ducs « nationaux » (Lorraine, Franconie, Souabe, Bavière) servent alors en personne au nouveau souverain un grand banquet, manifestant ainsi la nouvelle structure du pays. Ce n'est plus ni la structure tribale de l'époque pré-carolingienne, ni la structure administrative des comtés carolingiens, mais celle des « ethnies rénovées », dirigées par des ducs appartenant à ces lignages patrilinéaires, les *Sippen*, dont une trentaine joue un rôle politique prépondérant. Le duché saxon est le plus vigoureux de ces duchés nationaux, mais les souverains ottoniens se méfient des lignages aristocratiques, facteurs actifs de féodalisation. A la suite d'un soulèvement en 941, la Lorraine est fractionnée en deux duchés, la Saxe est annexée à la couronne (la partie orientale étant confiée à Hermann Billung qui y développe une marche importante). Otton Ier renforce pour sa part son pouvoir en confiant l'archevêché de Cologne à son frère Bruno, celui de Mayence à son fils bâtard Guillaume et celui de Trève à l'un de ses cousins. Il lui faut néanmoins mater une nouvelle révolte en 953-955.

La victoire d'Otton Ier sur les Hongrois au Lech, en 955, et le couronnement impérial de 962 qui suit les succès italiens, accroissent le prestige de la famille. A la mort d'Otton Ier en 973, son fils Otton II lui succède sans peine. En revanche, lorsque ce dernier meurt en 983, ne laissant qu'un enfant de trois ans (Otton III), le principe électif reprend force et les grands à nouveau révoltés ne cèdent que devant l'engagement résolu de l'Église ; grâce à celle-ci, la régence de l'impératrice Théophano et de l'impératrice douairière Adélaïde se déroule sans trop de heurts. La mort d'Otton III en 1003 à l'âge de 22 ans repose néanmoins le problème et son cousin Henri II (1003-1024) doit lutter longuement pour s'imposer aux lignages féodaux. En 1024, la couronne passe non sans mal à la dynastie franconienne (ou salienne) avec Conrad II (1024-1039) et Henri III (1039-1056).

Concernant l'Allemagne, l'essentiel de l'activité de ces souverains est consacré aux frontières orientales. Ils assurent la domination allemande sur les tribus slaves de la vallée de l'Elbe et maintiennent une fragile suprématie sur les royaumes slaves (Pologne, Bohême) et la Hongrie. Le royaume de Bourgogne est récupéré en 1032 à la mort de Rodolphe III. Henri III réorganise l'administration et, pour contenir l'essor de la féodalité, développe les institutions de paix selon le modèle français. Cependant, la grande affaire de ces souverains reste le principe impérial et donc l'Italie.

❑ ***L'Italie.*** De 921 à 1027, on compte 21 descentes allemandes (*Römerzug*) en Italie, où Otton Ier, dès 951, passe d'ailleurs la moitié de son temps. Il s'est en effet porté au secours d'Adélaïde, veuve du roi d'Italie Lothaire, menacée par les ambitions de Bérenger II, l'a délivrée, puis épousée. De retour en Italie, en 961, il est couronné roi des Lombards à Milan, et empereur à Rome en 962. L'*Ottonianum* reprend les principales dispositions de la donation de Constantin, et la noblesse romaine prête serment au nouvel empereur. Rome met la dynastie en contact avec Byzance et Otton II attaque l'Italie du Sud. Il reçoit pour son fils (Otton III) la main de Théophano, fille de Jean Tzimiscès — ce n'est donc pas une Porphyrogénète — mais n'en continue pas moins sa conquête. S'il est vaincu et tué à la bataille du Cap Colonne en 982, ses successeurs continuent sa politique et Henri II réussit en 1021-1022 à bloquer la reconquête byzantine en Italie du Sud.

L'emprise des nouveaux maîtres du *regnum italicum* est, en Italie, de plus en plus ressentie comme étrangère, et les souverains doivent user de la force ou déléguer leur autorité. Assez naturellement, les évêques héritent de cette autorité, qu'ils transmettent à leur tour par le biais des mécanismes féodaux. D'où un phénomène capital pour l'histoire de l'Italie : les cités épiscopales jouent un rôle moteur sur le plan politique, et la féodalisation se fait à partir d'elles, confondant alors élites urbaines et aristocratie féodale. C'est dans l'ombre des évêques que, nées de divers types d'associations, apparaissent souvent les communes, généralisées dans la première moitié du XIIe siècle. Le germe de l'Italie communale est ainsi dans le rejet de l'autorité directe des empereurs. Au reste, ceux-ci sont surtout intéressés par leurs relations avec les papes.

❑ ***Rome et le pape.*** La papauté est, au Xe siècle, au plus bas de son prestige. Les familles de l'aristocratie romaine l'ont confisquée et se livrent des luttes incessantes, n'hésitant devant aucun moyen. En 897, on déterre le cadavre du pape Formose pour le juger, le pape Étienne est égorgé, Jean X étouffé et Jean XII meurt dans l'indécence. Boniface VII, qui a fait massacrer ses deux prédécesseurs (Jean XIII en 972, Benoît VI en 974), est à son tour assassiné et son cadavre traîné dans les rues (985). Le pouvoir appartient alors à Crescentius et à sa famille.

Otton III réagit avec énergie. En 996, il fait désigner comme pape son cousin Bruno (Grégoire V) : pour la première fois depuis longtemps (sur les 47 prédécesseurs de Grégoire V, deux ne sont pas Romains) la tiare échappe à un Romain. L'empereur prend enfin à Rome le Château Saint-Ange (le mausolée d'Hadrien) et fait massacrer Crescentius et ses partisans. A la mort de Grégoire V, Otton III fait désigner pour lui succéder Gerbert d'Aurillac, l'un des grands intellectuels du temps, qui, lorsqu'il était écolâtre à Reims, avait été l'un des appuis de la dynastie ottonienne dans ses négociations avec les Capétiens. Gerbert prend le nom de Sylvestre II, Sylvestre étant le pape qui avait collaboré avec Constantin pour faire du christianisme la religion de l'Empire romain. Parallèle transparent : Otton III, nouveau Constantin qui réside à Rome dans un palais construit sur l'Aventin, et le nouveau Sylvestre restaurent par une archéologie symbolique l'Empire romain.

La mort presque simultanée des deux protagonistes de cette ambitieuse politique met fin à l'entreprise. Les difficultés successorales, les nécessités de l'action face aux Slaves et à la Hongrie ramènent les empereurs en Allemagne, et il faut attendre qu'Henri III réunisse un concile, en 1046, pour déposer le pape Benoît IX pour que soient renoués les fils de la politique impériale. Henri III fait alors monter successivement sur le trône pontifical l'évêque de Bamberg (Clément II, 1046-1047), celui de Brixen (Damase II, 1047-1048), celui de Toul (Léon IX, 1048-1056) et celui d'Eichstaedt (Victor II, 1056-1057). L'emprise de l'empereur sur l'Église romaine paraît donc totale, mais avec ces évêques d'Empire arrivent sur le trône de Saint-Pierre des clercs formés dans l'esprit de la réforme. L'alliance entre Empire et réforme est ambiguë et la mort prématurée d'Henri III laisse les réformateurs seuls maîtres de Rome.

Le « système » ottonien

Il repose sur des bases matérielles solides, mais est conforté par un maniement habile de l'idéologie.

❑ ***L'idéologie.*** La victoire de 955 sur les Hongrois fait d'Otton Ier un *imperator* au sens romain du terme. Le couronnement impérial consacre cet aspect qui se combine avec un élément religieux : représentant et lieutenant du Christ sur terre, l'empereur ottonien est voué à l'*imitatio Christi*. Les insignes impériaux symbolisent ce programme. La couronne impériale rappelle la mitre des prêtres-rois de l'Ancien Testament et les douze apôtres, le manteau bleu est le symbole des terres de l'univers, le globe impérial celui des peuples que l'empereur tient dans sa main. Cette symbolique est également la racine de la théologie politique selon laquelle, comme le Christ a deux natures, le roi a deux corps : l'un, mortel, transitoire, et l'autre, « éternel », celui de l'État, que l'individu couronné anime le temps de son passage sur terre. Le développement de cette théologie, essentielle pour la naissance du concept moderne d'État, est une longue affaire, mais son origine est ottonienne. Cet État est présenté comme un État sacré, doté en fait d'un souverain en deux personnes, l'empereur et le Pape, le second étant soumis au premier. Au thème de l'*imitatio Christi* se superpose également le thème carolingien de la *renovatio imperii romanorum*, utilisé notamment à l'égard des Byzantins.

❑ ***Les fondements de la puissance.*** C'est d'abord l'Église. Comme Charlemagne, l'empereur ottonien dispose d'une chapelle, pépinière des cadres ecclésiastiques de la partie germanique de l'Empire. Mais le contrôle de l'Église est très strict, et la pratique de l'investiture laïque se répand. Ainsi, l'ordination de l'évêque s'accomplit seulement après qu'il a reçu de l'empereur l'investiture des biens épiscopaux. Autrement dit, sa dignité religieuse dépend de sa position dans le gouvernement « laïc », si tant est que la distinction ait grand sens dans cet « État sacré ». La symbolique du cérémonial d'investiture le marque bien. Ainsi, dès le règne d'Otton, l'empereur ou ses légats remettent la crosse épiscopale, mais aussi, dès Henri II, l'anneau, pourtant symbole des noces spirituelles de l'évêque et de l'Église. Une trentaine d'évêchés, près de quatre-vingts abbayes royales sont au service de l'Empire et, en un sens, en sont la principale institution politique.

Deuxième appui, les villes. Elles sont en plein développement, et la fin des expéditions hongroises et scandinaves permet un renouveau du commerce. Cet essor ne profite pas seulement à l'empereur et bien des princes allemands ont aussi des villes clientes dans leurs domaines ; de plus, cet épanouissement des villes est générateur de conflits avec l'Église.

Troisième élément enfin, l'empereur s'appuie sur un vaste domaine dynastique. Il domine les vallées du Rhin et du Main et dispose de vastes biens patrimoniaux en Saxe, en Franconie, en Lorraine et même en Italie, tout en profitant du mouvement de colonisation vers l'est pour étendre ses domaines à partir de la région de Magdebourg, véritable capitale de l'Allemagne du Xe siècle (où Otton Ier est d'ailleurs enterré). Une série de palais impériaux quadrille le territoire, reliés par des routes publiques, et l'entretien de la cour impériale est assuré par le *servitium regis* auquel sont rattachées de nombreuses manses* paysannes (12 000 environ pour la seule Saxe) dont les exploitants dépendent directement de la justice royale.

Tous cela reste en marge des structures féodales. Non que l'Allemagne ignore le féodalisme, au contraire ; mais le maintien d'un pouvoir central fort et prestigieux en retarde l'apparition et le développement ; la féodalité allemande garde ainsi longtemps des traits archaïques. Il est cependant un domaine dans lequel le féodalisme joue un rôle capital : celui de la colonisation des pays slaves, l'*Ostsiedlung*.

L'Ostsiedlung

Un des événements les plus importants de la période est en effet l'expansion de l'Empire vers l'est, avec le développement des marches. Dans celles-ci, des populations germaniques, venues des zones les plus peuplées (Hollande, vallée du Rhin) se superposent à des populations slaves, sans s'y mélanger. Le processus d'évangélisation et la nécessité d'un encadrement plus strict donnent à l'Église une importance particulière, qu'il s'agisse des évêchés dans les marches du Nord ou des grands monastères dans celles du Sud ; les paysans, colons défricheurs, y ont des droits mieux affirmés qu'ailleurs et le principe du service militaire public y est mieux conservé. Les diversités régionales n'en sont pas moins sensibles, puisque l'État bohêmien sépare nettement l'expansion septentrionale de celle du Sud.

Au Sud, le mouvement de colonisation germanique a une longue histoire qui remonte aux entreprises bavaroises du VIIIe siècle. L'archevêché de Salzbourg donne sa structure ecclésiastique à la marche où les grands monastères (Saint-Polten, Mondsee, Melk) jouent un rôle essentiel. L'installation des Hongrois en Pannonie bouleverse cependant tout et la reconstitution de la marche de l'Est (Autriche), après la bataille du Lech, est l'œuvre de la lignée militaire des Babenberg, qui domine aussi le duché de Carinthie avec ses propres marches (Styrie et Carniole).

Au Nord, quatre peuples slaves, les Abodrites, les Wiltzes (Leutizes), les Hévelles et les Sorbes sont établis à l'est des Saxons. Jusque vers 850, les Francs sont actifs dans la région, établissant des ponts fortifiés aux frontières, à Magdebourg et à Havelberg par exemple. Mais à partir de 924 le mouvement de colonisation s'intensifie et Henri Ier établit le long de l'Elbe une série de *burgen*. A partir de là, il soumet les tribus slaves, à l'exception des Abodrites. Le margrave Gero († 965) et Hermann Billung étendent leur emprise à l'est de l'Elbe. La fondation des évêchés de Havelberg et de Brandebourg (948) puis de Mersebourg, Zeitz et Meissen (968) structure ces territoires et la famille des Billung constitue au nord une marche au détriment des Abodrites : là sont fondés les évêchés d'Oldenbourg, Ratzebourg et Mecklembourg.

Mais le quadrillage ecclésiastique ne suffit pas pour tenir le pays, d'autant que la christianisation des Slaves du nord est difficile. La révolte des Wendes en 983 la remet en cause et l'activité missionnaire se ralentit : la croisade doit être prêchée à deux reprises contre les Slaves du nord en 1108 et en 1147 ; la Poméranie à l'est de l'Oder est christianisée plus vite au XIIe siècle que les terres entre Elbe et Oder, où le mouvement ne s'achève qu'au XIIIe siècle. Aussi la structure ecclésiastique est-elle doublée par une organisation territoriale, celle des *Burgwarden*, châtellenies qui regroupent les villages et, préservant la liberté des communautés de paysans immigrés, donnent naissance à une classe de guerriers féodaux qui jouent un rôle essentiel dans la défense du pays.

ÉGLISE ET MONDE FÉODAL

Les principales étapes de la réforme et sa signification

Le mouvement de réforme de l'Église commence aux jours les plus sombres de la crise du Xe siècle : les évêques, de par leurs responsabilités territoriales et politiques, sont de plus en plus happés dans le tourbillon engendré par la seconde vague des invasions et par la décadence carolingienne. Les biens de l'Église sont mis à contribution, les sièges épiscopaux et les monastères utilisés comme bases de pouvoir par les grandes familles laïques. D'où les maux dénoncés par les contemporains : la simonie (trafic des biens et des offices ecclésiastiques), et le nicolaïsme (le mariage des prêtres, mais plus généralement, la mainmise des lignages sur les biens de l'Église). Mais quels remèdes apporter? La réponse vient d'abord de la réforme monastique.

❑ ***La réforme monastique.*** Condition essentielle de cette réforme : l'exemption dont Cluny, fondée en 910, bénéficie. Exempte de l'autorité épiscopale, elle dépend directement du pape. Le monastère est ainsi protégé de la contagion féodale qui gangrène l'Église séculière. Les fondateurs de Cluny veulent ainsi redonner à la règle bénédictine à la fois rigueur et splendeur : si la réforme clunisienne, comme les précédentes réformes bénédictines, est un refus du monde tel qu'il est, elle est aussi affirmation de la gloire de Dieu et de la sainteté de l'Église. Pour préserver sa réforme, Cluny applique strictement le principe hiérarchique. Ainsi les monastères qui adhèrent à la congrégation et à sa règle rénovée sont soumis à l'abbé de Cluny qui se trouve rapidement à la tête d'une puissante organisation (37 monastères à la fin du Xe siècle, 65 en 1049) couvrant l'Europe entière. Reconstruite à trois reprises, l'abbatiale de Cluny est longtemps la plus grande église d'Europe. Sous l'impulsion de ses premiers abbés (Bernon, † 927 ; Odon, † 942 ; Aymard, † 963 ; Maïeul, † 994 ; Odilon, † 1049 et Hugues de Semur, † 1109), Cluny devient la plus grande force de la réforme, pépinière des cadres de la nouvelle Église.

Mais elle n'est pas seule dans ce rôle. Guillaume de Volpiano réforme

Sainte-Bénigne à Dijon d'où part aussi une réforme qui rayonne vers la Normandie et l'Angleterre. En Lotharingie, Gorze et Brogne jouent pour l'Empire à partir du milieu du xe siècle un rôle comparable : les empereurs recrutent leurs évêques et même certains papes parmi les moines lorrains. En Italie, en revanche, le mouvement érémitique marque la réforme, avec saint Romuald (Camaldoli, 1012), et saint Jean Gualbert (Vallombrosa, 1039).

❑ ***La réforme de l'Église et de la papauté.*** L'exemption met la papauté au premier plan. Sa réforme est facilitée par des empereurs, sans doute inspirés par leur foi personnelle, mais aussi par la volonté de renforcer une Église qui est un de leurs appuis politiques essentiels. Dans la tradition carolingienne et ottonienne, Église et Empire fonctionnent il est vrai comme une structure duale, le renforcement de l'une entraînant le renforcement de l'autre. D'où le souci des empereurs de mettre en situation de pouvoir les ecclésiastiques les plus brillants, notamment Gerbert sous Otton III. En 1048, Henri III désigne l'Alsacien Brunon (Léon IX, 1048-1055), illustre évêque réformateur qui entraîne à Rome les grands noms du mouvement, trois cardinaux lorrains, Humbert de Moyenmoutier, Hugo Candidus et Frédéric de Lorraine (Etienne II, 1057-1058), et deux moines italiens Pierre Damien, et Hildebrand (Grégoire VII, 1073-1085).

Le pontificat de Léon IX est essentiel car il marque l'identification des programmes de la réforme et de la papauté. La mort du pape en 1055, celle d'Henri III en 1056 et la minorité d'Henri IV (il a cinq ans) poussent, certes, les Romains à essayer de reprendre le contrôle de la papauté, mais Hildebrand fait échouer la tentative, et le décret du concile de Latran (1059) relatif à l'élection pontificale réserve celle-ci au seul collège des cardinaux. Dès lors, la papauté romaine est effectivement indépendante de l'autorité laïque.

❑ ***Signification de la réforme « grégorienne ».*** La réforme est en fait un mouvement de longue durée dont Grégoire VII assure le triomphe définitif. La vraie signification de la réforme est l'affirmation de l'autonomie complète de la sphère du religieux dans la société féodale : rien de ce qui concerne l'Église ne doit dépendre des laïcs, tout ce qui, à un degré quelconque, est religieux ou sacré doit dépendre de l'Église. Dans ce contexte s'éclaire la nécessité stricte du célibat des prêtres : à l'imitation des moines, les prêtres sont coupés des lignages patrilinéaires féodaux. Cette coupure peut, certes, affaiblir l'Église , mais ce risque est compensé par le contrôle des structures familiales et de l'échange des femmes que l'Église s'arroge, en étendant arbitrairement l'inceste (renforcement de la législation canonique sur les prohibitions du mariage pour consanguinité) et en créant une parenté symbolique exclusive de la parenté réelle (parrains et marraines). Dans l'un et l'autre processus, le rôle déterminant est joué par Pierre Damien. L'image de la femme et la conception du mariage sont également marquée par l'idéal monastique.

Au plan politique, les conséquences sont aussi importantes. Hildebrand, qui a séjourné à la cour d'Henri III, s'est imprégné des principes ottoniens pour mieux les renverser : le pape seul représentant le Christ sur terre, la légitimité et la transcendance de tout pouvoir terrestre, à commencer par celui de l'empereur, découle de lui seul. Le couronnement de l'empereur par le pape doit manifester avec éclat cette filiation. La structure duale est conservée, mais sa hiérarchie est renversée, la papauté domine l'Empire, la théocratie remplace le césaropapisme.

La lutte de la papauté et de l'Empire

❑ ***Grégoire VII et Henri IV.*** En 1059, date du concile de Latran, Henri IV a huit ans. La minorité impériale permet à la papauté de se renforcer, notamment sous Nicolas II (1058-1061). Elle a en Italie du Sud un appui nouveau, les Normands. D'abord ennemis du pape auquel ils prennent Bénévent, ils traitent au concile de Melfi avec Nicolas II : celui-ci légitime le pouvoir de ces usurpateurs qui, en retour, reconnaissent la suzeraineté pontificale, par un cens récognitif. En 1073, le principal artisan de la réforme, Hildebrand (Grégoire VII), succède à Alexandre II. La réforme prend alors un nouvel essor : de toute la chrétienté, le pape convoque abbés et évêques au temps du Carême ou à la Toussaint ; partout, il envoie ses légats, pour veiller à l'observation des canons conciliaires sur la simonie et le nicolaïsme et exiger le denier de Saint-Pierre. Les principes de la réforme sont solennellement réaffirmés en 1074 au concile de Latran et en 1075, Grégoire VII interdit aux rois et aux laïcs d'interférer dans les élections ecclésiastiques, et d'investir les évêques par la crosse et l'anneau ; des évêques simoniaques sont excommuniés, au premier rang desquels plusieurs conseillers de l'empereur, les évêques de Strasbourg et de Spire, l'archevêque de Brême...

Or, en 1075, Henri IV contrôle l'Allemagne. Il règne personnellement depuis 1066, ayant repris à la diète de Tribur le pouvoir des mains de l'archevêque de Hambourg et de Brême, Adalbert. Confronté à une série de révoltes de la Saxe où il construit un ensemble domanial au détriment de l'aristocratie locale, il écrase les révoltés en juin 1075 avec le concours des villes de Rhénanie. Il réunit donc, en janvier 1076, le concile de Worms qui dépose Grégoire VII, et il envoie à Rome des lettres de défi. Le pape riposte par un nouveau concile au Latran (février-mars 1076) où viennent surtout évêques français et italiens : il prononce l'anathème contre ses adversaires, interdit à Henri IV de gouverner tant qu'il ne s'est pas repenti et rend nuls les serments de fidélité de ses sujets.

Le pouvoir d'Henri IV étant encore fragile, les révoltés saxons reprennent aussitôt les armes, et les princes et les prélats allemands, réunis à nouveau à Tribur, déposent Henri IV en octobre 1076. Abandonné de tous, Henri IV s'enfuit de Spire et va demander son pardon au pape, alors installé dans le château de la comtesse Mathilde de Toscane à Canossa. Pendant trois jours, agenouillé et vêtu de la chemise de laine du pénitent — mais suivi de sa cour —, le roi attend l'absolution et le baiser de paix du pape, enfin obtenus le 28 janvier 1077. Il reprend alors la lutte contre ses sujets révoltés, qui ont élu un contre-empereur , le duc de Souabe Rodolphe de Rheinfelden ; le pape dépose à nouveau Henri en mars 1080, et en mai celui-ci convoque un nouveau concile à Brixen qui désigne un antipape, Clément III. La guerre civile fait rage jusqu'à la bataille de Grona, près de Zeitz (octobre 1080) : bataille perdue par Henri IV, mais qui voit la mort de Rodolphe. L'empereur a donc les mains plus libres, même si Rodolphe a des successeurs (Hermann de Salm). Il passe en Italie avec Clément III, prend Milan où il se fait couronner roi des Lombards, marche sur Rome où il occupe le Latran, Saint-Pierre et le Capitole. Il se fait couronner empereur, mais Grégoire VII, retranché dans le château Saint-Ange tient toujours, jusqu'à ce que le Normand Robert Guiscard le délivre (28 mai 1084).

❑ ***La fin de la querelle des Investitures.*** En fait, la papauté est victorieuse. Si Grégoire VII meurt en 1085, son œuvre est poursuivie par ses successeurs énergiques et capables, le clunisien Urbain II (1088-1099) et Pascal II (1099-1118). En revanche, Henri IV, excommunié, détenteur d'un pouvoir dont il est dès lors facile de contester la légitimité, est sans cesse menacé par des prétendants à l'Empire, tels ses propres fils : il meurt misérablement à Liège en 1106. Son fils, Henri V, tente lui aussi la manière forte : une descente violente en Italie (sac d'Arezzo) lui permet de se faire couronner empereur en 1011. Confronté aux mêmes difficultés que son père, il compose cependant avec l'Église et entame des négociations avec la papauté, qui aboutissent sous Calixte II (1119-1124) au concordat* de Worms (1122).

Par ce texte, l'empereur renonce à l'investiture par la crosse et par l'anneau, réservée au pape lui-même et à ses représentants, ou aux évêques. Il proclame dans toutes les églises de l'Empire la liberté des élections canoniques. En contrepartie, le pape reconnaît à l'empereur le droit d'assister à toutes les élections et de conférer aux ecclésiastiques, par le sceptre, tous les biens et les droits politiques d'origine régalienne. Calixte II donne à la victoire de la papauté toute la solennité requise : il réunit un concile général au Latran (Latran I) pour entériner le concordat, mettant ainsi fin à la querelle des investitures.

Il ne faut pas réduire l'histoire de la réforme à la seule querelle des investitures : il y a des aspects purement ecclésiastiques non traités ici. Mais les mêmes problèmes se posent ailleurs que dans l'Empire : ainsi avec les monarchies française (démêlés d'Yves de Chartres et de Philippe Ier), anglaise (Lanfranc et les successeurs de Guillaume le Conquérant), espagnole... Mais l'enjeu y est moindre, la rivalité moins intense, et, sous certaines conditions, les souverains sont prêts à être les auxiliaires de la papauté. Les rois de France ont besoin des évêques pour lutter contre les féodaux, les rois d'Angleterre et d'Espagne ont besoin d'assurer leur légitimité. Partout, le compromis est plus facile que dans l'Empire où l'accord de 1122-1123 se révèle fragile, laissant au cœur même de la chrétienté médiévale une faille qui ne cesse de jouer pendant deux siècles. Faille qui permet, face aux pouvoirs universels des papes et des empereurs, aux monarchies féodales de s'affirmer en tant qu'États.

2

Les royaumes féodaux de l'Europe du Nord-Ouest

Le développement du féodalisme dans l'Empire est lent ; mais les deux duchés lorrains et la Bourgogne se rapprochent de la Francia *où ne jouent ni l'idéologie ottonienne, ni la puissance saxonne. Dans les limites de la* Francia *carolingienne, s'exerce au niveau des princes, des châtelains, ou des seigneurs un pouvoir dont les détenteurs sont unis, ou opposés par les liens mouvants des fidélités et de l'hommage et par ceux du sang ; parenté symbolique et parenté réelle qui, au-delà de titres hérités de l'Empire carolingien mais souvent vidés de toute réalité, conditionnent l'exercice du pouvoir politique : tout se joue autour du château. Pourtant, les monarques d'Occident gardent leur aura et autour des deux couronnes de France et d'Angleterre se développent, d'ailleurs différemment, autorité et idéologie royales.*

LA FRANCE DES PREMIERS CAPÉTIENS

Les principautés et le domaine royal

❑ ***Le domaine royal*.*** Il va, en gros, de l'Oise à la Loire, axé sur les cités épiscopales de Senlis, Paris, Orléans et Sens. Le Capétien est comte de Paris, de Dreux et d'Orléans. La dislocation de la principauté vermandoise lui laisse un protectorat fragile sur les comtés de Valois et de Soissons. Il maintient des liens avec les « évêchés royaux » (Bourges, Reims et Langres sont stratégiquement les plus importants). Encore ne faut-il pas se représenter ce domaine comme un territoire moderne, uni et homogène : c'est un ensemble composite de droits et de pouvoirs, âprement disputés par châtelains et vassaux, notamment les sires de Montlhéry et du Puiset, qui par leur position menacent la route royale d'Orléans à Paris.

❑ ***Les principautés.*** La plus vaste, mais l'une des moins cohérentes est la principauté d'Aquitaine. Une première principauté s'est constituée aux IXe-Xe siècles avec le lignage des Bernard-Guillaume, dont l'ancêtre plus ou moins mythique est Guillaume d'Orange ; elle est centrée sur l'Auvergne et le Languedoc. Une deuxième apparaît dans la seconde moitié du Xe siècle, issue des Rannoux, comtes de Poitiers. Elle connaît son apogée sous Guillaume V le Grand (995-1030) qui domine l'Auvergne, la Marche, le Limousin, le Poitou, les pays charentais, et prétend aussi contrôler le duché de Gascogne, en fait complètement éclaté depuis 1032. Cependant le duc est jusque dans son propre comté de Poitiers en butte à l'agressivité des châtelains. Ses successeurs, notamment Guillaume VIII (1058-1086) et Guillaume IX (1086-1126) restreignent leurs prétentions, notamment dans le Midi où se développent les puissances des comtes de Toulouse, héritiers du premier lignage des ducs aquitains, et des comtes de Barcelone. Le mariage d'Almodis de la Marche avec Raymond-Bérenger Ier († 1076) entraîne les comtes catalans dans une série de drames familiaux qui détruisent le réseau de fidélité construit au nord des Pyrénées ; le développement précoce de l'identité culturelle catalane contribue aussi à détacher totalement la principauté barcelonaise de l'espace français.

Si la Bretagne et le duché de Bourgogne sont affaiblis progressivement par des problèmes internes, quatre autres principautés jouent un rôle important : la Flandre, la Normandie, l'Anjou et l'ensemble Blois-Champagne. En Flandre, le comte profite à la fois du développement précoce des villes et de la proximité de l'Empire pour s'assurer une indépendance de fait, contenir les féodaux et accroître son influence (Hainaut, 1052). La Normandie (*cf. infra*) est, malgré une crise grave au début du XIe siècle, la plus puissante de ces principautés. En Anjou, Foulque Nerra (987-1040), comte d'Anjou et de Tours, édifie par la violence une solide principauté au détriment de ses voisins, ducs d'Aquitaine, comtes de Nantes, du Maine et de Blois. Il se renforce aussi en spoliant les églises. Des séances de flagellation, quatre pèlerinages à Jérusalem et des pénitences proclamées à son de trompe ne le rachèteront pas aux yeux des chroniqueurs ecclésiastiques... Son fils Geoffroy Martel annexe le Maine convoité par les Normands et complète sa domination sur l'ensemble de la Touraine. Enfin, le comte de Blois qui tient le pays chartrain et la Touraine essaie d'accroître ces terres : s'il échoue vers l'ouest face aux Angevins qui lui arrachent la Touraine, il tente sa chance à l'est ; Eudes II vise sans succès la couronne d'Italie et celle de Bourgogne (il meurt en 1037 dans une expédition contre l'empereur Conrad II), mais il réussit à s'emparer de la Champagne en 1023.

Ajoutons que ces principautés sont liées entre elles par des alliances ou des antagonismes relativement stables. Les principautés « fortes », Flandre et Normandie, Blois-Champagne et Anjou, Toulouse et Barcelone s'opposent deux à deux pour le contrôle de zones moins structurées. Le roi capétien, lui-même menacé d'abord par la principauté double Blois-Champagne qui prend ses terres en tenaille, puis, après 1066, par la trop puissante Normandie, dispose ainsi d'atouts pour maintenir son autorité. D'ailleurs, la féodalisation va partout dans le sens d'un morcellement plus ou moins prononcé du pouvoir ; les princes, comme le roi dans son domaine, luttent contre les châtelains, les sires ou les chevaliers trop turbulents. Ils tendent à resserrer leur pouvoir sur une zone restreinte, interne à la principauté, véritable base de leur pouvoir ; phénomène que l'on observe aussi dans le domaine royal.

Le « système capétien »

❑ ***La notion de royauté.*** Elle est une réalité essentielle du « système capétien ». Si elle garde sa permanence des Carolingiens aux Capétiens, elle ne s'accommode pas des mêmes moyens d'action, les nouveaux souverains n'ayant ni la légitimité, ni le domaine, ni les moyens administratifs des premiers Carolingiens. Une chose est sûre cependant, les Capétiens s'obstinent à préserver le caractère original de la royauté. Le couronnement et le caractère sacré de la royauté sont exaltés (jusqu'à Philippe-Auguste, les fils aînés sont couronnés du vivant de leur père) et le ministère royal est volontairement rapproché de celui de l'évêque. L'importance de l'élément religieux et mystique est renforcée par des liturgies et des pratiques comme le toucher des écrouelles, attesté dès Robert le Pieux.

❑ ***Une nouvelle construction politique.*** L'adaptation des moyens se fait en deux étapes, que l'étude de l'activité de la chancellerie royale permet de décrire. De 987 à 1028 (règnes d'Hugues Capet et de Robert le Pieux), les actes royaux concernent seulement la *Francia* centrale et ignorent totalement Languedoc et Catalogne. D'autre part, la présence dans les listes de témoins (car il faut des témoins comme pour les actes privés, la seule autorité du souverain étant insuffisante) des membres de la très haute aristocratie (y compris les princes) est encore aussi importante que celle des évêques. Beaucoup sont d'ailleurs des vassaux des ducs de Normandie ou des comtes de Blois aussi puissants, sinon plus, que le Capétien. A partir de 1028, sous Henri Ier et Philippe Ier, des modifications profondes apparaissent. La qualité sociale des souscripteurs s'abaisse ; plus de princes, mais les membres de familles notables de l'Ile-de-France, parfois de simples chevaliers au service du roi. En général, les puissants de la région concernée par l'acte sont parmi les témoins, puisque leur accord est nécessaire pour que les dispositions de l'acte entrent dans les faits. En même temps, le champ des actes se rétrécit : plus rien pour la Normandie ou pour la Bourgogne. Enfin, les destinataires sont, de plus en plus, des monastères ou des églises que le roi protège.

Cet affaiblissement apparent est en réalité l'amorce d'une nouvelle construction politique, dont l'efficacité apparaît vers la fin du règne de Philippe Ier. Parmi les châtelains et chevaliers d'Ile-de-France figurent plus souvent les grands officiers royaux, le bouteiller*, le connétable*, le sénéchal*, offices confiés à des familles issues de ce milieu (comme les Garlande ou les Senlis — bouteillers —) et des villes du domaine (Paris, Orléans, Senlis). Le simple mandement (ordre du roi sans souscription de témoins) apparaît aussi et devient dès Louis VI (1108-1137) le seul type de document royal. La royauté s'adapte donc aux conditions socio-politiques en se recentrant sur le domaine, dont la prise en main systématique est opérée en jouant des ressources du droit féodal, ou par la force. Inversement, le principe monarchique est maintenu et sacralisé, mais sans être utilisé puisqu'il est encore sans force réelle. A partir de cette dualité, Suger, au XIIe siècle, fonde pour Louis VI le concept de suzeraineté royale, affirmant que le roi est dans le royaume supérieur à tous et qu'il ne peut donc prêter hommage à personne. Ce phénomène s'observe d'ailleurs, à des degrés divers, dans la plupart des principautés.

Le maniement des institutions de paix

Dans ces conditions, il n'est pas étonnant que les détenteurs du *bannum* soit incapables d'assumer l'ordre public et de préserver la paix. Sous l'impulsion des réformateurs et notamment ceux de Cluny, l'Église dont les biens et l'indépendance sont menacés par la violence féodale, instaure la paix de Dieu (synodes de Charroux, 989, du Puy, 990, de Limoges, 999, de Poitiers, 1000) qui trace une limite entre violence légitime et illégitime, puis développe au milieu du XIe siècle la trêve de Dieu qui interdit toute violence en fonction du temps liturgique (dimanche, puis jeudi ; Carême, Avent). Le mouvement, parti d'Aquitaine, gagne la Bourgogne (synode de Verdun-sur-le-Doubs, 1016) et la France du Nord (proclamation des évêques de Soissons et de Beauvais en 1023).

Il est cependant surtout fort en Aquitaine et dans le Midi, où les évêques jouent leur rôle de défenseurs de la paix et où les princes sont trop heureux de cet appui. En France du Nord, le mouvement est moins bien accueilli : les risques d'un trouble de la société (en 1038, les paysans se seraient lancés contre une forteresse au nom de la paix de Dieu invoquée par l'archevêque de Bourges) effraient. Les évêques, imprégnés de la tradition carolingienne, tel Adalbéron de Laon, rechignent quant à eux à voir l'Église intervenir dans un domaine trop laïc. Aussi est-ce souvent dans le cadre des communes urbaines que reparaissent certains éléments de l'idéal de la paix de Dieu.

Les règnes des premiers Capétiens

❑ ***Robert le Pieux (*† *1031).*** Grâce à Helgaud, moine de Fleury, ce roi est le mieux connu, bien que ce point de vue ecclésiastique soit assez trompeur. Né vers 970 à Orléans, il est couronné roi de France le 25 décembre 987, quelques mois seulement après son père, Hugues Capet, et règne seul à partir de 996. Il épouse d'abord la veuve d'Arnoul de Flandre, Suzanne, déjà âgée, mais qui apporte Montreuil et le Ponthieu. Dès qu'il le peut, il la répudie pour épouser sa cousine Berthe, fille du roi de Bourgogne, mais veuve d'Eudes de Blois et mère de cinq enfants… Ceci, conjugué aux troubles qui agitent l'archevêché de Reims où le carolide Arnulf est déposé pour faire place au pro-capétien Gerbert, entraîne un temps l'excommunication du roi.

N'ayant toujours pas de fils, Robert s'incline et épouse Constance d'Arles, union appuyée par le comte d'Anjou, ennemi juré de la maison de Blois. La cour devient alors un champ de luttes entre les partis de Blois et d'Anjou, autour des deux reines, puis bientôt autour des deux fils nés de Constance, cette dernière soutenant le cadet Robert contre l'aîné Henri, proche de son père. Le duché de Bourgogne est néanmoins récupéré, mais il faut le donner à Robert ; la Bourgogne reste une principauté comme les autres.

❑ ***Henri Ier (*† *1060).*** Seul roi à partir de 1031, il est le plus mal connu des rois français. Comme ses prédécesseurs, il est soucieux de son prestige et de la dignité royale : son mariage avec Anne de Kiev le révèle bien. D'abord allié au comte de

Flandre et au duc de Normandie, il aide Guillaume à mater ses vassaux (Val-ès-Dunes, 1047) mais, effrayé par la nouvelle puissance de ce dernier, qui a épousé Mathilde, fille de Beaudouin V, comte de Flandre, il monte plusieurs campagnes contre lui avec l'aide du comte de Champagne : il est écrasé à Mortemer (1054) puis à Varaville (1058).

❑ ***Philippe Ier († 1108).*** Comme pour Robert le Pieux, la grande affaire du règne est le « mariage » royal. Le mariage, qui donne cohésion à une alliance de lignées, est en effet l'outil presque unique d'une diplomatie qui ne peut être que familiale. En l'absence de structures étatiques, les structures de parenté conditionnent donc l'équilibre des forces. Philippe épouse d'abord Berthe de Frise, qui lui donne un fils (le futur Louis VI) après neuf ans de mariage. Répudiée en 1092, Berthe est enfermée au donjon de Montreuil pour faire place à Bertrade de Montfort, « enlevée » au très consentant comte d'Anjou Foulque le Réchin ; Bertrade renforce le pouvoir royal en Ile-de-France. L'évêque de Senlis bénit sans hésiter l'union des deux bigames, mais le chef du parti réformateur, l'évêque Yves de Chartres, veut faire un exemple.

Appuyé par le pape, Yves est intransigeant : des conciles sont (prudemment) tenus en France du Midi et le roi condamné et excommunié. La papauté fait pression sur Foulque qui proteste enfin contre l'infidélité de sa femme et l'« enlèvement » dont elle a été « victime » : Foulque, lui-même excommunié pour avoir emprisonné et rendu fou son frère, n'est pas en mesure de résister. Philippe fait amende honorable en 1105, devant évêques et archevêques, sur les lieux mêmes du mariage. Au reste, vainqueurs sur les principes, les réformateurs se montrent conciliants et Philippe et Bertrade vivent ensemble jusqu'à leur mort visitant même Foulque à Angers en 1106... A la mort de Philippe en 1108, la monarchie capétienne n'a guère progressé, mais elle a duré et maintenu sa différence. Suger et Louis VI en tireront parti, mais à la fin du XIe siècle, l'essor de la principauté normande éclipse le royaume capétien.

LA NORMANDIE ET LA CONQUÊTE DE L'ANGLETERRE

Normandie et Angleterre avant 1066

Ce ne sont pas deux univers totalement différents ; la prégnance du modèle carolingien, le poids du passé scandinave, et des contacts intenses ont créé des liens : Emma, veuve d'Aethelred et mère d'Édouard le Confesseur, avant de se remarier avec Knut, est la sœur du duc de Normandie. Édouard est donc parent du duc Guillaume. Exilé, il s'est réfugié en Normandie et à son retour, introduit en Angleterre des ecclésiastiques et des fidèles normands ; le monastère qu'il construit à Westminster est inspiré de Jumièges. Pourtant, au plan politique, le contraste est vif.

❑ *La force normande*. Le passé scandinave est au XIe siècle presque oublié. Ducs et aristocratie regardent du côté français. Organisée de façon relativement « conservatrice », la principauté normande se féodalise au contact de la France, mais les ducs veulent garder le contrôle du processus. A la mort du duc Richard II, la crise éclate et les ducs Richard III, Robert le Magnifique (1028-1035) mort pendant un pèlerinage à Jérusalem, et Guillaume (le futur Conquérant) doivent lutter contre l'aristocratie, surtout pendant la difficile minorité de Guillaume. La victoire remportée au Val-ès-Dunes en 1047, avec l'aide du roi Henri Ier permet cependant au duc vainqueur de reprendre le contrôle de la féodalisation et d'en faire un instrument de son pouvoir. Dans l'ensemble, les titres comtaux sont réservés à des branches de la famille ducale (à l'exception du comté frontalier de Bellême), les châteaux doivent être autorisés par le duc, et une administration, confiée à des vicomtes, subsiste. Ces caractéristiques sont rares dans les autres principautés françaises.

❑ *La confusion anglaise*. La succession de Knut, mort en 1035, n'est pas vraiment réglée. Ses fils, Harald (1035-1040) et Harthacnut (1040-1042) se disputent l'Angleterre, aux mains des partis aristocratiques : leurs partisans respectifs déclenchent après la mort d'Harthacnut en 1042 une guerre au Danemark, dans laquelle s'affrontent le neveu de Knut, Swein Ethritsen, et Magnus de Norvège. L'Angleterre est laissée à l'abandon, et un mouvement d'opinion ramène sur le trône Édouard (le Confesseur) qui est couronné en 1042, son frère Alfred ayant été assassiné par l'*earl* (comte) Godwin (peut-être sur ordre d'Harald).

Les guerres de Magnus et de son successeur Harald Hardrada laissent un répit à la vieille monarchie anglo-saxonne que les divisions de l'aristocratie minent cependant. Deux grands clans dominent : celui de Godwin, *earl* de Wessex, et de ses deux fils, Harold et Tostig, et celui de Leofric, *earl* de Mercie, qui a aussi deux fils, Edwin et Morcar. En 1051, Godwin se rebelle, mais il échoue et s'exile avec ses fils. Or, l'année suivante, Guillaume de Normandie rend visite à Édouard et reçoit alors vraisemblablement la promesse de succéder à son parent Édouard qui, sans héritier direct, se croit débarrassé de son adversaire Godwin. Mais en septembre 1052, Godwin attaque Londres avec une puissante flotte et Édouard doit accepter son retour. En 1053 Harold succède à son père. Mieux, Tostig devient *earl* de Northumbrie en 1055 et, aidant le jeune Malcolm à renverser le roi d'Écosse Macbeth, trouve un puissant allié.

Harold est donc à partir de 1053 en position hégémonique et se considère comme l'héritier naturel d'Édouard. Pourquoi, dans ces conditions, a-il prêté un serment de fidélité à Guillaume en 1064, devenant son homme, comme l'affirme la propagande normande? Il est vrai qu'il a un compétiteur scandinave, en la personne de Harald Hardrada, qui vient de rétablir la situation politique au Danemark, et que dans le Nord, tout ne va pas au mieux pour lui, son frère Tostig ayant été chassé de Northumbrie par Morcar, le frère d'Edwin. Malgré cela, Guillaume est un danger plus grave encore.

La conquête

❑ ***L'établissement des Normands.*** Depuis 1060, Guillaume de Normandie a établi une sorte d'hégémonie sur la Bretagne, le Ponthieu, le Boulonnais et même le comte de Flandres, dont il a épousé la fille Mathilde, lui est favorable. Dès qu'il apprend la mort d'Édouard, il rassemble des forces venues de toutes les régions qu'il domine. Diplomatiquement, il fait reconnaître la légitimité de ses prétentions, notamment par la papauté.

Le 28 septembre 1066, la flotte assemblée dans l'estuaire de la Dives a enfin un vent favorable. Harold, lui, las de guetter, est parti à marche forcée affronter l'armée danoise d'Harald Hardrada, allié à son propre frère Tostig : le 25 septembre, à Stamfordbridge, les Anglo-Saxons sont victorieux. Mais il leur faut retraverser l'Angleterre du nord au sud pour affronter les Normands qui ont eu le temps de se renforcer autour d'Hastings. Le vendredi 13 octobre, l'armée d'Harold est écrasée à l'issue d'une terrible bataille, son chef restant parmi les morts.

Guillaume, qui se présente en successeur légitime, semble avoir cru son royaume conquis : il n'en est rien. Une habile temporisation rallie provisoirement l'archevêque de Canterbury Stigand, les *earls* du Nord (Edwin et Morcar) et le prétendant désigné, Edgar l'Aetheling. Guillaume entre alors à Londres et est couronné le 25 décembre, à Westminster. Après la conclusion de mariages mixtes, la distribution modérée de terres conquises (celles des seuls *thegns* morts à Hastings), Guillaume repart confiant vers la Normandie au printemps 1067. Mais les révoltes se succèdent : la plus dangereuse est celle du nord, combinée avec l'action d'Edgar l'Aetheling réfugié en Écosse et une flotte de 300 vaisseaux danois. Elle est matée en 1070, au prix d'une atroce répression qui rend presque désertes certaines régions d'Angleterre du nord.

❑ ***Le « système » normand.*** A partir de 1070, les cadres aristocratiques et ecclésiastiques (nomination de Lanfranc comme archevêque de Canterbury) sont épurés, les Anglo-Saxons chassés et remplacés par des « Normands » (en fait, des hommes venus de toute la France du Nord-Ouest, de la Flandre au Poitou en passant par l'Ile-de-France). Le royaume est systématiquement organisé autour de puissants châteaux fortifiés (technique ignorée des Anglo-Saxons) et nombre de villes anglaises portent la marque de cette conjonction typiquement normande : la grande cathédrale et le château (Rochester, Durham par exemple, mais aussi York avec la Tour Clifford et Londres avec la Tour de Londres). De grands châteaux sont aussi construits dans les sites stratégiques : dans le Nord (Richmond), la marche de Galles, à Nottingham. Une force militaire, toujours disponible, est établie dans le pays. Les hommes qui reçoivent des terres du Conquérant (*tenants in chief*) lui doivent également le service d'un certain nombre de chevaliers auxquels ils sous-inféodent un fief suffisant à leur entretien (*knight's fee*).

La structure de la nouvelle Angleterre apparaît dans le *Domesday Book*, entreprise dont l'ambition est révélée par son vrai titre (*descriptio*) repris de l'Évangile selon saint Luc. A l'exception du Nord, si dévasté qu'il ne peut être décrit, toute la conquête de Guillaume y est minutieusement répertoriée, village par village, seigneurie (manoir) par seigneurie, avec le nombre des chevaliers, des vilains, des bordiers, des esclaves, des charrues ; forêts, *hides* et *carrucatae* sont dénombrées. Exception faite de l'immense domaine royal, le royaume est réparti entre 1 500 tenants en chef, et environ 4 000 fiefs de chevaliers y sont taillés : la structure féodale est donc ici pyramidale (c'est l'exception, plus que la règle). La puissance royale est encore accrue par le fait que les fiefs distribués aux compagnons du Conquérant ont été répartis dans tout le pays, à l'exception de rares « honneurs » (celui de l'évêque de Durham, par exemple), afin d'éviter la naissance de principautés territoriales. Enfin, le *Domesday* révèle l'ampleur du transfert de terres effectué, beaucoup d'Anglo-Saxons (mais pas tous) étant exclus de l'aristocratie militaire du royaume.

❑ ***Les successeurs de Guillaume le Conquérant.*** La mort du Conquérant (1087) entraîne une crise grave. Le duché de Normandie, significativement, revient au fils aîné, Robert Courteheuse (alors réfugié auprès de Philippe Ier), l'Angleterre au second fils, Guillaume le Roux. La faiblesse brouillonne de Courteheuse favorise les troubles ; la mort (accidentelle ?) de Guillaume le Roux en 1100 et la défaite de Courteheuse à Tinchebrai en 1106 permettent au troisième fils, Henri Ier Beauclerc, de reconstituer « l'Empire normand » de son père.

Les conséquences de la survie de l'Empire normand sont considérables. L'Angleterre, jusque-là tournée vers la Scandinavie, devient une pièce essentielle dans un vaste ensemble qui reconnaît à des degrés divers la suzeraineté d'Henri Ier : Normandie, Angleterre, Bretagne, Pays de Galles, Écosse... La puissance du duc-roi est un danger mortel pour le seigneur dont il est vassal, le roi de France : affrontement féodal qui dure jusqu'en 1204, mais qui renaît ensuite sous d'autres formes. La victoire du Conquérant est aussi celle du féodalisme, qui a abattu la plus brillante des vieilles monarchies germaniques, survivante de l'ère carolingienne.

3

L'expansion méditerranéenne de l'Occident au XIe siècle

Le dynamisme de l'Occident féodal éclate en Méditerranée, mais il se combine avec une structure sociale autre, marquée par le phénomène urbain. De plus, le contact (et l'affrontement) avec des sociétés et des civilisations différentes, celles de Byzance et de l'Islam, accélèrent la christianisation des mentalités féodales. La puissance d'une société militaire, dont la chevalerie violente est le fer de lance, mais qui par la seigneurie peuple et colonise, la force spirituelle d'un christianisme réformé, et le dynamisme maritime et commercial des cités italiennes sont les trois facteurs d'une expansion occidentale qui bouleverse l'ordre résultant de la conquête musulmane.

LA RECONQUÊTE ET L'ESSOR DES ROYAUMES ESPAGNOLS

Le cadre politique

Le mouvement de la reconquête correspond à un affaiblissement de l'Espagne musulmane : après les campagnes d'Al Mansur († 1002) qui brûle successivement Barcelone (985), Léon et Saint-Jacques de Compostelle (997) et la chute du Califat de Cordoue (1031), l'Espagne est sous la coupe de bandes armées, les *taïfas*, dont les *reyes*, engagés dans des luttes acharnées, font appel aux royaumes chrétiens du nord. Deux vagues successives d'envahisseurs venues du Maghreb, les Almoravides (1085) et les Almohades (milieu du XIIe siècle), dangereux également pour les chrétiens, aggravent la désorganisation de l'Espagne musulmane.

Or, malgré les coups portés par Al Mansur, les chrétiens ont, dès le IXe siècle, un authentique esprit de reconquête, appuyé sur le repeuplement de zones tampons longtemps abandonnées. Creuset de cet esprit, le royaume asturo-léonais est organisé par Pélage (717-737), élu par les aristocrates wisigoths réfugiés au nord-ouest des Pyrénées. Les terres désertées de la haute vallée de l'Ebre commencent à être repeuplées sous Alphonse II (791-842). La capitale est transférée d'Oviedo à Léon sous Alphose III le Grand (866-911), au nord d'une région rapidement repeuplée à coups de *fueros* (privilèges), et que l'importance de son réseau défensif de châteaux fait appeler Castille. Là, est fondée Burgos en

880. Le même esprit se retrouve dans les Pyrénées, à Pampelune et à Jaca, ou à l'Est, région sur laquelle s'exerce, depuis la fin du IXe siècle, l'hégémonie des comtes de Barcelone.

L'affaiblissement de l'Espagne musulmane coïncide avec la redistribution du pouvoir en Espagne du Nord : dans la première moitié du XIe siècle les deux puissances majeures sont le comté de Barcelone, sous Bérenger-Raymond (1018-1035) et Raymond-Bérenger (1035-1076), et la Navarre sous Sanche le Grand (1000-1035). Sanche domine, outre son propre royaume, Léon, Castille et Aragon. A sa mort, un partage entre ses fils donne à Garcia la Navarre, à Ramire l'Aragon (nouveau royaume) et à Ferdinand Ier la Castille ; ce dernier prend le titre de roi en 1037 et s'attribue le Léon. Son fils, Alphonse VI (1072-1109), adopte même le titre d'empereur. Mais celui-ci meurt sans héritier. Après une longue guerre de succession, son petit-fils, fils de sa fille Urraca et d'un comte bourguignon, l'emporte sur le roi d'Aragon : c'est Alphonse VII (1126-1157). L'Aragon se tourne alors vers l'est et, faute d'héritier, la noblesse aragonaise s'adresse au comte de Barcelone : Alphonse II règne de 1162 à 1196 sur l'Aragon et la Catalogne. Les luttes qui suivent la mort d'Alphonse VI permettent aussi au comté de Portugal de devenir en 1128 un royaume indépendant.

Les fondements de l'idéal de reconquête

Deux éléments extérieurs à l'Espagne galvanisent les énergies et apportent à la reconquête un soutien extérieur puissant : Cluny et la féodalité française. Les moines clunisiens, introduits en Navarre par Sanche le Grand, réforment les monastères espagnols et, beaucoup de prélats étant recrutés parmi eux, ils réorganisent diocèses et structures de l'Église. Ils réintroduisent la liturgie romaine qui supplante la vieille liturgie mozarabe : l'Espagne est ainsi réinsérée dans l'Europe chrétienne de la réforme. En comparaison, les Cisterciens jouent au siècle suivant un rôle moins important.

Cluny transmet aux royaumes espagnols le soutien des féodaux des régions dans lesquelles la congrégation est la mieux implantée. Seigneurs et chevaliers aquitains et bourguignons prêtent ainsi leur concours à la reconquête : nombre d'entre eux s'établissent en Espagne où ils font souche. Le roi de Portugal Alphonse-Henri et le roi de Castille Alphonse VII sont ainsi l'un et l'autre fils de comtes bourguignons. Les Normands (comtes du Perche) sont aussi présents, même s'ils jouent un rôle secondaire.

Le succès rapide du pèlerinage de Saint-Jacques de Compostelle symbolise ce double apport de la féodalité et de la réforme, marquant ainsi de façon éclatante le retour dans l'espace culturel et politique européen d'une Espagne longtemps retranchée dans ses vallées pyrénéennes.

Il n'empêche que le féodalisme espagnol, s'il existe, est différent de celui de l'ancienne Europe carolingienne. D'une part, le manque de main-d'œuvre et la nécessité de repeupler les territoires conquis expliquent que la seigneurie classique ne s'impose pas : le contraste est ainsi net entre la vieille Catalogne, par exemple, et les terres de la « Nouvelle Catalogne », à partir de l'Ebre. D'autre part, les nécessités mêmes de la reconquête donnent à l'aristocratie militaire des caractères originaux. A côté des *ricos hombres*, noblesse somme toute traditionnelle, liée aux monarques et détentrice de droits éminents sur des terres immenses, on trouve une catégorie fluide et nombreuse d'*hidalgos* où se fondent des gens d'origines diverses : *infanzones* de la petite noblesse, *caballeros villanos*, issus de la paysannerie libre, ou encore *caballeros* de ces armées municipales lancées dans la reconquête par les villes de la frontière, comme la *hermandad* (fraternité) des chevaliers de Caceres ou les *caballeros* d'Avila. *Hidalgo* ne vient-il pas de *fijodalgo*, « fils de la fortune »? D'où l'importance dans la vie politique, dès le début du XIIe siècle, de ces fraternités et des villes.

Les principales étapes de la reconquête

La reconquête est donc amorcée par la Navarre. A la mort de Sanche, en 1035, ce royaume est coupé du front de conquête et c'est aux royaumes nouveaux, l'Aragon et surtout la Castille que passe alors le flambeau. En 1085, Alphonse VI remporte un succès éclatant en prenant Tolède, capitale ecclésiastique de la péninsule. Mais l'arrivée des Almoravides, vainqueurs des Castillans à Zallaca (1086) bloque le processus ; une armée castillane prend toutefois Valence, où Rodrigue Diaz (le Cid Campéador) se taille une principauté qu'il gouverne de façon indépendante de 1094 à 1099, évacuée à sa mort.

Les luttes qui suivent la mort d'Alphonse VI, conjuguées avec l'installation en Espagne musulmane des Almoravides, déplacent vers l'Aragon le théâtre de la reconquête ; après de nombreux assauts, Saragosse tombe en 1118 aux mains du roi d'Aragon, Alphonse le Batailleur (1104-1135). Mais, là encore, des problèmes de succession ayant entraîné un nouvel arrêt, le mouvement se poursuit au Portugal, avec la victoire d'Ourique en 1137 et la prise de Lisbonne, obtenue en 1147 avec le concours d'une flotte de croisés anglais et flamands. La conquête de l'Alemtejo suit.

L'arrivée en Espagne des Almohades en 1146 est un nouveau danger pour les chrétiens. La résistance est possible grâce à l'organisation, sur le modèle de la Terre Sainte, des ordres militaires (Aviz, Calatrava, etc.) qui désormais jouent un rôle capital dans l'histoire des royaumes espagnols.

L'ITALIE DU SUD ET LES NORMANDS

Les premières installations

Si les féodaux normands jouent un rôle secondaire en Espagne, ils sont au premier plan en Italie du Sud. Pourtant, à l'origine, rien ne distingue les mercenaires normands de ceux de toutes origines que les conflits interminables entre Sarrasins, Byzantins, Lombards et Allemands rassemblent dans la région au début du XIe siècle. Cependant un Normand, Renouf, obtient vers 1029 le comté d'Aversa puis se rend maître du port de Gaëte (1042). Or, la crise de la féodalité normande, et la reprise en main du duché qui suit, chasse, de plus en plus nombreux, des guerriers normands, exclus ou vaincus mais désireux de prendre une revanche dans un pays où le succès de l'un d'entre eux est connu. Parmi eux, les fils de Tancrède de Hauteville (près de Coutances : ils sont douze !) se taillent la part du lion. Guillaume Bras de Fer devient comte de Melfi en 1043 et son frère, Dreu, lui succède en 1047.

Robert Guiscard

Un autre frère, Robert Guiscard, bat en 1053 les troupes pontificales et fait prisonnier le pape Léon IX. D'un ennemi, il s'en fait cependant un ami et une alliance solide est conclue entre la papauté et les Normands en 1059. Grâce à elle la papauté résiste à Henri IV et les Normands y gagnent leur légitimité : Robert, proclamé duc des Pouilles et de Calabre en 1059, conquiert le duché d'Amalfi en 1073 et, en 1076, la principauté lombarde de Salerne. Il installe à travers les Abruzzes ses vassaux dans des fiefs.

Ses ambitions se déchaînent et la crise profonde que traverse l'Empire byzantin avant la consolidation du pouvoir des Comnènes l'oriente vers l'offensive. Guiscard marie sa fille à un éphémère empereur byzantin, Michel VII : celui-ci déposé, Guiscard passe l'Adriatique. En 1081, il mène une expédition en Épire et en Serbie jusqu'à Usküb (Skoplje) : c'est pour contrer cette menace qu'Alexis Comnène s'allie à Venise dont la fortune devient une conséquence indirecte du dynamisme féodal normand. En 1084, Guiscard revient à Rome pour libérer Grégoire VII assiégé par Henri IV au château Saint-Ange, mais repart aussitôt et meurt en 1085 après avoir détruit à Corfou la flotte byzantine.

Le royaume de Sicile

Pendant ce temps, le plus jeune des Hauteville, Roger, conquiert la Sicile sur les Sarrasins (1061-1091). Alors que fils et successeurs de Guiscard se disputent sans merci l'Italie du Sud, les Normands de Sicile édifient un État puissant en utilisant les institutions arabes et byzantines. En 1127, Roger II de Sicile hérite des terres d'Italie du Sud et prend, en 1130, avec la connivence d'un antipape, Anaclet II, le titre de roi de Sicile, Calabre, Pouille et Capoue, avec l'honneur de Naples ; il rassemble sous son autorité l'ensemble des terres normandes. La papauté, à laquelle il prête serment de fidélité et verse un cens, admet son protectorat sur la principauté de Bénévent. Roger II, qui étend aussi sa domination sur la côte de Tripoli à Tunis, meurt peu après la prise de Bône en 1154.

L'ITALIE MARITIME

Les villes d'Italie du Sud

L'essor commercial précoce des cités maritimes d'Italie du Sud s'explique à la fois par le maintien de leurs liens avec Byzance et par leur relative indépendance. Si les Byzantins ont besoin de leurs flottes, ces cités, éloignées, développent néanmoins leur trafic avec les Sarrasins de Sicile. Cinq villes, Naples, Amalfi, Salerne, Gaëte et Sorrente, se détachent. Moins maritimes, Naples et Salerne ne maintiennent qu'un gros trafic de cabotage. La plus dynamique est Amalfi qui, accrochée à une côte escarpée, tournant le dos à la terre, connaît un précoce développement.

Indépendante de Naples depuis 845, Amalfi fait théoriquement partie de l'Empire byzantin, mais, comme plus tard Venise, jouit d'une autonomie réelle. Dès 860, sa flotte est la plus importante de la mer Tyrrhénienne et au xᵉ siècle, les flottes d'Amalfi et de Venise sont les plus puissantes d'Occident : le développement des deux cités est comparable et présente la même structure avec l'installation de colonies hors d'Italie. A Constantinople, les Amalfitains ont une église et deux monastères ; ils ont aussi un monastère au Mont Athos, un quartier à Antioche, au Caire (il a été concédé par le calife fatimide Al Aziz) et à Durazzo ; à Jérusalem, ils ont reconstruit l'église Sainte-Marie Latine et bâti un hôpital dont le personnel sera transformé en milice pour protéger les pèlerins (c'est l'origine de l'ordre de l'Hôpital).

Ainsi « Amalfi n'est pas dans Amalfi ». On sait peu de choses sur les Amalfitains : la plus brillante personnalité est ce Mauro qui, au milieu du xiᵉ siècle, offre à la cathédrale d'Amalfi ses splendides portes venues de Constantinople et fonde les hôpitaux d'Antioche et de Jérusalem. Son fils, Pantaleone di Mauro, poursuit son œuvre, essayant de monter une ligue antinormande avec les deux empereurs, le pape et le prince de Salerne. Mais après la conquête normande (1073), et malgré plusieurs révoltes (1088, 1096, 1100, 1127-1131), les Amalfitains doivent rompre avec Byzance et leurs marchands mener dès lors leurs affaires depuis Constantinople. La participation d'Amalfi aux croisades (c'est de là que part Bohémond en 1096) ne compense pas cette rupture et le sac de la ville par les Pisans en 1135-1137 met fin à sa fortune.

Venise

Venise se développe dans une région désorganisée par les invasions ; Huns, Goths et Lombards ont détruit la cité d'Aquilée et rendu déserte cette zone de passage : la population s'est réfugiée dans les îles et sur les *lidi* de la lagune. Le territoire est en principe byzantin, mais à la faveur de la querelle iconoclaste, il se dote d'un duc (doge) vers 725-730, en défiance de l'exarque de Ravenne.

Cependant, le doge Orso et son successeur Deusdedit se réconcilient avec l'exarque et, après la disparition de l'exarquat en 750, les doges deviennent les représentants de Byzance. La rivalité entre Charlemagne et les Byzantins met Venise en difficulté ; mais Byzance installe comme doges, au Rialto, la famille des Partecipazio, et, en 840, Lothaire reconnaît la situation particulière des Vénitiens. Dès cette époque, leur activité est à la fois enracinée dans la lagune (salines) et tournée vers la mer et le grand commerce : à sa mort, en 829, le doge Giustiniano Partecipazio lègue à ses héritiers, outre un grand domaine et quinze *massarizie*, 1 200 livres de capitaux investis dans le commerce maritime.

Les Vénitiens jouent de leur autonomie à l'égard des Empires grec et franc, pour développer une flotte, indispensable aux uns comme aux autres. Ils arment 60 vaisseaux en 840 et peuvent reconstituer rapidement cette flotte en cas de défaite (ainsi en 842, après sa destruction par les Sarrasins). Les Vénitiens maintiennent une indépendance qu'Otton III reconnaît en 992 ; ils éliminent les pirates slaves et assurent à partir de 1000 leur contrôle sur la côte dalmate, réservoir de bois et d'équipages. Leur préoccupation essentielle est de maintenir la liberté du passage entre Albanie et Pouilles : aussi sont-ils hostiles aux visées normandes, et, à ce titre, alliés privilégiés des empereurs allemand et byzantin. C'est ainsi qu'ils obtiennent d'Alexis Comnène, menacé par les Normands de Robert Guiscard, le fameux *chrysobulle* de 1082 ; ils s'engagent alors dans une lutte épique pour le contrôle de Durazzo et de Corfou, qui ne se termine qu'avec la mort du fils de Guiscard, Bohémond.

La flotte vénitienne a presque disparu dans la tourmente. Mais le bénéfice est immense : la concession de magasins et de quais à Constantinople, le privilège de commercer sans taxes dans l'Empire et d'accéder à tous les ports (sauf à ceux de la mer Noire) permettent à Venise de reprendre son essor et à sa flotte de supplanter les autres, à commencer par celle des Comnènes. La ville de Venise naît alors de la réunion progressive de plusieurs îlots autour du Rialto, au sud du centre religieux primitif de Torcello. Symbole éclatant de cette réussite, la basilique de Saint-Marc, construite pour abriter les reliques volées (ou achetées) à Alexandrie, est consacrée en 1094, tandis que le grand marché du Rialto, où accèdent les navires après avoir franchi la chaîne du Grand Canal, est bâti en 1099.

Pise et Gênes

Le contexte est ici différent, car les deux villes font partie d'Italie intégré à l'Empire, avec le cadre institutionnel habituel, évêques et vicomtes.

❑ ***Pise,*** fournit l'essentiel de la flotte aux entreprises maritimes impériales, tantôt associée à Gênes, tantôt lui disputant âprement le bénéfice d'opérations conjointes. En 1005, les Pisans sont vainqueurs des Sarrasins au large de Reggio de Calabre et, en 1015-1016, les chassent de Sardaigne, où ils s'installent.

En 1034, ils effectuent un raid sur Bône et, à partir de 1063, aident les Normands à envahir et à conquérir la Sicile ; en 1092, ils interviennent à la demande d'Alphonse VI de Castille à Valence, pour tenter de déloger le Cid, tandis que la papauté leur accorde la souveraineté sur la Corse.

Leur position en Méditerranée occidentale fait des Pisans les alliés naturels des croisés auxquels l'archevêque Daimbert assure l'aide de la flotte pisane. Pise pénètre ainsi en Orient où, en 1111, Alexis Comnène, désireux d'équilibrer la puissance vénitienne, lui accorde des privilèges comparables à ceux de Venise. Comme pour celle-ci, la grandeur de Pise est symbolisée par un ambitieux programme architectural : l'édification de l'ensemble constitué par le *Campo Santo* et la cathédrale.

❑ ***Gênes.*** Alors que Pise était au haut Moyen Age la plus importante cité toscane, Gênes n'est qu'une bourgade adossée à des montagnes abruptes. Son site est comparable à celui d'Amalfi : Gênes tourne le dos à la terre. D'ailleurs l'influence byzantine s'y maintient tard, jusqu'en 642 (le patron de la ville, San Giorgio, est un saint grec). Au milieu du xe siècle, Gênes, sans cesse attaquée par les Sarrasins, trouve les ressources suffisantes pour édifier une enceinte : elle est, dès lors, la seconde de Pise, intervenant en Sardaigne, en Ifriqya ou à Valence. L'essor des deux villes vient du butin acquis contre les Sarrasins, et la première croisade propulse les Génois en Méditerranée orientale, où ils obtiennent des privilèges dans les États francs de Syrie-Palestine créés avec leur aide par les croisés.

Ainsi le dynamisme démographique, économique et militaire de l'Occident féodal se double, grâce aux villes italiennes, d'une nouvelle puissance maritime et commerciale. Galvanisé par la réforme, l'Occident est mûr pour la croisade.

LA PREMIÈRE CROISADE

Le pèlerinage (à Saint-Jacques de Compostelle, à Jérusalem), la notion juridique (liée à la paix de Dieu) de la légitimité de la guerre contre l'infidèle, l'image d'un Orient riche et pervers, tout cela fait partie de l'arrière-plan des croisades. L'Italie normande et l'Espagne de la reconquête prouvent en tout cas aux chevaliers occidentaux, que ni Byzance, ni l'Islam ne sont invincibles et que les flottes italiennes peuvent les transporter. De plus, Byzance recrute alors des mercenaires de plus en plus nombreux pour faire face aux Turcs ; d'où l'idée que la foi chrétienne a besoin du secours de l'Occident.

La préparation

La papauté donne corps à l'idée de croisade. En 1095, au concile de Clermont, Urbain II prêche la croisade : le concile étend la paix de Dieu à tous les biens contrôlés par l'Église, y compris ceux que lui confient les croisés, et promet l'indulgence plénière à ceux qui partent libérer l'Église à Jérusalem. La prédication est un éclatant succès, et une foule de volontaires se croise aussitôt, sous la conduite du légat désigné pour mener la croisade, l'évêque du Puy, Adhémar de Monteil.

Bientôt relayé par d'autres, le pape organise quatre contingents principaux confiés à des chefs politiquement importants : Raymond de Saint-Gilles, comte de Toulouse et de Provence, Godefroy de Bouillon, duc de Basse-Lorraine (et son frère Beaudouin de Boulogne), Hugues de Vermandois, frère de Philippe Ier (assisté de Robert Courteheuse et d'Étienne de Blois), et enfin le prince normand Bohémond. Mais barons et chevaliers sont précédés par une foule populaire menée par des sortes de prophètes dont le plus célèbre est Pierre l'Ermite : bandes indisciplinées formées hors de tout contrôle qui s'ébranlent sans attendre, multipliant pillages et violences, notamment à l'encontre des Juifs. La plupart sont d'ailleurs massacrés par les Hongrois et n'atteignent pas Constantinople.

L'expédition

La première croisade opte pour la voie de terre (renforts et ravitaillement venant par mer) et les différentes troupes convergent vers Constantinople pour aider, officiellement, à la défense de la foi en Orient. Alexis Comnène qui a enfin réglé ses problèmes avec les Turcs les voit arriver avec méfiance, d'autant que l'habit de croisé de son vieil ennemi Bohémond lui paraît à juste titre suspect. Le problème de la souveraineté sur les terres que l'expédition ne manquerait pas de conquérir se pose immédiatement : pour Alexis, il s'agit de terres byzantines et il exige un serment de vassalité que plusieurs chefs croisés comme Raymond de Saint-Gilles et Godefroy de Bouillon refusent... Impatients, les rescapés de la croisade populaire s'ébranlent : ils sont massacrés par les Turcs en octobre 1096.

Au printemps 1097, la croisade part enfin, escortée par des Byzantins méfiants. Nicée est prise, le sultan de Roum, Kildj Arslan, battu à Dorylée, et l'Anatolie traversée. Après une nouvelle victoire à Héraclée, les croisés mettent le siège devant Antioche. Profitant du siège, Beaudouin de Boulogne part se tailler une principauté autour d'Édesse, sans se soucier du « suzerain » byzantin. Bohémond réussit quant à lui à vaincre l'émir de Mossoul, Kerbogha, qui venait secourir la place : du coup, il s'attribue la ville, d'où la rupture définitive avec Byzance. L'armée est paralysée par les dissensions des chefs, mais sous la pression des troupes elles-mêmes, le départ d'Antioche est décidé à la fin de 1098. Le 15 juillet 1099 Jérusalem est prise, la population massacrée tandis que la ville est abandonnée au pillage.

L'organisation des États latins

Malgré une aigre rivalité avec Raymond de Saint-Gilles, Godefroy de Bouillon est désigné avoué du Saint-Sépulcre, titre qui marque l'emprise du Saint-Siège sur le nouvel État. Il écrase l'armée de secours fatimide à la bataille d'Ascalon, mais sa position est fragile car, le but atteint, nombreux sont les croisés qui repartent. Et les retardataires (les « arrière-croisades ») n'arrivent pas, massacrés en chemin par suite de leur imprudence, de leur désunion, et surtout du mauvais souvenir laissé par leurs prédécesseurs.

Les villes italiennes sauvent les croisés : Pisans, Vénitiens et Génois reçoivent des privilèges considérables dans le royaume et dans le comté de Tripoli, où, avec l'aide génoise, s'est installé Raymond de Saint-Gilles ; renforts et ravitaillements arrivent enfin. Les Italiens installent des colonies dans les quartiers qui leur sont attribués dans les villes de la côte, notamment à Saint-Jean d'Acre devenue leur principal entrepôt.

Les contre-offensives arabes se multiplient et les positions croisées restent fragiles. Mais, désormais pourvus du titre de roi avec l'accord de l'Église, les souverains Beaudouin Ier (1100-1118) et Beaudouin II (1118-1131) consolident le royaume latin. Un effort intense de colonisation, lié à l'implantation des grands barons féodaux dans une série de fiefs, permet de contrôler les campagnes où les paysans restent musulmans. Un système de formidables citadelles assure la défense du pays : le Krak des Chevaliers, le Gué de Jacob, Beauvoir, la Grande Mahomerie, le Krak de Moab, le Krak de Montréal et Val Moyse défendent la frontière orientale, Toron et Safed sont plus à l'ouest, Gibelet et Beaufort au-dessus de la mer. Dans les années 1119-1120 se mettent également en place les ordres militaires, qui vont désormais représenter une armée permanente de très grande qualité : les Templiers, créés par Hugues de Payns, encouragés par saint Bernard, et dont le succès et la croissance sont foudroyants ; et les Hospitaliers de Saint-Jean de Jérusalem, dont l'organisateur est le premier grand-maître (de 1120 à 1160), Raymond du Puy.

Mais les quatre puissances (Église, barons féodaux, colonies italiennes et ordres militaires) sont autant de freins au pouvoir et à l'autorité du roi. Les États croisés restent proches de l'anarchie, en dépit d'institutions précisément fixées et dépendent donc toujours pour leur défense et leur survie, du secours et de l'assistance de l'Occident chrétien.

L'Occident est donc transformé. Il apparaît plein de dynamisme, agressif même à l'égard de Byzance et de l'Islam. Ce dynamisme ouvre l'accès à la Méditerranée et à l'Orient ; il permet et accélère également la renaissance du commerce, des marchés et de la circulation monétaire, domaines où les villes italiennes sont reines ; l'essor économique s'en trouve encore accru. En même temps, les structures de la société féodale, confrontées à la ville, à l'économie monétaire et au poids de l'argent, évoluent rapidement, entraînant du même coup la transformation des structures politiques.

CARTE

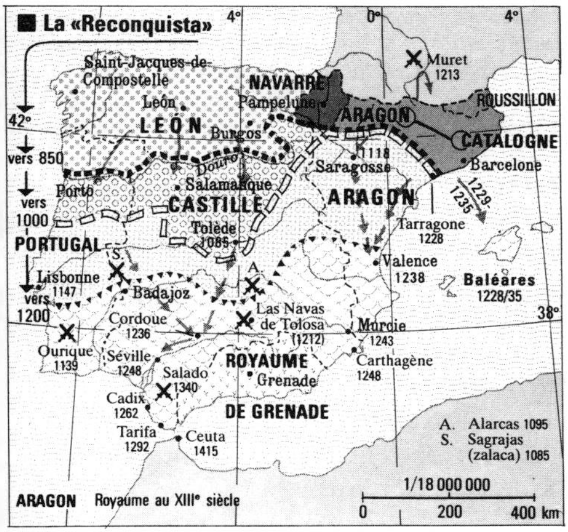

La «Reconquista»
Saint-Jacques-de-Compostelle
León
LEÓN
Burgos
NAVARRE
Pampelune
ARAGON
ROUSSILLON
CATALOGNE
Barcelone
Muret 1213
Douro
Porto
Salamanque
CASTILLE
Saragosse 1118
ARAGON
1229-1235
Tolède 1085
Tarragone 1228
PORTUGAL
Lisbonne 1147
Badajoz
Valence 1238
Baléares 1228/35
Cordoue 1236
Las Navas de Tolosa (1212)
Murcie 1243
Ourique 1139
Séville 1248
ROYAUME DE GRENADE
Grenade
Carthagène 1248
Salado 1340
Cadix 1262
Tarifa 1292
Ceuta 1415
42°
vers 850
vers 1000
vers 1200
4°
0°
4°
38°
A. Alarcas 1095
S. Sagrajas (zalaca) 1085
ARAGON Royaume au XIIIe siècle
1/18 000 000
0 200 400 km

Les États latins au XIIe siècle
TURCS SELDJOUKIDES
SULTANAT DE ROUM
1190 Iconium (Konya)
Portes de Cilicie
PETITE ARMÉNIE 1081-1083, 1198-1375
Tarse
COMTÉ D'ÉDESSE 1098-1146
Aintab
Édesse 1098
Harran 1104
PRINCIPAUTÉ D'ANTIOCHE 1098-1268
Antioche 1098
Alep
Euphrate
ROYAUME DE CHYPRE 1192-1489
Nicosie
Famagouste
Limassol
Laodicée
Margat
La Colée
Hama
Tortose
ASSASSINS
35°
COMTÉ DE TRIPOLI 1102-1289
Tripoli
Krak des chevaliers
Homs
Palmyre
Oronte
Beyrouth
TURCS
Sidon
Beaufort
ÉMIRAT DE DAMAS
Damas
Tyr
Hattin 1187
Acre
Lac de Tibériade
Nazareth
Mont Thabor
ROYAUME DE JERUSALEM 1099-1187 1229-1244
Arsouf 1191
Jaffa
Aïloun
Jourdain
SELDJOUKIDES
Jérusalem 1099
Bethléem
Damiette 1249, 1249
Ascalon 1099
Mer Morte
Krak de Moab
Mansourah 1250
OUTRE-JOURDAIN
Krak de Montréal
CALIFAT FATIMIDE DU CAIRE (jusqu'en 1171)
Val Moyse
Akaba
30°
Principales forteresses chrétiennes
musulmanes
Dernières possessions chrétiennes perdues en 1291
Limites des États Francs d'Orient au XIIe siècle (extension maximum)
1/10 000 000
0 300 km

4

Les monarchies féodales d'Occident XIIe-XIIIe siècle

Malgré la structure diffuse du pouvoir féodal, les royautés de l'Europe du nord-ouest préservent leur originalité institutionnelle. En France, en Angleterre et dans les royaumes ibériques, les rois s'assurent une position féodale dominante, constituant, par des jeux d'alliances complexes, des ébauches d'États, dans lesquels les relations personnelles jouent le rôle essentiel. Des Empires se forment ainsi, comme l'Empire normand puis angevin, engagé dans une rivalité forcenée avec le royaume capétien : l'ampleur de la lutte, les besoins croissants des souverains altèrent le système féodal, graduellement refaçonné par ces « monarchies féodales », étape clé de l'apparition de l'État moderne.

L'EMPIRE NORMAND ET LA RÉSISTANCE CAPÉTIENNE

L'expansion de la puissance normande

Les Normands, établis en 1066 en Angleterre, entrent ainsi en contact avec d'autres pays ; le roi-duc constitue peu à peu un Empire.

❑ ***Le pays de Galles.*** Les royaumes gallois sont petits, nombreux, divisés ; pourtant, boisé et dépourvu de villes et de routes, le pays est impénétrable. Les Normands n'entreprennent pas de conquête d'ensemble, mais peu à peu, depuis la frontière (marche), les barons anglais, appuyés sur leurs châteaux, constituent des baronnies externes au royaume, gagnées sur les Gallois. Ces *marcher lordships* sont des micro-États, dont les chefs (William Fitz Osbern, *earl* de Hereford, Roger de Montgomery, *earl* de Shrewsbury, Hugues d'Avranches, *earl* de Chester) mènent une politique agressive : chantages, razzias, guérillas et enlèvements relaient, le cas échéant, la diplomatie ou les mariages. Ils établissent des vassaux normands (Lacy, Corbet, Pantulf, Neufmarché, Fitzhamon) qui, à leur tour, se taillent des domaines. Cependant ces Normands sont, pour leurs terres anglaises, vassaux du roi d'Angleterre qui fait pression sur eux et les utilise contre les Gallois : le roi est maître du jeu.

❑ ***L'Écosse.*** Le roi Malcolm a reçu les réfugiés anglo-saxons, mais un raid du Conquérant, en 1072, l'oblige à se reconnaître son vassal, et en 1080, 1091, 1092, des expéditions rappellent à l'Écosse ce serment. Cependant la féodalisation et la

« normanisation » de l'Écosse viennent des rois qui passent leur jeunesse en Angleterre et se familiarisent avec les pratiques féodales : David Ier (1124-1153) est *earl* de Huntingdon avant de régner. Ces rois amènent également en Écosse des cadets de familles normandes (Brus, Moreville, Soule) ou bretonnes (Fitzalan, ancêtres des Stewart), leur concèdent des fiefs, bâtissent des châteaux : le royaume devient un satellite de la monarchie anglo-normande, mais la féodalisation uniformise au profit du roi un pays ethniquement divers. Le processus est complété par la création d'un tissu de *burhs* sur le modèle des *boroughs** anglais, et par le remplacement progressif des communautés ecclésiastiques celtes par des chanoines augustins.

❑ ***Les domaines continentaux.*** Grâce à ses conquêtes, le roi-duc fait entrer dans sa vassalité les comtés de Bretagne (fait reconnu par Louis VI en 1113), de Boulogne, dont Henri Ier marie l'héritière Mathilde à son neveu Étienne de Blois, et de Ponthieu qui dépend de la famille normande de Bellême. Les comtes de Flandre sont généralement alliés du roi-duc, bien que deux d'entre eux aient trouvé la mort en luttant contre lui.

Car en dépit de sa puissance, le roi anglo-normand doit affronter des révoltes, attisées par les querelles de famille, les ambitions des lignages féodaux, et leurs rivaux extérieurs (comte d'Anjou, roi de France). L'élimination de Robert Courteheuse à Tinchebrai, en 1106, ne suffit pas à Henri Ier pour juguler les crises qui se succèdent : 1111-1113, 1116-1120 (culminant avec la victoire normande de Brémule sur Louis VI en 1119), 1123-1124 enfin. S'ils éliminent les velléités d'indépendance des lignages normands (Bellême), les rois-ducs doivent laisser le contrôle du Vexin français au Capétien et abandonner le Maine à la maison d'Anjou.

❑ ***L'Angleterre et le renforcement du pouvoir royal.*** L'œuvre du Conquérant est poursuivie par Henri Ier autour de trois axes. D'abord, une politique de « réconciliation », manifestée de façon éclatante par le mariage d'Henri Ier avec l'Anglo-Saxonne Édith : symboliquement c'est essentiel et les grands historiens du XIIe siècle anglais (Guillaume de Malmesbury, Henry de Huntingdon), s'attachent à redonner une cohérence à l'histoire brisée de leur pays, accomplissant un travail capital pour l'émergence d'une conscience anglaise. Non moins importante est la structuration d'une Église anglo-normande solide, riche et efficace, autour des deux archevêchés de Canterbury et d'York, étayée par un réseau d'abbayes bénédictines (au sud) et bientôt cisterciennes (dans le nord) : d'où pourtant des conflits avec les archevêques de Canterbury réformateurs, tels Lanfranc († 1089) ou son successeur Anselme. Enfin, le roi, souvent absent et poussé par ses intérêts continentaux à maximaliser ses revenus, organise une administration chargée de tirer le meilleur parti des ressources que la conquête lui a permis de se réserver : exploitation de ses domaines et de la forêt (territoires soumis à un droit particulier, encore plus favorable au roi), affirmation progressive de la supériorité de la *common law of the land*, droit commun pratiqué par les tribunaux royaux. L'œuvre d'Henri Ier met l'Angleterre en avance par rapport aux autres États européens : d'où de violentes tensions avec l'aristocratie féodale qui se déchaîne à la mort du souverain.

La France capétienne

Philippe Ier et Louis VI se ressemblent, mais Louis VI a, en l'abbé de Saint-Denis, Suger, un historiographe exceptionnel.

❑ ***Le roi et les princes.*** Louis VI développe contre son puissant voisin (et vassal en tant que duc de Normandie), Henri Ier, une stratégie simple, mais délicate. Faible, il ne peut agir qu'avec les autres princes ; or, un autre danger le menace, la maison de Blois-Champagne, d'autant plus puissante qu'en 1124, à la mort d'Hugues Ier, comte de Champagne, les deux comtés sont réunis entre les mains du comte de Blois, Thibaut IV. L'alliance privilégiée est donc l'Anjou, et elle se combine avec des efforts pour détacher la Flandre de l'orbite anglo-normande, et pour prendre à revers Blois en cherchant des alliés plus lointains, le sire de Bourbon, le comte de Nevers. Le Capétien intervient à nouveau au sud du royaume, secouant l'évêque de Clermont (1126).

Louis VI est inférieur militairement à son rival. En 1113, il doit accepter un humiliant traité à Gisors, en 1119, il est battu à Brémule et en 1126-1127, il ne peut imposer son candidat à la succession de Flandre, le fils de Robert Courteheuse, Guillaume Cliton. Henri Ier ne marque pas non plus de points décisifs. Lorsqu'il monte en 1124 une grande offensive contre Louis VI, avec l'appui de l'empereur Henri V, le Capétien se rend à Saint-Denis où dans une cérémonie orchestrée par Suger il lève l'oriflamme, requérant tous ses vassaux d'envoyer leur contingent vassalique ; tous, même Thibaut IV, s'exécutent et la puissance idéologique du principe monarchique, savamment ravivée par Suger, est manifestée avec éclat.

❑ ***Le renforcement du royaume.*** Parallèlement, l'œuvre patiente de renforcement du pouvoir royal porte ses fruits. Louis VI gouverne avec un personnel stable et plus particulièrement avec les membres de la famille de Garlande, Anseau, Guillaume et Étienne, tour à tour sénéchal. Étienne est même à la fois chancelier*, sénéchal et archidiacre de Paris (il est disgracié en 1127). L'ascendant de Suger, conseiller royal depuis 1122, est alors total, le seul autre personnage important étant le cousin du roi, Raoul de Vermandois. L'administration reste rudimentaire ; le roi s'appuie sur des châtelains, gardiens des forteresses royales, et des prévôts* qui tiennent à ferme les revenus du domaine. Cependant, ii élimine les oppositions : il prend à trois reprises le château du Puiset, et vingt ans de campagnes soumettent les sires de Maule, de Montlhéry, de Rochefort-en-Iveline ou de Crécy-en-Brie. Dans ces obscurs démêlés, dans les luttes menées contre Thomas de Marle et le sire de Coucy se forge la puissance capétienne, bien plus que dans le spectaculaire affrontement avec l'Anglo-Normand.

Louis VI — et ici Suger joue un rôle capital — a un autre atout : l'appui de l'Église. Depuis la visite du pape Pascal II en France en 1107, une fois réglée les conséquences des mariages hasardeux de Philippe Ier, le Capétien se pose en allié fidèle de la papauté dans sa lutte contre l'empereur. En dépit de la réforme, les évêchés « royaux » sont un moyen d'action privilégié de l'influence royale. Et Suger met en valeur le prestige et l'éminence de la monarchie française pour décupler cette influence : c'est dans ce cadre — même s'il n'y a pas de lien de cause à effet — que débute l'art gothique, qui couvre le domaine royal et les évêchés royaux, à partir de Saint-Denis où Suger précisément commence l'abbatiale vers 1130, en passant par Noyon, Senlis, Laon, Reims, Sens, Bourges et Paris, où s'élèvent de splendides édifices, dignes de rivaliser avec les cathédrales anglo-normandes.

L'EMPIRE ANGEVIN ET LA VICTOIRE CAPÉTIENNE

L'interrègne et les débuts du règne de Louis VII

La mort d'Henri Ier ouvre une crise de succession qui donne espoir au Capétien ; mais son issue le prive de son alliance privilégiée avec l'Anjou.

❑ ***La crise de la succession d'Henri Ier.*** Henri Ier meurt en 1135. Son fils, Guillaume Adelin, étant mort en 1120 dans le naufrage de la *Blanche Nef*, deux candidats à sa succession s'opposent : Étienne de Blois, frère de Thibaut IV de Blois-Champagne, fils de la sœur d'Henri Ier, Adèle ; et la fille d'Henri Ier, Mathilde, veuve de l'empereur Henri V, remariée avec le comte d'Anjou, Geoffroy Plantagenêt.

Étienne est fort de l'appui de son frère, des fiefs concédés par Henri (comté de Mortain en Normandie, honneurs d'Eye et de Lancastre en Angleterre), et du comté de Boulogne qu'il tient de sa femme. Il l'emporte d'abord, mais la surenchère constante pour se concilier les barons attirés par les promesses de sa rivale, affaiblit son pouvoir. Les barons construisent des châteaux sans autorisation, l'anarchie féodale s'installe en Normandie comme en Angleterre. Sans héritier direct à la mort de son fils Eustache en 1153, Étienne négocie : en 1154, le fils de Mathilde et de Geoffroy Plantagenêt, Henri II, lui succède. L'Anjou, le Maine, la Touraine et (bientôt) l'Aquitaine s'ajoutent ainsi à l'Angleterre et à la Normandie pour constituer un ensemble immense, mais où la puissance royale est à reconstruire.

❑ ***Les débuts de Louis VII (1137-1152).*** Louis VII est conseillé par Suger jusqu'en 1140 : le grignotage des petits châtelains continue et de nouvelles perspectives sont ouvertes dans le Midi par le mariage avec Aliénor d'Aquitaine en 1137. Après la disgrâce de Suger en 1140, l'impatience de Louis VII l'entraîne dans des entreprises disproportionnées à ses moyens. Il s'immisce dans la crise anglaise en investissant Eustache, le fils d'Étienne de Blois, du duché de Normandie, qu'Eustache perd dès 1151. Il soutient aussi Raoul de Vermandois qui, répudiant sa femme Éléanore, nièce de Thibaut IV, épouse une sœur d'Aliénor : d'où la guerre de Champagne (1142-1143), certes, succès militaire, mais qui amène le pape à lancer l'interdit sur le royaume, obligeant le roi à céder. De plus, les soldats de Louis VII ayant mis le feu à l'église de Vitry où s'étaient réfugiés les habitants de la région, peut-être 1 500 personnes, le roi, contre l'avis de Suger, se croise pour expier ce crime.

La seconde croisade de Louis VII et de l'empereur Conrad III (1147-1148) n'arrange rien en Terre Sainte et est désastreuse pour le roi de France. Elle lui coûte cher et provoque sa brouille définitive avec Aliénor, courtisée au su et au vu de tout le camp croisé par son oncle, Raymond de Poitiers, prince d'Antioche. Suger mort, Louis VII divorce de sa volage épouse, invoquant la consanguinité (assemblée de Beaugency, 1152). Malheureusement pour lui, Aliénor trouve un consolateur : divorcée le 21 mars, elle est remariée le 18 mai au jeune Henri Plantagenêt, alors comte d'Anjou, de Tours et duc de Normandie et bientôt roi d'Angleterre. L'Empire angevin ne naît pas de hasards dynastiques ; les erreurs capétiennes y sont aussi pour beaucoup.

L'Empire angevin

❑ ***La reprise en main et le gouvernement de l'Angleterre.*** Henri II n'est pas de la même trempe que Louis VII et dans la structure féodale où le rapport personnel est si important, cela compte. Entouré de conseillers de valeur, tels le juge Ranulf Glanville ou un jeune clerc brillant, Thomas Becket, sans cesse en route avec sa cour, il pourchasse les usurpations faites aux dépens du pouvoir royal : les châteaux « adultérins » sont rasés, les barons obligés de racheter leur pardon, les mercenaires renvoyés. De grands textes législatifs (les *Assises of Arms*, les *Constitutions de Clarendon* en 1164) réforment le fonctionnement du royaume. L'Échiquier*, où sont concentrées les ressources financières, est réorganisé, la justice royale, appuyée sur la cour « *du Banc du Roi* » (*King's Bench*) et celle des « *Plaids Communs* », est partout rendue et obéie. Henri II va bien au-delà de ce qu'a entrepris Henri Ier, pour faire de l'Angleterre un réservoir d'hommes et d'argent pour ses entreprises continentales.

❑ ***Les difficultés.*** Henri II pousse à l'extrême les tensions inhérentes aux structures politiques féodales et se heurte à l'opposition de l'Église. Il croit la maîtriser en nommant Thomas Becket archevêque de Canterbury, mais, une fois passé du service de roi à celui de Dieu, Becket s'oppose à Henri II qui prétend soumettre les clercs aux tribunaux laïcs (*Constitutions de Clarendon*). Menacé, Becket se réfugie en France sans céder sur les principes. Une réconciliation officielle est ménagée en 1170, mais dès son retour l'archevêque excommunie ses collègues accusés d'avoir couronné en son absence le jeune Henri, fils aîné d'Henri II (c'était l'une de ses prérogatives). La colère royale est alors terrible et, le 29 décembre 1170, quatre chevaliers du roi assassinent l'archevêque dans sa cathédrale. Le retentissement du crime est énorme ; Becket est rapidement vénéré comme un martyr et son culte se répand au-delà de l'Angleterre. Henri II part en Irlande, où il reste deux ans à affermir la domination anglaise (1171-1172). A son retour, il obtient le pardon pontifical, mais doit renoncer aux *Constitutions de Clarendon*.

Du mariage avec Aliénor — dont il a huit enfants — découlent aussi des troubles graves. Henri II associe pourtant ses fils au gouvernement, destinant ses terres au jeune Henri, celles d'Aliénor à Richard (Cœur de Lion), et réservant à Geoffroy celles de son épouse, héritière de la Bretagne. Mais lorsqu'il faut dégager un domaine convenable pour marier le quatrième fils, Jean, à l'héritière du comté de Maurienne, le jeune Henri s'enfuit auprès de Louis VII qui pousse Richard à la révolte. Tout l'Empire angevin s'embrase, le roi d'Écosse et les comtes de Flandre, de Champagne et de Boulogne s'en mêlent. Henri II n'en est pas moins vainqueur sur tous les fronts : le roi d'Écosse, Guillaume le Lion, fait prisonnier à la bataille d'Alnwick en 1174, doit faire hommage pour l'Écosse, et Louis VII abandonne le siège de Rouen. Sa mort en 1180 paraît confirmer la position d'Henri II.

Celui-ci n'a pourtant pas trouvé de terrain d'entente avec ses fils. Les révoltes d'Henri et de Geoffroy en 1183 et en 1186 tournent court du fait de la mort rapide des deux princes, mais Richard et Jean persistent dans la lutte et le vieux roi, miné par la maladie, meurt en juillet 1189 après avoir été battu par Richard, allié au nouveau roi de France, Philippe-Auguste.

Le renforcement capétien

❑ ***Les débuts du règne de Philippe-Auguste (1180-1194).*** Succédant à son père en 1180, aussi actif que cynique, Philippe-Auguste écarte immédiatement sa mère Adèle de Champagne et son oncle l'archevêque de Reims, Guillaume aux Blanches Mains ; face à la maison de Blois-Champagne, il s'appuie sur le comte de Flandre, Philippe d'Alsace, dont il épouse la nièce Isabelle, qui apporte la promesse du Hainaut. Les Flamands, déçus, s'étant unis aux Champenois, il se rapproche d'Henri II : le traité de Boves consacre son triomphe, et Philippe-Auguste obtient Amiens et le Vermandois. Il se retourne aussitôt contre son allié de la veille, et soutient les fils d'Henri II contre leur père : il occupe une partie de la Touraine et de la Normandie, et exige l'hommage pour des fiefs berrichons (Issoudun). Cependant à la mort d'Henri II, il doit tout restituer à Richard Cœur de Lion.

La paix permet aux deux rois de partir ensemble à la croisade, mais ils se brouillent vite, à cause de divergences de vue sur les affaires siciliennes et de l'occupation de Chypre par Richard. Sitôt Acre prise, alors que la croisade commence à peine, Philippe rentre, prétextant la maladie, pour, à la mort de Philippe de Flandres, s'emparer de l'Artois. Richard ne tarde pas à le suivre : mais arrêté par le duc Léopold d'Autriche qu'il avait offensé, et remis à l'empereur Henri VI, il reste enfermé jusqu'au début de 1194, à cause également des manœuvres de Philippe qui, fidèle à sa politique, aide Jean sans Terre à prendre le pouvoir en Angleterre, et saisit pour sa part la Touraine, le Vexin normand et une partie de la Haute Normandie.

❑ ***Crise et conquête (1194-1206).*** Le retour de Richard révèle la précarité de ces succès, d'autant que Philippe s'est brouillé avec la papauté : veuf, le roi épouse Ingeburg de Danemark en 1193, mais éprouvant pour elle un dégoût insurmontable, il la fait enfermer et, grâce à des clercs complaisants, divorce, se remariant aussitôt avec Agnès de Méranie. La papauté refuse ce scandale, et en 1198 l'interdit est jeté sur le royaume de France. L'abandon de la croisade a mis au plus bas le prestige royal : excellent chef de guerre, Richard se venge. La guerre (1194-1198) épuise les ressources des deux adversaires, obligés de se lancer dans d'énormes programmes de fortifications (construction de Château-Gaillard pour Richard et d'une nouvelle muraille de Paris pour Philippe). Sur le terrain, cependant, Cœur de Lion est constamment vainqueur ; en 1194, Philippe perd les archives royales dans la déroute de Fréteval et en 1198, à Courcelles, il ne doit son salut qu'à une fuite ignominieuse. En janvier 1199, une trêve interrompt cette guerre désastreuse pour le Capétien ; mais au printemps, le Plantagenêt, qui profite du répit pour reprendre en main l'Aquitaine, est tué par une flèche au siège de la forteresse de Chalus en Limousin.

Jean sans Terre, allié de la veille, devient aussitôt ennemi. Il commet deux erreurs fatales. D'abord, il enlève Isabelle Taillefer, fille du comte d'Angoulême, à son fiancé, Hugues IX de Lusignan, comte de la Marche. Ensuite, pour contrer Philippe qui, à son habitude, joue des dissensions des Plantagenêts en s'alliant à Arthur de Bretagne (traité du Goulet, mai 1202), il s'empare d'Arthur (bataille de Mirebeau, 1202) qui est son neveu, et qu'il semble bien avoir égorgé lui-même dans sa prison. Ses vassaux l'abandonnent alors, et Philippe-Auguste, prononçant la commise de tous les fiefs tenus du roi de France par Jean, attaque : dès l'été 1204, Château-Gaillard et Rouen sont pris. La Normandie tombe et Jean sans Terre ne garde plus que le Bordelais, le Béarn et le Comminges.

❑ ***Les nouveaux horizons capétiens.*** La diplomatie, plus que la guerre, a permis ce quadruplement du domaine royal qui fait du Capétien le plus puissant souverain d'Occident ; il joue un rôle de premier plan dans des zones où son influence ne s'exerçait pas encore.

– *Le Midi de la France.* Deux raisons poussent ici à l'intervention royale. D'une part, le roi d'Aragon, rival des comtes de Toulouse pour la domination de la Provence, a tissé dans le Languedoc un réseau féodal serré ; d'autre part, l'hérésie cathare s'est développée rapidement et l'Église du Midi se sent menacée. En 1205, saint Dominique commence alors sa prédication, mais la papauté songe aussi à des méthodes plus expéditives ; en 1206 le légat Pierre de Castelnau excommunie le comte de Toulouse, Raymond VI, qu'il juge complice des hérétiques et le pape Innocent III demande l'organisation d'une croisade. Philippe-Auguste en prend officiellement la tête mais en délègue la conduite à Simon de Montfort. Les vassaux du roi de France attaquent vite et fort : Béziers est prise en juillet 1209 et subit un sac atroce. En 1211 la conquête du Midi est pratiquement achevée. Mais Pierre II d'Aragon, auréolé de sa victoire sur les infidèles à Las Navas de Tolosa, Raymond VI de Toulouse et les principaux lignages méridionaux (Trencavel, Foix, Comminges) s'unissent enfin : en 1212 le Midi se révolte. La chevalerie du Nord, une fois encore, reste maîtresse du terrain à la bataille de Muret en 1213. Pierre II est tué, Raymond VI se soumet.

– *L'Empire.* La mort d'Henri VI y laisse une situation confuse. Son fils Frédéric, très jeune, est en Sicile et en Allemagne, où le frère d'Henri VI, Philippe de Souabe, est soutenu par la majorité des princes allemands, Innocent III impose Otton de Brunswick, neveu de Jean sans Terre qui lui a donné le Poitou. Le Capétien soutient Philippe de Souabe mais l'assassinat de ce dernier, en 1208, laisse le champ libre à Otton IV, couronné empereur en 1210 et auquel s'allie Jean sans Terre. Cette alliance est rapidement affaiblie : d'une part, les dissensions entre Jean et ses barons, aussi bien laïcs qu'ecclésiastiques, le mettent en conflit ouvert avec l'archevêque de Canterbury, Stephen Langton, et aboutissent à son excommunication ; d'autre part, sitôt empereur, Otton IV est à son tour en conflit avec le pape qui se rapproche de Philippe-Auguste. En 1212, Philippe et Innocent III font élire le jeune Frédéric II, roi des Romains. La coalition animée par Jean sans Terre et Otton de Brunswick, rejoints par les comtes de Flandre (Ferrand de Portugal), de Boulogne, de Hollande, de Limbourg par d'autres princes d'Empire est néanmoins redoutable, d'autant que la flotte française est détruite à Damme en 1213. Mais l'armée de Jean sans Terre, qui attaque par le Poitou, est défaite à la Roche-aux-Moines le 2 juillet 1214 et celle des coalisés le 27 à Bouvines. Otton et Jean sont perdus, le triomphe de Philippe est complet.

LE NOUVEL ÉQUILIBRE DU XIIIe SIÈCLE

L'Angleterre

Le repli du Plantagenêt, jusque-là absentéiste, sur l'Angleterre engendre un conflit essentiel à la genèse de l'État moderne.

❑ ***Le règne de Jean sans Terre.*** Voulant dégager des ressources pour reconquérir ses domaines continentaux, Jean sans Terre fait prendre conscience aux barons anglais que la guerre est une guerre du roi, non du royaume : d'où l'élaboration du concept de *communitas regni* (représentée en l'occurrence par l'*universitas baronum*). La fiscalité directe (essayée par Henri II sous prétexte de croisade, et réutilisée pour la rançon de Richard) rapporte peu : les « aides gracieuses » de 1203 et 1207 sont des échecs. Le roi se tourne alors vers les droits féodaux, exige d'énormes *reliefs* (10 000 marcs pour Nicholas de Stuteville, cent fois plus qu'à l'ordinaire) ou exploite le droit de tutelle des mineurs héritiers de fiefs (*wards*). Tout est mis à prix : les barons doivent s'endetter auprès de l'Échiquier et laisser des parents en otage auprès du roi. L'archevêque de Canterbury, Stephen Langton, prend alors la tête de l'opposition pour défendre les privilèges de l'Église et est soutenu par des barons qui, comme Robert Fitzwalter, réclament le retour aux usages anciens et aux lois (fortement idéalisées) d'Henri Ier. Vaincu à Bouvines, Jean concède en 1215 la Grande Charte (*Magna Carta*) où l'*universitas baronum* est désignée comme interlocuteur d'un pouvoir royal dont il s'agit de limiter l'arbitraire. En cela, ce document typiquement féodal et passéiste, voire réactionnaire, est à l'origine d'une évolution institutionnelle qui aboutit près d'un siècle plus tard, à la naissance du Parlement.

Le roi n'a pas l'intention de l'appliquer. Réconcilié avec Langton, il en appelle au pape en tant que vassal du Saint Siège et obtient la condamnation de la Charte : les barons lui trouvent alors un compétiteur en la personne du prince Louis, fils de Philippe-Auguste et époux de Blanche de Castille, petite-fille d'Henri II et d'Aliénor; il envahit l'Angleterre mais la mort de Jean, en octobre 1216, met fin à l'entreprise.

❑ ***Le règne d'Henri III.*** Celui-ci (âgé de 9 ans), protégé par Guillaume, *earl-marshal* et par Ranulf, *earl* de Chester, obtient le ralliement des barons en confirmant la Grande Charte (1216). Il le fait à nouveau en 1225 lorsqu'il doit vaincre l'hostilité d'un des barons, Fawkes de Bréauté. En réalité, il veut gouverner sans le concours de l'*universitas baronum* et reconquérir les territoires continentaux perdus : une première expédition contre la régente de France, Blanche de Castille, en 1229-1230, échoue. L'assassinat de Richard de Pembroke, fils de l'*earl-marshal* par les amis du roi en 1233, oblige Henri III à se séparer de son entourage dominé par l'évêque Pierre des Roches, et à développer un réseau d'alliances étrangères : il épouse en 1236 Aliénor de Provence (sœur de Marguerite, elle-même épouse de Saint Louis) et avec elle débarquent ses parents savoyards, et notamment ses oncles Pierre et Boniface, dont l'un est fait comte de Richmond, l'autre archevêque de Canterbury ; le roi compte en outre sur la papauté, au profit de laquelle il se lance dans une ruineuse entreprise pour enlever la Sicile aux partisans des Hohenstaufen (1253).

Le conflit avec les barons est inévitable, les expéditions en Poitou échouant invariablement. Les barons ont un leader capable, Simon de Montfort, troisième fils du chef de la croisade des Albigeois, devenu *earl* de Leicester. En 1258, Henri III doit entériner les *Provisions d'Oxford*, renoncer à l'arbitraire, se soumettre au contrôle de plusieurs conseils et accepter le rôle du Parlement. La paix avec la France (1259) et l'abandon de l'aventure sicilienne redressent ses affaires; les barons et le roi, au bord de la guerre civile, s'en remettent à l'arbitrage de Saint Louis : le *Dit d'Amiens*, prononcé en 1264 par le roi de France, abolit les *Provisions d'Oxford* au nom du caractère sacré de la monarchie. Sentence inacceptable pour Simon de Montfort : vainqueur à Lewes (mai 1264) il convoque en 1265 un Parlement où les villes sont représentées pour relancer son programme. Mais les barons sont désunis, et les ralliements autour du Prince Édouard, fils aîné d'Henri III sont nombreux : Édouard bat Montfort qui est tué à la bataille d'Evesham (3 août 1265) et un compromis, le statut de Marlborough (1267), est promulgué.

La France

Malgré le succès de Philippe-Auguste et le prestige de Saint Louis, les problèmes sont identiques en France : les exigences de la monarchie sont durement ressenties par les féodaux, même si les entreprises méridionales sont un exutoire à leurs appétits.

❑ ***La période de fragilité : 1223-1243.*** Louis VIII suit la même politique que son père, résistant aux Plantagenêts, et assurant la mainmise capétienne sur le Midi. En 1226, au retour d'une expédition dans le Languedoc, il meurt de dysenterie. Son fils aîné, Louis IX, a 12 ans. Blanche de Castille, sa mère, étrangère au royaume, est régente. Trois facteurs agissent contre elle : le mécontentement de ceux qui, comme Pierre Mauclerc ou les Lusignans, s'estiment lésés par la mainmise royale sur les anciens domaines Plantagenêts; la volonté de certains féodaux de développer des principautés en trouvant des appuis extérieurs au royaume : ainsi ses ambitions poussent le comte de Champagne Thibaut IV vers l'Empire (Franche-Comté) et l'Espagne (il devient roi de Navarre); Raymond VII de Toulouse obtient par ses fiefs provençaux l'appui de l'empereur Frédéric II et de villes comme Marseille et Tarascon pour se réimplanter en Languedoc. Enfin, il y a les lignages féodaux qui veulent résister à la fois à la monarchie et à la principauté champenoise, enrichie par les revenus des foires de Champagne : Pierre Mauclerc, comte de Bretagne et chef du lignage de Dreux, Coucy, Boulogne etc... et aussi Philippe Hurepel, frère de Louis VIII.

Une véritable anarchie, favorisée par Henri III, se développe. Il ne s'agit pas seulement de luttes contre la régente mais aussi de luttes entre lignages concurrents qui aident d'ailleurs la régente, en 1226, à ramener Thibaut IV dans son camp. En 1229, les comtes de Toulouse et de Foix préfèrent traiter. En 1230 et en 1234, les révoltes de Pierre Mauclerc échouent, et en 1241 celle du Poitou dirigée par Hugues de Lusignan, conjuguée avec celle de Raymond VII et soutenue par Henri III, marque l'entrée en scène de Louis IX : il est vainqueur à Saintes et à Taillebourg (1242). Raymond VII s'incline et accepte le traité de Lorris (1243); les dernières forteresses cathares tombent (Montségur, 1244) et Jeanne de

Toulouse, héritière du comté, épouse le frère du roi de France, Alphonse de Poitiers, mettant ainsi fin à l'« indépendance » toulousaine.

❑ ***Un règne pacificateur (1243-1270).*** Louis IX pacifie son royaume. Il respecte les dispositions de Louis VIII qui a réparti entre ses fils les « acquêts » du règne : il a ainsi reçu, en plus du domaine ancien, la Normandie, tandis qu'Alphonse recevait le Poitou (son mariage ajoute le Toulousain), Charles l'Anjou (son mariage lui donne aussi la Provence) et Robert l'Artois. Louis IX donne d'ailleurs à ses fils cadets le Valois et le comté de Clermont (les Bourbons descendent de cette branche). Ces apanages* servent d'écran entre le roi et ses nouveaux sujets : c'est net dans le cas d'Alphonse de Poitiers.

Le roi lève les hypothèques extérieures par une diplomatie active. Le traité de Corbeil (1258) règle la situation avec l'Aragon, le roi Jacques Ier renonçant à ses prétentions dans le Midi, Montpellier excepté, et Louis renonçant à ses droits sur la Catalogne. Le traité de Paris (1259) rend à Henri III le Quercy, le Périgord, la Saintonge et le Limousin ; si Alphonse de Poitiers mourrait sans enfant, il recevrait aussi l'Agenais et le Quercy toulousain. En contrepartie, Henri III prête hommage au roi de France pour tous ses fiefs : un traité d'essence féodale, dont les insuffisances apparaissent rapidement. La modération du souverain est l'un des éléments de son prestige, voire de sa sainteté : d'où l'intervention fréquente de Louis IX comme arbitre, par exemple en Angleterre en 1264, en Flandre, dans l'Empire.

Louis IX ne néglige pas les aspects matériels. Des enquêteurs royaux sont créés pour surveiller les baillis* et les sénéchaux, mais aussi le Parlement dont le rôle est, en France, surtout judiciaire : Geoffroy de la Chapelle en est le premier président en 1252. Une commission financière (future Chambre des Comptes), installée au Temple, est mise en place ; l'ordonnance de 1263 réforme le système monétaire.

❑ ***Les croisades.*** Mais sur ces deux plans, prestige monarchique et renforcement des institutions de gouvernement, les croisades sont de puissants accélérateurs, tout en mettant à rude épreuve les finances du roi et de ses sujets. Non qu'il faille douter de la sincérité de l'engagement du roi, ému comme beaucoup par la chute de Jérusalem. Entouré de franciscains, il rachète dès 1239 aux Vénitiens la couronne d'épines du Christ, pour laquelle il fait bâtir le somptueux reliquaire qu'est la Sainte Chapelle. L'excommunication de Frédéric II le désigne pour prendre la tête de la croisade qu'il organise avec soin en 1248 : L'expédition part du nouveau port d'Aigues-Mortes, hiverne à Chypre et débarque en Égypte. Le 19 décembre, le siège est mis devant Mansourah mais, malgré une première charge victorieuse (où Robert d'Artois trouve la mort), il s'éternise. L'épidémie décime l'armée croisée, capturée lors de sa retraite vers Damiette. Les croisés sont libérés contre le paiement d'énormes rançons mais Saint Louis se rend en Terre Sainte pour y réorganiser les défenses du royaume latin, ne regagnant la France qu'en 1254, après la mort de la régente Blanche de Castille (1252).

Inexorablement, le déclin des États latins continue : Saint Louis, à la consternation de ses conseillers, se croise à nouveau en 1267. A cette date, son frère Charles d'Anjou est roi de Sicile et ses ambitions pèsent sur la stratégie de la croisade, qui cingle vers la Tunisie. Saint Louis meurt du typhus, sitôt arrivé, lors du siège de Tunis, le 25 août 1270. Croisade plus politique que religieuse, en dépit du roi et qui préfigure cette autre croisade, lancée toujours dans l'intérêt angevin contre l'Aragon, et au retour de laquelle Philippe III le Hardi, fils de Saint Louis, meurt lui aussi du typhus en 1285, après un règne que ne marque aucun changement majeur.

L'affrontement des deux grandes monarchies d'Occident s'achève sur le triomphe capétien : desserrant l'étau Plantagenêt et mettant la main sur le Midi, les Capétiens font coïncider les limites du royaume et celles de leur pouvoir. Le prestige de Saint Louis vient à point masquer ce qu'il a fallu de cynisme, de traîtrise et de férocité pour réussir une telle entreprise. Mais à la fin du XIIIe siècle les stratégies de pouvoir paraissent inversées : alors que les Capétiens sont happés par les mirages d'une grande politique méditerranéenne, les Plantagenêts sont, à leur corps défendant peut-être, cantonnés dans leur île. En fait, les deux rois sont désormais appuyés sur un espace où ils peuvent exercer directement leur autorité ; on passe ainsi de la monarchie féodale à l'État moderne.

CARTES

La France

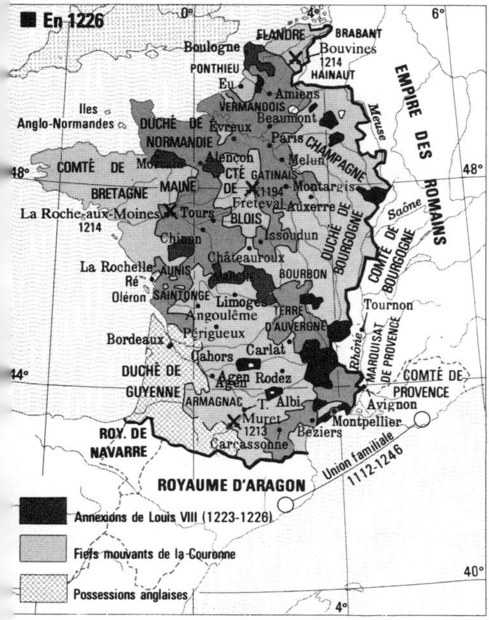

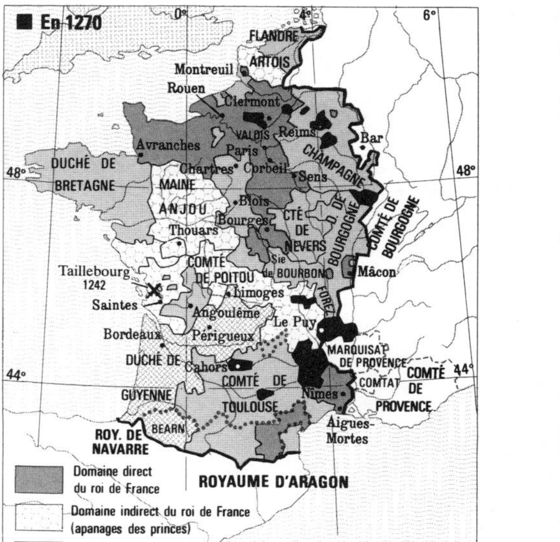

Les Empires anglo-normand et Plantagenêt

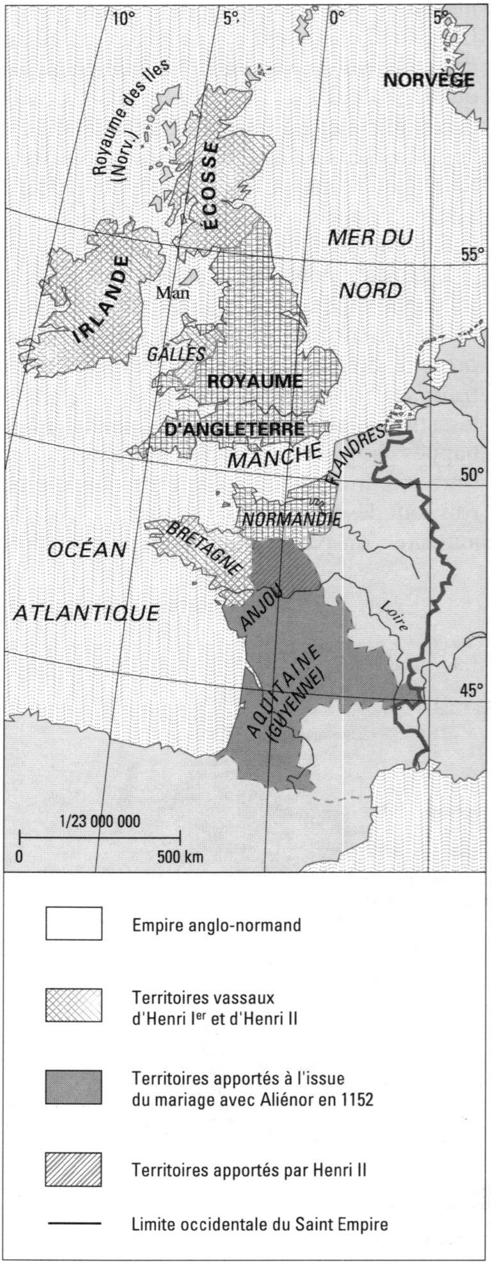

5

L'Empire et la périphérie européenne

Le concordat de Worms ne clôt pas l'affrontement des deux pouvoirs universels, l'Empire et la papauté, incompatibles et pourtant indispensables l'un à l'autre, dont la lutte se prolonge jusqu'à la mort de Frédéric II : les noms des deux partis adverses, « Gibelins » (d'après la forteresse Hohenstaufen de Weiblingen) ou « Guelfes »* (du nom du lignage ennemi, les Welfs) se retrouvent, au-delà de l'Allemagne et de l'Italie, dans toute la chrétienté. Mais des tensions « nationales » se manifestent au sein de l'Empire : les routes de l'Italie et de l'Allemagne divergent et, malgré la poussée allemande à l'est et au nord, des monarchies nationales s'affirment à la périphérie européenne.*

L'ÉTABLISSEMENT DE L'HÉGÉMONIE DES HOHENSTAUFEN

L'installation de la dynastie

Henri V meurt sans enfant en 1125. Trois grandes familles dominent alors l'Allemagne : les Saxes dont le chef est Lothaire de Supplinbourg, les Welfs, ducs de Bavière depuis 1070, et les Hohenstaufen, ducs de Souabe qui, de Bâle à Mayence, dominent le pays entre Rhin et Neckar où ils sont les plus solides appuis des Saliens ; Frédéric le Vieux passe pour « toujours traîner un château à la queue de son cheval ».

En 1125, Lothaire de Supplinbourg, dépourvu d'héritier mâle, est élu roi des Romains. Sa fille épouse le duc de Bavière, Henri le Superbe, qui hérite ainsi de la Saxe : une telle puissance suscite l'opposition des Hohenstaufen ; Lothaire II peut à peine pacifier l'Allemagne pour descendre en Italie où son intervention met fin au schisme d'Anaclet (1130-1132) et remet sur son trône le pape Innocent II ; en 1132, il est couronné empereur. Mais à sa mort, en 1138, les électeurs désignent le plus faible des prétendants, Conrad de Hohenstaufen (Conrad III) qui se heurte donc à Henri le Superbe ; il n'est sauvé que par la mort subite de ce dernier en 1139. Il peut alors dissocier la Saxe (donnée à Henri le Lion, fils d'Henri le Superbe) et la Bavière (donnée à une autre branche des Welfs) ; s'il peut transmettre sa couronne à son neveu Frédéric Barberousse (fils de son frère Frédéric et de la sœur d'Henri le Superbe, Judith) en 1152, il ne peut contrôler les guerres privées en Allemagne.

Au contraire, l'énergique Barberousse impose aux nobles allemands une paix générale qui lui permet de descendre en Italie, où Conrad III n'avait pu aller. Il utilise la technique habituelle des Souabes : construction de châteaux forts confiés à des *ministeriales*, souvent chevaliers serfs, dévoués corps et âme aux Staufen. La féodalité qui se développe ainsi dans l'Empire est très particulière, mais, au nom du droit féodal, l'empereur contrôle tous ceux qui sont censés tenir un fief de lui. Enfin, sa politique de pacification assure une prospérité économique à l'Empire dans lequel, par contrecoup, les villes connaissent un développement extrêmement rapide. L'expansion démographique nourrit quant à elle la colonisation vers l'est.

Barberousse en Italie

❑ ***La situation en Italie.*** Les luttes pour le pouvoir en Allemagne ont dégagé l'Italie de l'emprise impériale. D'une part, l'essor économique favorise, un peu partout, le développement des villes, et, en l'absence de structures féodales aussi fortes que dans l'ouest de l'Europe, le pouvoir communal s'affirme sur les campagnes environnantes (le *contado*). Rome, avec la restauration du *Senatus* en 1143 et la domination d'Arnaud de Brescia (à partir de 1146) participe à ce mouvement, qui est surtout fort dans le Nord de l'Italie, où la ville la plus avancée est sans doute Milan. D'autre part, dans le sud, le royaume normand s'affirme comme une puissance indépendante. Roger II, comte de Sicile en 1101, met la main sur les Pouilles et la Calabre, assurant en 1127 l'unité du territoire : il profite du schisme d'Anaclet II pour se faire octroyer en 1130 le titre royal, que lui confirme Innocent II en 1139.

Pour relever les droits de l'Empire en Italie, Barberousse réunit les représentants des villes italiennes à la diète de Roncaglia (1154) puis se fait couronner à Pavie et en 1155 à Rome où Arnaud de Brescia est mis à mort. Mais l'hostilité des Italiens, suscitée par la remise en cause de libertés acquises, éclate dès le départ de l'empereur. Milan, âme de la résistance, constitue une alliance de communes lombardes, et se ligue avec le pape Hadrien IV et le roi de Sicile, Guillaume le Mauvais.

❑ ***la deuxième descente de Barberousse.*** En 1158, Barberousse redescend en Italie. A la deuxième diète de Roncaglia (1158), il réaffirme les droits impériaux et avec l'aide des juristes bolonais, utilise les principes et les textes du droit romain pour se faire reconnaître un pouvoir d'essence absolue. Le droit romain devient ainsi un instrument puissant au service de la cause impériale, utilisé à la fois contre le pape et contre les villes italiennes, qui à leur tour font appel à des grands juristes pour s'opposer à ceux de l'empereur. Barberousse unit ainsi la tradition impériale germanique, celle de Charlemagne auquel il voue un culte, à la tradition romaine : ce n'est pas une simple évocation historiographique ; successeur des empereurs romains, Barberousse entend reprendre à son profit la législation et le droit de Rome. Le pouvoir royal italien est d'autre part réorganisé, et confié à un archichancelier (Rainald de Dassel, archevêque de Cologne) et à une équipe de clercs allemands. Sur le plan militaire, une série de campagnes aboutit à la prise de Milan en 1162 : la ville est rasée et ses habitants déportés ; il est vrai que les Milanais avaient excité la jalousie et la haine des cités rivales (notamment Crémone), pour avoir détruit eux-mêmes Lodi et Côme. L'empereur fait construire un grand château à Monza pour tenir la région.

De plus, Barberousse agit contre son principal adversaire idéologique, le pape : contre Alexandre III (le grand juriste Roland Bandinelli), élu en 1159, il soutient des antipapes, Victor III (1159-1164) puis Pascal III (1164-1168) dont il obtient la canonisation de Charlemagne. D'immenses fêtes sont organisées à Aix-la-Chapelle, symbolisant le triomphe impérial.

❑ ***La révolte.*** Mais en soutenant ce schisme artificiel, Barberousse éveille l'hostilité italienne, et notamment celle de Venise ; grâce à elle et au roi de Sicile, Alexandre III peut rentrer à Rome dès 1165. Les villes du Nord se réorganisent : la ligue de Vérone et la ligue de Crémone s'unissent pour constituer une ligue lombarde de 22 villes (1167) ; alliées aux Normands et à Venise, elles construisent une place forte, nommée en l'honneur du pape, Alexandrie.

Frédéric Barberousse réagit vite, mais en 1167 son armée est décimée par l'épidémie et il s'incline devant ce jugement de Dieu. Une nouvelle descente tourne mal, les levées féodales allemandes étant insuffisantes : l'empereur ne peut prendre Alexandrie en 1174 et les communes italiennes le tiennent en échec à Legnano en 1176. Il doit conclure l'accord d'Anagni avec le pape. Une trêve de six ans est conclue et un congrès est réuni à Venise pour proposer la pacification générale de l'Italie.

La domination des Staufen en Allemagne et la reprise en main de l'Italie

Les racines de l'échec impérial sont en Allemagne. Barberousse a certes développé sa puissance, renforçant la présence gibeline dans le royaume de Bourgogne par son mariage avec Béatrice (1156), et transformant la Bohême en royaume vassal (1158), mais il a laissé Henri le Lion reconstituer la puissance des Welfs, en lui rendant la Bavière. Or, quittant l'armée impériale en 1175, Henri a bien empêché Barberousse de prendre Alexandrie. A la base traditionnelle des Welfs, la Bavière, Henri le Lion ajoute une puissance nouvelle développée à partir de la Saxe, des landes de Lünebourg, et du duché de Brunswick, dans les terres coloniales de l'est. Il favorise l'alliance de Lübeck qu'il contrôle depuis 1158 et du Danemark ; son influence s'exerce sur la Baltique et la Scandinavie.

En 1179, Frédéric Barberousse veut en finir : il cite Henri le Lion à comparaître. Henri ne vient pas : mis au ban de l'Empire, ses biens sont confisqués ; on ne lui laisse que le duché de Brunswick et Lünebourg, la Bavière étant en 1180 donnée à de fidèles gibelins, les Wittelsbach, et la Saxe est divisée.

Assuré de ses arrières allemands, Barberousse se retourne vers l'Italie, avec cette fois, une politique plus conciliante. Au traité de Constance, en 1183, les décisions de la deuxième diète de Roncaglia sont annulées ; les villes lombardes acceptent du coup de donner leur fidélité à l'empereur, qui, en 1186, marie, à Milan, son fils (Henri VI) à l'héritière du royaume de Sicile, Constance. Plus au sud, il confie le gouvernement des unités territoriales (Toscane, duché de Spolète, marquisat d'Ancône) à des *ministeriales* allemands. Il peut ainsi partir sans crainte à la IIIe croisade : mais il se noie en traversant un torrent en Asie mineure le 10 juin 1190.

Son fils, Henri VI, part aussitôt pour l'Italie, rendant une partie de ses terres à Henri le Lion en gage d'apaisement ; il veut s'assurer de l'héritage de sa femme Constance, le roi de Sicile, Guillaume le Bon, étant mort en 1189. Avec la complicité du pape Clément III, un fils naturel du roi, Tancrède de Lecce, s'est en effet saisi du trône. Mais en 1191, Henri VI et la flotte pisane échouent devant Naples et Henri doit regagner l'Allemagne où les Welfs sont à nouveau révoltés. En 1192, il se réconcilie avec les rebelles allemands tandis que la mort de Tancrède lui laisse le champ libre. Ne s'oppose plus à l'empereur que le pape Célestin III, qui refuse de baptiser et de couronner le fils d'Henri et de Constance, symboliquement appelé Frédéric-Roger. Henri VI nourrit pourtant de grands projets : il marie son frère Philippe de Souabe à la fille du *basileus*, Isaac Ange, et s'apprête à partir pour la croisade ; il veut reprendre Jérusalem et établir la monarchie universelle dont il rêve, lorsqu'il meurt en septembre 1197.

Le schisme impérial

Frédéric-Roger (Frédéric II) n'a que trois ans et se trouve avec sa mère en Sicile. Les Allemands veulent un nouveau roi des Romains, mais l'accord est impossible et il y a deux souverains, le gibelin Philippe de Souabe, frère d'Henri VI, et le guelfe Otton de Brunswick, fils d'Henri le Lion. En Italie, les ligues urbaines reprennent leur indépendance, en Lombardie comme en Toscane, tandis que le nouveau pape, Innocent III (Lothaire de Segni, élu en 1198) se saisit de tous les territoires qui sont à sa portée (Ancône et Spolète). Les *ministeriales*, tel Markward d'Anweiler, se replient sur la Sicile où ils disputent le jeune roi à son protecteur désigné par le pape (la reine Constance étant morte en 1198), l'évêque de Troia Gautier de Paléar, appuyé sur les troupes musulmanes, et au gendre de Tancrède de Lecce, Gautier de Brienne.

L'anarchie s'étend à tout l'Empire. En Allemagne, la lutte est indécise. Soutenu par Innocent III, Otton de Brunswick ne peut l'emporter et seul l'assassinat de Philippe de Souabe en 1208 lui assure une précaire victoire ; en 1209, il est couronné empereur à Rome mais, cherchant à affermir sa position en Italie, il suscite la méfiance du pape qui se rapproche de Philippe-Auguste (Otton est le beau-frère de Jean Sans Terre) et favorise, en 1210, l'élection de Frédéric II comme roi des Romains ; celui-ci est couronné à Francfort en 1212. Appuyé sur le clergé, auprès duquel il multiplie les concéssions (*Bulle d'Or* d'Eger, juillet 1212), il bénéficie de la défaite d'Otton IV à Bouvines. Ce dernier meurt en 1218, mais dès la mort d'Innocent III en 1216, Frédéric II est libre d'agir à sa guise.

FRÉDÉRIC II

En 1216, Frédéric II a promis que jamais Sicile et Empire ne seraient gouvernés par un même maître et que dès qu'il serait empereur, le fils qu'il avait eu de Constance d'Aragon, Henri, deviendrait roi de Sicile. En 1220, il profite néanmoins de la faiblesse du pape Honorius III pour se faire couronner empereur tout en gardant la Sicile : il fait élire Henri roi des Romains et lui délègue le gouvernement de l'Allemagne, que des régents dirigent jusqu'en 1228 au nom du jeune prince : l'archevêque de Cologne, Engelbert de Berg, puis Louis de Bavière. Le royaume de Sicile, la Méditerranée et l'Italie passent avant l'Allemagne pour ce souverain qui développe à partir de la structure administrative et fiscale normande une puissance remarquable. Si l'État moderne européen a une origine qui ne doit rien à l'État fédéricien, il profitera néanmoins du travail idéologique et juridique accompli autour de Frédéric II.

Les débuts du règne de Frédéric II (1220-1234)

Il réorganise d'abord la Sicile et l'Italie du Sud. Ayant restauré l'autorité royale en récupérant les concessions faites depuis la mort de Guillaume II (assises de Capoue en 1220 et de Messine en 1221), il déporte en 1226 les musulmans de Sicile révoltés en Italie du Sud, les utilisant pour maintenir l'ordre à partir du camp de Lucera. L'université de Naples lui fournit les cadres juridiques dont il a besoin. Ainsi, dans la lignée de Barberousse, il promulgue une importante législation qui prend place dans le cadre d'un droit romain restauré et transformé en droit de l'Empire Staufen. Les constitutions de Melfi (*Lex Augustalis*) renforcent la centralisation bureaucratique du gouvernement sicilien, instaurent une fiscalité lourde et créent un système de monopoles économiques et commerciaux qui assurent à l'empereur des finances abondantes, la région étant en plein essor économique.

En Allemagne, il laisse beaucoup de liberté aux régents qui le représentent ; il confirme les privilèges des seigneurs ecclésiastiques, dès 1220, et ceux des princes laïcs en 1232 (*statutum in favorem principum*) : le droit de battre monnaie ou de fortifier leurs villes leur est reconnu, et les compétences de leurs tribunaux sont étendues. Il accorde aussi des privilèges aux villes, limitant les créations futures (ce qui renforce le statut privilégié des cités existantes). Ce sont elles qui lui procurent d'ailleurs l'essentiel de ses ressources. Cette législation décentralisatrice qui fait de l'empereur un fédérateur et un arbitre et qui est le contraire de celle qu'il promulgue au même moment en Sicile, est reprise dans la paix de Mayence de 1235, première loi d'Empire rédigée en allemand. Frédéric dispose cependant des domaines impériaux et surtout de l'appui de l'ordre Teutonique, dont le grand-maître, Hermann de Salza, est l'un de ses fidèles soutiens ; en contrepartie, il favorise la conquête de la Prusse par les Teutoniques.

Mais en Italie du Nord, l'opposition à Frédéric II se manifeste rapidement. Lorsqu'il convoque en 1225, à Crémone, une diète commune à l'Italie et à l'Allemagne pour réformer l'Empire, les villes du Nord reconstituent la ligue lombarde et trouvent l'appui du pape Grégoire IX (1227-1241), lui aussi méfiant à l'égard de Frédéric II. Obsédé par la croisade, le pape oblige l'empereur à partir pour la Terre Sainte durant l'été 1227, sous peine d'excommunication. Au départ même de Brindisi, l'épidémie atteint les troupes et Frédéric fait demi-tour et rentre dès septembre en Italie. Excommunié, il repart en mars 1228 et profite de ses bonnes relations avec le sultan égyptien Al Khamil pour, au lieu de combattre, faire rendre aux chrétiens des lieux saints comme Nazareth, Bethléem et Jérusalem, qui doivent être co-administrés par musulmans et chrétiens. Roi de Jérusalem excommunié, il réalise l'ambitieux programme d'Henri VI et porte les craintes de ses adversaires à leur comble.

Aussi cette politique qui assure pourtant le contrôle de Jérusalem aux chrétiens jusqu'en 1244, est-elle violemment attaquée par le pape et les villes lombardes ; prétextant l'excommunication de Frédéric II, le pape prêche contre lui une croisade en Italie et s'attaque aux possessions impériales en Italie centrale, où le représentant de Frédéric, Renaud de Spolète, réclame au contraire les terres saisies par Innocent III. Utilisant les taxes levées pour la croisade, le pape remporte quelques succès. Dès le retour de Frédéric II il doit pourtant accepter le traité de Ceperano (1230), levant l'excommunication de l'empereur qui intensifie sa politique de réorganisation.

La lutte contre Frédéric II

L'accumulation des pouvoirs de Frédéric facilite l'effet des forces centrifuges : il n'y a d'État fédéricien qu'en Italie du Sud ; encore, en dépit de la sophistication de l'administration et du développement du droit, s'agit-il d'un État despotique. Ailleurs, Frédéric II n'assure la reconnaissance de son autorité que par l'abandon de son pouvoir : c'est le cas en Allemagne, où son fils, le roi Henri, se révolte contre la politique paternelle en 1234. Battu en 1235 et emprisonné par son père, il se suicide après avoir passé sept ans dans un cachot des Pouilles. En Italie du Nord, les communes de la ligue lombarde se révoltent à leur tour, inquiètes des succès de celui qu'elles considèrent comme un tyran ; Frédéric II, vainqueur à Cortenuova en avril 1237, s'empare du *carroccio*, symbole de l'indépendance de la ligue, et organise la Lombardie en deux provinces confiées à des vicaires généraux.

La papauté poursuit la lutte, coordonnant une vaste coalition contre Frédéric, à nouveau excommunié en 1239. Ses sujets sont déliés de leur serment de fidélité et les rois de France et d'Angleterre, Gênes et Venise se rangent aux côtés du pape qui lance une formidable bataille idéologique contre l'empereur-antéchrist, lequel intensifie encore sa politique de rupture avec l'autorité ecclésiastique. En Italie du Sud, la centralisation administrative se poursuit sous l'autorité de Pierre de la Vigne tandis qu'en Allemagne l'empereur s'appuie sur les villes de la Hanse et sur les villes épiscopales qui sont émancipées. La victoire de la flotte pisane sur Gênes à la bataille de la Meloria (1241) lui livre une partie des pères en route pour le concile convoqué par le pape.

Mais le nouveau pape, le Génois Innocent IV (1243-1254), élu après deux ans de vicissitudes, ne se tient pas pour battu : réfugié à Lyon, il convoque un nouveau concile en 1245 ; sitôt celui-ci terminé, il délie à nouveau les sujets de l'empereur de leur serment de fidélité. Si les positions Hohenstaufen ne sont pas entamées en Allemagne malgré la désignation de deux antirois des Romains successifs, Henri Raspe (†1247) puis Guillaume de Hollande, en Italie la révolte de villes comme Milan, Plaisance, Ferrare et Mantoue aboutit aux défaites de Frédéric à Vittoria (1248) et de son fils préféré, Enzio, à Fossalta (1249) : capturé, Enzio meurt en prison. Même ses fidèles abandonnent alors Frédéric qui doit faire arrêter Pierre de la Vigne, contraint au suicide en 1249. L'empereur s'apprête à attaquer les États pontificaux quand il meurt subitement en décembre 1250. Son successeur, le roi des Romains Conrad IV meurt dès 1254, laissant un fils âgé de deux ans, Conradin. Le vide du pouvoir assure la victoire papale en Allemagne, tandis qu'en Italie, l'un des bâtards de Frédéric II, Manfred, s'empare du royaume de Sicile.

L'effondrement de l'Empire en Allemagne

L'Italie et l'Allemagne suivent alors deux voies différentes : la succession de Frédéric en Italie avec l'apparition du pouvoir angevin (1268) puis aragonais (1284) est examinée au chapitre suivant. En Allemagne, les transformations commencées sous le règne de Frédéric II se poursuivent et s'accélèrent, au-delà des péripéties de la succession.

❑ ***Les péripéties de la succession.*** A la mort de Conrad IV, les électeurs se rabattent sur Guillaume de Hollande, qui périt lors d'une révolte de la Frise en 1257. Dès lors, il n'y a plus de candidat allemand sérieux, les grands lignages sortant épuisés de la crise. En outre, les princes étrangers attirés par le prestige du titre impérial, Alphonse X de Castille et Richard de Cornouailles, frère du roi d'Angleterre, n'ont pas les moyens nécessaires pour s'imposer. Si Richard réussit à se faire élire roi des Romains, il doit quitter l'Allemagne dès 1259.

L'Empire lui-même est passé au second plan et ce n'est qu'en 1272, après la mort de Richard de Cornouailles, qu'un représentant d'un des lignages princiers moyens, Rodolphe de Habsbourg, est élu. Le titre impérial ne donnant plus guère de pouvoir, il est vital pour lui de récupérer des fiefs d'Empire pour construire une principauté familiale lui assurant une base solide ; il fait donc approuver par ses électeurs la restitution de tous les fiefs impériaux acquis depuis la mort de Frédéric II. Le plus puissant des princes d'Empire, le roi de Bohême Ottokar II, qui possède Moravie, Styrie, Carinthie, Istrie, Carniole et Autriche est visé et n'accepte pas une décision qui le réduirait à la Bohême et à la Moravie ; mis au ban de l'Empire, il prétend soutenir Alphonse de Castille. Quand celui-ci reconnaît Rodolphe en 1275, il s'incline, mais affaibli par la révolte de ses sujets, il est battu par Rodolphe à la bataille de Marchfeld (1278) ; l'empereur distribue à ses propres fils la Styrie, la Carinthie, la Carniole et l'Autriche, fondant ainsi de façon durable la fortune de la famille Habsbourg.

Mais, ce faisant, il effraie à son tour les électeurs et c'est un prince faible, Adolphe de Nassau, qui lui succède. Ce dernier veut, comme son prédécesseur, assurer à son lignage une base territoriale solide, et essaie de se réserver la Marche de Misnie et le Landgraviat de Thuringe : Albert de Habsbourg prend la tête d'une révolte générale ; Adolphe est tué et Albert le remplace. Il s'attaque aussitôt à la Bohême, reprenant la politique de son père : mais il est assassiné en 1308, et une nouvelle crise de succession commence.

❑ ***Les transformations de l'Allemagne.*** Si l'ordre est maintenu en Allemagne, c'est avant tout grâce aux lignages princiers. Les luttes entre partisans et adversaires des Staufen ont raréfié les très grands lignages, mais elles ont en revanche favorisé la stabilisation d'une douzaine de maisons princières qui gouvernent par des alliances familiales plus ou moins strictes des ensembles de territoires qui, peu à peu, deviennent de véritables principautés. De même, les villes impériales et la noblesse d'Empire se voient reconnaître leurs privilèges, dans la lignée de la paix de Mayence. Ces puissances concluent entre elles des ligues et des accords de paix (*Landfrieden*) : un cas appelé à un grand avenir est la confédération (*Eidgenossenschaft*) des communautés d'hommes des vallées d'Uri, Schwyz et Unterwald conclue en août 1291, ancêtre de la Suisse. Les traits structuraux de l'Empire romain de nation germanique jusqu'à la fin de son existence sont donc une conséquence directe du désengagement impérial, commencé par Frédéric II, poursuivi pendant l'« interrègne » et sous les empereurs Habsbourg et Nassau qui ont réalisé que la réalité de leur pouvoir résidait plus dans leur principauté territoriale familiale que dans l'institution impériale.

LES CONSÉQUENCES DE LA CRISE SUR LA PÉRIPHÉRIE EUROPÉENNE

L'influence de l'Empire est déterminante sur les États de Scandinavie ou d'Europe centrale ; tout aussi importante est la pénétration dans ces régions de la population allemande. Organisée systématiquement avec des entrepreneurs (les *locatores* : souvent des petits chevaliers) qui proposent aux colons des lots (*Hufen*) dans des villages de défrichement ou des villes neuves, la colonisation s'appuie sur l'expansion démographique allemande, et sur la qualité de la main-d'œuvre (mines, artisanat). Malgré l'organisation d'un réseau de châteaux, les droits de justice restent aux mains du prince et les seigneurs ne sont que seigneurs fonciers (*Grundherr*) ; les responsables des villages (*Schulze*), souvent héritiers du *locator* initial, se distinguent à peine des plus gros paysans libres. Liens d'homme à homme et fiefs ont certes été introduits, mais sans être associés comme en Occident au régime seigneurial. Aussi, princes slaves et hongrois font-ils souvent appel à une colonisation dont ils retirent surtout les avantages économiques et dans laquelle ils voient un atout puissant pour le développement de leurs États. La poussée allemande n'est pas pour autant dépourvue de signification politique : le mot allemand *Grenze* (frontière) n'est-il pas d'origine slave ?

La Scandinavie et l'Europe du Nord

Convertis sous l'influence de l'Église germanique (Brême) qui crée les archevêchés de Nidaros (Trondhjem, en Norvège) et de Lund (1104?), les royaumes scandinaves, situés au nord de l'Empire émergent difficilement. L'effondrement de l'Empire de Knut, puis l'échec de l'unification tentée par le roi de Norvège, Magnus le Bon (1043), séparent les trois pays scandinaves où des dynasties assurent lentement leur autorité sur des Églises réformées (Cisterciens et Prémontrés y jouent un rôle important) et se constituent une base sociale en organisant des aristocraties féodales.

❑ ***Le Danemark.*** La monarchie est menacée par l'une de ces familles de l'aristocratie : Knud Lavard, *jarl* du Slesvig, étend son pouvoir au détriment des Obodrites slaves. Mais après la bataille de Grethetled, son fils Valdemar (le Grand, †1182) monte sur le trône en 1157 ; il fait couronner de son vivant son propre fils et la dynastie des Valdemar assure une certaine stabilité à ce royaume qui englobe la Scanie. Ses successeurs étendent leur domination sur l'île de Rügen et tentent de s'installer sur les côtes poméraniennes, puis en Estonie. Sous l'impulsion de l'archevêque de Lund, Absalon (†1201), des forteresses sont construites dans tout le pays, autour desquelles naissent souvent des villes, comme Copenhague. Mais les progrès danois inquiètent les Allemands : Valdemar II (1202-1241) qui menace Hambourg et Lübeck est fait prisonnier en 1223 par le comte de Schwerin, Henri le Noir ; écrasé, en 1226, à Bornhöved, il doit rendre ses conquêtes. L'Empire baltique des Valdemar s'effrite dès lors inexorablement.

❑ ***La Norvège.*** Les luttes y sont particulièrement violentes : cinq rois sont assassinés entre 1155 et 1163. L'Église s'en inquiète et impose une monarchie plus solide : Magnus Erlingson est le premier roi de Norvège à être sacré en 1164, d'où une violente réaction (monarchie « populaire » de Sverri). Ce n'est qu'au XIIIe siècle, avec Haakon IV (1247-1266) et son successeur Magnus Lagaböter que le royaume norvégien se stabilise : grâce à ces souverains, les Norvégiens font reconnaître leur domination sur les colonies scandinaves occidentales : Islande (1261), Groenland, Orcades, Hébrides, Féroé, Shetland, Man.

❑ ***La Suède.*** Vers la même époque, Birger Jarl (†1266), sorte de maire du palais (régent pour son propre fils Valdemar à partir de 1256), constitue le royaume suédois. Il fonde Stockholm et organise une province ecclésiastique autonome de Suède (synode de Skenninge en 1248) avec la création de l'archevêché d'Uppsala où est édifiée une cathédrale gothique de style français. Il fait prêcher la croisade contre les Finlandais. Dans la seconde moitié du XIIIe siècle, les Suédois regardent vers la Finlande et le pays lapon.

❑ ***La pénétration allemande dans la Baltique.*** Elle a deux formes : une forme coloniale, exercée au détriment des peuples slaves et baltes, coupés de la mer, et une forme commerciale ; si les royaumes scandinaves subsistent, le contrôle du commerce et de l'économie passe aux mains des marchands allemands.

– *La colonisation de la Prusse et des pays baltes.* La colonisation allemande des rivages baltiques est politiquement très contrastée. Henri le Lion est, au XIIe siècle, actif à l'est de la Marche des Billungs, mais les princes slaves des Obodrites contrôlent la colonisation dans le Mecklembourg. Plus à l'est, une lignée slave est à l'origine de la Poméranie, mais le duché passe au lignage ascanien du Brandebourg en 1231. Des paysans du Holstein, de Flandre et de Westphalie s'installent, des villes allemandes, Schwerin (1160), Rostock (1218), Wismar (1228) et Stralsund (av. 1248) sont créées et Stettin germanisée.

En revanche, plus à l'est, la colonisation est l'œuvre des ordres militaires. La Livonie, peuplée d'Estoniens (finno-ougriens) et de Lettons (baltes) est soumise à l'influence de la Suède et de la Russie : un évêque allemand, venu avec des marchands s'établit néanmoins à Uxküll en 1184 et appelle les Cisterciens. Une réaction païenne, en 1198, provoque la prédication d'une croisade : l'évêque Albert de Buxhövden fonde Riga, tandis qu'en 1202 sont créés les chevaliers Porte-Glaives, dont la règle est celle du Temple. L'ordre est cependant handicapé par sa rivalité avec l'évêque de Riga ; s'il contribue à écarter la menace danoise (1227), les Lithuaniens lui infligent un tel désastre en 1237 qu'il est absorbé par les Teutoniques. Ceux-ci soumettent la Courlande (1251), mais vaincus par le prince de Novgorod, Alexandre Nevski, à la bataille du Lac Peïpous (1242) et par les Lithuaniens à Durben (1260), ils se contentent de relier Estonie et Lettonie à la Prusse en fondant Memel (1252) à l'embouchure du Niemen. Ces péripéties freinent la colonisation agraire : mais paroisses et châteaux sont mis en place et les villes marchandes de Riga, Reval (fondation danoise de 1219) et Dorpat prospèrent.

Les Teutoniques colonisent la Prusse. Entre Poméranie et Vistule s'étendait la Pomérélie, peuplée par les Cachoubes slaves et soumise au duc de Gdansk

(Dantzig) ; à l'est de la Vistule est le pays des Prutènes (proches des Lithuaniens). Les Cisterciens s'étant installés à Oliva (près de Gdansk) en 1178, l'évangélisation se heurte à une forte résistance ; en 1225, le duc Conrad de Mazovie fait intervenir les chevaliers Teutoniques dans la région de Chelmno (Kulmerland). L'ordre, créé en Terre Sainte et basé à Venise, a échoué dans une tentative de colonisation à la frontière hongroise, et le grand-maître Hermann de Salza cherche un nouveau territoire. En 1226, Frédéric II concède à l'ordre tout ce qui sera conquis sur les païens. La lutte avec les Prutènes est dure, la population en partie massacrée ; mais les Teutoniques mettent systématiquement le pays en valeur et le peuplent : le nombre des fondations allemandes aux XIII-XIVe siècles est d'environ 1 400 villages et 85 villes. Parmi ces villes, les plus prospères sont Thorn (de Toron, forteresse de Terre Sainte), Elbing (1237) et Königsberg (1255). Surtout, les Teutoniques s'emparent de Gdansk en 1308 et, la même année, transfèrent leur siège de Venise à Marienbourg. Ayant rang de prince d'Empire, le grand-maître dirige désormais un puissant État monastique, l'un des greniers à blé de l'Occident : État souverain qui guerroie autant contre les Polonais catholiques que contre les Lithuaniens païens.

– *Le monopole commercial allemand.* Dans la Baltique, les bateaux rapides des Vikings ont progressivement laissé place aux *koggen*, grosses porteuses des cités maritimes germaniques, héritières des barques frisonnes : à partir de 1200 environ, ces lourds vaisseaux sont aussi pourvus d'un gouvernail d'étambot. Les Allemands ont depuis Hambourg et Brême contrôlé la christianisation de la Scandinavie ; à partir du moment où Henri le Lion fonde Lübeck (1158-1159) sur la Baltique, les marchands allemands hanséates jouent un rôle essentiel dans le monde scandinave aux côtés des missionnaires et des ecclésiastiques allemands ; aux marchands des trois grandes villes maritimes allemandes de la Hanse, Brême, Hambourg et Lübeck, s'ajoutent les marchands des autres grands ports nés de la colonisation allemande de la Baltique, Rostock, Wismar, Stettin, Stralsund, Riga et Reval. Les marchands allemands s'installent surtout dans l'île de Gotland, où Visby est au XIIIe siècle la plus importante ville de Scandinavie, de par son importante colonie allemande : elle sert de relais et d'entrepôt sur la route Lübeck-Novgorod ; les Allemands y prennent d'ailleurs progressivement le contrôle de toutes les routes commerciales autrefois scandinaves. Les marchands allemands de Gotland, venus de Lübeck, sont à l'origine de la Hanse. Vers l'est, ils partent pour la Suède, Kalmar, le lac Malar et Stockholm, et vers Novgorod et les principautés russes. Vers l'ouest, ils partent pour Bergen où les Hanséates s'installent officiellement vers 1230, organisant un comptoir autonome en 1250 et imposant à partir de 1285 des conditions coloniales à la Norvège. Ce commerce se prolonge à l'ouest vers Londres et Bruges ; les Hanséates obtiennent le monopole du commerce dans l'Europe du Nord.

Pologne, Bohême et Hongrie

Ici aussi l'Empire exerce une influence prépondérante, sauf chez les Slaves du Sud, soumis à l'influence byzantine ; seule la Slovénie est soumise à des dynasties princières allemandes et est englobée dans la Carinthie, Croatie et Dalmatie étant liées à la Hongrie. Dans cette région, évangélisation et genèse des formations politiques, processus contrôlés par l'Empire et par la papauté, vont de pair : les missions de saint Adalbert, tchèque formé à Magdebourg, évêque de Prague, en Hongrie et en Pologne (il est martyrisé en 997 en Prusse) sont essentielles. Mais ici aussi il faut établir une distinction entre l'Empire, diplomatiquement dominant mais qui s'accommode de l'autonomie ou de l'indépendance des puissances d'Europe centrale, et la progression du peuplement allemand, là aussi importante. Le danger allemand n'est pas le seul : si la Bohême est protégée par son relief, la Hongrie et la Pologne subissent de plein fouet le choc mongol.

❑ ***La Pologne.*** La royauté nationale y grandit dans l'ombre ottonienne, Otton III accordant à Boleslav le Vaillant d'exercer sur l'archevêché de Gniezno la même autorité que lui sur l'Église allemande. Boleslav, roi vers 1025, s'affranchit cependant de la tutelle d'Henri II, essayant sans succès de s'établir en Bohême ; la rivalité entre Pologne et Bohême est dès lors une constante régionale, et facilite l'intervention allemande. Boleslav intervient aussi dans la principauté de Kiev, s'emparant de la Galicie orientale que son successeur Mieszko II (1025-1034) ne peut conserver. A la faveur de rivalités familiales, le duc de Bohême, Bretislav, attaque les Polonais, s'emparant de Poznan et de Gniezno en 1038, mais la protection impériale sauve la dynastie des Piast et Casimir 1er (1032-1052) récupère ses territoires, Silésie comprise. Boleslav II (1058-1079), allié à la papauté réformatrice retrouve son indépendance (les Tchèques se rangeant du coup dans le camp impérial) et reçoit du pape le titre de roi (1076) ; mais il est chassé par son frère Ladislas Herman (1079-1102), soutenu par une partie de la noblesse, qui abandonne le titre royal et s'allie à l'empereur Henri IV et à la Bohême.

Une nouvelle fois, la Pologne renaît. Boleslav III (1102-1138) refuse de se reconnaître vassal d'Henri V, et lui inflige une cuisante défaite. Mais il ne peut éviter l'intégration de la Poméranie et de Rügen à l'Empire. Surtout, pour mettre fin à l'ingérence allemande dans les affaires polonaises grâce aux dissensions familiales, il divise son royaume en duchés héréditaires pour ses quatre fils, réservant le « séniorat » à l'aîné, duc de Petite-Pologne (Cracovie). Le résultat est catastrophique : la primauté de Ladislas à Cracovie est aussitôt contestée par son frère Boleslav IV : Conrad III en 1146, puis Frédéric Barberousse en 1157 interviennent victorieusement. La Pologne est déchirée par les rivalités des ducs de la dynastie des Piast ; à la faveur de ces luttes, les magnats polonais s'assurent un pouvoir considérable. L'idée d'une unité polonaise ne survit que grâce à l'autonomie de la province ecclésiastique de Gniezno, protégée par la papauté. Au XIIIe siècle, les ducs de Silésie paraissent à plusieurs reprises en mesure de rétablir la couronne de Pologne, mais des circonstances adverses les en empêchent : en 1241 l'écrasement d'Henri II par les Mongols à la Walkstatt et en 1290 la mort subite d'Henri IV. Le duc de Grande-Pologne Przemyslaw II se fait couronner roi en 1296, mais il est aussitôt assassiné. Ravagée par les Mongols, désunie, la Pologne peine à renaître.

❑ ***La Bohême.*** Son histoire est le négatif de l'histoire polonaise. La dynastie prémyslide s'est solidement installée à la tête du pays en anéantissant en 995, dans le château de Libice, la grande famille des Slavnik (à laquelle appartenait saint Adalbert) et elle résiste aux visées polonaises. Le duc Bretislav exploite les difficultés polonaises : il conquiert la Moravie en 1029 et envahit la Pologne en 1038 ; cette fois, les Allemands interviennent contre la Bohême. Son successeur Vratislav II reste néanmoins l'allié fidèle de l'empereur Henri IV dans sa lutte contre la papauté : il est récompensé par le titre de roi de Bohême et de Pologne en 1085, riposte au titre royal accordé par le pape aux Polonais. Vratislav inaugure ainsi une politique active dans l'Empire : dangereuse pour l'indépendance bohémienne, elle contrarie l'avance allemande aux dépens des Slaves dans la Marche de l'est. La Bohême se pose en rivale du lignage Babenberg, fondateur de l'Autriche.

Mais comme en Pologne, le système héréditaire complexe facilite l'intervention allemande ; après Vratislav II la Bohême est dominée par l'Empire. Le titre royal est abandonné, sauf pour Vladislav II (1140-1173) qui reçoit de plus la Haute-Lusace en fief. Mais le schisme impérial permet au duc Ottokar 1er Premysl (1197-1230) de s'affranchir de la tutelle allemande : avec ses frères Adalbert, archevêque de Salzbourg et Vladislas III, margrave de Moravie, il joue dans l'Empire un rôle dont Philippe de Souabe le récompense par le titre de roi, reconnaissant les frontières de son royaume qui inclut la Moravie. Changeant de camp au bon moment, il obtient qu'Innocent III confirme ses privilèges, pour repasser dès que possible du côté de Frédéric II, qu'il est le premier prince allemand à soutenir ; la *« Bulle d'Or de Sicile »* de Frédéric II (1212) récapitule tous les privilèges de la couronne bohémienne et l'empereur permet que son fils Venceslas 1er lui succède, rompant avec la coutume successorale tchèque.

L'objectif autrichien paraît enfin réalisable. Une première guerre (1226) avec les Babenberg, est provoquée par l'échec des fiançailles d'Agnès, fille d'Ottokar, et d'Henri, fils de Frédéric II, qui épouse Marguerite d'Autriche. Venceslas 1er (1230-1253) poursuit la lutte ; mais le danger mongol favorise une réconciliation temporaire, scellée par le mariage de Gertrude d'Autriche et du fils de Venceslas, Vladislas, en 1241. La mort sans héritier du duc d'Autriche en 1246 ne résout rien, à cause de la disparition de Vladislas ; de surcroît, l'attitude guelfe de Venceslas heurte la noblesse tchèque et un parti gibelin rassemblé autour de l'autre fils du roi, Premysl Ottokar II (1253-1278) suscite une guerre civile : en 1250, père et fils se réconcilient et Premysl se fait élire duc par les États d'Autriche, quitte à épouser la vieille Marguerite d'Autriche, veuve du roi Henri (1254). Une guerre avec la Hongrie aboutit au partage de la Styrie.

La politique bohémienne triomphe : riche du revenu des mines d'argent de Bohême et de Moravie, Ottokar II étend ses visées vers le nord, s'alliant aux Teutoniques pour fonder Königsberg et faire de l'évêché morave d'Olmütz un nouveau Magdebourg d'où se propagerait la foi chrétienne. Il ne néglige pas pour autant le sud : il chasse les Hongrois de Styrie (bataille de Kressenbrun, 1260), puis recueille en 1269 l'héritage de son neveu Henri de Carinthie (Carinthie, Carniole, Istrie). Mais, comme on l'a vu, il se perd dans les détours de la politique impériale : abandonné par la noblesse tchèque révoltée sous la direction de Zavis de Falkenstein, il est battu et tué en 1278 à la bataille de Marchfeld.

Après une régence agitée, terminée par l'assassinat de Falkenstein en 1290, Venceslas II opte pour l'expansion vers le nord et l'est, abandonnant l'Empire. Profitant du vide du pouvoir en Pologne où les nobles cherchent un contrepoids à l'influence allemande, il s'empare de Cracovie en 1291 et après l'assassinat du roi Przemyslaw dont il épouse la fille Ryksa, il est couronné roi de Pologne à Gniezno en 1300. Lorsqu'en Hongrie la dynastie arpadienne s'éteint en 1301, les Hongrois désignent comme roi son fils, Venceslas III. De tels succès suscitent la méfiance : le pape Boniface VIII, l'empereur Albert 1er, des concurrents polonais (Wladislaw Lokietek) et hongrois (les Angevins de Naples) l'obligent à abandonner la Hongrie. Les morts successives de Venceslas II en 1305 et de Venceslas III en 1306 mettent fin à la fois à la dynastie prémyslide et au rêve bohémien.

❑ ***La Hongrie,*** christianisée sous l'impulsion de la monarchie, intègre dans un immense État des peuples variés sous la dynastie arpadienne (jusqu'en 1301). Ainsi le royaume de Croatie occupé une première fois en 1091, est-il rattaché par le roi Koloman (1095-1114) à la Hongrie. Les *Pacta Conventa* de 1102 règlent l'union personnelle avec la Hongrie, la Croatie restant (avec l'Esclavonie et la Dalmatie) un État pourvu d'un droit constitutionnel propre. La Hongrie s'étend donc jusqu'à l'Adriatique où les villes jouissent d'une autonomie presque complète, Raguse (Dubrovnik), Zara (Zadar), Spalato (Split). Elle incorpore sur son pourtour les Slaves de Slovaquie au nord-est (1025), les Sicules (Szekely), peuple turco-bulgare magyarisé en Transylvanie, les « Saxons », Allemands de Flandre et de Rhénanie surtout, installés sous le règne de Géza II (Transylvanie etc.), et les Coumans, fuyant les Mongols et finalement établis en Hongrie par Béla IV, en 1239, dans la plaine entre Danube et Tisza. Ces peuples ont un statut autonome, garanti par des privilèges (Statut des Sicules, *Diploma Andreanum* de 1224 pour les Saxons du sud, Grande Lettre des Libertés coumanes de 1279 pour les Coumans). Les Valaques et les Ruthènes, non reconnus, gardent également leurs coutumes.

La structure politique reste domaniale : l'armée est au XIIe siècle formée par les paysans des forteresses royales conduits par leurs *ispans*, auxquels s'ajoutent les contingents des villes et des colonies. La justice dépend des juges royaux (les *bilochi*), mais dès le début du XIIe, les *ispans* reçoivent juridiction en première instance sur les libres. Enfin, la richesse-même du roi de Hongrie joue contre lui : ses revenus (supérieurs à la fin du XIIe siècle à ceux du roi de France) viennent de ses domaines, des droits régaliens et surtout des mines. Aussi n'y a-t-il aucun effort pour créer une véritable fiscalité. La noblesse des magnats bénéficie d'exemptions, de privilèges fiscaux et de donations multipliées par des souverains contraints à rechercher son appui par un système successoral complexe. Peu à peu, la noblesse domine l'État ; la *bulle d'Or* d'André II (1222) reconnaît les prérogatives des magnats et, alignant les privilèges des vassaux et des serviteurs du roi sur ceux des magnats, crée une noblesse pléthorique, exempte de tout impôt. Le service militaire gratuit des hommes libres est supprimé ; l'aristocratie avec ses troupes privées devient toute-puissante. Des châteaux royaux sont abandonnés, les comitats (où seul l'*ispan* continue à être nommé par le roi) passent sous le contrôle de la noblesse qui impose alors la servitude à la paysannerie. La Hongrie devient, au moment où se précise la menace mongole, une monarchie nobiliaire, avant même la Pologne ; les Mongols écrasent en effet l'armée hongroise à la bataille de la Mohi (1241), et seule la nouvelle de la mort du grand khan Ogöday les empêche de s'installer.

❑ ***La pénétration allemande en Europe centrale.*** La poussée allemande sous les Ottoniens combine colonisation et évangélisation ; à partir du XIe siècle, exception faite pour les peuples de la Baltique, les empereurs sont face à des territoires occupés par des puissances chrétiennes, Pologne, Bohême et Hongrie. Certes, le front de peuplement allemand gagne dans les anciens pays sorabes, wendes et liutices qu'il s'agit surtout de défricher, comme la Misnie (lignage des Wettin) et la Lusace, où les populations slaves ne disparaissent pas totalement, jusqu'à l'Erzgebirge où les mines d'argent prospèrent au XIIIe siècle. Autour de châteaux et parfois d'abbayes, Meissen (929), Leipzig (1015), Görlitz (1126), Zwickau (1135), Chemnitz (1143) et Dresde se développent rapidement. Plus au nord, l'Ascanien Albert l'Ours reprend Brandebourg aux Slaves. Son successeur Otton 1er reçoit le titre de margrave de Brandebourg ; les margraves ascaniens attirent paysans hollandais, flamands et franconiens, fondant une trentaine de villes dont Francfort sur Oder (1253), Cölln et Berlin (1237 et 1244), bientôt réunies. La province s'étend jusqu'à l'Oder, et par la Basse-Lusace touche à la Silésie. Au centre, les Babenberg poussent le peuplement allemand dans la Marche d'Autriche aux confins de la Bohême et de la Hongrie, transférant leur capitale à l'est, à Vienne, au XIIe siècle. Tout à fait au sud, dans les Alpes de Carinthie, de Styrie et de Carniole, le peuplement slave est absorbé ou évincé et rejeté vers la Slovénie, des villes naissent autour des châteaux (Graz, Laibach).

Dans les royaumes slaves et hongrois, la pénétration allemande obéit à des motifs divers. En Bohême et en Moravie, les souverains ne voulaient pas défricher la forêt ceinturant le pays ; mais ils fondent et protègent des monastères cisterciens qui appellent les colons allemands ; les lignages allemands (Rosenberg etc.) créent aussi des villages de colonisation. En revanche, l'apport des mineurs allemands du Harz et du Tyrol est nécessaire pour développer les mines des régions de Stribo et d'Iglau. Surtout, les Prémyslides font appel aux Allemands pour développer à l'ombre de leurs châteaux des villes marchandes (Prague, Brno, Olmütz, Pilsen). En Pologne, la division en duchés génère des contrastes : les ducs Piast de Silésie, apparentés aux Hohenstaufen et aux Babenberg, installent des chevaliers allemands, pourvus de fiefs ; comme les évêques de Breslau et les cisterciens, ils mettent en valeur le pays avec des colons originaires de Thuringe, de Misnie et de Bavière : la Silésie devient un pays mixte, slavo-allemand. Ailleurs, mise à part la Neumark (rive droite de l'Oder) conquise et colonisée par les Ascaniens, les Allemands ne sont nombreux que dans les villes (Poznan, Cracovie), où, comme les Juifs, ils jouent un rôle économique important. En Hongrie, enfin, les Allemands colonisent à l'appel des rois les régions frontières stratégiques : le Burgenland à l'ouest, les Siebenbürgen de Transylvanie à l'est (où les « Saxons » sont en fait d'origines variées), le Burzenland confié en 1211 aux Teutoniques, où la colonisation agraire se poursuit après leur départ. Ils sont aussi appelés à exploiter les mines de Slovaquie et sont nombreux dans les rares villes du pays, comme Buda et Pest, ou les villes « saxonnes » du Siebenbürgen.

Profondément affectées à la fois par la crise de l'Empire et par l'invasion mongole, ces régions prennent une physionomie nouvelle. Alors que l'Empire se détourne de la voie adoptée par les monarchies féodales d'Occident, dont le système politique se retrouve en revanche au niveau de certaines des principautés territoriales qui se multiplient et s'affirment dans son cadre, le féodalisme ne joue qu'un rôle secondaire dans les nouveaux États apparus en Scandinavie (Danemark, Norvège et Suède) et en Europe centrale (Bohême, Hongrie, et encore bien chancelante, la Pologne). Aussi évoluent-ils vers des structures spécifiques où la noblesse joue un rôle grandissant, l'influence allemande, prépondérante dans l'Église et dans le développement urbain, transmettant les acquis de l'essor occidental.

L'Empire sous les Hohenstaufen
ROYAUME DE DANEMARK
MER BALTIQUE
MER DU NORD
Danzig
ORDRE TEUTONIQUE
DUCHÉ DE POMÉRANIE (fief allemand depuis 1181)
Bornhoved 1227
Lubeck
Hambourg
Brême
FRISE
DUCHÉ DE SAXE
ROY. DE POLOGNE
Gnessen
Utrecht
Brunswick
Magdebourg
LUSACE
Oder
Elbe
Bruges
Anvers
Neuss
Cologne
Aix-la-Chapelle
Liège
DUCHÉ DE BASSE-LORRAINE
THURINGE
MISNIE
DUCHÉ DE SILÉSIE (ind. de l'Empire en 1163)
Leignitz 1241
Breslau
Rhin
Francfort
ROYAUME DE BOHÊME
Prague
50°
Mayence
Wurzbourg
FRANCONIE
Bamberg
Moselle
Marne
Meuse
Metz
DUCHÉ DE HAUTE LORRAINE
Toul
Worms
Spire
Nuremberg
Seine
Strasbourg
Hohenstaufen
DUCHÉ DE BAVIÈRE
Ratisbonne
Wittelsbach
Augsbourg
AUTRICHE
Vienne
Danube
Ulm
DUCHÉ DE SOUABE
Inn
Salzbourg
Dijon
Besançon
Bâle
Constance
STYRIE
St-Jean de Losmes
Loire
Brenner
ROY. DE HONGRIE
Saône
ROYAUME D'ARLES
Saint-Gothard
CARINTHIE
Trente
CARNIOLE
Drave
Gr.-Saint-Bernard
Bergame
FRIOUL
Vicence
Aquilée
Lyon
Trévise
SAVOIE
Vérone
Milan
Venise
Save
Croatie
Mont-Genèvre
Turin
Parme
Ferrare
Alexandrie
Modène
Ravenne
Bosnie
Pô
Bologne
Rimini
RÉPUBLIQUE DE VENISE
Dalmatie
Avignon
Gênes
COMTÉ DE PROVENCE
Arles
Nice
ROYAUME D'ITALIE
Pise
Florence
DOMAINE DE SAINT-PIERRE
Ancône
Montaperti 1260
Spolète
MER ADRIATIQUE
Raguse
Corse
1268 Tagliacozzo
Rome
Tusculum 1167
Foggia
Castel del Monte
1266
Bénévent (au pape)
Cépràno 1230
Naples
Brindisi
Sardaigne
Salerne
ROYAUME DE SICILE
40°
MER MÉDITERRANÉE
Palerme
10°
B. Bouvines 1214
L. Legnano 1176
C. Cortenuova 1237
P. Pavie
R. Roncaglia
Palais et châteaux des Hohenstaufen
Possessions héréditaires des Hohenstaufen
Expansion des Hohenstaufen sous Frédéric Ier Barberousse
Possessions personnelles de Frédéric II de Hohenstaufen (1215-1250)
Possessions et duchés Welfs
Autres principautés
Limites de l'Empire vers 1250
Villes de la Ligue lombarde
Échelle : 1/11 000 000
0 100 200 300 km
C. = Côme
N. = Novarre
V. = Verceil
B. = Brescia
P. = Padoue
A. = Asti
L. = Lodi
T. = Tortona
Pl. = Plaisance
Cr. = Crémone

6

La Méditerranée et l'Orient XIIe-XIIIe siècle

La Méditerranée, ouverte sur les steppes russes d'une part et sur le Sahara de l'autre, réagit directement aux mouvements des peuples. Les États islamiques sont les plus exposés : à l'ouest, les Hilaliens envahissent le Maghreb, les Amoravides et les Almohades l'Espagne ; à l'est, les Turcs installés à Bagdad menacent Byzance avant d'être attaqués par les Mongols, dont l'expansion bouleverse le Proche-Orient et les pays slaves. Mais le monde méditerranéen est aussi cloisonné : les chaînes transversales gênent la circulation par terre le long des côtes ; la mer étant fermée par des détroits plus ou moins larges, sa maîtrise va à qui tient les détroits. Les puissances riveraines forment donc des systèmes d'alliances rivaux pour contrôler les détroits, les États chrétiens adaptant leurs positions face aux Grecs et aux Musulmans.

LA MÉDITERRANÉE OCCIDENTALE

Les royaumes ibériques sont attaqués par les Almohades, qui refont l'unité d'*Al Andalu* : mais la reconquête reprend et les royaumes ibériques jouent un rôle au-delà de la péninsule.

Les puissances islamiques d'Occident

Les Almoravides ont, en leur temps, freiné la reconquête chrétienne en unifiant l'Islam occidental, mais l'intolérance de leurs élites et les rivalités des tribus berbères affaiblissent leur pouvoir ; ils sont contestés puis supplantés par un mouvement né au Maroc, celui des Almohades (« les Confesseurs de l'Un »), dont la capitale est à Marrakech. Unifiant le Maghreb, les Almohades interviennent en Espagne à partir de 1146 ; en 1171, les Almoravides ne tiennent plus que les Baléares. Les Almohades infligent en 1195 à la Castille la grave défaite d'Alarcos. Mais si la civilisation s'épanouit, l'unité ne se maintient pas. Au Maghreb, apparaissent plusieurs puissances indépendantes : les Mérinides au Maroc, les Abdelwadides au centre (leur capitale est Tlemcen), et à l'est (Tunisie et Algérie orientale), les Hafsides. En Espagne même, Mohamed Ier (1233-1273) fonde l'État nasride de Grenade. Les chrétiens jouent des rivalités entre ces puissances pour intensifier la reconquête.

Les royaumes ibériques

❑ ***Les étapes de la reconquête.*** La poursuite de la reconquête est surtout le fait du Portugal, de l'Aragon (uni depuis 1137 à la Catalogne) et de la Castille ; la Navarre, coupée du front de conquête, passe à la dynastie des comtes de

Champagne et entre dans l'orbite française. La prise de Lisbonne en 1147 (Portugal) et celle de Teruel en 1171 (Aragon) sont les derniers coups d'éclat avant la tourmente almohade. Il faut l'organisation d'une croisade sous l'impulsion de l'archevêque de Tolède, Rodrigue Jimenez de Rada, pour que l'unité ibérique se refasse : en 1212, les Espagnols, à nouveau unis, sont victorieux à La Navas de Tolosa.

Ferdinand III (1217-1252), roi de Léon et, en 1230, de Castille, poursuit la conquête de la Nouvelle Castille par la prise de Cordoue (1236) et de Séville (1247). L'Aragon de Jacques Ier (1213-1276) annexe Majorque aux Baléares (1229) puis entreprend la conquête du royaume de Valence et d'une partie de Murcie. Ces campagnes sont difficiles; la menace musulmane est toujours là et l'émir mérinide Abu Yusuf Yaqub s'empare en 1275 d'Algésiras qu'Alphonse X (1252-1284), qui prend Tarifa (1277) en Afrique, ne parvient pas à récupérer. Faute de main-d'œuvre, les musulmans sont maintenus en place, gardant leurs institutions et leurs traditions; les révoltes *mudejares* (1267 par exemple) sont nombreuses et dangereuses. De son côté, le roi de Portugal conquiert l'Algarve.

❑ ***Les transformations politiques des royaumes ibériques.*** Partout dans la péninsule ibérique, la reconquête transforme le féodalisme. La nécessité de coloniser les terres de conquête implique la liberté paysanne; la société est plus fluide qu'au nord. La monarchie joue un rôle dirigeant dans le mouvement, et utilise à son profit le droit romain. Ainsi l'influence de celui-ci est considérable dans les *Siete Partidas* castillanes d'Alphonse X (à partir de 1260), les *Fueros* d'Aragon (1247) et la nouvelle rédaction des *Usatges* de Barcelone (1243).

En Castille, les communautés libres (dotées de *fueros*) et surtout les villes jouent un rôle déterminant. Celles de la frontière entretiennent des armées municipales (*serranos*) constituées de *caballeros*, regroupés en fraternités (*hermandades*), qui contrôlent les offices municipaux et forment des ligues. Mais la reconquête profite aussi à ses entrepreneurs majeurs : églises, grandes maisons nobles et ordres militaires (Hospitaliers, Templiers, et ordres castillans comme Calatrava, fondé en 1164, Santiago, fondé en 1175 et Alcantara). Le pouvoir royal, obligé de financer la reconquête, joue des tensions sociales et des rivalités pour se développer. Les institutions représentatives sont très en avance en Castille, où, dérivées comme ailleurs de la *Curia regis*, les *Cortes* apparaissent dès 1187-1188. Consultant les représentants des villes, les rois castillans sont aussi les premiers en Occident à développer une fiscalité d'État conséquente. La puissance des grandes maisons nobles reste pourtant un danger. Alphonse X doit faire face à deux révoltes sérieuses en 1254 et en 1271, et la mort de l'héritier du trône Fernando de la Cerda, en 1275, provoque de nouveaux troubles; autour des enfants de Fernando (réfugiés en Aragon) et de son frère, Sanche, deux partis nobiliaires s'affrontent dans une lutte dont Sanche IV (1284-1295) sort vainqueur. Pour se libérer de la tutelle des nobles il fait exécuter en 1288 le plus puissant, Don Lope de Haro, mais l'agitation noble continue.

En Aragon, la noblesse freine aussi le développement du pouvoir royal. Bien que les habitants des villes y soient aussi représentés, les *Cortes* aragonaises et les *corts* catalanes imposent à la Couronne des concessions importantes en faveur de la noblesse, notamment en 1265, aux *Cortes* d'Egea (1265) et de Saragosse (1283) : la *Union de Aragon* est reconnue et, en 1287, le *privilegio de la Union* rassemble les privilèges de la noblesse, pierre de touche du constitutionnalisme aragonais. En Catalogne, la noblesse obtient en 1283 des privilèges équivalents, mais la bourgeoisie barcelonaise offre à la monarchie un contrepoids. La noblesse gagne facilement ces avantages, car les rois ont besoin d'elle pour la reconquête mais aussi pour des entreprises encore plus risquées.

❑ ***Nouveaux horizons ibériques.*** Les royaumes ibériques se tournent en effet vers de nouveaux horizons. Alphonse X de Castille est ainsi candidat à l'Empire. Plus sérieusement, il a maintenant avec Séville un excellent port. Comme la rareté de la main-d'œuvre dans les terroirs de conquête de la Manche et de l'Estrémadoure favorise l'essor de l'élevage et de la production de laine (le *Real Concejo de la Mesta** date de 1273), la Castille devient une grande puissance commerciale. Les Italiens fréquentent Séville, d'autant qu'à la fin du siècle, ils contournent l'Espagne pour aller en Flandres. Dans le nord, les ports basques constituent la *Hermandad de la marina de Castilla con Vitoria* ; la Castille est aussi une grande puissance maritime.

Les rois d'Aragon voient plus loin encore. Ils renoncent à la France du Midi après la bataille de Muret où Pierre II est mort (1213) : au traité de Corbeil (1258) les deux rois abandonnent leurs prétentions respectives, Jacques Ier gardant toutefois Montpellier. Mais en mariant en 1263 son fils, le futur Pierre III, à Costanza, fille du successeur de Frédéric II dans le royaume de Sicile, Jacques Ier engage l'Aragon dans l'imbroglio politique de la succession Hohenstaufen. Pierre III est le héros de la résistance au vainqueur de Manfred, Charles d'Anjou. En 1283, au lendemain des Vêpres siciliennes, après avoir obligé son frère Jacques, roi de Majorque, à se reconnaître son vassal, Pierre III occupe la Sicile et débarque en Italie du Sud, appuyé par la flotte sicilienne. Il perd cependant un temps précieux en acceptant la provocation en duel de Charles d'Anjou, à Bordeaux, où il se rend, manquant l'occasion d'une conquête rapide ; malgré une lutte acharnée, les positions italiennes des deux souverains ne bougent plus. En revanche, Pierre III doit affronter, en 1285, une croisade montée par la papauté et conduite par le roi de France Philippe III ; les Français prennent Gérone mais la flotte sicilienne de Ruggiero di Lauria détruit les bateaux qui les ravitaillent. Les Français se retirent, étrillés au retour (bataille du col de Panissars). Soutenue par la bourgeoisie marchande de Barcelone, la maison d'Aragon se lance dans une grande politique méditerranéenne, dominant la Sicile, Malte, Djerba, les Baléares et bientôt la Sardaigne (1325), protégeant les consulats catalans de Tunis (1259), Bougie(1253) et d'Oran dans le royaume de Tlemcen, sans parler des exploits, indépendants de la monarchie, de la Compagnie catalane en Grèce.

L'ITALIE ET LA MÉDITERRANÉE

L'Italie du Nord est toujours partie intégrante de l'Empire. Mais les communes italiennes ont une indépendance de fait, soutenue par l'essor économique du pays. A la fois causes et conséquences de cet essor, les cités maritimes italiennes s'assurent un quasi-monopole du commerce et des relations avec l'Orient. Au contraire, le royaume de Sicile traverse une période difficile après la mort de Frédéric II.

L'Italie du Nord

A l'exception des versants et des contreforts alpins où subsistent de grandes maisons féodales (Savoie, Montferrat, Saluces...), l'Italie du Nord est le pays des villes.

❑ ***Les communes.*** La faiblesse des structures politiques du *regnum Italiae*, héritier avec ses comtes et ses marquis de l'Empire carolingien, est telle que les Ottoniens se sont largement appuyés sur les évêques, dont plusieurs sont en même temps comtes. La réforme grégorienne et la lutte des Saliens contre la papauté désorganisent ce système politique et permettent l'apparition des communes, selon des modalités obscures. Au XIIe siècle, il y a des consuls à Pise, une *compagna* (commune ?) à Gênes, un *popolo* à Bologne ; partout, surgissent des groupements nés de l'initiative populaire d'hommes unis par un serment. Mais ces communes doivent s'affirmer contre les cadres anciens (évêque, aristocratie féodale des campagnes) et contre les maisons nobles (*consorterie*) qui, au sein même de la ville, la mettent en danger par leurs rivalités. Les élites bourgeoises et marchandes imposent alors progressivement, au détriment des nobles, le régime des recteurs ou podestats étrangers, dotés de pouvoirs étendus mais temporaires, et qui rendent des comptes à la commune en fin de mission. En 1161, le système est adopté à Pise (*Constitutum Usus*, 1161) et au début du XIIIe siècle, il est répandu partout.

Les communes assurent alors leur domination sur le territoire environnant *(contado)*, au détriment des nobles et de leurs voisines ; dans cette atmosphère de violence, la base sociale du pouvoir s'élargit et les oligarchies sont souvent remplacées par le *popolo*, qui de simple groupe de pression devient le maître de plusieurs communes. Cependant Frédéric II favorise les tyrans comme Ezzelino da Romano (Vérone, 1232-1259) ou Oberto Palavicino, pour contrôler les villes d'Italie du Nord. Le régime des seigneurs héréditaires se répand à la fin du XIIIe siècle : les Della Scala s'imposent à Vérone à partir de 1262, les Este à Ferrare à partir de 1293, tandis qu'à Milan Della Torre et Visconti alternent. Deux villes, Milan et Florence méritent toutefois une analyse plus détaillée.

❑ ***Milan*** conquiert son identité sous l'archevêque Aribert (1018-1045) et pendant les luttes de la réforme ; la résistance de son peuple, allié au clergé réformateur, ouvre la voie à la commune, apparue à la fin du XIe siècle (1097 au moins). L'armée urbaine est victorieuse de Lodi et de Côme, détruite en 1128, assurant à la ville le contrôle de ses voies de communications. En même temps, elle s'affranchit de l'autorité de l'archevêque. Reste celle de l'empereur ; d'où l'âpreté de la lutte contre Barberousse, qui entraîne même la destruction partielle de la ville en 1162. Mais en 1167, les Milanais recommencent à construire la ville martyre. Ame de la ligue lombarde, Milan est le grand vainqueur de l'empereur à Legnano en 1176 ; aussi obtient-elle des conditions favorables, confirmées par un diplôme impérial de 1185. Le formidable essor économique qui s'ensuit accroît le poids des marchands par rapport aux nobles, si bien que, dès 1186, les Milanais font appel à un podestat étranger venu de Plaisance, Uberto Visconti.

La tension sociale oppose nobles et riches marchands alliés en une *consorteria* (« *La Motta* ») au peuple (organisé dans la « *Credenza di Sant'Ambrogio* ») : elle se traduit par une grande instabilité politique qui prend fin en 1214 par l'adoption d'un système où la commune, dirigée par six consuls, est partagée entre nobles et non nobles, les fonctions exécutives étant assurées par le podestat. Milan continue son expansion, résistant à Frédéric II et assurant son contrôle sur les routes vitales pour son économie : victoires sur Crémone, Lodi, et Pavie pour les routes du Pô, sur Tortona pour celles de Gênes, domination des châteaux d'Arona et de Lecco pour les routes alpestres où s'ouvrent les voies du Saint-Gothard et du Simplon. Mais l'épreuve est rude et les tensions sociales renaissent, entraînant le remplacement du régime des podestats par celui des « seigneurs » : d'abord les Della Torre (1266-1277), appuyés sur la *Credenza* et les guelfes, qui s'opposent à l'archevêque Ottone Visconti et aux nobles gibelins. En 1277, vainqueurs à Desio, ces derniers rentrent dans la ville et leur chef, Matteo Visconti, s'impose à son tour sous le titre de « capitaine du peuple ». Chassé du pouvoir entre 1302 et 1309, il n'en établit pas moins une seigneurie héréditaire qui contrôle un véritable État urbain.

❑ ***Florence*** sort de l'ombre plus tard, lorsque en 1082, la comtesse Mathilde y résiste à Henri IV. L'échec impérial, la mort de la comtesse et la faiblesse de l'évêque permettent à la ville de s'émanciper. En 1125, Florence détruit sa voisine Fiesole, obligeant les villes du *contado* à offrir pour la Saint-Jean Baptiste des cierges au baptistère de Florence. La commune à laquelle participent nobles et non nobles exprime en fait les intérêts d'une élite dont les institutions essentielles sont la *societas militum* (société des combattants à cheval) où voisinent nobles et fils de riches marchands vivant noblement, et la *societas mercatorum*, société des marchands (appelée au XIIIe siècle *arte di calimala*, après que plusieurs métiers — *arti* — s'en furent détachés). L'armée de la commune lutte contre les féodaux du *contado* (les comtes Guidi, les Alberti) et les villes voisines : victoire sur Sienne (1157), aide décisive apportée à Pise qui devient dès lors le débouché du commerce florentin (1171), prise de Poggibonsi (1208), de Pistoia (1228) et guerre contre Sienne (1229-1234).

Mais, comme à Milan, ces efforts combinés à l'expansion économique (les compagnies bancaires florentines sont les premières de la chrétienté), entraînent des tensions, les familles nobles s'opposant dans d'interminables vendettas. En 1207, le système du podestat est introduit. En 1244, le *popolo* intervient pour la première fois, et en 1250 une insurrection lui donne le pouvoir : la nouvelle constitution juxtapose à la commune et au podestat, le *popolo*, structuré militairement en vingt compagnies avec bannière et gonfalonier, sous l'autorité d'un capitaine. La *societas militum* est abolie, les gibelins expulsés et les tours des demeures nobles rabaissées. Le premier *popolo*, qui se rallie aux Guelfes, est renversé par la victoire de Montaperti en 1260 qui ouvre Florence aux Gibelins. Dès lors, les partis sont intégrés aux institutions publiques florentines. Mais les Gibelins sont à leur tour évincés en 1267 : Charles d'Anjou devient podestat, les Guelfes chassent les Gibelins. La rivalité entre ces deux factions n'est pourtant pas l'essentiel (les Gibelins rentrent à Florence en 1280) : la lutte entre *magnati* (nobles et assimilés) et bourgeoisie marchande se termine à l'avantage de cette dernière. Entre 1290 et 1293, sous l'impulsion de Gianno della Bella, le deuxième *popolo* est institué, grâce notamment aux *Ordonnances de justice* (1293). Les nobles sont évincés du pouvoir et Florence reste ancrée du côté guelfe, mettant sa liberté au-dessus de tout.

L'Italie maritime

Au-delà de leur singularité institutionnelle, les deux grandes villes maritimes de l'Italie du Nord, Gênes et Venise (le déclin de Pise s'amorce au XIIIe siècle) jouent un rôle fondamental dans l'économie européenne.

❑ ***Venise.*** L'essor de Venise s'accélère après le chrysobulle de 1082 qui fait d'elle l'intermédiaire obligée entre Orient et Occident. Cette situation n'est pas immuable puisqu'en 1111, des privilèges identiques sont donnés aux Pisans, et qu'en 1116, Jean Comnène refuse de renouveler le chrysobulle de 1082 ; une expédition victorieuse rend à Venise ses privilèges à Constantinople, étendus à Chypre et à la Crète (1126), tandis que le roi de Jérusalem, Baudoin II, lui donne le tiers d'Ascalon et le tiers de Tyr. A nouveau les positions vénitiennes sont menacées dans la seconde moitié du XIIe siècle ; obligée de prendre parti contre Barberousse, Venise est attaquée par les villes gibelines (Padoue, Vérone, Ferrare), au moment où Zara se révolte sur la côte dalmate et où, désireux d'intervenir en Italie du Sud et notamment à Ancône, Manuel Comnène comble de privilèges les Génois ; tous les Vénitiens sont même arrêtés dans l'Empire byzantin. Venise surmonte la crise ; dès 1170, Zara est matée, la réconciliation de Barberousse et du pape a lieu à Venise même, et la quasi-expulsion des Vénitiens de l'Empire byzantin leur épargne les effets du massacre des Latins de 1182 à Constantinople.

Le détournement de la IVe croisade, dans lequel le doge Enrico Dandolo (1192-1205) joue un rôle déterminant, s'explique en partie par cette épreuve : Venise s'assure enfin le contrôle complet de l'Adriatique et la sécurité de son accès à l'Orient : elle contrôle Durazzo sur la côte de l'Épire et les îles Ioniennes, ainsi que Gallipoli et Rodosto qui tiennent l'accès à la mer Noire. Dans le Péloponnèse, les Vénitiens s'installent à Coron et à Modon, dominent Rhodes ainsi que les îles de l'Égée, où les patriciens vénitiens reçoivent des fiefs (duché de l'archipel à Marco Sanudo, Santorin, Cérigo etc...). En Crète seulement les Vénitiens tentent une colonisation. Mais il faut aussi défendre cet Empire contre Grecs et Génois. Alliés à l'Empire latin de Constantinople puis aux Angevins de Naples, les Vénitiens soutiennent de dures guerres contre Gênes (1261-1270 et 1294-1299), mais essaient une politique d'entente avec les Grecs, obtenant des chrysobulles (1265, 1285, 1302) qui leur permettent de revenir à Constantinople et à Thessalonique et de pénétrer dans la mer Noire où ils installent un comptoir à La Tana. Enfin, ils diversifient leurs routes et, s'ils perdent leurs comptoirs de Terre Sainte, ils en ont un prospère à Lajazzo en Arménie cilicienne et sont présents en Égypte, à Alexandrie.

L'une des raisons du succès de Venise, qui perd des batailles mais rarement les guerres, est la stabilité de son système politique. D'abord simple (le pouvoir est détenu par le doge élu par le peuple et une assemblée générale très égalitaire), le gouvernement devient plus sophistiqué. En 1143, le Conseil des Sages enlève une partie de son pouvoir à l'assemblée générale ; on peut parler d'une commune vénitienne. En 1172, le doge cesse d'être élu par le peuple ; une commission de onze membres nommée par le Conseil des Sages choisit quarante électeurs qui, à leur tour, élisent le doge... En 1268, on en est à une cascade de onze conseils et commissions ! Par ailleurs, les pouvoirs du doge sont limités, s'il est élu à vie : la base du pouvoir est le Grand Conseil (2 500 membres environ), dans lequel sont recrutés les magistrats et les membres des innombrables conseils qui contrôlent la vie politique. La base sociale du pouvoir se rétrécit : en 1297, la *serrata del Consiglio* réserve l'accès au Grand Conseil aux membres des familles qui en faisaient déjà partie. La bourgeoisie vénitienne devient une noblesse (d'où l'emploi du terme patricien).

❑ ***Gênes*** dirigée aussi par une noblesse dynamique, est la principale rivale de Venise ; aussi ambitieuse qu'elle, elle souffre néanmoins des rivalités de ses familles dirigeantes. L'entreprise à Gênes est individuelle, pas communale. Les Génois s'assurent au XIIIe siècle la première place en Méditerranée occidentale, où ils prennent le dessus sur les Pisans (bataille de La Meloria, 1284) et où la marine aragonaise (Barcelone) n'est pas encore une rivale trop puissante. En Méditerranée orientale, malgré leurs victoires (Curzola, 1299), les Génois ne peuvent supplanter les Vénitiens ; l'amélioration de leurs positions dans l'Empire byzantin sous les Comnènes fait d'eux les premières victimes du massacre des Latins à Constantinople en 1182. Ils n'en acquièrent pas moins des positions importantes en mer Égée (Lesbos et Chio au XIVe siècle), en mer Noire (Caffa en Crimée) et à Constantinople (Péra). Mais les entreprises génoises tournent souvent court, faute de structures politiques stables. Les grandes familles nobles, organisées en *alberghi* nombreuses, se disputent le pouvoir ; l'alliance gibeline (familles Doria et Spinola) l'emporte en général sur l'alliance guelfe (Fieschi et

Grimaldi). Les individualités les plus brillantes offrent leurs services à des puissances étrangères, parfois directement rivales de Gênes.

L'Italie du Sud

En Italie, les succès de Manfred dans le Sud montrent bien que les forces gibelines n'ont pas perdu la partie. La papauté veut alors donner au parti guelfe un chef d'envergure et cherche à susciter un compétiteur au Staufen. Après avoir hésité (optant même un moment pour un fils d'Henri III d'Angleterre, Edmond), le pape Urbain IV choisit le frère de Saint Louis, Charles d'Anjou. Disposant d'une base solide, la Provence, celui-ci établit des vicaires dans plusieurs villes d'Italie du Nord et se fait élire sénateur de Rome en 1263 avant de tenter une descente armée. Il est enfin victorieux en 1266 à la bataille de Bénévent où Manfred est tué. En 1268, le jeune Conradin tente de récupérer son royaume, mais, battu à Tagliacozzo, il est décapité à Naples.

Le nouveau roi reprend à son compte la politique hégémonique des Staufen, inquiétant ses alliés de la veille. Reconstituant à son profit la machinerie administrative et fiscale du royaume normand, il installe aux postes clés Français et Provençaux. A partir de cette base solide, il se fait nommer pacificateur général de Toscane et podestat de Florence (1267) et protecteur de Sienne (1270) et de Pise (1272). En même temps, il se lance dans une grande politique méditerranéenne, engage Saint Louis dans la croisade de Tunisie, s'allie à Guillaume de Villehardouin, prince de Morée et à Baudouin, empereur déchu de Constantinople, et rachète les droits sur le royaume latin de Jérusalem de Marie d'Antioche, au nom de laquelle il envoie une flotte devant Acre (1277).

Mais ces ambitions s'effondrent devant la réaction gibeline, organisée magistralement par l'empereur byzantin et par le roi d'Aragon. La révolte de Palerme contre les Français exploiteurs (les Vêpres siciliennes, le 30 mai 1282) est d'autant plus grave que la flotte aragonaise de Pierre III, en principe engagée dans une croisade au Maghreb, est à proximité. Une tentative pour reprendre la Sicile se solde par la perte de la flotte angevine et l'héritier du trône de Naples (Charles II) se retrouve prisonnier des Aragonais. La flotte sicilienne de Ruggiero di Lauria assure la sécurité de la Sicile aragonaise, les Angevins tiennent la Terre Ferme*. Après de multiples péripéties, le traité d'Anagni (1295) et la paix de Caltabelotta (1302) consacrent le *statu quo* : Frédéric, plus jeune fils de Pierre III, devient roi de Trinacrie (Sicile) mais renonce à Naples et à la Calabre.

LE NOUVEL ÉQUILIBRE AU PROCHE-ORIENT

Crise du Proche-Orient musulman et fin des États croisés

❑ ***Zenghides et Ayyûbides.*** En 1092, à la mort de Malik Shah, la puissance turque se dilue en de multiples principautés seldjoukides. Le Khurasân, la Syrie et l'Iraq, où le calife de Bagdad retrouve progressivement son autonomie (1192), et même, avec an-Nasir, un certain prestige, échappent aux princes seldjoukides. Le Khurasân sombre en 1153 sous la menace des peuples nomades (Oghuz turcs et Khitaï proches des Mongols), tandis que dans le Khwarezm les shâhs constituent, pour défendre le pays, une formidable armée recrutée essentiellement chez les Qiptchaks. L'armée des Khwarezmshâhs, qui a aidé le calife de Bagdad à s'affranchir des Seldjoukides, est au début du XIIIe siècle la seule force réelle en dehors de la Syrie, dominant le Khwarezm, l'Afghanistan et les provinces orientales du Califat. Battue par les Mongols en 1217, cette armée, conduite par Djâlâl al Din Manguberti, dévaste toute la région comprise entre l'Inde et l'Asie mineure, en pleine décomposition politique, avant d'être détruite en 1231.

Certains atabegs turcs réussissent cependant à créer des dynasties puissantes, comme l'atabeg de Mossoul Zenghi qui règne aussi sur Alep de 1128 à 1146 : il reprend Édesse aux Francs et, en 1144, se proclamant *mudjahid* (combattant de la foi), il se donne pour but la reconquête de Jérusalem. Son successeur, Nûr al-Dîn (1146-1174), poursuit cet objectif ainsi que celui de la reprise de l'Égypte aux shi'ites. Il entre à Damas en 1154 et envoie son général, le Kurde Shirkuh en Égypte ; après une première tentative en 1164, Shirkuh s'impose en 1169 comme vizir au calife fatimide. Son neveu, Salâh al-Dîn ibn Ayyub (« Saladin »), le remplace et en 1171 élimine le dernier calife fatimide, mettant fin au Califat shi'ite et rendant l'Égypte au sunnisme. En 1175, il évince les fils de Nûr al-Dîn en Syrie et s'assure le contrôle d'Alep (1183) et de Mossoul (1185). Maître de l'Égypte et de la Syrie, il se lance à la conquête de Jérusalem.

❑ ***La fin des États croisés.*** Les États latins sont limités aux terres comprises entre la mer et la grande dépression tracée au nord par l'Oronte et au sud par le Jourdain, à l'exception du comté d'Édesse, perdu dès 1144, et de l'Outre-Jourdain, au sud, défendu par les châteaux du Krak de Moab et du Krak de Montréal. Les trois États, principauté d'Antioche, comté de Tripoli et royaume latin de Jérusalem ont du mal à assurer leur défense, malgré l'introduction du fief qui a permis de constituer de puissantes familles baronniales (mais le fief ne fait pas le féodalisme : la colonisation agraire franque reste limitée et la terre exploitée par les musulmans), et le développement des ordres militaires, Hospitaliers, Teutoniques et surtout Templiers. La seconde croisade qui échoue devant Damas en 1148 n'apporte aucune amélioration.

Les princes d'Antioche et les comtes de Tripoli reconnaissent la primauté du roi de Jérusalem, mais la monarchie latine reste faible. Exploitant les divergences stratégiques et la méfiance entre le roi Guy de Lusignan, Raymond III de Tripoli, Renaud de Châtillon, maître de l'Outre-Jourdain et les Templiers, Salâh al-Dîn est victorieux à Hattîn (1187), reprend Jérusalem et un grand nombre de villes et de places fortes. Mais les Francs résistent, notamment à Tyr, et la IIIe croisade de Philippe-Auguste et de Richard Cœur de Lion (qui prend au passage Chypre où est fondé, en 1192, un royaume chrétien confié aux Lusignans) reprend Jaffa, Acre (la nouvelle capitale), Ascalon, et obtient pour les pèlerins l'accès aux lieux saints. Elle permet aux États latins, réduits à la frange littorale, de survivre.

Les dissenssions entre les héritiers de Saladin favorisent cette survie et si la IVe croisade n'apporte aucun secours, détournant au contraire l'énergie des Francs vers d'autres horizons, la diplomatie de Frédéric II établit un condominium sur Jérusalem. Mais la ville est à nouveau perdue en 1244, après la bataille de La Forbie ; l'échec stratégique des deux croisades de Saint Louis condamne la Terre Sainte, même si ce roi, libéré par les Égyptiens, réorganise la défense. En 1260, la victoire mamelouke sur les Mongols enlève aux Francs toute chance de trouver des alliés régionaux. Malgré les efforts d'un Occident au reste divisé (Charles d'Anjou contestant la couronne de Jérusalem à Hugues III de Lusignan), la venue du prince Édouard (le futur Édouard Ier) et d'autres croisés illustres, la chute est inéluctable : Césarée tombe en 1265, Safed en 1266, Jaffa et Beaufort en 1268, Antioche en 1269, Tripoli en 1289 et en 1291. La chute d'Acre scelle le sort des États francs de Terre Sainte. Deux États chrétiens seulement subsistent à la fin du XIIIe siècle : le royaume de Chypre, et celui de « Petite Arménie », fondé en Cilicie à la fin du XIIe siècle par des réfugiés arméniens chrétiens, initiés à la féodalité à Édesse et à Antioche.

❑ ***L'Égypte mamelouke.*** L'Égypte connaît, grâce aux Ayyûbides, une période de stabilité qui en fait la plaque tournante du grand commerce occidental. Les sultans ayyûbides protègent les Italiens et surtout les Vénitiens, au point que le détournement de la IVe croisade est attribué parfois à la volonté vénitienne de ne pas déranger des circuits commerciaux si prospères... Pourtant, ils n'ont pas non plus résolu le problème politique : leur pouvoir est acquis à coup d'*iqta*, sortes de fiefs militaires héréditaires attribués aux mercenaires qui composent l'armée. Ainsi, le sultan As-Salîh fait tour à tour appel à des Khwarezmiens puis à des esclaves turcs (les Mamelouks) : ces derniers, vainqueurs de Saint Louis, s'emparent du pouvoir en 1249 à la mort du sultan. Leurs victoires sur les Mongols à Aïn Djalud en 1260, puis la reconquête des derniers États francs par les sultans Baïbars et Qalawûn pérennisent le pouvoir de ces mercenaires fervents de guerre sainte. Le sultan Baïbars (1260-1278) qui invite en 1260 les califes abbassides de Bagdad au Caire, où ils résident jusqu'à la conquête ottomane, légitimise son pouvoir.

Le régime mamelouk est une dictature militaire : l'armée, composée de « barbares » razziés par la Horde d'Or (*cf. infra*) et importée de mer Noire, est entretenue par des *iqta*, attribués par l'administration aux officiers, ou plus exactement aux offices militaires (ce n'est donc pas un système féodal). Elle reste coupée des populations locales qui dépendent d'une administration rigide mais largement autochtone. Le pouvoir est disputé entre les chefs de l'armée, tous ou presque esclaves d'origine, et qui peuvent tous prétendre au trône ; celui qui inspire le plus de confiance ou de crainte à ses collègues l'emporte. Le « putsch » militaire est partie intégrante du système politique et n'altère en rien la stabilité du pays. Le succès des Mamelouks serait incompréhensible sans la prospérité économique qu'ils ont apportée à l'Égypte, dont le rôle commercial reste capital. L'Islam, suivant les routes des marchands arabes, se répand à partir de l'Égypte mamelouke en Indonésie, à Java et jusqu'aux Moluques.

La fin de l'Empire byzantin

L'Empire byzantin se dégage difficilement des conséquences de la défaite de Mantzikert ; face à son ennemi occidental, Robert Guiscard, il trouve un allié précieux, Venise : mais à quel prix !

❑ ***L'œuvre des Comnènes.*** Face au double danger des Turcs seldjoukides (Mâlik Shah a édifié à partir de 1085-1086 le vaste sultanat de Roum en Asie mineure) et des Normands, Alexis Comnène est dans une situation difficile. En 1087, il subit l'attaque d'un nouveau peuple de la steppe, les Petchénègues, appelés au secours par les Slaves hérétiques (les Bogomiles : on retrouve ici le phénomène byzantin de l'hérésie, expression du sentiment national). L'alliance vénitienne lui permet de tenir en respect les Normands. Battu à Silistrie par les Petchénègues en 1091, il est vainqueur au mont Lebounion ; les Petchénègues sont pratiquement détruits par les Polovtsiens (Coumans). A la mort de Mâlik Shah en 1092, les dissensions affaiblissent le sultanat turc, qui doit subir l'attaque des croisés. Du coup, l'arrivée de ces derniers, d'abord voulue par Alexis, est une gêne et les rapports avec les princes croisés, et surtout les Normands d'Antioche, sont difficiles tout au long du règne ; Manuel Comnène réussit à leur faire reconnaître la suzeraineté de Byzance.

Au total, le règne d'Alexis Comnène (mort en 1118) voit une consolidation, au prix, il est vrai, d'un retranchement sur les Balkans. Mais, malgré d'éphémères succès, les règnes de Jean II Comnène (1118-1142) et de Manuel Comnène (1142-1180) révèlent les limites du redressement. Byzance doit en effet combattre sur deux fronts : à l'ouest, les Normands bientôt relayés par les jeunes puissances de la Hongrie et de la Serbie menacent les Balkans ; à l'est, les Turcs attaquent ce qui reste de l'Asie mineure. Les empereurs Comnènes essayent de combattre partout. Au prix de concessions répétées et toujours plus coûteuses pour obtenir l'alliance de Venise ou d'autres villes maritimes italiennes, ils contiennent les offensives de Roger II de Sicile. Manuel Comnène porte même la guerre en Italie du Sud (1155-1158) mais est battu à Brindisi. Certes, il remporte des succès dans les Balkans, mais ces campagnes dispendieuses ne permettent pas de maintenir la pression en Asie mineure, où Jean II a pourtant un temps imposé son pouvoir à la Cilicie (Petite Arménie). L'attitude ambiguë de Byzance à l'égard des croisés et notamment d'Antioche inquiète les Turcs ; en 1176, le sultan d'Iconium, Kilidj Arslan II, remporte la victoire décisive de Myriokephalon qui, à un siècle de distance, confirme le verdict de Mantzikiert.

Le pouvoir impérial ne résiste pas à la crise. A la mort de Manuel, l'impératrice Marie d'Antioche assure la régence pour le petit Alexis II Comnène (1180-1183) ; mais celui-ci est bientôt déposé et assassiné sur l'ordre d'Andronic Comnène, neveu de Manuel, qui laisse massacrer les Latins à Constantinople (1182) et s'attaque à la grande aristocratie féodale. Cependant, aux prises avec une expédition normande qui mettent à sac Thessalonique, il est à son tour renversé en 1185 par Isaac II Ange, lui-même déposé par Alexis III Ange en 1195.

❑ ***La IVe croisade et les États latins.*** Byzance a déjà été gravement menacée par les croisades ; Frédéric Ier Barberousse, auquel l'entrée de Constantinople a été refusée, a failli prendre la ville ; seule la mort d'Henri VI sauve Byzance des ambitions de cet empereur héritier des prétentions normandes. En 1204, est organisée la IVe croisade ; son chef nominal est le marquis Boniface de Montferrat, mais l'initiative appartient au pape Innocent III et au doge de Venise Dandolo. Or, les croisés ne pouvant payer leur transport, les Vénitiens leur demandent pour prix du passage de prendre la ville hongroise de Zara, rivale potentielle de Venise sur la côte dalmate. Quand Alexis Ange, fils de l'empereur Isaac II déposé, demande l'aide des croisés, il l'obtient grâce aux Vénitiens. Les Croisés réinstallent Alexis IV sur son trône, mais à la première révolte sérieuse ils prennent à nouveau Constantinople pour leur propre compte et la pillent.

L'Empire est dépecé : un patriarche catholique, le Vénitien Tommaso Morosini, est installé à Constantinople, où le comte de Flandre Baudouin devient empereur. Les Vénitiens s'attribuent un Empire (*cf. supra*) dont la cohérence contraste avec la division des États vassaux donnés aux croisés : le duché d'Athènes (à Otton de La Roche), la principauté d'Achaïe (aux Villehardouin), et le royaume de Thessalonique (à Boniface de Montferrat). Mais les Grecs ne s'avouent pas battus ; repliés sur de nouveaux États, ils entament aussitôt la guerre de reconquête, plus ou moins aidés par Bulgares et Serbes.

❑ ***Les nouveaux États grecs.*** Outre la crise structurelle déjà évoquée (noblesse militaire contre noblesse « civile » et processus de féodalisation), Byzance souffre des luttes de factions « régionales » : les familles de l'aristocratie s'opposent à partir de bases géographiques solides aux intérêts divergents. D'où l'homogénéité et la solidité, à première vue surprenantes, des nouveaux États grecs. Les trois plus importants sont l'Empire de Nicée, le despotat d'Épire et l'Empire de Trébizonde, créé par des descendants des Comnènes avant la prise de Constantinople.

Les débuts de l'Empire de Nicée sont difficiles : vaincu à Poimanénon, Théodore Lascaris paraît perdu. Mais en 1205 l'aristocratie grecque révoltée et alliée aux Bulgares, écrase les Latins à Andrinople où l'empereur Baudouin Ier est fait prisonnier. Les Latins évacuent presque toute l'Asie mineure. Luttant à la fois contre les Latins, le sultanat de Roum et les Comnènes de Trébizonde, aidé par les Arméniens de Cilicie, l'empereur de Nicée (couronné en 1208, après l'élection du patriarche de Constantinople en exil) assure la survie de son État par la victoire d'Antioche du Méandre. Il stabilise ses relations avec les Latins (1214) et les Vénitiens (1219) et conclut une alliance avec les Serbes (1219) ; il annexe une partie de l'Empire de Trébizonde, qui ne garde qu'un territoire réduit comme vassal des Seldjoukides et doit renoncer à la reconquête de Constantinople. En revanche, le despotat d'Épire, où Théodore Ange succède en 1215 à Michel Ange, est un rival potentiel ; Théodore s'empare de l'empereur latin Pierre de Courtenay, puis, après la prise de Thessalonique en 1224, se fait donner le titre d'empereur par le patriarche d'Ochrida. Il se pose alors en concurrent du gendre et successeur de Lascaris, Jean III Doukas Vatatzès (1222-1254), pour la reprise de Constantinople. L'Empire latin, allié au Bulgare Asen II, résiste et Théodore Ange, vaincu par les Bulgares à Klokotnitsa (1230), est aveuglé : Vatatzès impose sa supériorité à l'Épire en 1242. En 1246, Vatatzès reprend aux Bulgares frappés par les Mongols leurs terres grecques et au despotat d'Épire Thessalonique.

L'œuvre intérieure de Vatatzès (économie, administration, réorganisation des défenses frontalières) est considérable. Son successeur, Théodore II Lascaris (1254-1258), se brouille cependant avec l'aristocratie, et après sa mort prématurée, celle-ci impose la régence de Michel Paléologue. Confronté à une triple alliance de l'Épire, des Bulgares et du roi de Sicile Manfred, Michel remporte une victoire totale à Pélagonia (1259) qui met pratiquement fin à l'indépendance épirote ; maître de la Morée, Guillaume II de Villehardouin est fait prisonnier. Pour s'opposer aux Vénitiens et reconquérir Constantinople, il s'allie à Gênes par le traité de Nymphaeon (1261) qui promet à Gênes une position au moins aussi importante que celle de Venise avec un quartier à Constantinople (Galata). Les troupes du régent de Nicée reprennent Constantinople en 1261 et Michel VIII Paléologue devient empereur après avoir fait aveugler le petit Jean Lascaris.

Il joue de la rivalité entre Gênes et Venise, battant une nouvelle fois la Bulgarie et l'Épire (1264). Certes, il est vaincu à Makri-Plagi (1264) par les Francs d'Achaïe, et surtout, les prétentions de Charles d'Anjou, héritier de l'Empire latin, le menacent. L'Angevin a un allié local, Jean Ange, descendant du despote d'Épire, qui tient la Thessalie, et il récupère la Morée à la mort de Villehardouin en 1278. Michel VIII essaie de désarmer cette hostilité en se rapprochant de la papauté (union des Églises, 1274), mais il provoque ainsi une violente réaction, d'autant qu'il a éliminé le patriarche Arsène qui avait condamné la déposition de Jean Lascaris. Le schisme des « Arsénites » déchire l'Empire et provoque un soulèvement général contre l'unionisme. L'élection en 1281 d'un pape tout dévoué à Charles d'Anjou, Martin IV, met fin à la tentation unioniste : Martin IV, Charles d'Anjou et Venise s'allient (traité d'Orvieto, 1281) pour rétablir l'Empire latin. Jean de Thessalie, la roi serbe Milutin et le tsar bulgare George Ier les rejoignent ; les Vêpres Siciliennes en mars 1282 écartent la catastrophe. Michel VIII, vainqueur par la diplomatie qui l'a lié à Gênes, à l'Aragon et à la Horde d'Or, a sauvé son Empire. Mais rien n'entame les empires maritimes de Venise et de Gênes (surtout développé en mer Noire et en Crimée) qui minent l'économie byzantine et les chances de survie à long terme de l'Empire.

L'ÉMANCIPATION DES PAYS SLAVES DU SUD ET DE L'EST

Byzance n'est pas chez les Slaves du Sud et de l'Est la seule influence qui compte. L'Empire germanique est aussi actif : ainsi la Slovénie rapidement soumise à des dynasties princières allemandes, est englobée dans la Carinthie. La Hongrie et Venise interviennent aussi. La Croatie catholique, rattachée à la Hongrie après l'assassinat de Zvonimir Ier, garde sa personnalité, se différenciant de la Serbie. Serbes et Bulgares sont quant à eux dans l'orbite byzantine.

La Serbie

D'abord soumis à Byzance qui les protège de la menace bulgare, les Serbes essaient après les victoires de Basile II de se libérer d'une tutelle encombrante : le prince de Dioclea Vojislav ayant vaincu en 1042 une armée byzantine, son successeur, Michel, obtient du pape, en 1062, qu'Antivari devienne un archevêché catholique ; son fils Constantin Bodin, profitant des démêlés byzantins avec Normands et Petchénègues, étend sa domination sur la Bosnie et la « Rascie ». Mais Alexis Comnène écrase Bodin et soumet en 1094 la Serbie. La Bosnie tente d'échapper à la domination grecque en se plaçant en 1120, comme la Croatie, sous le contrôle de la Hongrie ; les Hongrois sont vaincus en 1149-1150 par Manuel Comnène qui leur reprend la Dalmatie et une partie de la Croatie.

A la mort de Manuel Comnène, le pouvoir byzantin faiblit. La Hongrie récupère ses territoires et le zupan de Serbie, Nemanja (†1196), s'empare des terres serbes, y compris le vieux royaume de Dioclea, mais renonce toutefois à contrôler Raguse. Appuyé par le nouvel État bulgare fondé en 1186, il s'allie aux Hohenstaufen et obtient de Byzance la reconnaissance de son territoire et le titre prestigieux de *sebastocrator*. La menace hongroise reste sérieuse : le roi de Hongrie, Emmerich Ier, profite de désaccords entre Étienne et son frère Vulkan pour intervenir. La nouvelle Bulgarie et la Serbie restent en fin de compte fidèles à l'orthodoxie, même si pour des raisons diplomatiques la carte romaine n'est pas négligée : c'est le pape qui accorde en 1204 la couronne royale au Bulgare Kalojan (1197-1207) et en 1218 au Serbe Étienne (1196-1228) dont le frère, saint Sava, premier archevêque autonome de Serbie, défend la tradition orthodoxe dans les deux pays.

Dans le courant du XIIIe siècle, la Serbie, moins touchée que la Hongrie et la Bulgarie par les Mongols, devient le plus puissant des États slaves du Sud. La tourmente passée, le pays se relève sous les règnes d'Uros Ier (1242-1276), d'Étienne Dragutin (1276-1282) et de Milutin (1282-1321) qui grâce à l'alliance angevine arrachent aux Grecs Skopje, une partie de la Macédoine et de la côte adriatique. En 1284, Milutin, lui-même catholique, obtient en outre des Hongrois le *banat* de Slavonie (région de Belgrade) ; il étend son influence sur la Bosnie, théoriquement soumise à la Hongrie, mais où l'hérésie bogomile soustend l'aspiration à l'indépendance, en mariant sa sœur au ban* Étienne Kotroman.

La Bulgarie

La Bulgarie a été brisée par la victoire de Basile II. A la fin du XIIe siècle, deux frères (bulgares ou valaques?), Asen Ier (1187-1196) et Pierre (1196-1197) soulèvent les boïars bulgares avec l'aide des Coumans. Kalojan (1197-1207) consolide l'indépendance bulgare par une surenchère entre Grecs et Latins : il profite de la chute de Constantinople en 1204 pour occuper la région qui s'étend entre Sofia et la Bulgarie. En 1205, il se tourne contre l'Empire latin, mais comme ses deux prédécesseurs il est assassiné. L'usurpateur Boris Ier (1207-1218) poursuit la même politique, alors que Jean Asen II (1218-1241) s'allie aux Latins. Sa victoire sur le despote d'Épire à Klokonitsa (1230) lui donne Andrinople et l'Albanie du Nord avec Durazzo : elle effraie cependant ses nouveaux alliés qui rompent le mariage prévu entre la fille du tsar et l'empereur latin Baudouin II. Furieux, Asen s'allie alors à l'empereur de Nicée, Jean III, obtenant l'érection de Tirnovo en patriarcat bulgare autonome. Une croisade contre lui n'aboutit pas. La Bulgarie est cependant atteinte de plein fouet par l'invasion mongole et doit accepter de payer à partir de 1242 un lourd tribut aux khans mongols. Affaiblis, les tsars bulgares ne peuvent garder les territoires conquis dont s'emparent les despotes d'Épire et surtout les empereurs de Nicée. De 1257 à 1277, un prince serbe, Constantin Tich, règne sur la Bulgarie et essaie, en s'alliant à Charles d'Anjou de contrecarrer l'hégémonie des empereurs Paléologues : mais la pression mongole et les troubles dynastiques maintiennent la Bulgarie dans une grave décadence.

La Russie

La Russie est née de la conversion du prince de Kiev, Vladimir. L'adoption de la liturgie slavonne est un facteur d'unification pour les nombreuses tribus slaves ; en outre, elle efface la spécificité de l'aristocratie varègue et l'intègre définitivement au monde slave. L'Église de Kiev devient une métropole en 1039 sous le règne brillant de Iaroslav le Sage (1036-1054). Mais le mode de transmission du pouvoir (au plus âgé des frères survivants du défunt) est une cause de guerres civiles infinies ; à part les règnes de Vladimir II Monomaque (1113-1125) et de son fils Mstislav Ier (1125-1132), Kiev est sans cesse déchirée par ces conflits de succession. Pour apaiser les princes évincés, de nouvelles principautés sont créées, affaiblissant du même coup les princes de Kiev. Ceux-ci ne peuvent réaliser leurs objectifs vitaux : dominer sans partage les embouchures des grands fleuves russes (Don, Dniepr), ce qui aurait permis de contrôler tout le commerce avec Byzance, et, surtout, de se défendre des peuples de la steppe, Khazars, Petchénègues et Coumans (Polovtsiens pour les Russes). Malgré les victoires du futur Monomaque en 1103 et en 1111, les Coumans menacent jusqu'au début du XIIIe siècle la frontière sud de la Russie.

Ces luttes internes sont fatales à Kiev : la ville est brûlée et le prince André (1157-1174) transfère sa résidence à Vladimir. Son successeur, Vsevolod II (1176-1212), abandonne le titre de prince de Kiev pour celui de prince de Vladimir. Le centre de gravité de la Russie est donc transféré au nord, où sont alors les principautés les plus dynamiques : Smolensk, Polotsk, Tchernigov,

Riazan, Rostov et surtout Novgorod. Cette cité, au contact de l'Occident par l'intermédiaire des marchands hanséates qui la fréquentent, jouit d'une prospérité économique qui lui permet de coloniser les terres du nord et la haute Volga, mais son territoire est menacé par l'avance germanique. Le prince Alexandre Nevski (prince de Novgorod et, en 1252, de Vladimir), par la victoire contre les Suédois sur la Neva (1240) dont il tire son surnom et par la défaite infligée aux Teutoniques sur les glaces du lac Peïpous (1242), sauve la principauté. En revanche, il ne peut rien contre les Mongols qui forcent les princes russes à reconnaître leur dépendance et à payer un lourd tribut. De fait, les principautés les plus éloignées des Mongols sont celles qui s'en sortent le mieux : celles du nord et de l'ouest (Volhynie) s'en trouvent favorisées, au détriment de Kiev et du Sud.

LES MONGOLS

Le triomphe des Mongols, surprise totale pour les chrétiens comme pour les musulmans, unifie la plus grande partie de l'Asie : ouvrant l'accès à la Chine, il aboutit au premier grand élargissement du monde avant la découverte de l'Amérique ; ses conséquences ne sont pas moins importantes au plan politique.

La tourmente mongole

Les Mongols sont concentrés avec les Turcs en Asie, dans la région qui va de l'Altaï au lac Baïkal, à partir de 200 av. J.-C. : les deux peuples sont d'ailleurs proches et divisés en nombreuses tribus. Alors que les Turcs migrent très tôt, les Mongols restent fixés jusqu'au Xᵉ siècle. A cette date, ils repoussent vers l'Iénisseï les peuples turcs Khirgizes et déclenchent le départ des Khitaïs (Turcs ?) vers la Chine. Ces derniers fondent la dynastie des Liaos qui dure jusqu'en 1125 et met en contact Chine et Mongolie ; ils effectuent des raids dans l'Asie centrale.

❑ ***L'épopée de Gengis Khan et ses fondements.*** Né vers 1155, Temoudjin, fils de Yesougaï, remporte d'abord des victoires sur les autres mongols, recevant en 1196 le titre de Gengis Khan (« prince océanique »). En 1206, à l'assemblée de toutes les tribus mongoles (un Grand *Khurultay*), Gengis Khan est déclaré souverain suprême des tribus mongoles, ce qui représente pour celles-ci l'équivalent de souverain universel. Les Mongols sont en contact avec les chrétiens nestoriens, les bouddhistes et les juifs. La tradition nomade du grand ciel bleu éternel se mêle donc à celles des grands empereurs nomades Ka Khan turcs ou Khazars, mais aussi aux traditions iraniennes de monarchie divine, à l'idée chrétienne d'*oikouménè* et enfin à l'idée bouddhiste de *Chakravartin*, monarque universel sous le règne duquel sera établie la paix éternelle sur terre.

Cet État mongol, fondé par Gengis Khan, a sa loi écrite, la Grande *Yasa*, officiellement promulguée au Grand *Khurultay* de 1218, mais dont les bases remontent à 1206. Elle comporte une série de prescriptions morales, religieuses (tolérance), juridiques, et militaires. Par ces dernières, Gengis Khan brise le système tribal ; l'armée est organisée en décades, centuries, milles et enfin *tümen*, armée à laquelle correspond un district. Des prescriptions administratives règlent la poste, la fiscalité (la paix mongole est payante...) et la justice.

❑ ***Les conquêtes.*** Après avoir battu les peuples de la forêt et les Ouïgours, Gengis Khan lance ses troupes vers l'Orient : il conquiert en 1209 le royaume des Si Hia (Tangut) fondé par des Tibétains bouddhistes, puis, de 1211 à 1215, le royaume de Kin (Djürdjäts Toungouse), fondé par les Mandchous qui avaient détruit les Khitaïs. Il est ainsi aux frontières de l'Empire chinois des Songs, que les Mongols mettront quarante-cinq ans à conquérir. La destruction du royaume de Kin permet aux Mongols de s'adjoindre les Khitaïs qui ont assimilé l'art chinois de la guerre (poudre, machines de siège) et rendent encore plus redoutables les armées mongoles.

En 1218, le Grand *Khurultay* infléchit vers le sud l'action des Mongols. Cherchant à conquérir le Khwarezm, ils prennent Boukhara, Samarcande et Merv (1220), Ourgendj et Balkh (1221). Ces villes prestigieuses sont anéanties : la population de Samarcande est décimée, celle d'Ourgendj massacrée, et les Mongols sont dès lors précédés dans tout le monde musulman d'une terrifiante renommée. Ayant conquis l'Afghanistan et le Khurasân, les Mongols rentrent chez eux par le Kazakhstan, tandis que les lieutenants du Khan continuent les conquêtes en partant du Khwarezm : cette fois, ils partent vers l'ouest.

Traversant l'Azerbaïdjan, la Géorgie et le Caucase, ils débouchent dans les plaines russes ; en 1223, ils écrasent à la bataille de la Kalka les Russes et les Coumans, qui migrent alors vers l'ouest. Mais la conquête est interrompue par la nouvelle de la mort de Gengis Khan, en 1227.

Les successeurs de Gengis Khan

Gengis Khan a quatre fils : Djötchi (mort aussi en 1227), Djagataoï, Tuluj et Ogödaï. Ce dernier devient grand Khan et réside à Kara Qoroum d'où il porte à son apogée l'administration de l'Empire des steppes. L'initiative militaire passe à ses frères et à ses neveux.

❑ ***La poursuite des conquêtes.*** Les fils de Djötchi, Batu, Beke, Chaïban et Orda sont sur le front occidental. Batu (†1248) défait les Bulgares de la Volga qui avaient fixé leur capitale près de Kazan (1236) et détruit les principautés russes de Moscou et de Iaroslav. En 1240, Kiev est prise, la vieille Russie anéantie. L'année suivante, deux armées sont lancées l'une contre la Hongrie, l'autre contre la Pologne ; les Polonais, aidés par les Allemands, sont vaincus à la

Walkstatt (bataille importante selon la macabre comptabilité des Mongols, puisqu'elle est évaluée à neuf sacs d'oreilles), et les Hongrois battus à la bataille de la Mohi. La nouvelle de la mort de Ogödaï arrête les troupes mongoles, qui s'apprêtaient à s'installer en Hongrie, Batu voulant participer au Grand *Khurultay* qui règle la succession : il a lieu en 1246, et le missionnaire franciscain Jean de Plan Carpin y assiste.

Les conquêtes de Batu fondent la Horde d'Or, désormais centrée sur la Volga, même si elle rend tributaires les peuples et les principautés environnantes. De même, Chaïban fonde la Horde bleue et Timur, la Horde blanche qui se partagent les terres entre l'Oural et l'Irtych. Un autre fils de Gengis Khan, Djagataï, se limite aussi à l'Asie centrale où il établit le Khanat Djagataïde.

La plupart des conquêtes sont le fait des fils de Tuluj. L'aîné, Möngkë, se tourne vers la Chine qu'il finit de conquérir. Hulagu, le troisième fils de Tuluj, prend la tête d'une immense armée mongole avec laquelle il a l'intention de conquérir l'Iran et l'Iraq que les Mongols n'avaient fait que traverser dans les années 1220. Il s'empare ainsi des principautés iraniennes et détruit les forteresses des Hashishins : il prend enfin Bagdad en 1258, où le dernier calife est assassiné. Il faut dire que Hulagu est reçu triomphalement aussi bien par les chrétiens que par les shi'ites. Il envahit alors la Syrie, mais la nouvelle de la mort de Möngkë, en 1259, l'oblige à repartir vers l'est : l'élan est brisé, et si les fondements de l'État ilkhan centré sur l'Iran sont jetés, l'Égypte mamelouke est sauvée, en 1260, par sa victoire d'Aïn Djalout qui fixe la limite de l'avance mongole.

❑ ***La grande crise.*** La mort de Möngkë, en 1259, marque la fin de la paix mongole : les liens entre les membres de la famille de Gengis Khan sont distendus par l'éloignement géographique et les ambitions divergentes. Une violente rivalité oppose deux des fils de Tuluj, Kubilaï, soutenu par Hulagu, et Ariq Boqa, soutenu par Berke et la Horde d'Or. Kubilaï, finalement désigné comme Grand Khan, ne veut pas abandonner la Chine. Il fixe sa capitale à Pékin, et l'Empire se sinise. Le centre de gravité est déplacé vers l'est, et les descendants de Kubilaï, les empereurs Yuan de Chine, n'ont plus grand-chose à voir avec leurs ancêtres mongols.

Conséquence majeure de cette élection pour l'Occident, une rivalité mortelle apparaît entre la Horde d'Or de Berke et l'État ilkhan d'Hulagu : à l'ouest, l'Empire mongol est disloqué et un axe solide se constitue autour de l'alliance entre la Horde d'Or et l'Égypte mamelouke : la Horde fournit à l'Égypte le flux constant d'esclaves militaires dont elle a besoin, et lui permet de résister aux Ilkhans : l'Égypte parvient ainsi à constituer en Syrie un glacis fortifié contre les Ilkhans et les dernières places franques de Syrie sont conquises (Acre, 1291).

❑ ***Le nouveau système d'alliances.*** A la fin du XIIIe siècle, un nouveau système d'alliances commande l'Europe orientale, le Moyen Orient et la Méditerranée. L'alliance « gibeline » comprend la Horde d'Or et l'Égypte mamelouke, liées à l'Empire de Nicée qui tient les détroits d'accès à la mer Noire, Gênes pour qui la Crimée est essentielle et la couronne d'Aragon (avec l'héritage Hohenstaufen) : Catalogne, Sicile, Baléares, Catalans de Morée. L'alliance « guelfe » comprend l'État ilkhan, les Angevins de Naples, les principautés franques tant qu'elles subsistent en Palestine et en Syrie, l'Empire de Trébizonde et Venise. Ces alliances, importantes au plan politique, commandent aussi les routes du grand commerce et sont déterminantes pour l'économie européenne, puisque la *pax mongolica* permet un prodigieux essor des échanges par l'organisation des caravanes de la soie à travers l'Asie centrale, et a ouvert les routes que le Vénitien Marco Polo parcourt jusqu'à Pékin dont il revient en 1295-1296.

Les Européens nourrissent un moment l'illusion que les Mongols, ou du moins certains d'entre eux, se convertiraient au christianisme ; d'où l'envoi de nombreux missionnaires, comme les franciscains Jean de Plan Carpin (1245-1247) et Guillaume de Rubrouk (1253-1254). L'État ilkhan, en particulier, suscite l'espoir : les Ilkhans sont bouddhistes, mais les chrétiens (nestoriens ou jacobites) sont puissants à leur cour. Cependant en 1295, l'islam devient religion officielle.

La conquête mongole ne remet donc pas en cause le clivage religieux qui divise Orient et Occident, mais ses conséquences sont capitales. D'abord, les puissances qui subsistent au Moyen-Orient, en dépit d'histoires différentes, présentent des caractères communs : Turcs, Mongols et Mamelouks sont des guerriers nomades qui donnent un nouveau visage politique à l'Islam, entièrement neuf pas rapport à celui des Califats omeyyade et abbasside, héritiers des traditions politiques byzantine et perse. Synthèse des trois traditions, l'Empire ottoman, dont la puissance se développe au XIVe siècle, sera pendant plusieurs siècles un danger pour l'Europe, aussi menaçant que l'était au VIIIe siècle le jeune Islam…

Aussi n'est-il plus question de conquête militaire occidentale au Proche-Orient. L'Europe est sur la défensive, et les agents de cette défense sont nouveaux. Ce sont d'une part les cités maritimes italiennes, Gênes et Venise, et d'autre part les puissances slaves du nord : Pologne, Lithuanie des Jagellons, principautés russes et surtout celle de Moscou, puisque Kiev, « la vieille Russie », est ruinée. L'Europe sort donc transformée de l'épreuve mongole. Qui plus est, les missionnaires franciscains et surtout Marco Polo dont le *Livre des Merveilles*, rédigé en français par son auteur emprisonné, est un formidable succès, relayé par d'autres récits comme celui de l'énigmatique Jean de Mandeville au XIVe siècle, donnent à l'Occident la révélation de l'étendue réelle du monde, de l'existence de l'*Autre* ; l'appel du voyage, de la découverte, est enfin entendu.

CARTES

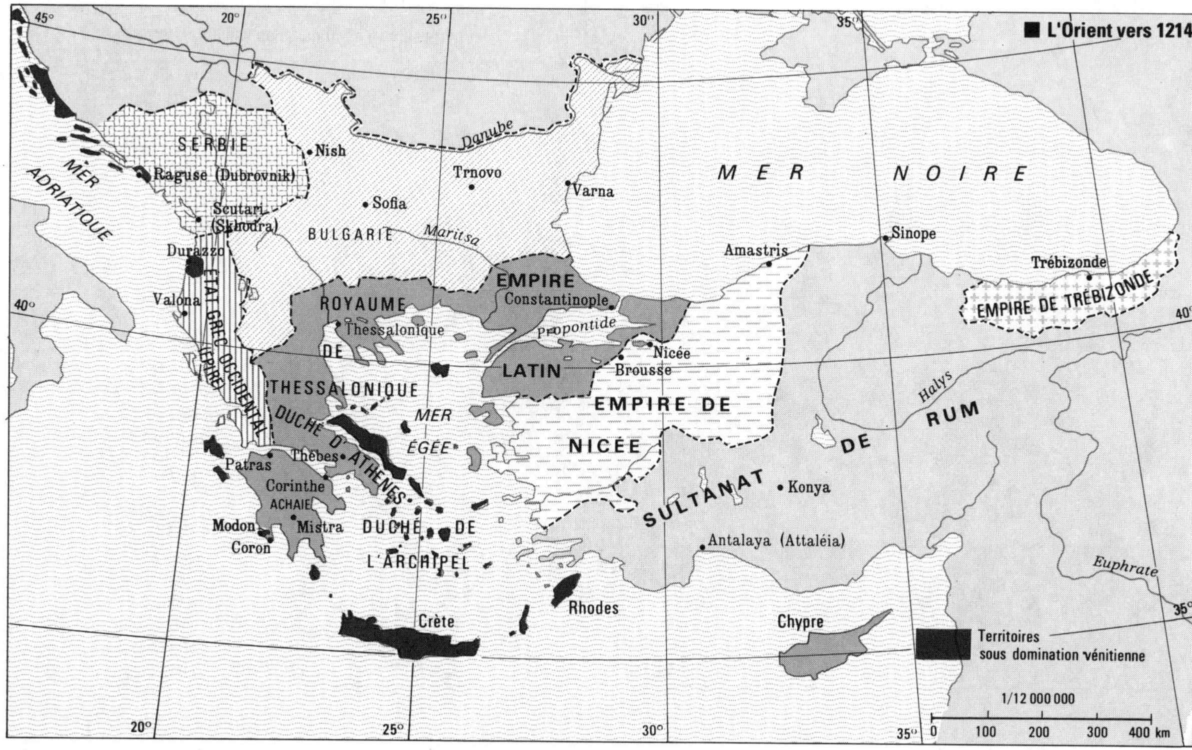
L'Orient vers 1214
SERBIE
Raguse (Dubrovnik)
Nish
Scutari (Skhodra)
Durazzo
Valona
ÉTAT GREC OCCIDENTAL (ÉPIRE)
MER ADRIATIQUE
BULGARIE
Sofia
Trnovo
Varna
Danube
Maritsa
MER NOIRE
Sinope
Amastris
Trébizonde
EMPIRE DE TRÉBIZONDE
EMPIRE LATIN
Constantinople
Propontide
Nicée
Brousse
EMPIRE DE NICÉE
ROYAUME DE THESSALONIQUE
Thessalonique
DUCHÉ D'ATHÈNES
Thèbes
Patras
Corinthe
ACHAIE
Modon
Coron
Mistra
MER ÉGÉE
DUCHÉ DE L'ARCHIPEL
Crète
Rhodes
SULTANAT DE RUM
Konya
Antalaya (Attaléia)
Halys
Euphrate
Chypre
Territoires sous domination vénitienne
1/12 000 000
0 100 200 300 400 km
45°
40°
35°
20°
25°
30°

L'Empire mongol

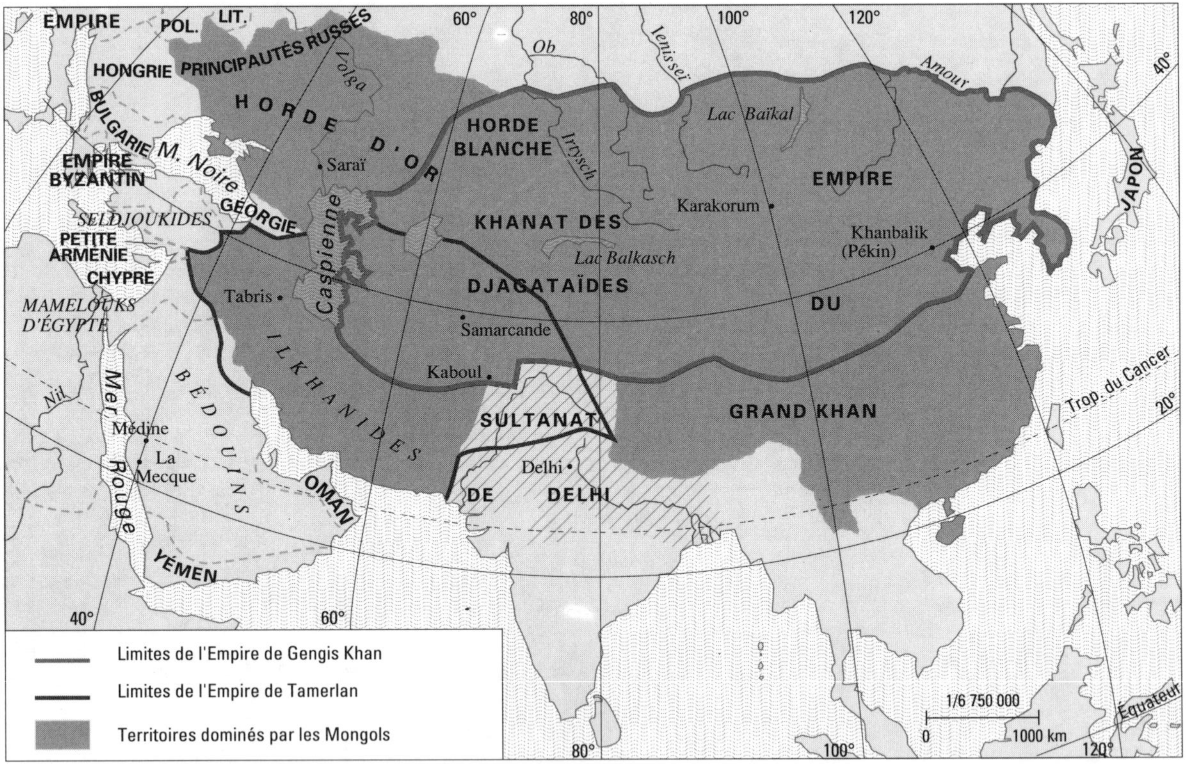

Troisième partie :

EUROPE ENTRE ÉTATS ET EMPIRE

De 1270 à 1360, la monarchie féodale se transforme. Ce n'est pas une révolution spectaculaire ; mais une série d'évolutions, amorcée depuis longtemps, souvent dans l'Église ou les villes plus que dans les États, se cristallise pour donner naissance à une structure politique nouvelle : dans ses caractéristiques essentielles, elle préfigure l'État moderne. En quelques années, la fiscalité féodale (fondée sur l'aide du vassal au seigneur) devient une fiscalité consentie, une contribution. Ce consentement est, selon des modalités variables, exprimé par des assemblées représentatives (*Cortes* en Castille et en Aragon, Parlement en Angleterre, États en France), plus ou moins issues de la *curia* féodale. Du gouvernement effectué par un petit groupe de fidèles, on passe à des administrations de fonctionnaires et d'officiers ; de même, les armées constituées par la levée féodale des vassaux deviennent des armées professionnelles contractuelles, puis permanentes. L'espace imprécis dominé par les personnes se mue en un territoire, espace circonscrit et défini par des frontières. Le concept d'État (le mot apparaît d'ailleurs dans son sens moderne au XVe siècle) s'approfondit au plan juridique et théorique, avec des notions comme celles de *res publica* et de *Couronne* distincte de la personne du roi, avec la génération des raisonnements dérivés du droit romain, et l'idée que le roi est à la fois source de la loi et soumis à la loi. Enfin, la notion de sujet se superpose peu à peu à celle de vassal.

D'autres changements, sans être d'ordre strictement politique, sont étroitement liés à cette évolution : ainsi la « naissance de l'esprit laïc », mais aussi ces hérésies qui, cherchant à circonscrire précisément le rôle de l'Église, sont en fait les premières manifestations de la réforme (Wyclif, Hus), et surtout — sans doute l'aspect le plus difficile à mettre en lumière — le développement du concept d'individu-sujet qui, au-delà du politique, se traduit sur les plans de la littérature (avec la généralisation de la notion d'auteur), de la religion (avec la valorisation de l'expérience individuelle du chrétien, autre racine de la réforme) ou de l'art (idée d'artiste). Les historiens résument souvent ce bouleversement de la civilisation occidentale par la notion de Renaissance, associée plus précisément à l'Italie du *Trecento* et du *Quattrocento*, mais le phénomène culturel ne peut être coupé de la société dans laquelle il se produit ; le substrat politique et social de la Renaissance est précisément cette genèse de l'État moderne, ou plutôt ses contrecoups, qui affectent toute l'Europe. Les formes les plus achevées de la culture de la Renaissance se développent en effet hors des monarchies d'Occident, dans les cités de Flandre et d'Italie.

Le moteur puissant de la genèse de l'État moderne est le couple infernal formé par l'impôt et la guerre : non la guerre féodale, limitée par la nature même des forces en présence, mais la guerre d'État à État, impliquant non seulement des armées et des financements d'une ampleur nouvelle, mais aussi des ravages et des destructions à une échelle encore jamais vue. La guerre, qui permet d'exiger l'impôt, est à la fois cause et conséquence du développement de ce type d'État. Cause, car l'effort d'organisation et de mobilisation rend l'appareil d'État de plus en plus efficace ; conséquence, car elle est l'instrument de la concurrence entre les États, départagés non par leur richesse ou leur puissance intrinsèques, mais par leur capacité à mobiliser des ressources toujours plus grandes pour la guerre. Les XIVe et XVe siècles sont des siècles de guerre permanente : guerre de Cent Ans, bientôt suivie par les guerres d'Italie, les guerres de Religion, la guerre de Trente Ans... Un cortège ininterrompu de conflits menés par les grands royaumes d'Occident, France, Angleterre, Aragon et Castille finalement unis : États héritiers des monarchies féodales qui se disputent les régions où celles-ci n'ont pu s'imposer, comme l'Italie et les Pays-Bas, où l'État bourguignon s'effondre à la fin du XVe siècle. La guerre n'est plus un événement, elle est une structure.

Mais comment les sociétés politiques des royaumes d'Occident ont-elles pu accepter cela ? L'arrière-plan économique fournit un commencement d'explication : la croissance pluriséculaire qui soutient l'affirmation politique de l'Occident de la fin du Xe au XIIIe siècle s'essouffle dans la seconde moitié du XIIIe siècle : bientôt, la famine reparaît, la population stagne. En 1348, la Peste Noire fauche au moins le tiers de la population européenne. Les classes dirigeantes sont durement frappées ; les terres restent souvent incultes, et la paysannerie raréfiée obtient des conditions de tenure meilleures ; la noblesse féodale, dont largesse, générosité et munificence marquent le statut, voit son genre de vie et son existence même menacés par la baisse du prélèvement seigneurial. L'État, s'il menace l'indépendance nobiliaire par le monopole de la guerre et de l'ordre public qu'il s'arroge, apparaît comme un recours : sa justice impose le respect de l'ordre seigneurial, sa fiscalité crée un prélèvement supplémentaire. Prélèvement certes concurrent de celui du seigneur, mais dont celui-ci tire profit s'il bénéficie de sa redistribution. Les aristocraties féodales tolèrent donc, mais non sans conflits, la genèse de l'État moderne. Les bourgeoisies, grandes pourvoyeuses de fonds, ont elles aussi eu leur mot à dire : leur rôle déterminant dans la gestion des finances et du crédit de l'État, les opportunités offertes par le service de l'État et qui leur ouvre la noblesse de robe ou la *gentry*, comptent autant que la reconnaissance de leur légitimité politique dans le cadre des institutions représentatives. Même les paysanneries, principales victimes du surprélèvement d'État et exclues en général des institutions représentatives, sont sensibles à leur intégration dans le corps politique ; mais la révolte reste leur principal mode d'expression.

Le processus de genèse de l'État moderne ne s'enclenche donc que là où apparaît un consensus social entre aristocratie féodale, bourgeoisie et monarchie ; et il se dégage à travers une structure sociale nouvelle que les historiens anglais (puisque c'est là qu'elle se manifeste avec le plus de clarté) appellent la féodalité bâtarde. Le système des liens d'homme à homme et les valeurs de fidélité, de service et de protection caractéristiques de la féodalité subsistent ; mais la terre n'occupe qu'une place marginale dans la structure, remplacée par l'argent et surtout par le patronage* qu'offre dans ce cadre le seigneur à son *retainer* (celui qu'il « retient » par un contrat : cas anglais) ou à son « allié » (avec lequel il a conclu une alliance : cas français) et qui inclut l'accès au service du prince, à la redistribution de la levée fiscale et la protection contre l'ordre d'État (justice etc.). Ce patronage ne fonctionne donc que si le seigneur a accès, soit directement, soit indirectement (en étant à son tour retenu par plus puissant que lui) au lieu de la redistribution de l'impôt et du patronage suprême (celui du roi), en l'occurrence le conseil royal. D'où la constitution de factions et de partis aristocratiques qui se déchaînent dans une concurrence sauvage pour se réserver la part du lion dans la redistribution. Lorsque la structure se bloque, il y a rupture et tendance au fractionnement en unités plus petites : des principautés essaient ainsi de se dégager du carcan monarchique pour accéder à leur tour à l'autonomie. Temps de la guerre entre États, la fin du Moyen Age est aussi temps de la guerre civile.

L'importance de cette structure politique de la féodalité bâtarde, qui prend des formes multiples, parfois fort différentes de celles de l'Angleterre, explique en partie la géographie politique de l'Europe dans les derniers siècles du Moyen Age. Elle découle de la généalogie féodale de l'État moderne : trois zones se différencient. A l'ouest, les monarchies féodales (Angleterre, Écosse, France, Portugal, Navarre, Aragon et Castille, et la principauté bourguignonne, qui ne se constituera finalement pas en État moderne) ; puis, à l'est de cet ensemble, une série d'États souvent inclus dans l'Empire, de formes et de puissances variées, tantôt monarchies (Danemark, Naples, Bohême), tantôt principautés féodales (Bavière, Palatinat, une partie des États Luxembourg ou Habsbourg) ou non (Milan), tantôt États urbains (Venise, Florence, villes libres d'Empire) ; plus à l'est enfin, des États extensifs (Lithuanie, Pologne, Prusse, Hongrie), où des aristocraties combattantes et conquérantes essaient de construire des pouvoirs solides mais dans un contexte différent de celui de l'Occident, à la fois quant à l'occupation du sol, et quant à leurs adversaires. Ces États doivent s'opposer à l'avance des Turcs Ottomans qui, balayant les dernières puissances byzantines et les possessions génoises, catalanes ou vénitiennes, ferment la Méditerranée orientale à l'Occident. C'est vers l'ouest que l'Europe doit désormais rechercher l'aventure, et sur les routes qu'elles explorent depuis la fin du XIVe siècle, les marines des États modernes ibériques (Portugal, Castille) se lancent dans l'aventure des grandes découvertes, prélude à la constitution d'Empires coloniaux dirigés par les États modernes ouverts sur les mers du Ponant, et non plus par les cités marchandes italiennes enfermées dans une Méditerranée devenue hostile.

1

Les États d'Occident au XIVe siècle

Les premières composantes de l'État moderne se cristallisent donc au XIVe siècle : institutions représentatives (Parlement en Angleterre, États Généraux en France), débuts de la fiscalité nationale, et affirmation de la souveraineté royale, fût-ce aux dépens du pape. D'où de violentes réactions, notamment de la part de la noblesse et de l'Église, ou plutôt de la papauté, qui cherchent avec la guerre entre la France et l'Angleterre à embraser l'Europe occidentale. Celle-ci sombre à la fin du siècle dans une crise politique générale, accentuée encore par le grand schisme d'Occident.

L'AFFIRMATION DE L'ÉTAT MODERNE

La guerre oblige Philippe le Bel et Édouard Ier à se procurer des revenus extraordinaires : l'impôt pose la question fondamentale de la souveraineté, à la fois par rapport aux droits de leurs sujets, et par rapport à ceux de l'Église.

Rois et papes

❑ ***Boniface VIII.*** Les Églises française et anglaise sont particulièrement visées pour leur immense richesse : en 1294, le clergé fournit près de 20 % des sommes levées par Philippe le Bel. Les plaintes de clercs français et anglais (ils subissent le même sort) sont entendues à Rome ; le pape Boniface VIII, dans la droite ligne d'Innocent III et d'une papauté fière de sa victoire sur les Hohenstaufen, promulgue en 1296 la bulle *Clericis laicos*, par laquelle il interdit au clergé de payer aux rois des taxes au détriment des biens de l'Église. Édouard et Philippe ripostent : l'Anglais retire sa protection royale à l'Église, exposant ses membres à toutes les exactions, le Français interdit toute exportation de métal précieux hors du royaume, empêchant ainsi le pape de récupérer ses revenus. Boniface VIII cède en 1297 : si une situation d'urgence justifiant le recours à l'impôt est démontrable, les clercs doivent payer (bulle *Ineffabilis amor*) et il appartient au roi d'en faire la démonstration (bulle *Etsi de statu*).

Malgré son triomphe, Philippe le Bel rencontre un nouveau problème : le Languedoc, où l'on craint toujours l'hérésie cathare. Bernard Saisset, évêque de

Pamiers et fidèle du pape, est, en effet, soupçonné de trahison, et arrêté. Mais l'accusation de trahison soulève une question de principe. La loyauté d'un évêque est-elle due au roi et à l'État, ou au pape et à l'Église ? Boniface VIII défend Saisset et convoque les représentants du clergé français à Rome (bulle *Ausculta fili*) pour réaffirmer la doctrine de la suprématie pontificale et de la souveraineté temporelle des papes (bulle *Unam sanctam*, 1302). L'apothéose du jubilé pontifical organisé à Rome en 1300 a abusé Boniface sur sa force réelle : au sein même des États de l'Église, le pouvoir pontifical est violemment contesté. Pour le stabiliser, il a construit une véritable principauté au bénéfice de sa famille, les Caetani ; d'où l'opposition des autres princes romains, et surtout de Colonna. Qui plus est, les circonstances de son élection sont troubles : n'a-t-il pas succédé au seul pape qui ait jamais abdiqué, l'ermite Célestin V ? Abdication qu'il a contribué à provoquer...

Philippe le Bel réagit : pour lui aussi, le cas Saisset touche à un principe fondamental, la souveraineté. Il interdit aux ecclésiastiques français de se rendre à Rome et, en 1302, convoque une assemblée où nobles, bourgeois et clercs sont censés représenter l'ensemble de l'opinion du royaume. Faisant commenter une version truquée d'*Ausculta fili* et calomniant le pape devant cette première ébauche des états généraux, il en appelle contre Boniface au concile général. Pour organiser celui-ci, qu'il n'a pas autorité pour convoquer, il veut se saisir de Boniface VIII : son conseiller, Guillaume de Nogaret, part pour l'Italie et avec l'aide de Sciarra Colonna entre par surprise à Anagni (1303) où se trouve le pape. Le coup de main échoue, mais Boniface, malade et choqué, brisé, meurt, peu après. La souveraineté royale, le concept du roi « empereur en son royaume », l'emportent définitivement sur la suprématie pontificale et les prétentions hautaines de la bulle *Unam sanctam* : ce que les Staufen n'avaient pu accomplir, les rois d'Occident l'ont fait.

❑ ***La papauté à Avignon.*** L'échec de Boniface VIII révèle la fragilité d'une papauté qui ne peut plus se maintenir en Italie. En 1305, le Gascon Bertrand de Got devient le pape Clément V ; la papauté se réfugie en 1309 dans le Comtat Venaissin (finalement acheté en 1348 à Jeanne de Naples, comtesse de Provence). L'anarchie dans le Patrimoine de Saint-Pierre, la guerre avec Venise (1308-1312) et surtout la descente en Italie de l'empereur Henri VII qui met le pays à feu et à sang (1312) rendent l'Italie trop dangereuse. La papauté est d'autant plus sensible à l'influence française que les papes et nombre de leurs serviteurs sont des Français (113 des 134 cardinaux créés de 1305 à 1378). Certes, le pape préserve ses prérogatives spirituelles : quand Philippe le Bel s'attaque en 1307 à l'ordre du Temple, dont la richesse foncière et le rôle de banquiers internationaux lui paraissent dangereux et dont la perte de la Terre Sainte a sapé le prestige, il peut, par la torture, les calomnies et une justice expéditive arriver à ses fins en France ; les biens de l'ordre sont confisqués, des Templiers brûlés à Paris (en 1309 et 1314, dont le grand-maître, Jacques de Molay). Mais Clément V a le dernier mot : supprimant l'ordre (1312), il transfère ses biens si convoités aux Hospitaliers.

Pour résister aux monarques, pour s'opposer à l'empereur (Louis IV de Bavière, farouche ennemi de la papauté, bénéficie de l'appui d'universitaires et d'une partie des franciscains. tel le philosophe Guillaume d'Ockham), pour reprendre le contrôle du patrimoine de Saint-Pierre en Italie, pour enfin accomplir sa mission suprême, la reconquête des Lieux Saints par une croisade unissant les souverains d'Occident, la papauté d'Avignon édifie une véritable monarchie. Le pape, monarque assisté par son conseil (le collège des cardinaux), est maître d'une nombreuse bureaucratie qui exploite une fiscalité de plus en plus lourde, gérée par la Chambre apostolique. Le tribunal de la Rote et une série d'autres cours jugent les appels venus de tous les tribunaux ecclésiastiques, tandis que la chancellerie archive et expédie d'innombrables documents. Au fond, la papauté combat les monarchies avec leurs armes, gagnant en efficacité politique ce qu'elle perd en prestige spirituel.

Le contrôle du territoire en France et en Angleterre

❑ ***L'Angleterre.*** Édouard Ier (1272-1307), soldat expérimenté, ancien croisé au caractère intraitable, tente de contrôler l'ensemble des îles britanniques (Galles, Écosse) : mais, là aussi, la rivalité franco-anglaise interfère.

– *Le pays de Galles.* Au XIIIe siècle, la civilisation galloise est brillante mais les tentatives d'unification politique se heurtent à la fois aux appétits des barons anglais (les *Marcher Lords*) et à la résistance des structures celtiques. Le prince Llewelyn ap Gruffyd réussit presque, mais il s'immisce dans les luttes politiques anglaises aux côtés de Simon de Montfort. Dès 1276, Édouard Ier profite d'une guerre entre Llewelyn et son frère Dafydd ap Gruffyd pour l'attaquer avec ce que l'on a décrit comme la « première armée moderne » (en fait une armée contractuelle, prête à tout pour l'emporter, dont les chefs sont choisis pour leur compétence, non pour leur rang) : le traité de Conway (1277) affirme la suzeraineté d'Édouard, laissant ses terres à Llewelyn qui épouse Éléonore de Montfort, fille de Simon. Lors d'une première révolte, Llewelyn est battu et tué, son frère Dafydd pendu (1282). Le pays de Galles devient une principauté (statut de Rhuddlan, 1284) dépendante du royaume anglais. Édouard Ier implante un formidable réseau de châteaux forts (Caernarvon, Conway etc.) et un semis de villes neuves. Le bouleversement de la société galloise est ainsi amorcé : deux nouvelles révoltes, en 1287 et surtout en 1294-1295, secouent le pays. Mais dès le XIVe siècle, la principauté galloise (distincte des baronnies des Marches) administrée par le prince héritier, est l'un des points d'appui de la monarchie ; ses ressources sont drainées vers Londres ; l'aristocratie, découvrant les avantages du système d'héritage anglais par rapport aux partages claniques, s'anglicise. Et on recrute là ces archers si efficaces sur les champs de bataille jusqu'à l'apparition de l'artillerie.

– *L'Écosse.* En 1286, la mort accidentelle du roi d'Écosse Alexandre III ne laisse de son sang que sa petite-fille, Margaret, fille du roi de Norvège, âgée de trois ans. Édouard Ier est l'arbitre de la situation : il veut marier la jeune princesse à son fils Édouard, mais elle meurt durant le voyage (1290). Il organise alors un grand procès public pour déterminer l'héritier légitime du royaume écossais : John Balliol est choisi (1292) contre Robert Bruce et Florent de Hollande ; cependant Édouard, en guerre contre la France, entend exploiter la suzeraineté dont il s'estime investi. Balliol résiste ; Édouard Ier prend et détruit Berwick et, à Dunbar (1296), écrase les levées féodales écossaises. Balliol est exilé, l'Écosse occupée. En 1297, une révolte populaire, animée par des membres de la petite noblesse, Andrew Murray et William Wallace, aboutit à la victoire de Stirling ; le trésorier d'Écosse, l'Anglais Hugh Cressingham, est massacré. Édouard réagit et, vainqueur à Falkirk (1298), entreprend la conquête systématique du pays, achevée en 1304.

En 1306, Robert Bruce, descendant du candidat malheureux de 1292, se débarrasse de ses rivaux potentiels. Couronné roi d'Écosse à Scone, il profite, après des débuts difficiles, de la mort d'Édouard Ier et des ennuis politiques de son successeur, Édouard II ; il reprend le contrôle du pays et en 1314, la victoire décisive de Bannockburn oblige les Anglais à lâcher prise. Par le traité de Northampton (1328), Édouard III reconnaît la nouvelle monarchie, assurée en des termes étonnamment modernes par la déclaration d'Arbroath (1320) du soutien de l'aristocratie écossaise. A la mort de Bruce (1329), les Anglais reprennent espoir. En 1333, Édouard Balliol remporte avec des troupes anglaises la victoire de Halidon Hill mais David II Bruce se réfugie en France ; une fois de plus, la résistance s'organise (dirigée par sir Andrew Moray). Malgré deux grandes campagnes (1335 et 1336), Édouard III et Balliol en sont réduits à quelques villes et forteresses remises en état à grands frais : à partir de 1337, l'aide française et le désintérêt d'Edouard III, occupé en Flandre, permettent aux Écossais de se libérer. David II rentre en 1341. Politiquement bien organisé avec un Parlement, et une noblesse qui doit sa position aux Bruces (Stewart, Randolph, Douglas), l'Écosse a assuré son indépendance.

– *L'Irlande.* Les Écossais s'intéressent aussi à l'Irlande : Edward Bruce, frère de Robert, tente de s'y tailler un royaume, mais il est battu et tué à Dundalk (1318). L'île reste divisée en trois zones : le *Pale*, zone où les Anglais sont nombreux, avec les principales villes (Dublin, Waterford, Wexford) ; les Marches, où comme au Pays de Galles, les barons anglais (notamment les Burghs, les Butler, comtes d'Ormond, et les Fitzgerald, comtes de Kildare) dominent une population essentiellement gaëlique ; et les territoires gaëliques, dirigés par les chefs de clan (O'Neill, O'Brien, O'Kelly, O'Connor etc.). Danger potentiel pour les Anglais, l'aristocratie anglo-irlandaise, à l'inverse des Gallois, se « gaëlise » ; aussi le pouvoir royal intervient-il pour la contrôler et contenir les Irlandais. Lionel d'Anvers, fils d'Édouard III et héritier de Burghs, lance la tentative la plus sérieuse en 1361 mais meurt dès 1367. Richard II mène deux expéditions, en 1394-1395 et en 1399 : les troubles politiques de son règne l'obligent à renoncer. La culture et les élites irlandaises (gaëliques et anglo-irlandaises) sortent sans trop de mal de ces épreuves.

❑ ***La France.*** Le territoire français est moins homogène que l'anglais : la fin du Moyen Age est le temps de principautés, qui se dotent des mêmes instruments que les monarchies et essaient d'atteindre l'autonomie.

– Domaine royal et principautés.

Les souverains ne négligent aucune occasions d'agrandir leur territoire. Philippe le Bel récupère par son mariage avec Jeanne de Navarre (1284) la Champagne et les fiefs lorrains « mouvants » de la Champagne, auxquels il ajoute, en 1297 le Barrois « mouvant » pour punir le comte de Bar de son alliance anglaise. La Navarre, un moment unie à la France, revient en 1328 à la maison d'Évreux. L'évêque de Viviers se reconnaît vassal du roi en 1305, l'archevêque de Lyon en 1312. La ligne du Rhône est franchie : en 1316, les comtés de Diois et de Valentinois sont acquis, même s'ils ne sont contrôlés que plus tard (en 1355 et 1430) : en 1343 le Dauphiné est donné au fils du roi de France, dont il devient l'apanage* traditionnel après sa réunion au royaume en 1364. Enfin, Montpellier est racheté à l'Aragon en 1349.

Des principautés féodales anciennes subsistent, où l'autorité royale, exercée depuis Paris, devenue une vraie capitale, compose avec celle des princes : Guyenne, Bretagne, Flandre et Bourgogne sont les principales, mais les maisons méridionales de Foix-Béarn, d'Armagnac et de Périgord tiennent aussi de véritables principautés, comme les Bourbons dont la seigneurie devient duché-pairie en 1328. Enfin, il y a les apanages constitués pour les princes du sang royal, qui peuvent devenir des principautés : Valois et Évreux pour les frères de Philippe le Bel, Alençon pour celui de Philippe VI, puis, pour les fils de Jean le Bon, Anjou, Berry et Bourgogne. Mais sous Philippe le Bel, le problème est ailleurs : le traité de Paris (1259) a conservé son statut féodal à la Guyenne, source permanente de conflit tant la logique féodale est contraire à celle de l'État moderne. Avec la Flandre, la Guyenne est à l'origine de la guerre qui oppose de 1294 à 1303 les monarchies anglaise et française.

– La rivalité avec l'Angleterre : Flandre et Gascogne.

L'une des régions économiques les plus actives de la chrétienté, la Flandre, a des ressources et une position stratégique que le roi de France veut contrôler. Comme en Guyenne, il utilise la justice : le bailli de Vermandois intervient depuis Saint-Quentin, recevant ou transmettant les appels venus du comté. Or, la Flandre est divisée. Tout d'abord, Marguerite, comtesse de Flandre a eu deux époux, Bouchard d'Avesnes et Guillaume de Dampierre : un arbitrage de Saint-Louis attribue à sa descendance Dampierre la Flandre, et aux Avesnes, le Hainaut, mais aucune des deux familles n'accepte le verdict. Au plan social et politique, le patriciat des entrepreneurs de la draperie, maître du sol des villes, veut s'affranchir de la tutelle comtale pour rendre indépendantes les grandes villes, Bruges, Gand et Ypres ; il s'allie au pouvoir rival de celui du comte, le roi de France. Le comte s'unit par conséquent aux Anglais et aux métiers exploités par les patriciens, dont le travail dépend des laines anglaises. Enfin, Gand et Bruges, villes rivales, adoptent souvent des partis opposés. Deux « alliances », celle des *Leliaerts* (pro-française et bourgeoise), et celle des *Clauwaerts* (féodale, populaire et pro-anglaise) s'affrontent.

Au traité de Lierres (1294), le comte Guy de Dampierre fiance sa fille Philippine au futur Édouard II : la France s'étant fait remettre l'enfant, Guy prend Valenciennes à son rival Jean d'Avesnes, allié de Philippe le Bel, qui riposte en saisissant une partie du comté. Guy, ne recevant pas d'Édouard Ier l'aide escomptée, est battu à Furnes (1297) et doit adhérer aux trêves conclues entre les deux rois (Vyve Saint-Bavon, 1297, où est conclu le mariage du futur Édouard II et d'Isabelle de France). A l'expiration des trêves, en 1300, les Français occupent la Flandre où triomphent les *Leliaerts*, les Dampierres sont emprisonnés. Mais l'armée royale réprime une révolte des métiers de Bruges contre le patriciat *leliaert* : le 18 mai 1302, les soldats français sont attaqués en plein sommeil, massacrés ou chassés. A l'annonce des « matines de Bruges », la Flandre se révolte ; la puissante armée du roi de France est écrasée à Courtrai (1303). Mais grâce aux Génois, les Français coulent la flotte flamande à Zierikzee (1304) ; Philippe le Bel, vainqueur à Mons-en-Pevèle, prend Lille ; le traité d'Athis (1305) rend à la Flandre son territoire et son comte (maintenant Robert de Béthune), mais lui impose de lourdes sanctions financières, gagées sur plusieurs châteaux et châtellenies.

Le traité ne met fin ni aux troubles, ni aux discussions. En 1312 et en 1314, Philippe lève à grands frais de nouvelles armées, mais on traite ; en 1315, 1318 et 1319, les expéditions se succèdent. La violence de la révolte de Flandre maritime (1326), véritable guerre sociale, est telle que le comte de Flandre, Louis de Nevers, et Philippe VI s'unissent pour écraser les Flamands révoltés à la bataille de Cassel (1328). En 1338-1340, Jacques Van Artevelde prend la tête du mouvement de révolte à Gand et s'allie au roi d'Angleterre Édouard III : les difficultés financières de ce dernier et les querelles internes provoquent sa chute, mais la Flandre est de plus en plus hostile au pouvoir français.

Quant à la Gascogne, elle connaît depuis 1289 une sorte de guerre privée entre marins anglais et marins normands et bretons. La victoire des Normands en 1293 incité Édouard Ier à intervenir ; cité à comparaître par le roi de France, il refuse. La guerre franco-anglaise est la conséquence de ce conflit qui, mieux que tout autre, fait comprendre l'origine réelle de la guerre de Cent Ans. Les Anglais remportent d'abord des succès, prenant Bayonne et Saint-Sever ; mais en 1295, le frère du roi, Charles de Valois, occupe presque tout le duché et la flotte française fait un raid sur Douvres. Édouard Ier étant déjà engagé en Écosse et voulant aussi intervenir en Flandre, la guerre qui ruine les deux États tourne à son désavantage ; le traité de Paris (1303) ramène au *statu quo ante*. Rien n'est en fait réglé, et les conflits de juridictions et d'hommages continuent à dégénérer en crises, comme en 1316 ou surtout en 1324 (guerre de Saint-Sardos). Le traité conclu en 1327 n'est pas plus efficace que celui de 1303. Le véritable enjeu des affaires de Gascogne reste la souveraineté nationale.

Les relations avec la société politique

La rivalité franco-anglaise et la ponction financière qu'elle entraîne dans une conjoncture économique difficile contraint les deux royaumes à une mutation politique sur fond de crise.

❑ ***Les ressources.*** Le coût des châteaux gallois en Angleterre, celui des armées où la proportion des *retenues* contractuelles payées par rapport aux levées féodales et aux volontaires augmente, l'obligation de rechercher des alliés sur le triple front gascon, flamand et écossais, entraînent des dépenses énormes. En 1294 seulement, Philippe le Bel lève 1 225 000 livres tournois ; de 1294 à 1298 Édouard Ier dépense 750 000 £ (1 £ = 9 livres tournois environ). Cet argent vient d'emprunts (les Riccardi de Lucques pour Édouard, « Biche et Mouche ») les Guidi de Florence, pour Philippe) et de contributions forcées de l'Église, en principe remboursables sur les rentrées de l'impôt, revenu extraordinaire et provisoire (par rapport aux revenus ordinaires et réguliers venant du domaine royal et des ressources féodales).

L'Angleterre a deux possibilités : d'une part, la taxation des biens personnels des sujets, innovation tentée sans grand succès par Jean Sans Terre sur le modèle de la taxe de 1193-1194 pour la rançon de Richard Cœur de Lion, et réutilisée six fois entre 1225 et 1283. De 1290 à 1307, il y a sept levées, à des taux très supérieurs. Cette ponction sans précédent draîne en 1294-1298 le quart de la masse monétaire (au XIVe siècle, la proportion sera de 7 %). D'autre part, le roi exploite le grand produit anglais, la laine, qu'il la taxe (à la vente ou à la sortie) par une maltôte, ou qu'il en contrôle le commerce. Le roi de France est plus riche que l'Anglais, avec un revenu ordinaire double. En revanche, il n'y a pas eu en France de tentatives fiscales depuis la dîme saladine de Philippe-Auguste, si l'on excepte la décime, égale à la moitié du revenu ordinaire, que paie régulièrement l'Église. Mais pour égaler l'engagement d'Édouard Ier, il faut décupler ces ressources : Philippe le Bel y réussit de 1295 à 1304, mais les résistances l'obligent à modérer ses prétentions. Il faut donc recourir à des expédients, taxations indirectes (maltôte sur les transactions commerciales), aides féodales en tout genre, et d'abord manipulations monétaires (surtout Philippe IV et Charles IV en 1326-1327), qui désorganisent l'économie et provoquent des émeutes (en 1306 à Paris). Le roi de France, malgré sa richesse et l'étendue de son royaume, ne peut mobiliser des ressources supérieures à celles de son rival.

❑ ***Le dialogue avec la société politique.*** Il est facile de réclamer l'impôt, il l'est moins de le faire payer ; les souverains n'ont ni bureaucratie, ni police ou armée permanente. Le plus étonnant dans la formidable ponction de 1294-1304, c'est qu'elle a été acceptée. Mais pour cela, les deux souverains ont profondément modifié leur rapport à leurs sujets. En Angleterre, le roi a recours au Parlement. Extension du Grand Conseil féodal, dont la composition varie selon les sujets pour lesquels on le convoque à siéger « en Parlement » (problèmes judiciaires ou financiers en général), il légitime par son accord le prélèvement, si mal accueilli soit-il. De 1292 à 1322 (statut d'York), sa composition se stabilise : en font partie les *Lords*, principaux barons féodaux (laïcs ou ecclésiastiques), tenants-en-chef du roi, et les Communes, représentants élus des villes (les *burgesses* des *boroughs*) et des comtés (les *knights of the shire*). Ce n'est donc pas une assemblée d'« États », l'État du clergé n'étant pas représenté en tant que tel : il siège à part, dans les *convocations* des provinces ecclésiastiques d'York et de Canterbury.

L'accord du Parlement équivaut à celui de l'ensemble du corps politique. Mais le poids de la grande noblesse féodale (les *Lords*) est déterminant : bien des *gentlemen* qui peuplent les communes sont leurs *retainers*. Le roi doit donc négocier avec la noblesse : crises violentes et marchandages alternent, et le Parlement devient peu à peu le lieu privilégié du dialogue politique. Sous Édouard Ier, la plus grave crise a lieu en 1297, mais sous Édouard II (1307-1326), par trop soumis à ses favoris (Pierre de Gabaston, puis les Despenser), la crise est endémique. Les nobles, conduits par Thomas de Lancastre, cousin du roi, exécutent Gabaston et imposent l'observation des *Ordonnances* qui limitent la prérogative royale et établissent un contrôle du Conseil royal ; le roi se venge en laissant exécuter Lancastre, battu à Boroughbridge (1322) et en imposant une véritable tyrannie. Mais la révolte de la noblesse, dirigée par sa propre épouse Isabelle de France et son amant Mortimer entraîne sa déposition : il est assassiné (1327). Son fils, Édouard III (1327-1377), se débarrasse en 1330 de sa mère et de Mortimer qu'il fait exécuter. Ses succès écossais lui valent une sympathie qui s'estompe pourtant devant les dépenses entraînées par les débuts de la guerre de Cent Ans.

En France, le Parlement, lui aussi issu de la *curia* féodale, se spécialise dans les fonctions judiciaires, même s'il n'est organisé en cour qu'en 1345 ; à ce titre, il joue un rôle fondamental à la fois dans l'établissement du monopole de la violence au profit du roi, traquant les guerres privées et empêchant les nobles de se faire justice, et dans les progrès de la souveraineté royale au détriment des juridictions rivales, notamment celles des princes. Aidé par ses conseillers, Pierre Flotte, Nogaret et Enguerrand de Marigny, Philippe le Bel développe l'administration : création du Trésor (1295), remodelage de la Chambre des comptes (1303). Mais l'organisation du dialogue avec le pays est hésitante : on ne parle d'États Généraux qu'en 1302. Le principe du droit romain *quod omnes tangit ab omnibus debet approbari* (ce qui touche à tous doit être approuvé par tous) est aussi connu en France qu'ailleurs, mais il n'y a pas comme en Angleterre de précédents sur lesquels s'appuyer, et l'idée que les représentants engagent leurs mandants (la *plena potestas*) est mal admise. Réunis en 1302 et 1303 pour la lutte contre Boniface VIII, en 1308 pour celle contre les Templiers, les États Généraux le sont à nouveau en 1314 pour fournir des subsides contre les Flamands. L'utilisation des États Généraux, « corps mystique du royaume », est beaucoup plus politique que financière ; dans ce domaine, les souverains préfèrent des assemblées plus petites (par exemple réunir les États en deux fois : d'abord pour la « langue d'oc », puis pour la « langue d'oïl »), et notamment pour les problèmes fiscaux, discutés en assemblées urbaines.

Aussi les émeutes sont nombreuses en France. Le mécontentement culmine avec les ligues nobiliaires de 1314-1316. Constituées province par province, elles expriment l'hostilité des nobles devant la pression fiscale et l'affermissement de la souveraineté royale ; les successeurs de Philippe, ses fils Louis X le Hutin (1314-1317) et Philippe V le Long (1317-1322) accordent des chartes provinciales limitant l'action de leurs officiers et autorisant les guerres privées ; Marigny est exécuté en 1317. Mais le mouvement s'essouffle, et en ne réunissant les assemblées qu'au niveau de la région ou du bailliage, les rois réussissent à le juguler, sans pour autant résoudre le problème financier.

Néanmoins, la monarchie fait admettre une mesure qui la place en dehors des règles communes : à la mort de Louis X et de son fils Jean Ier, son frère Philippe se saisit de la couronne, arguant que sa nièce Jeanne (qui héritera de la Navarre) ne peut, en tant que femme, hériter de la couronne de France. Or le problème se repose à la mort du troisième fils de Philippe le Bel, Charles IV le Bel, en 1328 : seul prétendant de la lignée masculine, Philippe de Valois, fils du frère de Philippe le Bel, s'oppose aux deux candidats par la lignée féminine, le roi d'Angleterre, Édouard III, fils d'Isabelle (fille de Philippe le Bel) et du défunt roi d'Angleterre Édouard II, et Philippe d'Évreux qui a épousé Jeanne de Navarre, fille de Louis X. Les nobles français tranchent sans hésitation en faveur de Philippe (VI) de Valois, homme mûr et prestigieux, parce qu'il est « né du royaume » ; d'ailleurs Édouard III, dont le pouvoir est encore chancelant, prête sans difficultés hommage pour ses fiefs français en 1329, conservant cependant ses prétentions dynastiques, utile monnaie d'échange dans les affaires de Guyenne.

Les royaumes ibériques

Dans les royaumes ibériques que la *Reconquista* fait vivre en état de conflit permanent et où les villes prennent une part active à la guerre, les institutions représentatives sont apparues plus tôt et la fiscalité d'État est présente dès le XIIIe siècle. Néanmoins, ici comme en France et en Angleterre, l'aristocratie domine la vie politique et oppose aux rois la plus vive résistance.

❑ ***La Navarre,*** coupée du front de reconquête, est à part. Administrée de plus en plus par des Français après 1276, elle retrouve son indépendance réelle en 1329 quand Philippe d'Évreux et Jeanne de Navarre sont couronnés à Pampelune. Mais le couple reste passionné par les affaires françaises, même si Philippe meurt pendant la croisade d'Algésiras, au siège de Jerez, en 1343 ; comme d'ailleurs, son rejeton Charles II (« le Mauvais »), roi de Navarre de 1349 à 1387, qui ne gouverne son royaume qu'à partir de 1361. Il opte pour l'alliance anglaise, avec le Prince Noir, avec Pierre Ier de Castille qui, pour son aide, lui promet Vittoria et Logroño. Après la défaite du Castillan, il rétablit dès que possible de bonnes relations avec Pierre IV d'Aragon, mais essaie de s'emparer des territoires promis en menant une guerre coûteuse et infructueuse de 1370 à 1379. Après quoi, il se rallie à la dynastie transtamare ; son fils, Charles II (1387-1425), est le beau-frère de Jean Ier de Castille aux côtés duquel il combat à Lisbonne (1384). Pourtant, le mal est fait : les ponctions fiscales achèvent de ruiner un pays dont la situation économique et démographique, après les grandes épidémies de peste, est précaire. Même si les souverains conservent de bonnes relations avec les familles nobles (Montagut, Aïbar, Henriquez, Rada, Mauléon) et obtiennent des subsides des *Cortes*, même si les Juifs leur assurent une bonne gestion financière, le royaume sombre.

❑ ***La Castille.*** En Castille comme en Aragon, à la fin du XIIIe siècle, la *Reconquista* ralentit ; il faut assimiler les conquêtes. Dans les terres du sud, si les rois gardent le contrôle des villes, ils répartissent (les *repartimientos*) les campagnes dépeuplées après les révoltes *mudejares* entre nobles, Église et ordres militaires. Incapables de peupler intensément ces régions, les nouveaux maîtres du sol y développent l'élevage : les troupeaux descendent au sud en hiver, et passent l'été au nord. Toute une organisation se met en place au cours du XIIIe siècle, et une charte d'Alphonse X officialise l'« honorable conseil de la *Mesta* des bergers » qui, malgré les villes dont le territoire souffre de la transhumance, devient une puissance politique capitale. Les ordres militaires, dominés par l'aristocratie, et les grandes maisons nobles ont ainsi une puissance accrue à la fois sur le plan territorial et économique, d'autant que les domaines sont transmis en bloc à l'aîné de la famille, grâce à l'institution du majorat (*mayorazgo*).

Or, la couronne s'affaiblit : elle a abandonné de nombreux revenus durant la lutte de Sanche IV contre les enfants de Ferdinand de la Cerda et la minorité de Ferdinand IV (1295-1301). Elle dépend donc du bon vouloir des *Cortes*, dont le rôle législatif s'accroît lorsqu'en 1293 les pétitions acceptées par le roi deviennent lois, ou recourt à des expédients, taxant l'Église ou les Juifs. Le contrôle du territoire est difficile : il y a des gouverneurs royaux (*adelantados*), mais le Conseil royal a une structure semi-représentative, avec des représentants des grandes municipalités (*concejos*) aux côtés des nobles et des ecclésiastiques. Les souverains compensent cela en intervenant à l'intérieur des villes, plaçant leurs hommes dans les *concejos* : l'aristocratie, hostile aux villes en conflit avec la *Mesta*, prend ici le parti royal. Les villes se regroupent bien en *hermandades* (fraternités), mais Alphonse XI interdira ces ligues en 1325.

L'aristocratie est donc bien l'arbitre de la situation et de fait la Castille vit jusqu'en 1325 dans l'anarchie, malgré l'énergie de Maria de Molina, veuve de Sanche IV, régente pendant les minorités de Ferdinand IV († 1312) en 1295-1301 et d'Alphonse XI en 1312-1321. La monarchie n'est sauvée que par la rivalité des maisons nobles, notamment les Haro et les Lara, mais abandonne à l'Aragon (dans le royaume de Murcie) et au Portugal des territoires importants. Alphonse XI réagit : n'hésitant devant aucun moyen, assassinat ou procès politique de haute trahison, sans cesse en guerre contre les nobles rebelles, il canalise aussi la turbulence nobiliaire en la détournant contre l'Islam. Grâce aux Catalans, Gibraltar a été prise en 1309, mais l'anarchie castillane permet à l'Émirat de Grenade des gains substantiels et la puissance mérinide au Maroc est en plein essor : les Marocains reprennent Gibraltar en 1333 et Abou al Hassan conquiert Tlemcen en 1337 et Tunis en 1347. Avec l'aide des Catalans et des Génois dont les flottes sont indispensables, Alphonse XI lance sa contre-offensive en 1339. Mérinides et Grenadins assiègent alors la seule place castillane sur le détroit de Gibraltar, Tarifa : aidés par Alphonse IV de Portugal, les Castillans remportent, bien qu'inférieurs en nombre, une victoire décisive au Rio Salado (1340). En 1344, Algésiras tombe et le tribut de l'émir de Grenade double. Seule la Peste Noire qui emporte le roi et une partie de l'armée empêche la chute de Gibraltar en 1350.

Ces succès permettent à Alphonse XI de mater la noblesse tout en limitant l'influence des villes. Son fils Pierre Ier (le Cruel) continue à renforcer le pouvoir royal. Mais au lieu de galvaniser l'opinion par une guerre sainte, il s'attaque au roi d'Aragon Pierre IV qui riposte en soutenant la révolte des demi-frères de Pierre Ier, fils d'Alphonse XI et de sa maîtresse Léonora de Guzman, le maître de Santiago Fadrique, et Henri de Transtamare. La guerre éclate à propos du royaume de Murcie en 1356, après que Pierre eut vaincu une première révolte nobiliaire (1354-1356). Pierre Ier a épousé la Française Blanche de Bourbon, bien qu'il vive ouvertement avec Maria de Padilla : le douaire promis n'étant pas payé, il se rapproche des Anglais, Pierre IV et Henri de Transtamare comptant sur les Français. La première phase de la guerre tourne à l'avantage de la Castille : l'Aragon accepte le dur traité de Murviedro (1363). Mais l'arrivée des routiers français fait basculer l'Espagne toute entière dans la guerre de Cent Ans.

❑ ***Aragon.*** La victoire sur la France et les Angevins de Naples fait de l'Aragon une puissance de premier plan. Au traité d'Anagni, Jacques II (1291-1327) reçoit de la papauté l'investiture de la Sardaigne et de la Corse ; ses opérations contre la Castille (il obtient une partie du royaume de Murcie en 1304) et contre Grenade l'empêchent d'intervenir en Sardaigne avant 1323 ; il chasse les Pisans, mais Génois (Doria, Malaspina) et Sardes se révoltent fréquemment. Avec la Sicile, les liens sont étroits et les Catalans sont présents commercialement en Afrique du Nord. De façon indépendante (même si elle reconnaît l'autorité du roi de Sicile, l'Aragonais Frédéric III en 1312), la « Grande Compagnie catalane » établit son pouvoir sur la Béotie et l'Attique (1311) ; le fils de Frédéric reçoit le titre de duc d'Athènes et les Catalans luttent contre la Morée franque angevine. On a pu parler d'un *commonwealth* catalan, d'autant qu'en 1343 l'annexion du royaume de Majorque ajoute Baléares et Roussillon à cet ensemble ; irrigué par l'activité économique de Barcelone, il domine la Méditerranée occidentale. Mais n'exagérons pas ; la force militaire de l'Aragon est restreinte, et, en dépit de sa qualité, la flotte trop petite pour rivaliser avec celle de Gênes, par exemple. Et l'autorité catalane suscite des résistances, surtout à Majorque et en Sardaigne (révoltes de Mariano d'Arborea). Pierre IV, pour trouver des alliés (en l'occurrence la rivale de Gênes, Venise), doit s'engager en Méditerranée orientale et ne peut concrétiser ses droits sur la Corse.

Mais cette brillante façade cache des failles. Le roi dirige en fait trois États distincts : Jacques II, par le privilège de l'Union, les lie en 1319 indissolublement, mais ils ont chacun leur administration et leur tradition politique. La composition des *Cortes* est différente en Aragon où la noblesse domine, en Catalogne et dans le royaume de Valence, où le poids des villes et surtout des deux capitales, est plus grand. Les réunions sont régulières et la collecte des taxes votées est faite, non par l'administration royale, mais par une *diputacion* des *Cortes*. Le roi doit donc compter à la fois avec la noblesse, surtout en Aragon, et avec les oligarchies urbaines, puisqu'à Barcelone comme à Valence, la grande bourgeoisie a confisqué le pouvoir à son profit. Jacques II, Alphonse IV (1327-1336) et surtout Pierre IV (1336-1387) essaient d'unifier leur gouvernement en utilisant les mêmes serviteurs dans les trois royaumes (leurs *familiares*), en créant des universités pour former ces cadres (notamment à Lérida, créée en 1300 sur le modèle de Toulouse), et en ayant autant que possible recours au droit romain. Pierre IV essaie d'ailleurs de promouvoir la langue catalane en favorisant les traductions.

Cette attitude, conjuguée aux difficultés du *commonwealth* catalan, mécontente la noblesse aragonaise. L'Union des nobles d'Aragon, puis celle des nobles de Valence soutiennent en effet contre Pierre IV, qui voulait transmettre son royaume à sa fille Constance, ses frères Jacques puis Ferran. La victoire des troupes levées par son ministre Bernat de Cabrera et commandées par Lope de Luna à Épila, en 1348, sauve Pierre IV qui modère à partir de 1348 la poussée du pouvoir royal. Mais la guerre permet aux Castillans de réaffirmer leurs droits sur les terres du royaume de Murcie abandonnées à l'Aragon en 1304 : Ferran d'Aragon, apanagé dans la région, transfère son allégeance à la Castille, tandis que le rôle déterminant des Génois dans la marine castillane rend impossible toute distinction entre piraterie castillane et génoise. La guerre entre Castille et Aragon, commencée en 1356, se fond bientôt dans la guerre de Cent Ans.

LA PREMIÈRE PHASE DE LA GUERRE DE CENT ANS

La guerre de Cent Ans est une série de guerres entrecoupées de longues trêves : autour de la lutte franco-anglaise s'articulent des conflits secondaires impliquant les alliés des deux rois et, dans le cadre de guerres civiles, les aristocraties française et anglaise. Son prétexte est dynastique : mais Édouard III aurait accepté d'être écarté en 1328 si sa souveraineté sur la Guyenne avait été admise.

En 1333, les négociations sont sur le point d'aboutir ; or, Philippe VI veut inclure la Guyenne dans le traité l'Écosse, qu'Édouard III entend dominer. Celui-ci reprend alors ses prétentions au trône de France, dont la possession règlerait seule le problème gascon : la cause de la guerre n'est pas la question dynastique, mais la concurrence entre deux chefs d'États souverains. Dès 1336, les préparatifs belliqueux s'intensifient : Édouard III joue des querelles au sein de la noblesse française en accueillant Robert d'Artois. Philippe VI confisque la Guyenne en mai 1337 ; à la fin de l'année, Édouard le défie.

Les victoires anglaises

❑ ***La mobilisation des moyens en Angleterre.*** La participation active des élites à la vie politique permet au souverain du petit royaume anglais de mobiliser des moyens considérables : encore faut-il obtenir l'adhésion des sujets. Édouard III, partant mener la guerre depuis la Flandre entre 1338 et 1340, exploite toutes les ressources disponibles : impôt direct, mais aussi taxes sur la principale exportation anglaise, la laine. Il fait constituer des syndicats nationaux de négoce de la laine, auxquels il emprunte des sommes considérables, comme aux banquiers* florentins, Bardi et Peruzzi. La crise éclate lorsqu'il se heurte aux réticences du Parlement et du chef du gouvernement qu'il a laissé en Angleterre, John Stratford, archevêque de Canterbury. Édouard III recule, entraînant dans sa faillite la banqueroute de ceux qui l'avaient financé. Lentement, cependant, le dialogue politique se rétablit ; le roi admet qu'il ne peut y avoir d'impôt, y compris sur la laine, sans accord du Parlement. Les premiers succès anglais (Crécy, Calais) facilitent le consensus. Surtout, la Peste Noire dépeuple les campagnes et provoque la hausse rapide des salaires ; les seigneurs doivent laisser aux paysans des tenures à bas prix sous peine de les voir rester incultes. Le Parlement avec l'accord du roi, donne par le *statute of labourers* (1352) et la création des juges de paix, d'importants pouvoirs sociaux et économiques à l'aristocratie : ainsi est scellé l'accord entre monarchie et classe dominante. Dès lors, le Parlement est le lieu d'un échange politique, entre une taxation qui, à partir de 1360, devient régulière, même en temps de paix, et des réformes, plus ou moins ponctuelles, accordées par le roi à la demande de l'aristocratie. Édouard III, après 1345, s'assure ainsi des ressources solides : le petit royaume anglais, grâce au dynamisme de sa société politique, peut mettre en péril le grand et prestigieux royaume français.

❑ ***Les débuts de la guerre.*** Édouard III veut profiter de l'agitation flamande : Jacques Van Artevelde a soulevé Gand où les métiers redoutent la rupture avec l'Angleterre ; Bruges et Ypres suivent. Mais les opérations militaires tardent : les deux adversaires manquent de moyens, et Édouard III n'arrive pas à financer la grande offensive diplomatique qu'il lance dans l'Empire et dans les Pays-Bas pour s'assurer des alliés continentaux. L'alliance flamande lui vaut cependant le succès naval de l'Écluse (1340), qui assure le contrôle de la mer aux Anglais pour de longues années. Des trêves sont alors conclues et Philippe VI améliore sa position : la création de la gabelle sur le sel (1341) lui donne de nouveaux moyens, il détache l'empereur Louis IV de Bavière de l'alliance anglaise et il aide en Écosse David II Bruce à se réinstaller. Un nouveau front s'ouvre en Bretagne, où s'affrontent deux candidats à la succession ducale, Jean de Montfort, soutenu par les Anglais, et Charles de Blois, aidés des Français ; mais en 1343, de nouvelles trêves interrompent les opérations.

Édouard III réussit entre 1341 et 1345 à regagner la confiance de l'aristocratie anglaise ; il impose à partir de 1345 une pression militaire importante en Bretagne, en Guyenne et en Flandre, malgré la chute d'Artevelde, assassiné en 1345. Il mène à l'été 1346 une « chevauchée », expédition destinée surtout à piller et à détruire le pays traversé : débarquant à Saint-Vaast-la-Hougue, il traverse la Normandie et remonte à travers la Picardie, quand il est accroché par l'armée française, supérieure en nombre mais très indisciplinée : mieux organisés, les Anglais sur la défensive infligent à Crécy une sanglante défaite aux Français. Après un siège de onze mois, Édouard III parachève sa victoire en prenant Calais, désormais porte d'entrée anglaise en France. Presqu'en même temps, ses adversaires, l'Écossais David Bruce (bataille de Nevill's Cross) et le prétendant breton Charles de Blois (à La Roche-Derrien) tombent entre ses mains. Mais l'épidémie de peste qui ravage l'Europe de la fin de 1347 à 1349, tuant près du tiers de la population, met les combats en sommeil.

❑ ***Poitiers et la détresse française.*** Successeur de Philippe VI, Jean le Bon essaie d'améliorer ses armées. Comme Édouard III a fondé l'ordre de la Jarretière, il fonde celui de l'Étoile, pour discipliner l'aristocratie. De plus, le comte de Flandre, Louis de Male, réussit avec l'aide française à reprendre le contrôle de son comté. Mais il ne parvient pas à empêcher le fils de Philippe d'Évreux et de Jeanne de Navarre, Charles (dit plus tard « le Mauvais »), comte d'Évreux et roi de Navarre, lui aussi prétendant possible à la couronne, de s'allier avec Édouard III ; il le fait donc emprisonner. Les tentatives de paix ayant échoué, le fils d'Édouard III, le prince de Galles Édouard (dit plus tard le « prince Noir ») mène en 1355 et 1356 deux grandes chevauchées à partir de la Guyenne. Au cours de la seconde, l'armée anglaise est arrêtée par une armée française encore une fois supérieure en nombre ; jouant bien de la difficulté du terrain, les Anglais remportent une victoire complète : à Poitiers, le roi Jean reste entre leurs mains.

La nouvelle défaite, imputée aux nobles, est d'autant plus cruelle qu'en 1355 et 1356 les États de Languedoïl et de Languedoc ont consenti un effort financier sans précédent : il faut maintenant payer non seulement la guerre, mais encore la rançon royale. Des troubles éclatent en France où le dauphin Charles réunit les États de Languedoïl. Les exigences fiscales de la monarchie sont mal acceptées : il faut compter avec les partisans du roi de Navarre, bientôt libéré, et surtout avec la bourgeoisie parisienne, menée par le prévôt des marchands, Étienne Marcel, qui veut une réforme profonde. Le dauphin joue serré ; s'il semble céder aux exigences de réforme des États, il manœuvre pour isoler Étienne Marcel. Une émeute en février 1358 le décide à quitter Paris ; l'éclatement en mai de la Jacquerie, révolte paysanne violemment antinobiliaire, écrasée par Charles le Mauvais, affaiblit Étienne Marcel, réduit à s'appuyer sur des bandes anglo-navarraises. Il est assassiné par ses rivaux parisiens. Finalement, Édouard III et le dauphin concluent le traité de Brétigny, confirmé par la paix de Calais (1360) : ce texte donne au roi d'Angleterre un vaste Sud-Ouest (avec Poitou, Limousin, Périgord, Quercy, Rouergue) en toute souveraineté en même temps que le Ponthieu, Calais et le comté de Guines, mais Édouard renonce à la couronne de France. La rançon royale est fixée à trois millions d'écus. Cependant les renonciations officielles (de la France à ses territoires, d'Édouard au titre royal) ne seront jamais faites : la guerre n'était pas terminée.

Le rétablissement français

Faute de renonciations, la question de la souveraineté reste posée en Guyenne. Or, la France se renforce. Du Guesclin écrase les troupes de Charles le Mauvais à Cocherel (1364). En Bretagne, la mort de Charles de Blois à la bataille d'Auray à la fin de 1364 (Du Guesclin y est fait prisonnier) assure Jean IV de Montfort du pouvoir : reconnu par Charles V au traité de Guérande (1365), il a tout intérêt à rentrer dans la mouvance française ; la Bretagne devient neutre. Les trêves ne mettent pas fin aux ravages de la guerre ; les soldats, souvent membres de la toute petite noblesse, cadets de famille ou bâtards, s'ils cessent d'être payés par leurs employeurs, continuent leurs activités pour leur propre compte. En 1361, le connétable de France, Jacques de Bourbon, est battu et tué à la bataille de Brignais par des compagnies de routiers rebelles. Une première tentative pour les entraîner hors de France vers l'Alsace, sous la conduite d'Arnaud de Cessoles, échoue. Mais les « Grandes Compagnies » sont entraînées en Espagne par Du Guesclin en 1367 et passent ensuite au service des uns ou des autres. La France commence à se relever. Au contraire, Édouard III vieillissant et le Prince Noir, malade à partir de 1368, sont incapables de maintenir l'effort de guerre. L'engagement anglais en Espagne oblige à imposer dans l'Aquitaine que gouverne le Prince Noir de nouveaux impôts : le mécontentement gronde.

A la fin de 1368, deux nobles gascons, le comte d'Armagnac et le sire d'Albret font appel des décisions du prince Noir au roi de France, de connivence avec eux ; la guerre reprend en 1369. Du Guesclin et Charles V refusent toute bataille et épuisent les chevauchées anglaises ; siège après siège, ils progressent aux dépens des Anglais. Par ailleurs, les princes sont ramenés à l'obéissance. Charles de Navarre, accusé d'avoir voulu empoisonner le roi, est ainsi dépouillé en 1378 de ses biens français, à l'exception de Cherbourg, passée aux Anglais. Le duc de Bretagne, Jean IV, joue lui aussi la carte anglaise ; son duché est pris par les Français en 1374, sauf Brest et quelques forteresses occupées par les Anglais. La décision d'annexer le duché (1378) provoque cependant une réaction en faveur de Jean IV avec lequel est conclu en 1381 le deuxième traité de Guérande. Fin 1380, après les morts du prince Noir (1376), d'Édouard III (1377), de Du Guesclin et de Charles V (1380), les Anglais ne contrôlent plus que Calais, Cherbourg, Brest, et la Guyenne autour de Bordeaux et Bayonne ; mais de nombreux châteaux occupés par des routiers dans le Massif central se réclament encore d'eux ; les dernières places ne sont réduites qu'en 1390-1391. Si la marine franco-castillanne menace les côtes britanniques, les chevauchées anglaises sont toujours à craindre : le comte d'Arundel en conduit une en 1388 dont l'échec, combiné avec les défaites en Écosse, pousse les Anglais à obtenir une trêve qui, prolongée à plusieurs reprises, dure jusqu'en 1415. La paix semble revenir sur l'Europe, puisque le théâtre de la guerre s'est singulièrement élargi.

Les prolongements européens

La guerre, par le jeu des alliances et des contre-alliances, gangrène en effet toute l'Europe occidentale, et jusqu'à la papauté.

❑ ***L'Écosse.*** Le roi David II (1329-1371) est prisonnier d'Édouard III depuis Nevill's Cross (1346). Les négociations pour sa libération aboutissent, après une vaine tentative militaire écossaise en 1355-1356, au traité de Berwick (1357). L'accord se fait sur la rançon et, malgré des délais de paiements et des escarmouches sur la *border*, la trêve anglo-écossaise dure jusqu'en 1384. Mais après 1377, les paiements cessent et les Anglais ont perdu la plus grande partie de leurs gains territoriaux. Le roi Robert II (1371-1390), assuré de l'aide française et refusant toute restitution, la guerre reprend. La grande offensive anglaise de 1385 est un fiasco, mais la riposte franco-écossaise échoue aussi. Les troubles intérieurs de l'Angleterre permettent aux Écossais de remporter à Otterburn (1388) une grande victoire : ils se joignent à la trêve franco-anglaise.

❑ ***Les Pays-Bas et l'Allemagne.*** Installé en Flandre (deux de ses fils sont nés à Gand et à Anvers) Édouard III, époux de la fille du comte de Hainaut, a essayé de tisser un réseau d'alliances avec le parti populaire dans les grandes villes flamandes et avec un certain nombre de Princes, à commencer par l'empereur Louis IV de Bavière. Ses déboires financiers et la chute du leader populaire Jacques Van Artevelde ruinent ses efforts : la monarchie française à laquelle le comte Louis de Male, contrairement à ses prédécesseurs, est fidèle, reprend le dessus par le mariage du plus jeune des fils de Jean le Bon, Philippe le Hardi, duc de Bourgogne, avec l'héritière du comte de Flandre, Marguerite. Mais en 1379, tisserands et gens des métiers de Gand se révoltent contre le comte, qui appelle au secours son gendre Philippe, car la révolte, sociale et politique, gagne l'ensemble du pays ; la victoire du duc sur les Flamands à la bataille de Roosebeke (1382) redonne aux Français l'initiative. En fait, Philippe le Hardi, dont la femme a hérité de droits sur le Brabant, amorce la constitution d'un vaste conglomérat d'États, politique intensifiée par ses successeurs : les intérêts du nouveau comte de Flandre ne coïncideront pas forcément avec ceux du roi de France, et les Bourguignons, loin de ramener la Flandre dans le giron français, en font au XVe siècle la base de leur expansion dans les Pays-Bas.

❑ *Les royaumes ibériques.* En Espagne, la guerre entre le roi de Castille Pierre Ier et le roi d'Aragon Pierre IV qui soutient le demi-frère de son rival, Henri de Transtamare, intéresse depuis 1348 au moins la France et l'Angleterre. Pierre est soutenu depuis l'Aquitaine par le Prince Noir avec lequel il a conclu un traité en 1362. Henri obtient naturellement le soutien français, et les routiers commandés par Du Guesclin repoussent, en 1366, Pierre Ier jusqu'à Séville. Ce dernier conclut alors un nouveau traité avec le Prince Noir (traité de Libourne, 1366), promettant d'abandonner la Biscaye au Prince et le Guipuzcoa à Charles II de Navarre : à Najera, le Prince Noir remporte avec les « Grandes compagnies » une victoire totale (1367). Mais le pays est ruiné, les caisses vides ne permettent pas de payer les compagnies et le roi ne se résoud pas à abandonner les provinces promises à ses alliés ; le Prince Noir se retire, alors qu'Henri de Transtamare obtient à nouveau le secours français en promettant l'appui de la marine castillanne à la France : victorieux à Montiel en 1369, il assassine son demi-frère et, peu à peu, jouant des divisions de ses adversaires (Grenade, le Portugal, la Navarre, les Anglais et maintenant son ancien allié, l'Aragon) dont les objectifs sont par trop différents, il stabilise son pouvoir. Les rois de Castille sont désormais les alliés fidèles de la France à laquelle ils rendent le contrôle de la mer après la destruction d'une flotte anglaise à La Rochelle en 1372. Ce sont désormais les Anglais qui redoutent les débarquements franco-castillans et les navires castillans brûlent Gravesend (1380) à l'embouchure de la Tamise.

La victoire d'Henri II de Transtamare ne met pas pour autant fin à la guerre. Le second fils d'Édouard III, Jean de Gand, duc de Lancastre, qui a épousé Constance, fille de Pierre Ier, revendique le trône de Castille ; en 1372, Angleterre et Portugal s'allient contre la Castille. L'Aragon et la Navarre rejoignent l'alliance, mais les armées d'Henri II et de son fils Jean Ier (1379-1390) sont en général victorieuses ; la Navarre est contrainte à la paix en 1379 et n'est plus, sur la scène internationale, qu'un protectorat castillan. En revanche, la crise de succession au Portugal donne aux Anglais l'occasion d'intervenir ; en 1385, le comte de Cambridge (au Portugal) puis, en 1386, Jean de Gand lui-même (à partir de La Corogne) conduisent d'importants contingents en Castille, mais sans succès. En 1388, le traité de Bayonne met fin à la tentative de Lancastre, qui renonce à ses prétentions au trône de Castille contre monnaie sonnante.

Le résultat de l'intervention anglaise est différent au Portugal : le royaume, en paix depuis longtemps, connaît une grande prospérité, grâce à laquelle les villes et le commerce se sont développés. Lisbonne devient ainsi une grande cité marchande. Mais le roi Ferdinand Ier de Portugal (1367-1383), longtemps adversaire d'Henri II, ne laisse à sa mort qu'une fille, Beatriz, mariée à Jean Ier de Castille. Bien qu'il se soit engagé à laisser la régence à la veuve du défunt, Léonore Teles de Meneses, Jean Ier se fait proclamer roi avec sa femme et envahit le Portugal. La régente est emprisonnée, comme Joao et Dinis, les demi-frères de Ferdinand Ier, nés de la liaison de son père Pierre Ier de Portugal (1357-1367) et d'Inès de Castro. C'était compter sans Lisbonne, dont les marchands redoutent la concurrence castillanne, et surtout celle de Séville ; Lisbonne opte donc pour le maître d'Aviz, Joao, bâtard de Pierre Ier mais fils d'une autre maîtresse, Téresa Lorenzo. Lisbonne résiste au siège castillan en 1384 et, avec l'aide anglaise, l'armée portugaise commandée par le connétable Nun'Alvares Pereira, un hospitalier, remporte la victoire décisive d'Aljubarotta (1385) ; Joao Ier (1385-1433) et la dynastie nationale d'Aviz sont solidement installés sur le trône et rien ne s'oppose plus à la formidable expansion maritime et commerciale du Portugal.

❑ ***La guerre et le grand schisme d'Occident.*** Les papes d'Avignon déploient des efforts considérables pour ramener la paix : mais leur diplomatie est, souvent à raison, considérée comme trop favorable à la monarchie des Valois. Plusieurs d'entre eux sont d'ailleurs d'anciens serviteurs des Valois, comme Pierre Roger (Clément VI) et Étienne Aubert (Innocent VI), ancien juge-mage de Toulouse. Leurs exigences financières sont d'autant plus mal acceptées par les adversaires de la France. Or la défense et la reconquête des domaines italiens sont un gouffre pour le budget des papes, qui n'ont d'ailleurs pas renoncé à financer des croisades. Le retour à Rome, voulu par les Italiens de la Curie, paraît ainsi le seul moyen de restaurer la confiance dans la papauté et donc une étape nécessaire pour pouvoir organiser sérieusement une croisade ou la résistance à l'expansion turque. A plusieurs reprises, le retour semble possible : en 1376 seulement, le pape Grégoire XI estime que l'effondrement de la puissance de Francesco di Vico, seigneur de Viterbe, lui permet de revenir à Rome. Malgré l'opposition de Florence et grâce à une campagne sanglante du légat Robert de Genève (sac de Césène), Grégoire entre solennellement à Rome le 17 janvier 1377, mais meurt un an plus tard.

L'élection de son successeur se déroule dans une atmosphère d'émeute : le trauma avignonnais est trop fort, le peuple de Rome veut un pape italien. Les cardinaux, dont plusieurs sont restés à Avignon, sont presque tous Français ou « Limousins » (c'est-à-dire méridionaux) : le choix est donc difficile. Malgré tout, ils élisent, en avril, l'archevêque de Bari, Bartolomeo Prignano (Urbain VI). En dépit des circonstances, l'élection est régulière ; sur le moment, personne ne la met en cause. Cependant Urbain VI révèle un caractère difficile et s'attaque d'emblée aux prérogatives des cardinaux, qui se réfugient pour la plupart à Anagni puis à Fondi où ils élisent Robert de Genève (pape Clément VII) qui, ne pouvant prendre Rome, va en Avignon. La chrétienté se scinde en deux obédiences : clémentistes et urbanistes s'anathématisent. Or l'élection de Robert de Genève n'est pas une simple affaire ecclésiastique : le cardinal de La Grange, l'homme de Charles V, a joué un rôle essentiel dans l'événement. Et Charles V ne tarde pas, malgré l'université de Paris qui ne se rallie qu'en mai 1379, à reconnaître Clément VII. Ses alliés, Savoie et Écosse, suivent. Urbain VI obtient au contraire l'adhésion de l'Angleterre et de l'empereur Charles IV ; certains princes d'Empire prennent du coup le parti de Clément VII, même s'ils finissent en général par se rallier à Urbain. Les royaumes ibériques tergiversent, puis se rangent dans le camp clémentiste. Le schisme, le plus grand des scandales qui puisse frapper la chrétienté, est ainsi directement lié à la guerre entre la France et l'Angleterre.

Charles V et Du Guesclin ont reconquis l'essentiel du territoire français, épuisant les forces adverses ; l'alliance castillanne a redonné à la monarchie des Valois la sécurité maritime perdue à l'Écluse ; les échecs anglais en Écosse et dans la péninsule ibérique ont fait le reste. La paix revient sur une Europe dévastée, où épidémie après épidémie, la peste fauche ses victimes par milliers ; une Europe divisée où même la papauté est scindée en deux camps ennemis, d'ailleurs hétérogènes. Les ruines de la guerre et la ponction fiscale ont mis à mal l'économie et provoquent le mécontentement des populations. Un peu partout, une explosion sociale sans précédents menace les États rendus exsangues par la guerre, et les princes profitent de la situation pour acquérir plus d'autonomie, accentuant encore les divisions.

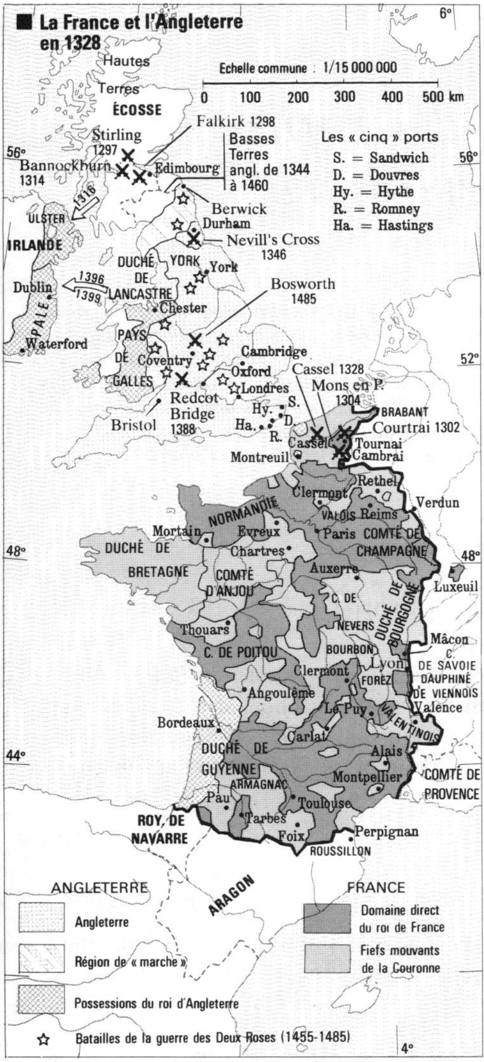
La France et l'Angleterre en 1328
Echelle commune : 1/15 000 000
0 100 200 300 400 500 km
Hautes Terres
ÉCOSSE
Stirling 1297
Falkirk 1298
Bannockburn 1314
Edimbourg
Basses Terres angl. de 1344 à 1460
Les « cinq » ports
S. = Sandwich
D. = Douvres
Hy. = Hythe
R. = Romney
Ha. = Hastings
Berwick
Durham
Nevill's Cross 1346
ULSTER
IRLANDE
1316
DUCHÉ DE LANCASTRE
YORK
York
Dublin
1396
1399
PALE
Chester
Bosworth 1485
Waterford
PAYS DE GALLES
Coventry
Cambridge
Oxford
Londres
Redcot Bridge 1388
Bristol
Cassel 1328
Mons en P. 1304
BRABANT
Courtrai 1302
Tournai
Cambrai
Montreuil
Cassel
Rethel
Verdun
Clermont
NORMANDIE
VALOIS
Reims
Paris
COMTÉ DE CHAMPAGNE
Mortain
Evreux
Chartres
DUCHÉ DE BRETAGNE
COMTÉ D'ANJOU
Auxerre
DUCHÉ DE BOURGOGNE
Luxeuil
C. DE NEVERS
Thouars
C. DE POITOU
BOURBON
Mâcon
Lyon
C. DE SAVOIE
DAUPHINÉ DE VIENNOIS
Clermont
FOREZ
Angoulême
Le Puy
VALENTINOIS
Valence
Bordeaux
Carlat
DUCHÉ DE GUYENNE
Alais
Montpellier
COMTÉ DE PROVENCE
ARMAGNAC
Pau
Toulouse
Tarbes
Foix
ROY. DE NAVARRE
Perpignan
ROUSSILLON
ARAGON
56°
52°
48°
44°
6°
4°
ANGLETERRE
Angleterre
Région de « marche »
Possessions du roi d'Angleterre
Batailles de la guerre des Deux Roses (1455-1485)
FRANCE
Domaine direct du roi de France
Fiefs mouvants de la Couronne

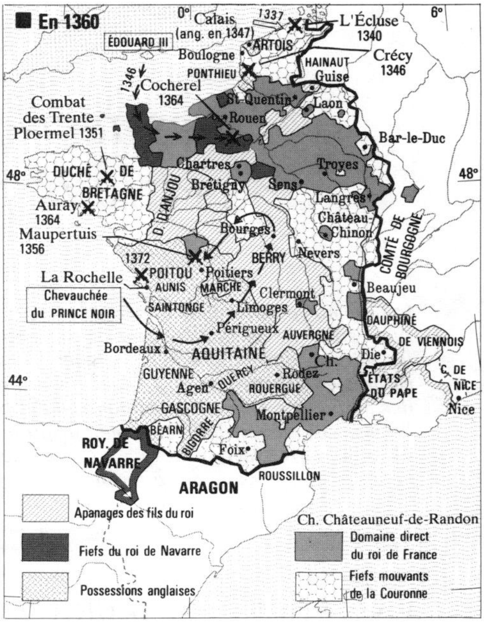
En 1360
Calais (ang. en 1347)
1337
L'Écluse 1340
ÉDOUARD III
ARTOIS
Boulogne
PONTHIEU
HAINAUT
Crécy 1346
Guise
1346
Cocherel 1364
Combat des Trente
Ploermel 1351
St Quentin
Laon
Rouen
Bar-le-Duc
Chartres
Troyes
DUCHÉ DE BRETAGNE
D. D'ANJOU
Brétigny
Sens
Langres
Auray 1364
Château-Chinon
Bourges
Maupertuis 1356
COMTÉ DE BOURGOGNE
1372
BERRY
Nevers
La Rochelle
POITOU
Poitiers
AUNIS
MARCHE
Beaujeu
Chevauchée du PRINCE NOIR
SAINTONGE
Clermont
Limoges
DAUPHINÉ
Périgueux
AUVERGNE
DE VIENNOIS
Bordeaux
AQUITAINE
Die
GUYENNE
QUERCY
Ch.
Rodez
ÉTATS DU PAPE
C. DE NICE
Agen
ROUERGUE
Nice
GASCOGNE
Montpellier
BÉARN
BIGORRE
ROY. DE NAVARRE
Foix
ROUSSILLON
ARAGON
0°
6°
48°
44°
Apanages des fils du roi
Fiefs du roi de Navarre
Possessions anglaises
Ch. Châteauneuf-de-Randon
Domaine direct du roi de France
Fiefs mouvants de la Couronne

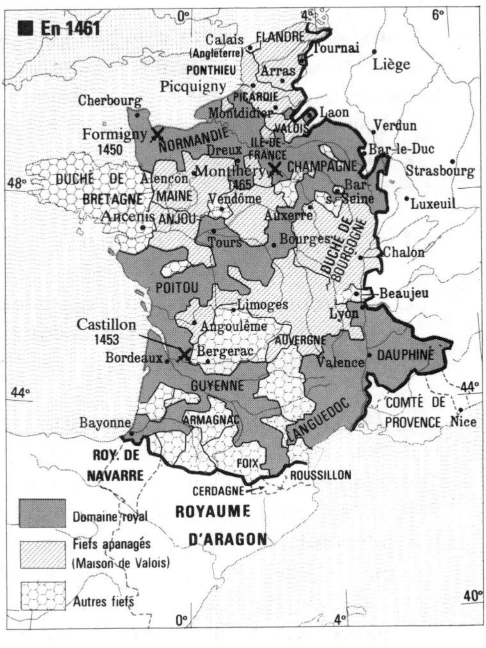
En 1461
Calais (Angleterre)
FLANDRE
Tournai
Liège
PONTHIEU
Arras
Picquigny
PICARDIE
Cherbourg
Montdidier
Laon
Verdun
VALOIS
Formigny 1450
NORMANDIE
ILE-DE-FRANCE
Dreux
Bar-le-Duc
CHAMPAGNE
Strasbourg
Montlhéry 1465
DUCHÉ DE BRETAGNE
Alençon
MAINE
Vendôme
Bar-s-Seine
Luxeuil
Ancenis
ANJOU
Auxerre
Tours
Bourges
DUCHÉ DE BOURGOGNE
Chalon
POITOU
Beaujeu
Limoges
Lyon
Angoulême
Castillon 1453
AUVERGNE
Bergerac
Bordeaux
Valence
DAUPHINÉ
GUYENNE
COMTÉ DE PROVENCE
Nice
Bayonne
ARMAGNAC
LANGUEDOC
ROY. DE NAVARRE
FOIX
ROUSSILLON
CERDAGNE
ROYAUME D'ARAGON
0°
4°
6°
48°
44°
40°
Domaine royal
Fiefs apanagés (Maison de Valois)
Autres fiefs

CARTES

2

Les terres d'Empire et leur périphérie

La fragilité de l'institution impériale a fini de détacher l'Italie de l'Empire. Mais ni en Italie, ni en Allemagne, ne se développent de puissants États modernes sur le modèle occidental. Les tentatives sont nombreuses, mais les villes, en Flandre comme en Toscane, en Lombardie comme en Allemagne, sont à bien des égards les éléments les plus dynamiques. L'évolution des pouvoirs est dans ces territoires différente de ce qu'elle est dans les grands royaumes de l'Ouest. Les monarchies nationales qui profitent du recul de l'influence allemande en Scandinavie et en terre slave, sont quant à elles victimes de leurs noblesses. C'est pourtant grâce à l'Empire que le schisme se termine

LA NATION GERMANIQUE ET L'EMPIRE

Au XIVe siècle, on parle du Saint Empire de nation germanique ; la *Bulle d'Or* de 1356 traduit cette réalité politique, qui ne saurait cacher une tendance au morcellement du pouvoir. L'Empire garde pourtant un certain prestige international, manifesté avec éclat par le rôle de l'empereur Sigismond dans la fin du grand schisme.

Les structures de l'Empire

L'empereur n'est pas seul détenteur du pouvoir politique en Allemagne : princes, nobles, villes, voire communautés paysannes, groupés en ligues, défendent leurs intérêts.

❑ ***Le Saint Empire de Nation germanique et ses institutions.*** L'Empire n'a, au début du XIVe siècle, aucun des aspects de l'État moderne décelés dans les royaumes d'Occident. Son contentieux avec la papauté se pose toujours en termes théologiques, plus qu'en termes de souveraineté, et Louis IV défend l'indépendance impériale en enrôlant une partie des franciscains brouillés avec le pape (Michel de Césène, Guillaume d'Ockham) et des philosophes comme Marsile de Padoue et Jean de Jandun. Sur le plan théorique, la polémique engagée avec Jean XXII et les papes d'Avignon est riche : le *Defensor pacis* de Marsile de Padoue et les œuvres politiques de Guillaume d'Ockham sont capitales pour l'histoire des idées. Au plan pratique, Louis fait confirmer à la diète de Rhens qu'un roi des Romains est légitime lorsqu'il est élu par la majorité des électeurs ; il n'a nul besoin du pape. Point essentiel repris par Charles IV dans la *Bulle d'Or* (1356), où il n'est fait nulle mention du pape. La Bulle règle pour longtemps (1806) l'élection impériale, instituant un collège de sept électeurs : les trois archevêques de Cologne, Mayence et Trèves, un Wittelsbach (le palatin du Rhin dont Charles IV a épousé la fille Anne, pas un Bavière), le margrave de Brandebourg, le duc de Saxe-Wittenberg et le roi de Bohême.

Les institutions de cet Empire désormais allemand restent faibles : la chancellerie (*Kanzlei*), le trésor (*Schatz*) avec son propre tribunal (*Schatzkammergericht*) dont le rôle s'accroît à partir de 1415, et plus encore après l'ordonnance de 1471 et surtout la réforme de Maximilien qui en fait en 1498 la cour de justice suprême de l'Empire (*Reichskammergericht*). Mais la Diète impériale (le *Reichstag*) n'est pas une véritable assemblée représentative. Elle comporte deux ensembles : les nobles, à savoir les électeurs (six, car le roi de Bohême ne fait pas partie de la Diète), les princes, environ 150 nobles importants et une centaine de prélats ; et puis les représentants des villes libres d'Empire (et de quelques autres). En principe, les ordonnances impériales approuvées à la Diète ont force de loi ; en réalité c'est variable. En 1495, les décisions de la Diète prennent la forme, plus exacte, de traités entre l'empereur et les États de l'Empire. Surtout, la Diète n'accorde pas régulièrement d'impôts à l'empereur qui ne dispose pas d'une fiscalité régulière. Le *gemeiner Pfennig* (denier commun) créé en 1427 par le légat pontifical (l'Anglais Henri Beaufort) pour financer les guerres hussites est un échec.

Comment alors gouverner? Sans fiscalité, l'empereur est aussi sans domaine ou presque ; les empereurs, à l'exception de Rodolphe Ier, laissent aux villes les palais impériaux. Les châteaux royaux et les juridictions sont concédés à des nobles en fiefs perpétuels. Seule source de revenus possible, les villes sans cesse taxées ; mais cela ne suffit pas, et les empereurs les engagent, souvent contre leur gré ; elles sont alors obligées de se racheter à prix d'or. En fait, sans moyens gouvernementaux, l'empereur est une sorte de diplomate suprême, persuadant les parties en présence de conclure la *Landfriede*, la paix publique. S'il le faut, il doit aussi impressionner par sa *Hausmacht*, la puissance de sa propre maison. Développer un « conglomérat familial » est donc une nécessité impérieuse, mais qui excite fatalement les craintes et la jalousie des princes ; la puissance impériale est ainsi le premier des facteurs de désordre.

Aussi l'idée d'une réforme de l'Empire hante-t-elle l'Allemagne. Les théoriciens échafaudent des plans grandioses (*Reformatio Sigismundi, De concordantia catholica* de Nicolas de Cues) rien, ou presque, n'en sort, malgré de nombreux discours devant la Diète. La question ne peut être posée isolément : réforme de l'Empire et réforme de l'Église sont liées, ne serait-ce qu'à cause du poids des principautés ecclésiastiques. Sigismond consacre l'essentiel de son activité à la réunification de l'Église et à sa réforme ; la révolution hussite qui ronge le cœur des États Luxembourg, la Bohême, l'y oblige. Si sa réussite sur le premier plan est totale et s'il est vrai que le schisme, né de la rivalité franco-anglaise, se termine par et dans l'Empire, en revanche, il échoue sur le second, orientant l'Église allemande vers le concordat. Son successeur, Albert II, revient avec le concile de Bâle vers la réforme, acceptant les canons réformateurs du concile, mais Frédéric III cède devant la papauté (concordat de Vienne, 1448). L'anticléricalisme, déjà fort au temps de Louis de Bavière (son adversaire, Charles IV, est surnommé le *Pfaffenkoenig*, l'empereur des curés!) resurgit avec virulence dans la seconde moitié du XVe siècle ; Martin Luther prêchera sur un terrain fertile.

❑ ***Ligues et princes.*** En dehors des conglomérats des familles qui visent l'Empire (Luxembourg, Wittelsbach, Habsbourg, Bourgogne) et dont l'évolution est d'ailleurs indissociable de l'histoire impériale, les principautés sont nombreuses. Le Brandebourg, passé de mains en mains depuis la fin de la dynastie ascanienne, est confié en 1412 au burgrave de Nuremberg Frédéric VI (Ier) de Hohenzollern, devenu électeur en 1417. Les margraves Frédéric II (1440-1470), Albert-Achille (1470-1486) et Jean (1486-1499) construisent un pouvoir fort, dans une principauté rendue indivisible par la *Dispositio Achillea* de 1473. Le comté de Wurtemberg, indivisible depuis 1361 et pourtant partagé entre deux lignées (Stuttgart et Urach) réunies en 1496, le margraviat de Bade, le landgraviat de Hesse, et la Saxe partagée entre diverses branches de la famille Wettin, voisinent avec des territoires plus petits rassemblés parfois par alliances ou mariages : Mark et Clèves sont unis en 1368, Berg et Juliers en 1423. Ajoutons les grandes principautés ecclésiastiques : celles des trois archevêques électeurs de Trèves, Mayence et Cologne, des archevêchés de Salzbourg, Magdebourg et Brême, des évêchés de Münster, Würzbourg, Paderborn, Bamberg, et de l'abbaye de Fulda.

La plupart de ces principautés ont des assemblées représentatives (*Landstände*) qui votent des impôts et limitent parfois sérieusement le pouvoir du prince, allant jusqu'à prôner le droit à la résistance (*Widerstandsrecht*). Les princes, à côté de leurs nobles, emploient aussi de nombreux juristes rompus au droit romain dans leurs tribunaux (*Hofgericht*) ; ils se dotent de conseils (1469 à Cologne, vers 1480 à Clèves-Juliers, 1489 en Bavière) et de chanceliers (Palatinat en 1433, Hesse 1438, Wurtemberg 1478). A ce niveau pourraient naître des États modernes, mais la guerre ne joue pas le même rôle moteur qu'en Occident, la conquête ou la défense de la superstructure impériale absorbant l'essentiel des énergies princières.

Dans une Allemagne déchirée par les guerres que se livrent princes et empereurs animés par l'esprit de la *Hausmacht*, il est difficile de se défendre ou de se faire rendre justice. La guerre privée (*Fehde*), bannie en France et en Angleterre, est ici admise ; les abus sont tels qu'en Westphalie une société secrète (la *Veme*) est créée pour punir les fauteurs de trouble. Ils sont nombreux : les petits nobles, ruinés ici comme ailleurs par la crise de la seigneurie, louent leurs services au plus offrant (princes, villes ou riches bourgeois) pour mener ces guerres. Entre deux campagnes, ils brigandent, la guerre étant pour eux à la fois un moyen d'existence et une façon de tenir leur rang. Des ligues nobiliaires ou chevaleresques (*Ritterbünde*) comme la société souabe du « Bouclier de Saint-George » permettent ainsi aux petits nobles, pris entre la richesse des villes et les appétits politiques des princes, de s'affirmer. Quelques-uns, Sickingen, Götz von Berlichingen, y font fortune.

Seules grandes productrices de richesse, les villes usent aussi de ligues pour défendre leurs positions. La ligue souabe (constituée en 1376) et la ligue rhénane regroupent à elles deux la plupart des grandes villes d'Allemagne du Sud, mais elles sont vaincues par leurs adversaires (1389). Les villes de Franconie menées par Nuremberg luttent contre l'électeur de Brandebourg Albert-Achille depuis 1449, celles de Westphalie contre l'archevêque de Cologne. Les villes, rivales sur le plan commercial, sont trop désunies pour être politiquement efficaces et ne parviennent pas à éviter la ruine quand l'empereur les engagent. Au XVe siècle toutefois, le rôle bancaire et économique des bourgeoisies est si nécessaire au souverain qu'il doit ménager les villes, comme par exemple Ulm et Augsbourg, où les Fugger sont les financiers de Maximilien. Pourtant, elles n'obtiennent pas l'indépendance politique complète, comme les cités italiennes. Une exception parmi les ligues est la Hanse, soudée par la nécessité de règles commerciales et maritimes communes, et par l'existence d'une diplomatie unique. Elle complète son organisation au XIVe siècle et Lübeck en devient la cité principale ; là se tiennent les *Hansatage* où sont édictés les règlements concernant les quatre quartiers (villes occidentales, saxonnes, wendes, orientales) et la Hanse impose son pouvoir à toute la Baltique.

Autre ligue qui réussit pleinement, celle formée en 1291 par les trois cantons forestiers d'Uri, Schwyz, et Unterwalden. Pour s'affranchir de la domination féodale des Habsbourg (le château de Habsbourg est dans le comté de Zurich), ils demandent à Henri VII de dépendre directement de l'empereur (privilège d'immédiateté) : victorieux à Morgarten (1315) de l'armée du Habsbourg, Frédéric le Beau, ils sont bientôt rejoints par Lucerne (1332), Zurich (1351), Glaris (1352), Berne (1353) et Zug (1368). Les ripostes des Habsbourg échouent à Sempach (1386) et à Näfels (1388) sur les fantassins montagnards ; les troupes suisses jouent par la suite un rôle essentiel contre Charles le Téméraire et dans les guerres d'Italie. Plus tard, Fribourg et Soleure (1481), Bâle, Schaffhouse (1501) et Appenzell (1513) rejoignent la Confédération (*Eidgenossenschaft*). Chaque canton mène en toute indépendance sa propre politique intérieure (il y a même des guerres internes, comme celle qui oppose Zurich et Schwyz en 1400-1444), mais la « ligue des Confédérés de Haute-Allemagne » conclut des alliances (avec les ligues grisonnes en 1400, le Valais et l'évêque de Sion en 1403, Saint-Gall en 1412), ou acquiert des territoires (Argau en 1415, Thurgau en 1460). Maximilien reconnaît son indépendance de fait par la paix de Bâle, en 1499.

Empire et conglomérats familiaux

L'histoire de l'Empire se confond dans une large mesure avec celle des dynasties qui développent des conglomérats familiaux ; trois d'entre elles (Wittelsbach,

Luxembourg, Habsbourg) accèdent à l'Empire ; une quatrième (Bourgogne) l'ambitionne, bâtissant un État moderne sur le modèle français aux Pays-Bas.

❑ ***Wittelsbach.*** Louis de Wittelsbach (Louis IV), duc de Basse-Bavière, est élu en 1314 par la grâce des Luxembourg, le fils d'Henri VII étant trop jeune pour régner. Mais Frédéric d'Autriche a aussi ses partisans et Louis n'est réellement établi qu'après sa victoire à Mühldorf en 1322. Couronné à Rome en présence de Sciarra Colonna mais en dépit de l'interdiction du pape Jean XXII, il échoue en Italie mais mène une politique territoriale indépendante ; il fait attribuer le Brandebourg à son fils aîné en 1319, s'empare du Tyrol en 1342 en annulant le mariage de l'héritière Marguerite Maultasch et de Jean-Henri de Bohême (un Luxembourg), la mariant à son fils Louis de Brandebourg ; il réunit la Bavière-Ingolstadt à la Haute-Bavière (1340) et sa femme hérite en 1345 de la Hollande, de la Zélande, de la Frise et du Hainaut.

Sa réconciliation avec la papauté en 1333 lui vaut l'hostilité de nombreux princes, choqués par son avidité ; brouillé à nouveau avec le pape, il est déposé par Clément VI, et une partie des électeurs désigne alors Charles IV de Luxembourg (1346). A la mort soudaine de l'empereur en 1347, l'ensemble s'effondre : le Tyrol, puis le Brandebourg sont perdus. Les branches palatine et bavaroise de la famille, séparées en 1329, sont ennemies, et la Bavière est coupée en plusieurs États (Straubing, Landshut, Ingolstadt, Munich) pour n'être réunifiée qu'en 1506 ; les terres des Pays-Bas tombent quant à elles dans l'escarcelle bourguignonne en 1433. Le seul autre Wittelsbach qui accède à l'Empire est un Palatin, Robert (empereur 1400-1410). Les historiens des ducs de Bavière tirent d'ailleurs la leçon de l'échec impérial en fondant la légitimité Wittelsbach non sur l'accession de Louis à l'Empire, mais sur un héros mythique, Bavarus, rattaché — comme les Capétiens — aux Carolingiens.

❑ ***Luxembourg.*** La fortune des Luxembourg remonte à Henri VII. Empereur de 1308 à 1312, il sombre en Italie, mais assure la fortune familiale en mariant en 1310 son fils Jean de Luxembourg (Jean l'Aveugle, mort à Crécy) à Elisabeth de Bohême, fille de Venceslas II ; les Luxembourg sont les héritiers des Prémysl, d'où leur hostilité initiale pour les Habsbourg. A la Bohême, Jean ajoute la Haute-Lusace, le pays d'Egra (1322) et la Silésie (1335). Elu empereur en 1346, accepté par tous à partir de 1348, Charles IV marie son demi-frère Venceslas à l'héritière du Brabant, complète la possession de la Silésie (1353) et de la Basse-Lusace, acquiert le margraviat de Brandebourg en 1373 (occupé dès 1363) et constitue la « Nouvelle-Bohême », le Haut-Palatinat autour d'Erlangen et de Sulzbach. En revanche, il abandonne le Tyrol aux Habsbourg et stipule que le premier des deux lignages qui s'éteindra lèguera ses droits à l'autre (traité de Brno, 1363). Le cœur de l'État Luxembourg est la Bohême (voir *infra*) et sa capitale, Prague.

A la mort de Charles IV, le conglomérat se morcelle. Son frère Venceslas a le Luxembourg, le Brabant et les terres qu'il a rassemblées de la Souabe et de l'Alsace (dont il est *Landvogt*) au Limbourg. Son fils aîné, Venceslas (empereur 1378-1400, mort en 1419) garde la Bohême et les terres environnantes. Le second fils, Sigismond, a le Brandebourg et devient en 1381 roi de Hongrie par son mariage avec Marie d'Anjou, fille de Louis d'Anjou, roi de Pologne et de Hongrie. Le troisième fils, Jean, a Görlitz. La Moravie passe à Josse et Procope, fils de Jean-Henri, frère de Charles IV. Mais la faiblesse de Venceslas met à mal l'héritage : il ne peut s'opposer à la Bourgogne qui absorbe les domaines occidentaux des Luxembourg, et il est déposé à la diète d'Oberlahnstein en 1400 au profit de Robert de Wittelsbach.

A la mort de Robert en 1410, Sigismond de Luxembourg et Josse de Moravie sont élus. Sigismond l'emporte et laisse le Brandebourg en gage à son cousin Josse, puis, à la mort de ce dernier, le donne à son allié Frédéric de Hohenzollern. De plus, roi de Bohême en 1419, il n'y est reconnu qu'en 1436, du fait des guerres hussites. A sa mort en 1438, le conglomérat est repris par son gendre Albert II de Habsbourg : roi des Romains en 1438, il est aussi roi de Hongrie et roi de Bohême. Mais il meurt dès 1439, laissant un fils, Ladislas le Posthume : à sa mort en 1457, Hongrie et Bohême se donnent des rois nationaux : le nouvel empereur, Frédéric III de Habsbourg, n'a plus rien de l'héritage Luxembourg. Appuyé sur les seuls domaines Habsbourg, il est moins puissant que le « grand-duc d'Occident », Philippe le Bon, duc de Bourgogne.

❑ ***Bourgogne.*** Duc de Bourgogne, Philippe le Hardi, frère de Charles V, est comte de Flandre en 1384, à la mort de Louis de Male dont il a épousé la fille, Marguerite. Celle-ci amène aussi la promesse de futurs héritages par la mère de Louis de Male, Marguerite d'Artois : les comtés d'Artois, de Bourgogne, de Rethel, et de Nevers. Il y a en germe deux possibilités d'expansion : l'une française, l'autre impériale. En France, le Charolais est acheté en 1390, mais Nevers et Rethel, passés à Philippe, le plus jeune frère de Jean sans Peur, sont perdus. Les difficultés françaises donnent une partie des villes de la Somme (Péronne, Roye et Montdidier), le Boulonnais et le Maconnais. Si l'on parle d'« État bourguignon » dans le royaume, il faut en rester là : la monarchie des Valois ne renoncera jamais aux territoires occupés pendant les heures sombres de la guerre de Cent Ans (Picardie, Champagne, villes de la Somme). Étant donnée la structure du royaume, le pouvoir bourguignon en France passe par le Conseil et n'est pas une question de territoire (*cf. infra*). Du moins la puissance du duc rend-elle la Flandre indépendante de fait : elle est une base solide à l'expansion dans l'Empire.

Ni les Wittelsbach, divisés, ni les Luxembourg, dont la priorité est à l'est, ne peuvent contenir l'expansion bourguignonne. Jeanne du Brabant, épouse de Venceslas de Luxembourg, n'a pas d'enfants, et le duc obtient d'elle un arrangement secret (1390) part lequel lui et sa femme (nièce de Jeanne) héritent du Brabant. Dès 1396, Jeanne leur donne le Limbourg. Les États de Brabant interdisant l'exécution de l'accord, Philippe laisse le Brabant à son second fils Antoine, auquel il rend aussi le Limbourg et Anvers, annexé à la Flandre en

1357. Jean Sans Peur succède à son père en 1404 et hérite des descendants d'Antoine du Brabant et de ses appartenances en 1430. Son fils, Philippe le Bon (1419-1467), achète en 1421 le comté de Namur mais surtout revendique au nom de sa mère Marguerite de Bavière, fille d'Albert de Bavière, le Hainaut, la Hollande et la Zélande. Ces terres, dont Albert était régent, sont passées à Guillaume VI de Hollande puis à sa fille Jacqueline, épouse de Jean IV de Brabant (fils d'Antoine). L'oncle de Jacqueline, l'évêque de Liège, Jean de Bavière, s'est emparé de la Hollande et de la Zélande ; brouillée avec son mari, Jacqueline fuit en Angleterre où elle épouse en 1422 Humphrey de Gloucester ; mais l'expédition militaire menée par Humphrey en 1424 est un échec. Philippe le Bon occupe en 1425-1428 les États de Jacqueline, qui lui abandonne ses droits ; il saisit tout l'ensemble en 1433. Quant au Luxembourg, il l'obtient en 1441 de la vieille duchesse Élisabeth de Görlitz, criblée de dettes. Proche de ce vaste ensemble, une nébuleuse de satellites (comme les principautés ecclésiastiques de Liège, Utrecht et même Cologne) sur lesquelles la pression est plus ou moins forte, gravite autour des ducs.

L'« état » bourguignon est donc constitué de deux blocs de territoires, tous deux partagés entre France et Empire : de Dijon sont gouvernés Bourgogne (France) et Franche-Comté (Empire) ; de Lille puis de Bruxelles à partir de 1430, la Flandre, l'Artois (France) et les Pays-Bas (Empire). La réunion fréquente des États dans le cadre de chaque province permet une fiscalité régulière, qui fait du duc de Bourgogne l'un des plus riches souverains d'Occident ; l'essentiel des revenus vient du bloc Flandre-Pays-Bas. La structure administrative est proche de celle de la monarchie française (aides, Chambres des comptes, États, Parlement) mais moins centralisée ; la pression fiscale est moins forte ; deux traits modifiés par Charles le Téméraire qui, par les ordonnances de Thionville (1473) centralise les institutions à Malines et accroît fortement la ponction fiscale.

L'écart entre les deux blocs est d'une soixantaine de kilomètres après 1441 : tentation terrible pour Charles le Téméraire (1467-1477) qui n'y résiste pas. Son père a refusé le titre de roi des Romains que Frédéric III voulait lui vendre : Charles est prêt à tout pour l'obtenir. A Trèves, en 1473, il accepte de marier son héritière Marie de Bourgogne à Maximilien, fils de l'empereur, mais n'obtient rien de Frédéric. Le Téméraire se donne les moyens de sa politique : il centralise, accroît les impôts et emprunte des sommes énormes aux banques (la succursale Médicis de Bruges fera faillite) pour se procurer une armée et une artillerie imposantes. Les tensions sont inévitables, la répression terrible : Dinan est détruite en 1466, Liège en 1468 après sa seconde révolte. La Haute-Alsace, achetée à Sigismond de Tyrol en 1469, est confiée à des hommes à poigne, tel le bailli Pierre de Hagenbach. Le duché de Gueldres est conquis en 1473. Charles vise alors la Lorraine et l'archevêché de Cologne mais ses ambitions unissent contre lui ses ennemis, Louis XI, l'empereur, la Lorraine, la Savoie et les Suisses. L'Alsace se révolte. Le duc s'obstine en 1475 devant une place de l'archevêque de Cologne, Neuss, alors que son allié Edouard IV d'Angleterre débarque en France. Celui-ci, abandonné, s'entend en fin de compte avec

Louis XI. Ayant perdu son seul allié utile, Charles prend Nancy en 1475 mais les Suisses écrasent son armée à Grandson et à Morat ; c'est déjà un vaincu qui trouve la mort en 1477 en essayant de reprendre Nancy. Menacée par la révolte des Flamands et l'avidité de Louis XI, sa fille Marie n'est pas assurée de conserver son héritage.

❑ ***Habsbourg.*** Le conglomérat Habsbourg a été construit par Rodolphe Ier : au domaine familial de Haute-Alsace et de Suisse du nord, Rodophe Ier a joint, après sa victoire du Marchfeld sur Ottokar de Bohême (1278), l'Autriche, la Styrie, la Carniole et la Carinthie. Le Tyrol, Trieste, Ferrette, le Brisgau et le Voralberg s'y ajoutent ensuite. Mais les succès de la Confédération entament le conglomérat, divisé finalement à Neuberg en 1379 entre trois branches de la famille (Autriche, Styrie et Tyrol-Alsace). De plus, la tutelle d'Albert de Habsbourg donne lieu à une guerre familiale qui ravage l'Autriche. Trop bref, le règne d'Albert Ier ne change rien (*cf. supra*) et la mort de son fils Ladislas le Posthume, en 1457, fait perdre l'héritage Luxembourg. Frédéric III, cousin d'Albert, n'a que ses domaines (Styrie, Carniole et Carinthie) et il doit disputer à son frère Albert l'héritage autrichien de Ladislas jusqu'en 1463.

Aussi Frédéric III a peu d'autorité. Il n'empêche ni l'installation de Georges Podiebrad en Bohême, ni celle de Corvin en Hongrie. Les Wittelsbach lui sont hostiles, songeant même à offrir la couronne à Podiebrad. Face au Téméraire, il décampe à Trèves et laisse les Suisses faire le travail. Il est incapable de maintenir l'ordre dans l'Empire et dans ses propres domaines (révolte de la Carniole). Les Turcs menacent la Styrie, et Corvin prend même Vienne en 1485 : aussi Frédéric III (†1493) accepte-t-il que son fils Maximilien soit, dès 1486, élu roi des Romains ; il ne réussit pas mieux que ses prédécesseurs à ramener l'ordre dans l'Empire, mais il restructure ses États familiaux. Fiancé en 1476 à Marie de Bourgogne, Maximilien l'épouse en août 1477 après la mort du Téméraire : l'héritage bourguignon est une chance exceptionnelle pour les Habsbourg ; encore faut-il le récupérer.

Il doit compter avec Louis XI, suzerain des terres sises dans le royaume et avec la volonté d'indépendance des villes flamandes, Gand surtout, révoltée contre la politique centralisatrice du Téméraire. En 1477, Marie de Bourgogne concède aux états généraux réunis à Gand le *Grand Privilège* qui restaure les libertés locales : l'union se fait alors autour de Marie et de son époux ; les Français sont battus à Guinegatte (1479) et Louis XI conclut la paix d'Arras en 1482 : il obtient la Bourgogne et les dernières villes de la Somme ; l'Artois et la Franche-Comté font la dot de Marguerite, fille de Maximilien et de Marie, promise à Charles VIII. Le reste va à Maximilien. A la mort de Marie en 1482, Maximilien est régent pour leur fils Philippe le Beau. La révolte des villes flamandes en 1484-1485 et 1488-1492 met en danger sa domination. Mais la maladresse des Français et leur intérêt pour d'autres entreprises, l'annexion de la Bretagne d'abord, l'expédition italienne ensuite, favorisent la conclusion de la paix de Senlis (1493) : la Franche-Comté et l'Artois — diminué toutefois du Boulonnais, de Hesdin, Aire et Béthune — reviennent à Maximilien. Les Pays-Bas restent donc dans l'Empire, même s'ils se détournent progressivement de la nation allemande.

La fin du schisme et la crise conciliaire

Le grand schisme, conséquence directe de l'essor de l'État moderne en Occident, est inconcevable sans la rivalité entre la France et l'Angleterre qui, au-delà de l'imbroglio politique italien, le nourrit. L'intervention de l'empereur Sigismond permet d'y mettre fin.

❑ ***Recherches d'une solution.*** Sitôt le schisme consommé et les deux obédiences formées (*cf. supra*), on s'efforce d'y mettre fin. Pourtant, à la mort de chacun des deux papes, les collèges respectifs de cardinaux élisent un successeur : Boniface IX remplace Urbain VI à Rome en 1389, Benoît XII (l'Aragonais Pedro de Luna) Clément VII à Avignon en 1394. A Boniface, succèdent encore Innocent VII (1404-1406) et Grégoire XII (1406-1415). Pour mettre fin au schisme, la guerre (*via facti*), trop dépendante de la politique italienne, paraît impraticable. L'idée de la soustraction d'obédience (*via cessionis*) naît à l'université de Paris en 1394, dans le contexte créé par la mort de Clément VII ; après un premier échec en 1395, l'idée est relancée en 1397, exposée à la demande du Conseil du roi de France dans le *De sustractione obediencie* de Simon de Cramaud ; l'assemblée de l'Église de France décide la soustraction d'obédience (1398) et le roi suit. Mais Benoît XIII, assuré du soutien du duc d'Orléans, résiste à Avignon aux routiers de Boucicaut qui l'assiègent, alors que rien ne se passe dans l'autre camp : Venceslas et Richard II sont tentés par la soustraction, mais le premier est déposé et remplacé par Robert de Wittelsbach, tout dévoué au pape romain, et le second est renversé par Henri de Lancastre. En 1403, la France restitue son obédience à Benoît XIII.

Celui-ci a même promis de discuter avec son rival et une rencontre des deux papes est préparée ; l'un va jusqu'à Porto Venere, l'autre jusqu'à Lucques (1408) mais tous deux n'iront pas plus loin, rêvant encore à la *via facti* : Benoît est soutenu par les ducs d'Orléans et d'Anjou et par Boucicaut, qui tient Gênes ; Grégoire par Ladislas de Naples. La France renouvelle alors sa soustraction d'obédience et la plupart des cardinaux de l'un et de l'autre papes se réunissent pour organiser, avec l'aide de Florence, un concile à Pise (*via concilii*) : les deux papes sont déposés (juin 1409) et l'archevêque de Milan, Pierre Philargès, est élu (Alexandre V). Mais il meurt dès 1410, et son successeur, Baldassare Cossa (Jean XXIII) est plus *condottiere* que prélat : la dynamique de Pise s'essouffle, et Ladislas de Naples revient à l'obédience de Grégoire XII, obligeant Jean XXIII à quitter Rome.

❑ ***Le concile de Constance.*** Jean XXIII n'a d'autre ressource que de s'en remettre à Sigismond qui voit là une occasion providentielle de restaurer son prestige et celui de l'Empire. Il décide d'organiser le concile, sous sa protection, à

Constance, en 1414, et par une grande tournée européenne, s'assure de la participation de tous, allant jusqu'à retarder par sa diplomatie la reprise du conflit franco-anglais. C'est encore Sigismond qui pousse les pères à choisir le vote par nation plutôt que par tête (les partisans italiens de Jean XXIII étant ainsi neutralisés), et qui les convainc de déposer les trois papes pour repartir sur une base solide. Quand Jean XXIII, se voyant perdu, prend la fuite, Sigismond encourage les modérés à se rallier au décret *Haec sancta*, radical car il proclame la supériorité du concile sur le pape (1415). Jean XXIII se soumet, est déposé, et Grégoire XII abdique. Reste Benoît XIII, intraitable, mais Sigismond détache de lui les royaumes ibériques qui envoient enfin leurs délégués au concile (accords de Narbonne, 1415). Déposé en 1417, Benoît XIII règne jusqu'à sa mort sur une obédience fantôme depuis le rocher de Peñiscola en Catalogne.

❑ ***Le concile de Bâle et la victoire de la papauté.*** Il est un point cependant sur lequel Sigismond et les clercs allemands ne triomphent pas : celui de la réforme. Le concile craint que sitôt un pape élu, l'idéal de réforme soit abandonné par la papauté. Aussi, avant d'élire Martin V (Odone Colonna) une série de décrets réformateurs sont adoptés, dont celui de *Frequens* qui fixe la périodicité du concile. Le gouvernement de l'Église se met ainsi à l'unisson des gouvernements civils, avec une assemblée représentative aux côtés du souverain (le pape) et de son conseil (le collège des cardinaux). Martin V, bien qu'il consacre l'essentiel de son activité à la reconstitution de l'État pontifical, respecte à peu près les échéances de *Frequens* : un premier concile se tient à Sienne (1423-1424), un second s'ouvre à Bâle en 1431. Mais le pape a changé : Eugène IV (1431-1447), apprenant que les délégués au concile sont peu nombreux, croit possible de le dissoudre. Cette mesure provoque une violente réaction et le concile, soutenu par l'empereur qui croit en lui à la fois pour continuer la réforme et pour mettre fin aux guerres hussites, oblige le pape à reconnaître sa validité (1433).

La lutte est désormais ouverte entre le pape et un concile où la surreprésentation des universitaires permet aux réformateurs radicaux d'imposer leurs vues. Une série de mesures visant à détruire la centralisation pontificale (réduction de la fiscalité et de l'administration romaine, diminution de l'intervention du pape dans la nomination aux bénéfices) sont adoptées, mais le refus d'Eugène IV de coopérer avec le concile oblige ce dernier à se doter lui-même de toute une machinerie administrative et judiciaire qui finit par bloquer son fonctionnement. Le pape en profite en 1437 pour inviter le concile à se transporter à Florence, où les Grecs doivent se rendre pour tenter de mettre un terme au schisme entre orthodoxes et catholiques, ce que l'avance turque rend urgent. Une partie des pères accepte, mais l'autre, restée à Bâle, élit en 1439 un antipape, le comte de Savoie Amédée VIII (Félix V). Le succès du concile de Florence aidant, les États qui soutiennent les pères de Bâle finissent par se rallier au pape.

Comme il a échoué dans la réforme de l'Empire, Sigismond n'a pu réussir dans la réforme de la papauté. Rétabli dans ses prérogatives, le pape consacre l'essentiel des ressources de l'Église à la reconstitution de l'État pontifical en

Italie. Si Nicolas V et Pie II (l'humaniste Aeneas Sylvius Piccolomini) se vouent sincèrement à l'organisation de la croisade contre les Turcs, leurs successeurs sont avant tout des princes italiens, utilisant les ressources de la chrétienté pour promouvoir leurs familles. Les autres souverains l'ont compris et, plutôt que de rechercher une réforme impossible, essaient de négocier un concordat aussi avantageux que possible avec la papauté. L'empereur Frédéric III s'y résigne en 1448 (concordat de Vienne) ; presque seules, la France et l'Angleterre s'y refusent. Le roi de France, notamment, s'abrite derrière l'affirmation des libertés gallicanes par la *Pragmatique sanction* de Bourges (1437) pour entretenir un marchandage permanent avec le pape. Mais si les princes s'accommodent de cette situation, il n'en est pas de même du peuple chrétien ; le succès de la réforme luthérienne le prouvera.

AUTOUR DE L'EMPIRE

Au nord et à l'est de l'Europe, les monarchies nationales se renforcent, et l'influence germanique décroît. Mais les noblesses s'assurent là un rôle dominant qui interdit la genèse de l'État moderne et affaiblit la résistance à la menace turque.

État, nation, noblesse

A l'exception de la Bohême dont le développement social (pouvoir monarchique, féodalisation, essor des villes et du commerce) est comparable au début du XIVe siècle à celui des royaumes d'Occident, les États de ces régions sont dominés par leur noblesse. Le féodalisme, lié à l'influence allemande, y est superficiel, et le pouvoir réel appartient en général à une oligarchie de magnats, structurée en clans nobiliaires rivaux. Au-dessous d'elle se trouve une petite noblesse (la *szlachta*, en Pologne). La noblesse détient la force militaire ; en Hongrie, la destruction des châteaux royaux, la suppression du service gratuit des hommes libres sous André II et la ruine du système de défense royale par les Mongols renforcent le pouvoir des barons qui reconstruisent les forteresses, levant pour les défendre des compagnies de *servientes* privés. Chaque clan dispose d'une armée privée réunissant ses hommes autour d'une bannière (*bandiera*). L'armée d'Hunyadi est une armée privée de ce type, transformée en armée royale par l'élévation de son fils Mathias Corvin à la couronne, sans altération de structure. Les Hongrois sont un peuple en armes, mais les rois Jagellons n'ont presque pas d'armée. La bourgeoisie a peu de poids ; les villes sont nombreuses mais petites (la plus grande ville de Pologne, Cracovie, a 11 000 habitants au XIVe siècle) et l'activité économique est concentrée aux mains des Allemands et des Juifs.

Dans une telle structure, les rois ont peu de moyens. Ils exploitent le domaine et les droits régaliens dans lesquels mines et monnayage jouent un rôle primordial. Ils s'efforcent, malgré les magnats et la papauté, de contrôler des Églises nationales immensément riches. Faute de bourgeoisie, ils accordent des avantages à la petite noblesse pour équilibrer le pouvoir des magnats ; Charles-Robert et Mathias Corvin en Hongrie, Casimir III et Casimir IV en Pologne adoptent cette politique. En même temps, ils récupèrent sur les magnats un maximum de terres pour les confier à leurs fidèles. Mais ces rois forts sont l'exception ; en règle générale, les souverains achètent le soutien de la noblesse en confortant ses privilèges à leur détriment, mais aussi à celui des villes et des paysans. Les chartes de 1310 en Bohême, la *Bulle d'Or* de 1351 en Hongrie, la charte de Kosice en Pologne, en 1374, fondent la toute-puissance nobiliaire. En Pologne, la *szlachta* obtient qu'il soit interdit aux bourgeois de posséder des terres (1495). La condition paysanne s'aggrave partout : alors qu'en Occident le servage disparaît, il apparaît à l'Est au XVe siècle. Ce « second servage » gagne jusqu'aux terres de colonisation, autrefois libres par excellence, malgré de terribles révoltes paysannes (1437 en Transylvanie ; 1514 en Hongrie). Les souverains ainsi assurés du soutien des nobles construisent des « monarchies extensives », regroupant couronnes et territoires pour multiplier les sources de revenus, même s'ils disposent en réalité de faibles pouvoirs ; Louis d'Anjou, roi de Hongrie et de Pologne, les Jagellons en Pologne et Lituanie puis, à partir de 1490, en Bohême et en Hongrie réalisent des constructions de ce type. Au lieu de servir à la défense contre le péril turc, les ressources et l'énergie militaire sont gaspillées dans ces entreprises dynastiques.

Face aux monarchies extensives, les nobles prétendent défendre l'intérêt des couronnes nationales de Hongrie (saint Étienne), Bohême (saint Venceslas) et de Pologne (*corona regni Poloniae*) face à des dynastes étrangers, Anjou, Luxembourg, Habsbourg ou Jagellons. Des assemblées régionales (diétine des voïvodies polonaises, *congregatio generalis* des comitats hongrois) représentent les intérêts de la noblesse locale, et les Diètes générales, au niveau du royaume, ne comportent pratiquement que des représentants de la noblesse, sauf en Bohême, où les villes ne sont pratiquement exclues (et provisoirement) qu'en 1500. Ces Diètes ont un faible rôle fiscal : dans son long règne, Sigismond ne lève que neuf taxes grâce à la Diète hongroise : une fiscalité d'État n'a pas de sens ; les paysans étant propriété des nobles et de l'Église, un prélèvement sur les non-libres est de fait un prélèvement sur la propriété des nobles, eux-mêmes exempts. L'impôt est donc levé par les nobles, et le roi ne peut disposer des sommes réunies. Les Diètes générales s'arrogent le pouvoir d'élire le souverain, et l'essentiel du rôle législatif : en Pologne, la *szlachta* obtient en 1505 le monopole de la présentation des lois nouvelles (loi du *Nihil novi*).

Loin d'aller vers l'État moderne, l'Europe du Nord et de l'Est régresse par la destruction des conditions économiques et sociales qui auraient permis la naissance de ce type d'État. Résultat, la Pologne est impuissante à contenir l'expansion de l'État moscovite, et la Hongrie est détruite par les Turcs à la bataille de Mohacs en 1526. Certes, les « Républiques nobiliaires » favorisent l'essor des cultures nationales, aidées en cela par les universités fondées par les souverains, Prague (1348), Cracovie (1364), Pecs (1367), Upsala (1477) et Copenhague (1478). Mais le sentiment national, fondé sur un culte de la couronne, plus que sur le sentiment monarchique, repose avant tout sur l'idéal anarchique des libertés nobiliaires. Il y a toutefois des différences importantes d'État à État.

La Scandinavie

La Scandinavie diffère du modèle général car le caractère national de la noblesse y est faible et l'influence allemande en revanche très forte.

❑ ***Domination des nobles et des Allemands.*** Les royaumes scandinaves sont faibles ; seule, la Norvège conserve une monarchie héréditaire. Le Danemark est en proie aux révoltes, sauf sous le règne de Valdemar IV Atterdag (1340-1375). Contre les nobles, le roi ne peut s'appuyer sur les villes, dont la bourgeoisie est surtout allemande : les Hanséates limitent aussi le pouvoir royal. En outre, le Danemark est engagé dans d'interminables guerres pour conserver le Slesvig, menacé par le Holstein à partir de 1326. Le royaume suédois est aussi dominé par l'aristocratie et l'Église qui tiennent le Conseil.

Maîtresse des détroits de la Baltique, la Hanse est tenue en échec (1362-1365) par Valdemar IV Atterdag qui arrache Gotland à la Suède, massacrant les milices paysannes. Elle monte contre lui une coalition (l'alliance de Cologne, 1367) et impose sa volonté à la paix de Stralsund (1370), qui lui donne le droit de participer au choix du successeur de Valdemar. En Norvège, Lübeck et les villes wendes de la Hanse disposent de privilèges exorbitants obtenus de Haakon V (1299-1319), qui leur assurent le monopole du commerce et font de Bergen une ville allemande. Les Suédois sont eux aussi menacés par la Hanse, qui s'assure Visby dans l'île de Gotland ; il est vrai qu'ils sont surtout actifs sur la côte est de la Baltique, où ils prennent le contrôle des débouchés des voies commerciales et fondent Viborg.

❑ ***L'union de Calmar et ses suites.*** Les noblesses scandinaves, souvent d'origine allemande (surtout au Danemark), n'ont guère de sentiment « national » et elles sont favorables à une union des royaumes qui élargirait leurs perspectives. Une première union est constituée par la régente de Suède Ingeborg entre Suède et Norvège au profit de Magnus VII Eriksson « Smek » en 1319 ; la conquête de la Scanie sur le Danemark, en 1332, l'agrandit encore. Mais elle est rompue en 1365 par les Suédois qui prennent pour roi Albert de Mecklembourg. Au Danemark ensuite, à la mort de Valdemar IV en 1375, Olaf, fils de Haakon VI de Norvège et de Margaret (fille de Valdemar IV) devient roi. La mort d'Haakon VI (1380) puis celle d'Olaf (1387) font de Margaret la reine des deux royaumes ; Albert de

Mecklembourg est déposé et les nobles suédois désignent alors Margaret comme reine (1389). Par l'union de Calmar (1397), elle veut rendre l'union définitive pour son héritier, Éric de Poméranie. Mais la domination danoise provoque l'hostilité de la Norvège et de la Suède, où l'aristocratie est menée par Christian Wasa et Karl Knudson. Des soulèvements nationaux où se mêlent paysans et petits nobles se produisent en Suède (soulèvement d'Engelbrekt Engelbrektsson en 1434), en Norvège (1436), au Danemark (1441). Éric, ruiné et déconsidéré, est déposé en 1442, remplacé au Danemark par Christophe de Bavière puis par Christian Ier d'Oldenbourg (1448-1483), et en Suède par Karl Knudson (1448-1457). Christian reconstitue l'union en 1457, mais il est battu en 1471 à Brunkeberg par les Suédois. La Suède fonctionne sous la conduite du neveu de Knudson, Sten Sture, comme une République aristocratique ; la haine du pouvoir danois dont les souverains Christian Ier et Hans (1483-1513) sont détestés, forge le nationalisme et les capacités politiques de l'aristocratie : indépendante en 1523, la Suède édifiera l'État le plus puissant de la région.

L'unité, si précaire soit-elle, suffit pourtant à contrer l'influence allemande. En 1460, Christian incorpore le Slesvig et le Holstein au Danemark. Et surtout la puissance de la Hanse décroît à partir de l'union de Calmar, le Danemark reprenant à plusieurs reprises le contrôle des détroits ; conjuguée à la concurrence des marins ibériques, hollandais et bientôt anglais dans l'Atlantique, à la prise de Novgorod par l'État moscovite (1478), l'émancipation scandinave amorce la décadence hanséate. Mais les États scandinaves sont encore faibles à la fin du XVe siècle.

Prusse, Pologne, Lituanie

Le renouveau de la monarchie polonaise et la montée d'une nouvelle puissance, la Lituanie des Jagellons entraînent la dégradation de la situation de l'Ordre teutonique.

❑ ***La Prusse.*** L'apogée de la puissance teutonique se situe à l'époque où Winrich von Kniprode est grand-maître (1351-1382). Mais la crise économique est sévère, la colonisation reflue et l'Ordre est miné par les dissensions. Malgré l'afflux de nobles allemands et anglais désireux de participer à des croisades contre les païens de Lituanie, l'Ordre ne peut empêcher l'union de la Pologne et de la Lituanie : battus par les Polono-Lituaniens en 1410 à Tannenberg, les Teutoniques — ils ne sont plus que 500 frères — sont affaiblis par la révolte des villes (Elbing, Dantzig) et par celle des nobles prussiens. Les rebelles forment en 1440 la ligue des États (*preussische Bund*), qui fait appel, en 1454, au roi de Pologne, Casimir IV. La guerre (1454-1466) qui s'ensuit est désastreuse ; à la paix de Torun (1466), l'Ordre laisse la Prusse occidentale (Pomerélie, Ermland, Kulmerland) au roi de Pologne, dont il reconnaît la suzeraineté sur la Prusse orientale. Pour enrayer sa décadence, l'Ordre choisit comme grand-maîtres des princes allemands : la réforme luthérienne permettra en 1526 à un Hohenzollern de séculariser l'État prussien.

❑ ***La renaissance de la Pologne.*** En Pologne, à la mort de Venceslas II de Bohême, plusieurs compétiteurs s'affrontent. A Jean de Luxembourg, héritier des prétentions de Venceslas, s'opposent des candidats polonais, tel Wladislaw Lokietek. N'hésitant pas à s'allier aux Teutoniques qui lui arrachent Dantzig et la Pomerélie (1308-1309), coupant de la mer le royaume polonais, il s'impose malgré la révolte des villes de Petite Pologne (1311). Il obtient le soutien de la papauté, en augmentant fortement le denier de Saint-Pierre dû à la fiscalité pontificale, et relance la colonisation du Sud de la Pologne, utilisant le modèle allemand mais avec des colons polonais. Couronné en 1320, il fait condamner par Jean XXII l'Ordre teutonique à rendre la Pomerélie, ce qu'il refuse de faire. Face à la Bohême (Luxembourg), au Brandebourg et aux Teutoniques, il s'appuie sans grand succès sur la Hongrie et la Lituanie. Du moins, la monarchie polonaise est restaurée ; son fils Casimir III lui succède à sa mort en 1333.

Casimir le Grand reconnaît la suzeraineté Luxembourg sur les duchés silésiens. A la paix de Kalisz (1343), il accepte l'annexion de la Pomerélie, récupérant Dobrzyn et la Cujavie ; grâce à son alliance avec Charles IV, il se contente désormais de renforcer systématiquement les liens avec la Poméranie par des achats et des alliances. Il a ainsi les mains libres pour intervenir à l'Est où son cousin Boleslas de Mazovie, devenu vers 1325 prince de Galicie-Volhynie, est assassiné en 1340. Allié aux Hongrois, Casimir s'oppose à l'alliance des Lituaniens et des Tatars : il prend Lvov et la Galicie (1348), mais laisse la Volhynie aux Lituaniens avec lesquels il fait la paix (1352). Par ailleurs, il réorganise son royaume ; en 1347, les statuts de Petite Pologne et de Grande Pologne stabilisent son pouvoir. Le prestige de Casimir est magnifié par la réunion à Cracovie en 1364 des cinq rois (Bohême, Hongrie, Pologne, Danemark et Chypre) soucieux de s'opposer à l'avance turque. Mais Casimir meurt sans héritier direct en 1370, et Louis d'Anjou, roi de Hongrie, lui succède.

Louis d'Anjou (1370-1382) ne s'intéresse pas à la Pologne et ruine l'œuvre intérieure de son prédécesseur en accordant à la noblesse polonaise des privilèges exorbitants (charte de Kosice, 1374). Il abandonne la politique poméranienne et, à l'Est, s'il s'empare de la Volhynie en 1377, il ne peut résister à la Lituanie. Aussi les noblesses de Hongrie et de Pologne ne respectent pas les dispositions testamentaires d'un souverain qui a sacrifié ses royaumes à son rêve napolitain (*cf. infra*). Il avait prévu que l'aînée, Marie (mariée à Sigismond de Luxembourg) règnerait sur la Pologne, et la seconde, Hedwige (fiancée à Guillaume de Habsbourg) sur la Hongrie : mais les nobles hongrois élisent Marie pour être leur reine, et les nobles polonais, arrachant au passage de nouveaux privilèges, désignent Hedwige, mariée non à un Habsbourg mais au grand-duc de Lituanie Jagellon, converti au catholicisme (accord de Krewo, 1386).

❑ ***L'alliance polono-lituanienne.*** La puissance lituanienne naît en réaction à l'avance allemande qui contraint les tribus à se regrouper. Prenant le contrôle de plusieurs principautés russes qu'ils libèrent de la domination tatare (*cf. infra*),

Mindaugas (1240-1263), Gedimyn (1316-1341, installé à Vilna), Algirdas (1341-1377) et son frère Keistut sont les principaux adversaires des Teutoniques, qui multiplient les croisades contre ces païens. L'union dynastique avec la Pologne et la conversion sont donc deux coups durs pour l'Ordre, confronté à un ennemi puissant et privé désormais de justification idéologique. Le pouvoir lituanien est cependant affaibli par des rivalités familiales et par ses visées traditionnelles en Russie. Contre Jagellon, les Teutoniques aident son cousin Vitautas, qui domine les anciennes principautés russes et souhaite poursuivre l'expansion vers l'Est, s'alliant à la Horde d'Or tatare pour contenir la puissance moscovite.

Si, en 1393, Jagellon (Ladislas V) abandonne la plus grande partie de la Lituanie à Vitautas, il est en 1401 reconnu comme roi de Pologne et grand-duc de Lituanie, Vitautas lui étant associé à vie comme grand-duc. Les deux États restent séparés. La réconciliation permet la victoire polono-lituanienne de Tannenberg (1410) sur les Teutoniques : la Samogitie est donnée à la Lituanie. Surtout, le pouvoir de Jagellon est consolidé, l'accord familial étant conforté par la convention d'Horodlo en 1413. Son principal adversaire est désormais Sigismond de Luxembourg, dont les arbitrages impériaux sont favorables aux Teutoniques ; Jagellon intervient contre lui en Bohême, où son frère et son neveu, Vitold et Sigismond Korybut, sont successivement élus rois. A sa mort en 1434, son fils Ladislas VI devient roi de Pologne et, à la mort de l'empereur Albert II, il est aussi élu roi de Hongrie en 1440 grâce à l'appui des nobles hongrois qui, menés par Jean Hunyadi, veulent secouer la tutelle impériale. Ladislas VI prend ainsi la tête de la grande campagne contre les Turcs dans les Balkans (*cf. infra*) : il est battu et tué à la bataille de Varna.

Casimir IV, frère de Ladislas et grand-duc de Lituanie depuis 1440, n'est désigné qu'en 1447. Il consolide son pouvoir grâce à la petite noblesse (la *szlachta*) à laquelle il concède des privilèges qui équilibrent le pouvoir des magnats. S'il maintient la séparation entre Pologne et Lituanie, l'essentiel de son activité est tourné vers l'ouest. Victorieux des Teutoniques, il rend à la Pologne l'accès à la Baltique et écarte définitivement la menace de l'ordre à la paix de Torun (1466). Son fils Ladislas (par sa mère Elisabeth de Habsbourg neveu de Ladislas le Posthume) est roi de Bohême en 1471 : Casimir IV le défend contre son adversaire Mathias Corvin avec lequel un accord est conclu en 1478. En 1490, Ladislas II est aussi élu roi de Hongrie. A la mort de Casimir IV, en 1492, la famille Jagellon a donc étendu son emprise sur toute l'Europe orientale. Réussite spectaculaire mais fragile : le pouvoir réel est aux mains des noblesses nationales et la solidité des frontières orientales s'en ressent. La politique d'alliance avec les Tatars affaiblis ne suffit pas à freiner l'essor de la Moscovie, et rien de solide n'est fait contre les Turcs : les successeurs de Casimir IV, Jean-Albert (1492-1501) et Alexandre (1501-1506) en subiront les conséquences.

❑ ***Bohême.*** Bien qu'il ait confirmé les droits électoraux de la noblesse tchèque, l'empereur Albert Ier de Habsbourg désigne son fils Rodolphe roi de Bohême à la mort de Venceslas III. La disparition de Rodolphe, en 1307, permet d'élire

Henri de Carinthie, beau-frère de Venceslas III : soutenant les bourgeois (souvent allemands) qui voulaient être représentés à la Diète, il est chassé par la noblesse en 1310 au profit de Jean de Luxembourg, fils du nouvel empereur Henri VII et époux d'Élisabeth, fille de Venceslas II. Les nobles en profitent pour obtenir des chartes de privilège (1310). Jean, pour qui la Bohême n'est qu'une base pour d'autres entreprises, laisse le pays sombrer dans le désordre jusqu'en 1330, date à laquelle son fils Charles devient margrave de Moravie et régent de Bohême. Il est couronné en 1347.

Le précepteur de Charles, Pierre Roger, étant devenu pape (Clément VI), Charles obtient que Prague soit un archevêché indépendant de tout contrôle allemand. La capitale, Prague, connaît un superbe essor, avec la construction d'une nouvelle cathédrale (Saint-Guy), d'un pont sur la Vltava et de la ville nouvelle (tchèque, par opposition à la vieille ville surtout allemande). L'université est créée en 1348. Le roi restaure le domaine royal et s'assure des finances prospères grâce aux mines et au monnayage, encourageant le développement économique du pays. Malgré ces réussites, il n'arrive pas en 1355 à imposer à la Diète la réforme constitutionnelle (*Majestas Carolina*) dont la référence explicite aux constitutions de Melfi de Frédéric II révèle assez le propos. Les pouvoirs de la monarchie restent bornés par ceux de la noblesse : le règne du fils aîné de Charles IV, Venceslas (1376-1419) le démontre amplement.

Renonçant à une fiscalité qui lui aurait donné des moyens d'action, ce qui lui vaut la faveur de la bourgeoisie et de la petite noblesse dans lesquelles il choisit ses conseillers et ses agents, Venceslas ne peut protéger ses partisans ; les juifs de Prague sont ainsi victimes d'un terrible pogrom en 1389, et le roi est à deux reprises emprisonné par les nobles de la ligue des Seigneurs, dirigée par son cousin Josse de Moravie et Henri de Rosemberg, en 1394-1396 et en 1402 (avec l'accord de son frère Sigismond). Le compromis conclu en 1403 laisse les Rosemberg maîtres de la Bohême du Sud, les nobles partageant avec le roi le pouvoir dans le reste du pays. La faiblesse de Venceslas se combine avec le bouillonnement religieux pour créer une situation révolutionnaire. Déjà, désireux de transformer en évêché l'abbaye de Kladruby, le roi se heurte à l'archevêque Jan de Jenstein ; ses officiers torturent un des conseillers du prélat, Jean Népomucène (1393). A nouveau, optant pour le concile de Pise en 1408, il se heurte à l'archevêque Zbynek de Hasenburg et à l'université qui tiennent pour le pape romain. Or, l'université est divisée en deux nations violemment opposées, l'allemande et la tchèque, cette dernière étant gagnée au concile : par le décret de Kutna Hora en 1409, Venceslas donne à la nation tchèque trois voix contre une à la nation allemande, pour obtenir un vote en faveur du pape Alexandre V.

Sans s'en être rendu compte, le roi déclenche un engrenage fatal. Les maîtres tchèques ont été gagnés à la réforme depuis une vingtaine d'années : le désir de mettre fin aux abus entraînés par la richesse et l'engagement temporel de l'Église est très vif. Mais parce que les maîtres allemands sont de tendance philosophique nominaliste, les Tchèques sont souvent réalistes ; or, l'un des plus illustres logiciens réalistes est John Wyclif (*cf. infra*). Les contacts avec l'Angleterre sont faciles, Richard II ayant épousé Anne de Bohême, sœur de Venceslas. L'œuvre de l'hérétique d'Oxford, avec ses vues radicales sur l'eucharistie mais aussi sur la sécularisation du temporel ecclésiastique et l'exclusion de l'Église de tout pouvoir politique, trouvent vite des partisans : elle est diffusée et discutée à Prague, malgré les condamnations. Ici apparaît Jan Hus, maître (1396) et recteur de l'université (1410). Grand théologien, il est célèbre comme prédicateur en langue tchèque, étant depuis 1402 prédicateur de Bethléem. L'archevêque Zbignev est trop heureux de s'opposer à Venceslas en accusant d'hérésie le recteur tchèque de l'université : il jette l'interdit sur Prague et meurt alors qu'il s'enfuit auprès de Sigismond.

Hus, de son côté, a fait appel à Jean XXIII : mais la position de celui-ci est trop chancelante pour qu'il se montre aventureux en matière de doctrine. Hus est excommunié (1411) ; il prêche avec violence contre les indulgences pour la vente desquelles la prédication bat son plein à Prague, car Jean XXII, ayant lancé une croisade contre Ladislas de Naples a besoin d'argent. Son succès est tel qu'une émeute éclate ; il y a des morts, Hus doit quitter Prague et écrit alors le *De Ecclesia*, son traité essentiel en matière politique. Convoqué par Sigismond au concile de Constance, il accepte d'y défendre ses thèses, muni d'un sauf-conduit impérial. Sitôt arrivé, les pères le font emprisonner malgré l'empereur : jugé pour hérésie, il est brûlé le 6 juillet 1415, suivi en 1416 par son disciple Jérôme de Prague.

La Diète bohêmienne proteste et une ligue pour défendre la liberté de prédication est constituée ; de nombreux nobles tchèques y adhèrent aussitôt. Quant aux églises de Prague, elles sont aux mains des « Hussites » qui pratiquent la communion sous les deux espèces (*utraque specie*, d'où leur nom d'utraquistes). Ils sont d'ailleurs divisés : aux modérés majoritaires à l'université et dans la noblesse s'opposent les radicaux, bientôt appelés Taborites du nom de leur refuge à Usti. Les deux tendances s'allient au synode de Prague (1418) mais Venceslas refuse toujours de leur accorder officiellement un nombre suffisant d'églises à Prague. Lors d'une manifestation, les conseillers municipaux de la nouvelle ville de Prague sont défenéstrés : Venceslas en meurt de fureur (août 1419). Sigismond étant occupé ailleurs, la puissance hussite se développe ; les Taborites prennent le dessus avec leur chef militaire Jan Zizka, écrasant les royalistes à Sudomer. Une croisade de Sigismond en 1420 aboutit seulement à refaire l'unité du mouvement hussite autour des quatre articles de Prague. Après la victoire hussite de Vyserhad, la Diète bohêmienne dépose Sigismond, remplacé par un conseil de régence qui offre la couronne à Vitold, frère du roi de Pologne ; mais l'Église de Pologne fait obstacle à toute aide du côté des Jagellons.

Les Hussites sont pourtant victorieux en 1421 et en 1422. En même temps, Zizka élimine la secte extrêmiste des Adamites (1421), mais il meurt en 1424. Commandés désormais par Procope le Rasé, les Hussites sont victorieux en 1425 et 1427 (Usti, Tachov), ravagent la Silésie en 1428 et la Thuringe et la Saxe en 1429, et en 1431 mettent en déroute la plus grande des armées croisées qui leur ait été opposée par Rome et par Sigismond à Domazlice. Sigismond et le pape Eugène IV s'en remettent au concile de Bâle pour négocier avec des Hussites à nouveau divisés. Utraquistes modérés et catholiques tchèques unis écrasent les Taborites à Lipany (1434). Un compromis sur la base des quatre articles (*Compactata*) est finalement accepté par Sigismond et par le concile : Sigismond rentre enfin à Prague (1436).

A la mort de Sigismond en 1437, et après le court règne d'Albert II, la couronne revient à Ladislas le Posthume qui est absent ; la réalité du pouvoir appartient aux *landfridy*, circonscriptions gouvernées par des ligues dominées par les nobles. Le chef de la *landfridy* hussite, Georges de Podiebrad, devient l'homme fort du pays : il prend Prague en 1448, soumet Tabor en 1452 et est élu roi en 1457 à la mort de Ladislas. Il veut ramener l'union : modéré, il cherche l'entente avec les catholiques, persécutant l'Unité des frères, développée par les disciples de Pierre Chelcicky et le moine Grégoire. Mais sa politique est sapée par la papauté ; Pie II dénonce les *Compactata* en 1462, Paul II l'excommunie en 1466 et proclame la croisade contre lui. La papauté trouve un bras temporel, le Hongrois, Mathias Corvin, qui envahit la Bohême. Podiebrad résiste, mais à sa mort en 1471, la Diète désigne pour lui succéder Ladislas II, un prince Jagellon, afin d'obtenir l'alliance polonaise contre Corvin : celui-ci accepte la paix d'Olomouc en 1478 qui lui donne Moravie, Silésie et Lusace, mais laisse la Bohême à Ladislas II, simple jouet entre les mains des nobles.

❑ ***Hongrie.*** A la mort de Venceslas II, les opposants à la famille d'Anjou élisent Otton de Bavière, mais vaincu et fait prisonnier en 1307, celui-ci quitte la Hongrie et Charles-Robert d'Anjou (Carobert) est couronné en 1310. Charles-Robert n'a le contrôle complet du royaume qu'après la bataille de Rozgony (1319) et la mort du magnat Mate Csak (1321). Fort des revenus que lui procurent la découverte de nouvelles mines et un monnayage exceptionnel, Charles-Robert s'assure le service de fidèles auxquels il redistribue les dépouilles de ses ennemis et confie l'administration du royaume ; en même temps, il réorganise l'armée, intégrant les compagnies privées des clans nobiliaires autour de leur *bandiera*. Il peut ainsi récupérer Presbourg et jouer un rôle actif dans les Balkans, en Serbie et en Bosnie (*cf. infra*). Symbole de son prestige, les rois de Bohême et de Pologne se réunissent dans sa nouvelle capitale de Visegrad pour mettre fin à leur différend et régler le conflit des Teutoniques et de la Pologne.

Le fils de Charles-Robert, Louis le Grand (1342-1382), est entraîné dans les affaires italiennes par le meurtre de son frère André en 1345 à Naples où règne une autre branche de la famille d'Anjou (*cf. infra*) : son invasion de Naples en 1347-1348 ruine les finances hongroises et l'oblige à ré-octroyer la *Bulle d'Or* en 1351, étendant les privilèges nobiliaires en matières fiscale et militaire à tous les guerriers libres et propriétaires ; la petite noblesse est donc à son tour satisfaite, le pouvoir des propriétaires sur la paysannerie étant en même temps renforcé. Malgré cet affaiblissement du pouvoir royal, Louis récupère une partie de la Dalmatie au détriment de Venise, étend son protectorat sur Raguse et la Valachie et intervient en Bulgarie. En 1370, il est élu roi de Pologne.

Sa succession est en Hongrie aussi difficile qu'en Pologne. Sa fille Marie, fiancée à Sigismond de Luxembourg, est couronnée, mais contre elle se dresse le roi de Naples, Charles de Durazzo, lui aussi membre de la famille d'Anjou ; les luttes des factions se déchaînent et Sigismond n'est couronné qu'en 1387, Durazzo ayant été assassiné. La tentative est renouvelée par le successeur de Charles, Ladislas, qui tente sans succès de profiter en 1403 des tensions entre Sigismond et la noblesse hongroise à laquelle il a pourtant abandonné de nombreuses prérogatives de la couronne ; Sigismond a même été emprisonné en 1401 par les nobles. Le pape ayant soutenu Ladislas, Sigismond en profite pour imposer le contrôle royal à l'Église de Hongrie par le *placetum regium* (1404) ; il récupère ainsi un pouvoir considérable dont il se sert pour discipliner la noblesse (création de l'Ordre du dragon en 1408) ; il continue la politique esquissée au début de son règne, élargissant la représentation noble à la Diète. Mais, empereur en 1410, l'essentiel de son activité est hors de la Hongrie, même si sa seconde épouse, Barbe Cilli, est hongroise. Sigismond prend pourtant au sérieux la menace turque ; une réforme militaire (Diète de Temesvar 1381) améliore l'armée, mais la croisade de Nicopolis est un échec (1396). Il fait construire à la fin de son règne un formidable réseau défensif du Danube à la côte croate et acquiert Belgrade. En revanche, il doit laisser la côte dalmate à Venise.

Son gendre, Albert de Habsbourg, est élu en 1437. A sa mort en 1439, sa veuve Élisabeth de Luxembourg fait couronner leur fils Ladislas le Posthume, mais la majorité des nobles fait appel à Ladislas VI Jagellon, roi de Pologne. La menace turque étant pressante, l'union des forces des deux royaumes paraît prometteuse, et le cardinal Cesarini, légat pontifical, convainc la faction pro-Habsbourg d'accepter Ladislas VI qui trouve en Janos Hunyadi, voïevode de Transylvanie (il est d'origine valaque) un général expérimenté. Pourtant, après quelques succès, la croisade aboutit au désastre de Varna, où Ladislas est tué (1444). Le pouvoir appartient de nouveau aux nobles pendant la minorité de Ladislas le Posthume, Janos Hunyadi étant régent de 1446 à 1453. C'est encore Hunyadi qui oblige en 1456 les Turcs à lever le siège de Belgrade, mais sa mort plonge à nouveau le pays dans la crise ; la mort de Ladislas en 1457 ne résout rien : si la majorité des nobles élit Mathias « Corvin », fils de Hunyadi, en 1458, d'autres élisent l'empereur Frédéric III. Un accord n'est trouvé qu'en 1463 : Frédéric III héritera de Mathias s'il meurt sans enfant.

Corvin a deux objectifs : défendre le pays contre les Turcs et jouer un rôle actif en Europe centrale. Pour cela, il faut une armée efficace, indépendante des *banderia* nobles. Il constitue autour de la *banderia* royale une armée mercenaire, l'armée noire, qu'il finance par une lourde fiscalité, acceptée par la noblesse malgré une révolte en 1470 dans la mesure où son contrôle de la paysannerie est renforcé. Les conquêtes de Corvin lui procurent un financement accru, et à sa mort, l'armée noire avec plus de 30 000 hommes est la plus grande du temps. S'il remporte quelques succès contre les Turcs, l'essentiel de son action concerne la Bohême, où il s'oppose à Georges de Podiebrad puis à son successeur Ladislas II ; après une longue guerre, la paix d'Olomouc (1478) lui laisse la Moravie, la

Silésie et la Lusace. Il attaque Frédéric III, prenant Vienne en 1485, où il meurt subitement en 1490. La noblesse impose Ladislas II comme roi au lieu du fils naturel de Mathias, Janos Corvin. Comme en Bohême, Ladislas II (1490-1516) laisse tout pouvoir à la noblesse, et la monarchie hongroise, affaiblie, n'est plus qu'une force politique négligeable.

L'ITALIE

Comme la *natio germanica*, l'Italie est à la fois une nation et un espace politique hétérogène. Une langue commune, une civilisation et une culture brillantes renforcent l'hostilité à l'égard de l'extérieur : Dante n'est pas seul à rêver l'Italie unie. Mais ici, il n'y a pas non plus d'État moderne.

Les formes du pouvoir.

Au XIVe siècle, l'Italie comporte deux sortes d'États, subdivisés à leur tour en plusieurs types : des États urbains, issus des communes ; et des États territoriaux d'origine féodale. L'État pontifical est une superstructure coiffant des États urbains au Nord (Marche, Romagne, Ombrie) et des domaines féodaux au Sud.

❑ ***Les États territoriaux.*** Au Nord, ce sont des principautés : la Savoie (avec le Piémont en 1418) et les marquisats de Montferrat et de Saluce ; seul embyron d'État moderne, la Savoie survit, les autres sont étouffés par l'expansion milanaise. Au Sud, les deux royaumes de Sicile (en fait Naples et la Terre Ferme) et de Trinacrie (l'île de Sicile) sont l'un et l'autre héritiers de l'État fédéricien. Bien gérés, ils conféreraient à leurs souverains puissance et revenus ; mais la fiscalité, bien que régulière (la « collecte », dont l'assiette est révisée chaque année) n'y est pas consentie ; l'arbitraire du prélèvement féodal subsiste à travers des pseudo-« dons ». L'aristocratie baroniale est indocile, d'autant qu'elle est concurrencée par des élites étrangères (nobles angevins et provençaux, banquiers florentins sur la Terre Ferme, nobles catalans dans l'île). De toute façon, ils sont rarement bien gérés, les deux dynasties rivales d'Anjou et d'Aragon s'empêtrant dans d'inextricables querelles familiales. En effet, seul principe de légitimité, les options dynastiques font l'objet de toutes les luttes. Aussi les finances et l'économie de ces deux États dominés par des élites étrangères prennent progressivement une structure coloniale, pour le plus grand profit de Gênes, Venise et Florence.

❑ ***Villes et États urbains.*** Dans la plupart des communes, des seigneuries sont apparues au XIIIe siècle. Elles évoluent selon plusieurs modèles : soit le pouvoir passe à des princes, soit elles conservent un régime républicain, plus ou moins oligarchique. Républiques, Venise malgré son doge, Gênes et surtout Florence ; les Républiques disparaissent progressivement au XIVe siècle au profit des *signori*, mais les régimes sont divers.

A Florence, la seigneurie est un collège de huit prieurs, présidé par le gonfalonier de justice, élus tous les deux mois par les sept Arts majeurs (le *popolo grasso*, 5 à 10 % de la population au XIVe siècle). Elle se surimpose à la commune, dirigée par un podestat choisi à l'extérieur pour un temps limité, et au peuple dont le capitaine s'occupe des impôts. Elle est assistée par les seize gonfaloniers de la milice urbaine, élus tous les quatre mois (avec tirage au sort) et par un conseil (comme le podestat et le capitaine). Le tirage au sort joue un grand rôle dans les recrutements. Le *popolo* est donc une oligarchie où tout est fait pour qu'un individu ne puisse imposer son pouvoir. Mais il suffit qu'un groupe impose une *balia*, commission exceptionnelle chargée d'une mission précise, pour contrôler par son intermédiaire la cité. Ainsi, les clans familiaux (*consorterie*), souvent nobles et liés aux banques et aux Arts majeurs détiennent le pouvoir ; affaires, querelles de famille et politique ne font qu'un. Les bouleversements sont fréquents : Florence est agitée par des crises sociales comme en 1348, après la faillite en 1342-1346 des banques ruinées par Edouard III et par le désordre à Naples. La révolte des *Ciompi* donne une part de pouvoir au *popolo minuto* par l'intermédiaire des Arts mineurs entre 1378 et 1382, mais le régime oligarchique se maintient jusqu'en 1434 : Côme de Médicis s'empare du pouvoir.

Gênes est plus agitée encore ; là, le pouvoir des *alberghi* (clans familiaux) nobles ou non (Grimaldi, Campofregoso, Adorno, Doria, Spinola, Cibo) est tel qu'il est souvent impossible de faire fonctionner la République ; la ville passe alors sous domination étrangère pour une période parfois considérable (Sforza, 1468-1482), et les fonctions étatiques sont assumées par des consortiums (les *maones*, comme celle qui gouverne la Corse de 1378 à 1407) ou des sociétés, tel le *Banco di San Giorgio* (à partir de 1409), peut-être la meilleure expression de l'identité génoise.

Venise, au contraire, est stable. La seigneurie est formée par le doge et ses conseillers. Le doge, élu à l'issue d'une cascade de onze scrutins, n'a aucun pouvoir : le doge Marin Falier essaie en 1355 de réagir mais il est exécuté ; Francesco Foscari est quant à lui déposé en 1457. Les autres membres de la *Serinissima Signoria* sont les seize Sages, les six conseillers représentant les sestiers de la ville, et les trois chefs de la *Quarantia* (tribunal) : ces vingt-six personnes forment le *Collegio.* Quatre conseils, le Grand Conseil, la *Quarantia*, le Conseil des Dix et le Sénat complètent ce dispositif. A la base, le Grand Conseil, restreint depuis 1297 à ceux qui y ont eu un ancêtre (les entrées sont rares : une trentaine après la guerre de Chioggia) désigne la *Quarantia*, le Sénat qui contrôle la diplomatie, la marine et l'économie et les Dix, chargés de la police afin de prévenir complots et soulèvements populaires (comme celui de Baiamonte Tiepolo en 1310). Les familles patriciennes du Grand Conseil (2 500 personnes environ en 1500, soit 2,5 % de la population) ont tout le pouvoir.

Les Républiques sont donc des oligarchies urbaines étroites : la rhétorique de la liberté, dont les chanceliers florentins et surtout Coluccio Salutati ont la spécialité, ne doit pas abuser. Au reste, ces régimes complexes sont peu efficaces. De ce point de vue, les *signori* ont l'avantage ; en revanche, leur légitimité est fragile. Milan est le modèle de la principauté, malgré plusieurs tentatives de « République ambrosienne ». Les princes qui prennent le pouvoir sont souvent issus de grandes familles locales ; les Visconti sont ainsi *capitanei* de l'archevêque de Milan. Mais parfois, ce sont aussi des chefs de guerre chanceux, des *condottiere* qui ont fait fortune au service de plus grands qu'eux. Au total, le poignard, le poison et l'émeute sont un mode fréquent de transmission du pouvoir. Marque des princes, palais et forteresses exaltent leur grandeur, mais rappellent aussi que leur pouvoir repose sur la force.

Pour se maintenir, les *signori* constituent des partis, distribuant fiefs, charges et bénéfices ecclésiastiques. Mais la commune, au moins en théorie, subsiste et un adversaire éventuel peut toujours se réclamer d'elle : le rapport « civique » entre prince et sujet est donc indirect et le prince peut difficilement s'appuyer sur une force militaire civique. Il se sert de l'impôt et des revenus tirés de l'État pour recruter des armées professionnelles de haut niveau. Les Républiques urbaines sont obligées de suivre le même modèle. Surtout étrangers jusque vers 1380, ces mercenaires sont ensuite organisés par des chefs de guerre professionnels qui concluent un contrat, la *condotta*, avec leur employeur. Les grands *condottiere* (Cane ou Sforza par exemple) sont des puissances politiques de premier ordre. La force de l'État urbain dépend du capital qu'il peut mobiliser, plus que du consensus civique ou social ; c'est un avantage, étant donnée la richesse des villes, c'est aussi une limite. Si la structure urbaine du pouvoir permet de maintenir les privilèges de l'oligarchie de la cité principale, les États urbains ont du mal à contrôler un vaste territoire, même si un processus de concurrence réduit leur nombre. En 1455, la plupart ont été absorbés par les plus grands, retenant parfois une certaine autonomie, comme dans l'État pontifical : il n'existe plus en Italie du Nord (mis à part les États territoriaux et la principauté ecclésiastique de Trente) que deux principautés tampons, Mantoue (Gonzague) et Ferrare-Modène (Este) et quelques cités (Asti, Lucques, Sienne, Gênes) plus ou moins dépendantes ; trois cités-États, Venise, Milan et Florence, dominent un territoire dans lequel des cités secondaires jouissent d'une certaine autonomie.

Leur contribution au développement de l'État moderne n'en est pas moins essentielle, car ces États ont un problème crucial de légitimité ; les princes doivent convaincre qu'ils ne sont pas des tyrans, et les Républiques oligarchiques doivent s'affirmer à la fois contre les princes et contre le peuple. L'investissement idéologique est immense, surtout à partir du moment où à la fin du XIVe siècle s'imposent les valeurs de l'humanisme ; la combinaison entre l'essor intellectuel de la Renaissance, l'instabilité permanente des régimes urbains et l'âpreté de la concurrence politique fait progresser en Italie la réflexion sur le politique plus vite et plus profondément qu'ailleurs, alors même que la « nation italienne » reste impuissante à trouver sa traduction au plan des réalités politiques.

❑ ***Les influences extra-italiennes.*** L'Italie est soumise à des influences externes. Gênes et Venise ont construit des Empires coloniaux, dont le régime politique est parfois différent de celui de la cité mère ; leurs marchands sillonnent les routes de l'Orient et leur politique tient compte de ce qui s'y passe.

La papauté, puissance italienne à coup sûr, contrôle si mal son État qu'elle s'installe en Avignon de 1309 à 1377 ; mais elle est aussi supranationale. A travers elle, l'influence de la France se fait sentir au XIVe siècle ; les papes sont français, comme bien des routiers et des cardinaux-légats qui combattent pour reconquérir le Patrimoine. Avec la fin du schisme et le retour de Martin V, l'État pontifical redevient italien : les papes s'appuient alors sur leur entourage et leur famille. Il leur faut donc renforcer le pouvoir de ces groupes familiaux et l'engagement de la diplomatie pontificale au service des Colonna, Della Rovere, Riario ou autres Borgia, voire de Gênes ou de Venise, est caractéristique du XVe siècle. L'empereur, chef naturel des Gibelins, compte aussi. L'importance idéologique du pape et de l'empereur est révélée par les sommes payées pour un titre officiel : Giangaleazzo Visconti devient ainsi duc de Milan (1395-1396) ; Amédée VIII duc de Savoie (1416), Gianfrancesco Gonzaga marquis de Mantoue (1433), Borso d'Este duc de Modène et Reggio (1452) puis de Ferrare (1471), Federico de Montefeltre duc d'Urbino (1478). Les aléas de la politique impériale et pontificale se reflètent sur l'échiquier politique italien.

Les principautés ont besoin d'alliances dynastiques légitimantes. L'influence française est liée non seulement à la papauté et aux Angevins de Naples, mais aussi au double mariage de Giangaleazzo Visconti à Isabelle de France, fille de Jean le Bon, d'une part, puis de la fille née de ce couple, Valentine Visconti et du futur Louis d'Orléans de l'autre. Jusqu'en 1411 et à la reprise de la guerre de Cent Ans, les Français sont ainsi actifs en Italie du Nord. Les Angevins de Naples ont des liens dynastiques conflictuels avec les Anjou de Hongrie depuis 1342 au moins, et avec ceux de France à partir de 1378. Quant à la Trinacrie, elle appartient à la dynastie aragonaise qui vise à nouveau Naples dès 1424.

Le jeu des puissances italiennes

Les puissances italiennes fonctionnent en un jeu perpétuel d'alliances et de ligues qui se font et se défont : l'Italie est un système politique instable agité par la concurrence perpétuelle des États; quand le système se stabilise, il faut pour l'emporter faire appel à une force extérieure.

❑ ***La papauté absente (1305-1377).*** Exil pontifical et faiblesse impériale marquent le début du XIVe siècle ; l'empereur Henri VII meurt en 1313 alors qu'il marche sur Florence et l'intervention de Louis de Bavière en 1327-1330 est sans lendemain. L'opposition entre Guelfes et Gibelins subsiste, et Milan la gibeline, dirigée par Matteo Visconti est la principale ennemie de la papauté qui essaie de reprendre pied dans ses territoires ; des sommes énormes sont englouties par les troupes du cardinal-légat Bertrand du Poujet ; des renforts envoyés par Louis de Bavière font échouer le cardinal devant Milan en 1323 et en 1328. Du Poujet songe alors à constituer pour Jean de Luxembourg (fils d'Henri VII) un État guelfe dans le nord de l'Italie. Ni Naples, ni Florence n'acceptent ce plan : le légat est vaincu à Ferrare (1333), la reconquête abandonnée. Pendant ce temps, Gênes et Venise s'épuisent dans une lutte acharnée ; Gênes dresse contre Venise le roi de Hongrie, les Carrara de Padoue, le patriarche d'Aquilée ; Venise a pour elle Milan, l'Aragon (Barcelone est rivale de Gênes) et le roi de Chypre.

L'Ordre guelfe, en l'absence du pape, repose sur Naples et sur Florence où la République guelfe triomphe de la dissidence interne (élimination des Guelfes blancs, dont Dante) et des attaques impériales. A Naples, Robert d'Anjou (1309-1343) gaspille ses ressources à tenter de reconquérir la Trinacrie (expéditions en 1314, 1316, 1325, 1335, 1339). De fait, la Sicile, absorbée dans l'orbite aragonaise, ne joue guère de rôle politique en Italie. Le roi de Naples protège aussi les États pontificaux, en pleine anarchie. Le neveu de Robert de Naples, Charles, s'empare de Durazzo et de l'Épire ; et la veuve de son frère Philippe de Tarente (†1332), Catherine de Courtenay, revendique la Morée et l'Empire latin d'Orient. Les banquiers florentins se rendent indispensables en avançant à Naples l'argent nécessaire et l'utilisent au secours de l'oligarchie florentine : le roi Robert (1313-1321), Charles de Calabre (1325-1328) et Gautier de Brienne (1342) sont tour à tour podestats de Florence.

Mais à la mort de Robert en 1343, Naples s'enfonce dans la crise : sa petite-fille, Jeanne Ire, a épousé André, frère du roi de Hongrie Louis Ier ; mais, à la fureur des Hongrois, André n'est que « prince consort ». La branche cadette (issue de Philippe de Tarente) réclame l'application de la loi salique, comme en France ; et le mariage de Marie, sœur de Jeanne, avec Charles de Durazzo, issu encore d'une autre branche, fait de celui-ci l'héritier de Jeanne, si elle n'a pas d'enfant. Les représentants du pape qui sont censés assurer la régence ne peuvent se faire obéir et les Angevins sont chassés de leurs territoires piémontais en 1345. Parmi les nombreux amants de Jeanne, figurent ses cousins Robert et Louis de Tarente ; en septembre 1349, André de Hongrie est assassiné. Louis de Tarente propose d'épouser Jeanne. Aussitôt, son frère Robert et son cousin Charles de Durazzo accusent la reine d'avoir assassiné son mari et elle doit subir un procès.

Louis de Hongrie envahit le royaume pour venger son frère, mais il est retardé par le siège de Zara ce qui permet au pape de faire exécuter les amants de la reine et de marier Jeanne à Louis de Tarente ; Durazzo commande leurs troupes. Louis de Hongrie passe par terre et entre à Naples en janvier 1348 pendant que Jeanne s'enfuit en Provence. Durazzo est exécuté, les autres princes emprisonnés. Mais la brutalité et les exactions des Hongrois les font détester et la Peste Noire amoindrit leurs troupes. Jeanne, qui a refait ses finances en vendant Avignon au pape rentre ; Louis de Tarente est cependant battu par les bandes hongroises à Aversa (1349) et Louis de Hongrie revient avec des renforts. Cette fois, il ne peut prendre Naples et le Florentin Niccolo Acciaiuoli obtient son départ en 1352. Acciaiuoli restaure les institutions et l'économie du royaume. Il essaie de conquérir la Sicile mais l'entrée des souverains à Messine en 1356 n'est qu'un triomphe éphémère. La puissance napolitaine revit mais Louis de Tarente meurt en 1362 et Acciaiuoli en 1365. Jeanne épouse alors Jacques d'Aragon, mais quand il se mêle des affaires de Naples elle le lance à la conquête de Majorque dont il est l'héritier ; il y trouve la mort en 1375.

La crise napolitaine favorise l'anarchie en Italie centrale. Un gouvernement populaire est formé à Rome. Cola di Rienzo en est le porte-parole et se rend ainsi en Avignon où il rencontre Pétrarque. Le 20 mai 1347, les patriciens sont chassés du Capitole, et Cola di Rienzo se fait acclamer tribun d'une République romaine restaurée. Mais les nobles réagissent et, en décembre 1347, Cola, chassé de Rome, se réfugie à Prague auprès de Charles IV qui le livre à Clément VI en 1352. Son successeur, Innocent VI, relance la reconquête du Patrimoine et, en 1353, envoie en Italie le cardinal Albornoz (archevêque de Tolède exilé par Pierre le Cruel), un nouveau tribun, Baroncelli, étant apparu à Rome. Albornoz ramène à Rome Cola qui engage les routiers de Fra Moriale : soupçonnant ce dernier de trahison, il le fait exécuter. Taxant alors le peuple pour engager de nouvelles troupes, Cola est tué après une émeute (1354).

Après le couronnement de l'empereur Charles IV, Albornoz s'attaque aux *signori*. Ayant fait la paix avec les Malatesta et les Montefeltre, en leur rendant leurs villes avec le titre de vicaires du pape, il se concentre sur les irréductibles comme Francesco Ordelaffi, seigneur de Forli et Césène, et les Visconti. Maîtres de Milan, ceux-ci ont acquis la seigneurie de plusieurs villes padanes (Crémone, Plaisance, Pavie, Bergame, Côme et Parme) et visent l'Italie centrale. Albornoz prend Bologne aux Ordelaffi en juillet 1359 mais il est assiégé dans la ville par Bernabo Visconti. En 1361, Galeotto Malatesta bat les troupes des Visconti à San Ruffillo : Bologne est libérée et la paix conclue en 1364. Les routiers sans emploi ravagent alors les États du pape et Urbain V part mener la lutte en personne : mais Albornoz meurt en 1367 et Urbain V rentre en Avignon.

Florence qui, en 1364, a vaincu Pise à Cascina, a peur du retour du pape. Quand Grégoire XI (pape en 1370) reprend le projet du retour, Florence la guelfe s'allie aux Visconti et lui déclare la guerre : c'est la guerre des Huit Saints, car à cause d'elle les huit de la *balia* imposent lourdement les Florentins. La papauté jette l'interdit sur Florence (1376) ce qui pénalise les marchands et banquiers florentins. La guerre est rude, surtout après le retour à Rome de Grégoire XI (1377) : les routiers bretons du cardinal-légat Robert de Genève brûlent Césène et massacrent sa population. La mort de Grégoire XI facilite les négociations ; avec le schisme, Florence obtient la paix (juillet 1378) en restant fidèle à Urbain VI : Robert de Genève, élu Clément VII à Fondi en septembre 1378, ne peut se maintenir malgré ses routiers et rentre en Avignon.

❑ ***L'expansion des Visconti et la ruine de Naples (1377-1414).*** Les Visconti bénéficient de l'éclatement de l'alliance guelfe. En 1354, à la mort de l'archevêque de Milan, Giovanni Visconti, ses neveux Galeazzo et Bernabo, vicaires impériaux pour Milan et Gênes, dominent l'Italie du Nord. L'effondrement des Carrara donne en 1387 Vérone et Vicence à Giangaleazzo, fils de Galeazzo (†1378). Giangaleazzo qui s'est débarrassé de son oncle Bernabo en 1386 marie sa fille à Louis d'Orléans. La guerre des Huit Saints a au contraire affaibli Florence et les impôts provoquent la révolte des *ciompi* (juin 1378). Le parti populaire, dirigé par le gonfalonier de justice, Salvestro de Medici, domine jusqu'en 1382, mais l'oligarchie revenue au pouvoir pousse à la guerre avec Milan qui éclate en 1389. *Condottiere* de Florence, Jean III d'Armagnac est battu à Alexandrie en 1391. Mais en 1396, Gênes se donne à Charles VI. Cette fois, une alliance générale se forme contre Milan ; Visconti, battu en 1397, redresse la situation grâce à son *condottiere* Facino Cane, et obtient une trêve en mai 1398. La guerre reprend en 1401 : Florence est aidée par la France (en fait, les Bourguignons : Visconti est allié à Orléans) et par l'empereur Robert, mais Facino Cane, vainqueur à Brescia, prend Bologne et marche sur Florence quand Giangaleazzo meurt (1402).

Caterina Visconti, régente pour ses fils Giovanni Maria et Filippo Maria, fait assassiner ses adversaires en 1404, mais ses fils se révoltent et l'éliminent. La guerre civile éclate entre « Guelfes » (Pandolfo Malatesta, Lodi, Crema et Cremona) alliés à la France (Bourgogne), Florence et la papauté et « Gibelins » (Facino Cane, le comte de Pavie Francesco Visconti, Théodore Paléologue marquis de Montferrat, Otto Terzo, seigneur de Parme et Reggio, les deux jeunes Visconti). Cane, d'abord battu par les Guelfes à Binasco, l'emporte à Alexandrie en 1407. Cette victoire est trop complète : les ennemis de la veille se réconcilient contre le trop puissant Cane qui dévore Milan de l'intérieur (il tient Alexandrie, Biandrate, Novare et Vigevano) ; seul le rejoint Giovanni Maria. Boucicaut mène l'offensive, mais dès qu'il quitte Gênes celle-ci se révolte contre lui (1409). Giovanni Maria nomme Cane gouverneur du duché, mais celui-ci meurt en mai 1412 ; le jour même, Giovanni Maria est assassiné.

L'effondrement des Visconti profite à Florence qui se retourne contre Naples. Cette ville est en effet à nouveau la puissance montante, car elle a surmonté une nouvelle crise. Après 1375, Jeanne Ire s'est en effet remariée avec Otton de Brunswick : l'héritier du trône, Charles de Durazzo (neveu du précédent), se révolte aussitôt. Or Jeanne prend le parti de Clément VII. Urbain VI offre alors la couronne à Durazzo, Jeanne désignant comme héritier le frère de Charles V, Louis d'Anjou, auquel Clément VII promet, pour faire bonne mesure, le royaume d'Adria (Marche d'Ancône, duché de Spolète, Bologne, Ferrare, Pérouse, Ravenne et Todi). Durazzo bat Otton (juin 1381) et fait assassiner Jeanne en 1382. La population étant urbaniste, la guerre tourne contre les Angevins, pourtant associés à Milan et à la Savoie : Louis d'Anjou meurt en 1384 et l'armée de secours d'Enguerrand de Coucy doit rebrousser chemin. Durazzo étant assassiné en Hongrie, en 1386, Urbain VI tente d'imposer son neveu Butillo, mais son successeur Boniface IX se rallie en 1389 à Ladislas, fils de Durazzo. Les Angevins profitent de ces hésitations ; Brunswick se révolte, et Giangaleazzo pousse Clément VII à créer un deuxième royaume d'Adria pour son gendre Louis d'Orléans, pour qu'il soutienne Louis II d'Anjou qui débarque à Naples en 1390. Mais au moment où part la deuxième expédition de Coucy, Clément VII meurt (1394). Ladislas pacifie son royaume depuis Gaëte et reprend Naples (1399). Il tente même après son mariage avec Marie de Lusignan, sœur du roi de Chypre, de s'installer à nouveau en Hongrie.

Florence est inquiète du rôle de Ladislas dans les États pontificaux. Il défend le pape, chassé à Pérouse en octobre 1392 par une révolte des Romains, puis menacé par le comte de Fondi, Onorato Caetani. Si Boniface IX profite de la mort de Giangaleazzo pour récupérer Bologne, Pérouse et Assise, se rapprochant de la Toscane, ses successeurs, le Napolitain Innocent VII et Grégoire XII, ne survivent que grâce aux troupes de Ladislas. Florence, où la fortune de la banque Médicis s'affirme depuis que Giovanni Bicci da Medici est rentré en 1397, a acheté Pise à Gabriele Maria Visconti en 1405. Les Pisans se révoltent et Florence n'occupe Pise qu'en 1406, après un siège de treize mois. Elle y organise le concile qui doit mettre fin au schisme, ce qui lui permet de monter une coalition avec Sienne et Louis II d'Anjou contre Ladislas, défenseur du pape de Rome Grégoire XII. Ladislas occupe Rome en 1408 mais s'en retire devant l'expédition de Louis II d'Anjou. La perte de Gênes par Boucicaut (1409) est cependant pour Louis II un coup fatal : la flotte française est battue par les Génois à La Meloria (mai 1410) ; si Louis entre à Rome avec Jean XXIII (avril 1411) il ne peut occuper Naples et retourne en France (août 1411). Jean XXIII s'entend alors avec Ladislas, mais c'est compter sans l'empereur Sigismond qui a décidé d'en finir. Menacé, Ladislas reprend par précaution Rome : Jean XXIII se réfugie auprès de Sigismond et, en décembre 1413, se résoud à convoquer un concile. Mais en 1414 Ladislas meurt et la couronne revient à sa sœur Jeanne II : Rome se libère, le royaume de Naples entre dans une nouvelle ère de troubles.

❑ ***L'Italie des cinq puissances (1414-1455).*** L'effondrement milanais permet à Venise de se tourner vers la Terre Ferme. Vaincue en 1379 à Pola par les Génois qui occupent un temps Chioggia, Venise fait front et obtient la paix de Turin (août 1381). Comme Milan, elle bénéficie de la chute des Carrare et s'empare de Trévise : Francesco Carrare le jeune essaie de contre-attaquer mais les Vénitiens le font étrangler (1406). Cet Empire de Terre Ferme est agrandi de la Polésine, acquise de Nicolas d'Este (1393), de Zara et d'une partie du Frioul et de l'Istrie. Venise est donc la première menacée si l'expansion de Milan reprend. Or, Filippo Maria Visconti, sitôt duc, épouse Beatrice Cane, s'emparant ainsi des domaines de son défunt mari (elle est exécutée en 1418). Son *condottiere*, le Carmagnole, reprend Alexandrie (1415), Crémone (1419), Bergame (1419) écrase Malatesta à Montechiari et l'oblige à abandonner Brescia (1421), récupère Gênes (1421) et bat enfin les Suisses à Arbedo (1422).

Pour contenir Milan, Florence (qui achète Livourne à Gênes en 1421) et Venise se liguent ; mais la situation évolue à Rome et à Naples. Martin V, élu pape à Constance, revient dans ses États grâce à ses parents, les Colonna, et à la reine de Naples, Jeanne II. Un *condottiere* de cette dernière, Muzio Attendolo Sforza, combat pour lui. Il est battu par un autre *condottiere*, Andrea Braccio di Montone, qui traite finalement avec Martin V qui rentre à Rome en septembre 1420, nommant Montone son vicaire à Pérouse. En même temps s'engage la bataille pour la succession de Jeanne II qui désigne successivement deux héritiers, Louis III d'Anjou et Alphonse V d'Aragon (Ier de Naples).

Florence et Venise soutiennent Alphonse, Milan, le pape et les Colonna, Louis III. La marine d'Alphonse bloque Naples mais Sforza attaque l'Aquila pour le compte de Louis III. Sforza s'étant noyé, son fils Francesco prend l'Aquila en 1424 mais passe au service de Milan. A Venise, Francesco Foscari, élu doge en 1423, engage le Carmagnole qui, appuyé par les seigneurs de Ferrare (Este) et de Mantoue (Gonzague), mène à la victoire les armées de la ligue vénéto-florentine : il prend Brescia et écrase Carlo Malatesta. Venise gagne à la paix de Ferrare (1428) Brescia, Bergame et Crémone.

L'intervention du Visconti contre Florence qui a attaqué Lucques reforme la ligue vénéto-florentine en 1431. Sforza défend Lucques pour Milan, tandis que Venise, Florence et le pape (Eugène IV, Gabriel Condulmer, est un Vénitien) engagent le Carmagnole qui est vaincu en 1431 à Soncino ; Venise le fait exécuter en 1432. Mais à Florence la pression fiscale provoque une crise : Côme de Médicis (il a succédé à son père en 1429) et Palla Strozzi négocie la paix de Ferrare en 1433, mais les Albizzi les font exiler. Dès 1434, Côme rentre à Florence et à son tour exile ses adversaires pour dix ans : le régime républicain n'est plus que façade, les Médicis tiennent la ville.

Filippo Maria Visconti, sous prétexte d'obéir au concile de Bâle, lance contre Rome Francesco Sforza, fiancé à sa fille naturelle Bianca Maria. Eugène IV s'en sort en nommant Sforza vicaire dans la Marche d'Ancône et gonfalonier de l'Église, mais d'autres *condottiere* de Visconti, Fortebraccio et Piccinino, le chassent de Rome et il se réfugie à Florence. La ligue vénéto-florentine est battue à Castelbolognese (1434) mais l'armée du pape, conduite par le futur cardinal Vitelleschi, reprend Rome où la République est abolie tandis que Sforza écrase et tue Fortebraccio à Camerino. La guerre redevient générale : à l'alliance Milan-Naples (ayant pris Alphonse à Ponza, en 1435, grâce aux Génois, Visconti s'allie à lui), s'oppose l'alliance pontificale (Eugène IV, Florence, Venise, Gênes, René d'Anjou) dont le général est Sforza. Ses victoires (Riva, novembre 1439, prises de Brescia, Bergame, Crémone) aboutissent à la paix de Cavriana (décembre 1441) et au traité de Crémone. Visconti donne Crémone à Sforza et lui laisse sa fille ; Florence gagne le Casentino et Venise Ravenne. Visconti tente de reprendre Crémone à son trop puissant gendre (1446) occupé dans les Marches mais les Vénitiens lui opposent leur *condottiere* Michele Attendolo (1446-1447). A la mort de Visconti en 1447, Sforza devient *condottiere* de la République ambrosienne de Milan : il détruit la flotte vénitienne du Pô et bat l'armée d'Attendolo à Caravaggio (1448). Les Vénitiens proposent un partage du duché entre Sforza, la République ambrosienne et Venise qui atteindrait enfin la frontière de l'Adda : la République accepte, mais Sforza refuse et, en 1450, prend le pouvoir à Milan.

A Florence, la victoire d'Anghiari, en 1440, assure la sécurité du régime médicéen et, en 1450, Côme s'allie à Sforza par un spectaculaire renversement d'alliance. A Naples, où Jeanne II meurt en 1435, les Angevins sont aux abois : en 1442 Eugène IV reconnaît la victoire d'Alphonse. Occupé par les problèmes conciliaires, il ne rentre à Rome qu'en 1442, après l'exécution de Vitelleschi qui se comportait en tyran à Rome, mais il est attaqué par Sforza au nom de l'antipape Félix V. Vainqueur à Montalmo, Sforza obtient au traité de Pérouse des territoires dans les Marches. Eugène IV meurt en 1447 et pendant le conclave Stefano Porcari essaie sans succès de restaurer la République. Le nouveau pape Nicolas V achète à prix d'or le départ de Sforza ; il fait reconnaître son autorité à Bologne, laissant leur seigneurie aux Bentivoglio. Si l'empereur Frédéric III est couronné en paix à Rome en 1452, le ferment républicain travaille encore et un dernier complot de Porcari doit être réprimé en 1453.

La situation est bloquée, les six puissances (avec la Savoie, dont le comte Amédée VIII — Félix V — a acquis le Piémont en 1418) paraissant également solides. Aussi deux ligues se reforment-elles : d'un côté, Sforza, Florence, Gênes, Mantoue, Charles VII de France ; de l'autre, Alphonse de Naples, Venise, la Savoie, Montferrat, Sienne, soutenus par le pape et l'empereur Frédéric III (couronné à Rome en mars 1452) ; la conflagration est générale. Nicolas V garde cependant assez de prestige pour proclamer, à l'annonce de la prise de Constantinople, la croisade et ramener la paix en Italie après deux ans de négociations. A la paix de Lodi (avril 1454) entre Milan et Venise, Venise accepte que Milan garde la Ghiara d'Adda, et récupère Créma, Brescia et Bergame. La paix de Lodi est suivie par un traité de paix générale en mars 1455 entre Milan, Florence, Rome, Naples et Venise.

❑ ***Après la paix de Lodi (1455-1494).*** L'esprit de Lodi se perpétue jusqu'en 1464-1466. Venise est accaparée par l'avance turque. La Savoie est affaiblie à la fois par des dissensions familiales (révolte de Philibert de Bresse) et par la guerre de Chypre, Charles de Savoie essayant de faire valoir ses droits à ce royaume. Francesco Sforza s'entend avec Louis XI pour étendre son emprise : il marie son fils Galeazzo Maria à Bonne de Savoie et s'impose à Gênes en 1463. La grande affaire reste la succession d'Alphonse Ier, mort en 1458, qui oppose son fils naturel Ferrante et l'Angevin Jean de Calabre (fils du roi René), la Sicile et la Sardaigne passant à Jean II d'Aragon. Appelé par des nobles révoltés, Jean de Calabre débarque en 1459 ; Ferrante, appuyé par Pie II, Milan et l'Albanais Scanderberg, est victorieux en 1462 et parachève sa victoire en 1465 en détruisant la flotte provençale. Pie II (pape de 1458 à 1464) prend au sérieux la menace turque ; ayant ramené l'ordre dans ses États en battant Sigismond Malatesta seigneur de Rimini (1462), il convoque la flotte croisée à Ancône en 1464.

La mort de Pie II oblige à remettre la croisade. Les puissances italiennes sans objectif commun sont poussées à la guerre par leurs crises internes. A Florence, Pierre de Médicis succède à Côme et doit affronter la fronde des familles de l'oligarchie (Pitti, Acciaiuoli, Soderini) puis une rébellion soutenue par Venise. En 1468, le pape Paul II s'entremet et une paix générale est conclue : en 1469, Laurent de Médicis succède à son père. Instruit par l'épreuve de 1468, Laurent (« le Magnifique ») resserre son contrôle sur Florence, mais la banque Médicis qui gère la principale richesse (l'alun de Tolfa) et une partie des finances pontificales s'identifie ainsi à l'État. Or sous Paul II (1464-1471) et sous Sixte IV (1471-1484) l'État pontifical se renforce. La famille du pape (Della Rovere et Riario) craint l'ingérence Médicis. L'alun de Tolfa est donc confié à une autre famille florentine, les Pazzi. Ceux-ci montent une conjuration pour assassiner Laurent et son frère Julien dans la cathédrale de Florence (avril 1478) ; Julien est tué mais Laurent échappe et reprend le contrôle de la ville. A Milan, Galeazzo Maria Sforza succède à son père ; il entre en guerre contre la Savoie, mais est assassiné en 1476. Un conseil de régence dirigé par le juriste Cicco Simonetta assiste alors sa veuve Bonne de Savoie, au nom du petit Giangaleazzo Sforza. Mais les oncles de ce dernier obtiennent l'aide de Ferrante, de Naples et du *condottiere* Sanseverino. Ludovic Sforza (« le More ») l'emporte (1479) : Simonetta est décapité ; Giangaleazzo meurt dans des conditions troubles en 1494.

Le renforcement de l'État pontifical génère l'instabilité. Sixte IV achète Imola pour son neveu Girolamo Riario qui prend Forli en 1480 et, visant Ferrare, s'allie à Venise. Compliquée de conflits secondaires, la guerre (1482-1484) se termine par le retour au *statu quo*. Vu l'équilibre des forces, l'appel à l'extérieur est le seul recours : Venise implore Charles VIII, ses ennemis intriguent avec les Turcs. Même scénario à la crise suivante : le pape Innocent VIII, élu en 1484, est en bon Génois ennemi de Naples où il soutient la révolte des barons. Deux alliances hostiles se reforment : Venise, Gênes et la papauté contre Naples, Florence et Milan. Les opérations militaires étant indécises, Ferrante feint une réconciliation, s'empare des rebelles et les massacre (1486). Innocent VIII se rapproche alors de Florence : il fait Jean de Médicis cardinal et marie son neveu Francesco Cibo à Madeleine de Médicis. Laurent en profite pour saisir Imola, Forli, Faenza et Sarzana, ville frontière disputée à Gênes, qui en appelle aussitôt à Ludovic le More, lui aussi menacé par Ferrante (Giangaleazzo a épousé sa fille Isabelle d'Aragon). Situation inextricable, alors que l'avance turque rend la croisade urgente : Innocent VIII se résigne en 1492 à la paix avec Naples et son successeur, Alexandre VI (Borgia), lie sa famille par une série de mariages à Naples et à la maison d'Aragon. L'équilibre rompu, Ludovic le More et le cardinal Julien Della Rovere font appel à Charles VIII au nom de ses droits (Anjou) sur Naples : en 1494, Charles VIII envahit l'Italie et entre à Naples en avril 1495. Son succès coalise contre lui les Italiens : mais la ligue constituée à Venise comprend aussi à côté des Italiens les rois catholiques et Maximilien de Habsbourg. Charles VIII est vaincu à Fornoue, mais l'étranger est pour longtemps entré en Italie.

De l'ancien Empire est née une poussière d'États. La force de l'empereur repose sur sa *Hausmacht* : celle des Habsbourg bénéficie de la récupération par Maximilien de l'héritage bourguignon, mais ne suffit pas à maintenir l'ordre dans la partie germanique de l'Empire où les villes, en dépit de leurs divisions, sont fortes écoconiquement. Mêmes morcellement et dynamisme citadin en Italie, où des États à base urbaine forment un système politique si équilibré que l'appel à des États extérieurs paraît nécessaire. A la périphérie, des monarchies extensives sont surimposées à des républiques nobiliaires : États faibles, incapables de s'opposer à la menace impériale qui se lève à l'Orient, celle des Turcs ottomans. La force politique de l'Europe est à l'Ouest, où les royaumes d'Occident triomphent au XVe siècle de la crise qui a failli les tuer.

L'Empire à la fin du Moyen Age

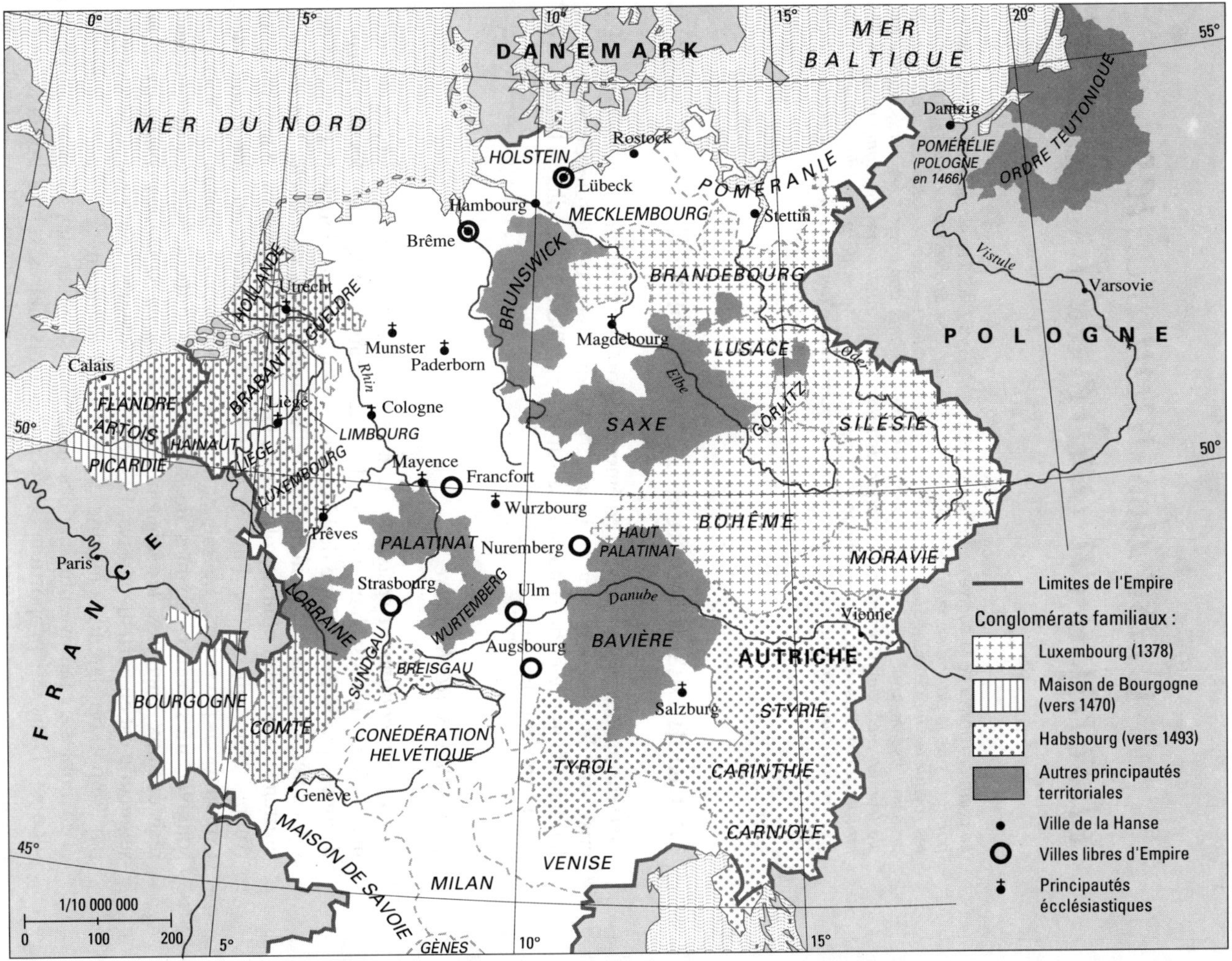

3

Crise des monarchies et remise en ordre de l'Occident

La première phase de la guerre de Cent Ans se termine vers 1388. Les conséquences sociales et politiques de la guerre apparaissent alors en pleine lumière. En France, en Angleterre et dans les royaumes ibériques, l'État rencontre l'exaspération des classes sociales qui supportent la pression fiscale, tout comme le déchaînement des appétits des élites : les partis nobiliaires s'affrontent, les tentatives de construction de principautés autonomes se multiplient, empiétant largement dans le cas bourguignon sur l'Empire. La seconde phase de la guerre et la victoire française ramènent un calme relatif, permettant une remise en ordre dont est victime l'État bourguignon.

LA CRISE DES MONARCHIES D'OCCIDENT

Les tensions sociales explosent en émeutes sporadiques depuis 1378 au moins. La crise sociale se combine avec la crise politique, née du développement de la féodalité bâtarde et de son emprise sur l'État. Elle est aussi liée à la guerre de Cent Ans qui reprend en 1415.

Les causes de la crise

❑ ***La crise économique et sociale.*** L'impact de la guerre est impossible à chiffrer, mais l'économie est bouleversée. Les dévastations frappent des campagnes décimées par la Peste Noire de 1348. Vers 1430, la population de la France et de l'Angleterre représente la moitié de celle du début du XIVe siècle. Les paysans quittent le plat pays pour se réfugier en ville ; la guerre accélère ce mouvement, compte tenu surtout de l'impôt dont il est le prétexte et qui étouffe les exploitations paysannes. La seigneurie est victime de cette situation : des tenures sont vacantes ; seuls capables de surmonter les difficultés, les gros paysans résistent aux exigences des seigneurs. Face à des paysanneries combattives, la seigneurie est en perte de vitesse. Les révoltes, violentes, sont provoquées tantôt par l'impôt, révélateur du malaise, tantôt par l'hostilité envers les gens de guerre et la noblesse, tantôt enfin par les tentatives seigneuriales pour restaurer le servage. Dans des proportions variées, ces trois causes sont à l'origine de la révolte des *Karls* en Flandre en 1326-1328 ; de la Jacquerie dans la plaine de

France en 1358 ; de la révolte des Travailleurs anglais en 1381 ; du *Tuchinat* (de « touche », maquis) en Auvergne dès 1363 et qui enflamme le Languedoc en 1382-1383 ; des *Remensas* qui, de 1380 à 1486, agitent la Catalogne ; et de l'*Hermandino* de Galice en 1467-1470.

Mais qui dit crise dit mutation. Les cultures se diversifient, l'effondrement démographique permet d'étendre les vignes et les vergers ; l'alimentation s'améliore ; paysans et seigneurs entreprenants se tournent vers l'élevage. Le capital urbain participe à ce processus, et l'importance des villes s'accroît. Les salaires élevés favorisent les productions techniquement plus poussées (verre, imprimerie dans la seconde moitié du XVe siècle), la guerre fait progresser la métallurgie, la chimie, et de grandes campagnes de construction de fortifications de villes et de châteaux sont entreprises. Les mines, enfin, connaissent une spectaculaire extension.

Crise donc, sur fond de guerre, peste et famine, mais aussi contrastes : des fortunes rapides s'édifient, et la ponction fiscale exacerbe les inégalités et les tensions sociales inhérentes aux mutations. Les révoltes urbaines, souvent provoquées par l'impôt, ponctuent la période, avec un pic d'activité pendant les années révolutionnaires, 1378-1382 : émeutes ou agitations à Londres (1376-1378, 1381), Gand (1379, 1381-1382), Rouen (*Harelle* de 1382), Paris (1380, *Maillotins* en 1382), Nîmes (1378), Montpellier (1379), Béziers (1381). En Espagne, les émeutes prennent la forme d'un gigantesque pogrom, qui, parti de Séville (juin 1391), gagne toute la Castille, puis Valence, Palma et Barcelone ; mais au-delà des juifs, l'Église et l'impôt sont également visés. En 1413-1415, une nouvelle vague d'émeutes secoue la France : émeutes « bourguignonnes » de Paris (l'agitation cabochienne en 1413, celle de Capeluche en 1418), et de Toulouse (1418 et 1419). Lyon est également éprouvée (1420, 1424, 1430, 1435, « Rebeyne » de 1436).

Même si le servage finit par n'occuper qu'une place réduite en Occident, vaincu par la modernisation de l'économie plus que par la résistance paysanne (sauf en Catalogne), les demandes des rebelles ne sont en effet guère satisfaites : allègement voire supression de l'impôt, assurance que le roi échapperait aux « mauvais conseillers », retour à l'État des terres et des pensions distribuées à l'Église et aux nobles. Ces revendications touchent, là, un point crucial : la redistribution, dont la guerre est l'une des conditions. Si la guerre fait accepter l'État à la noblesse, la part qu'elle prend à l'entreprise de guerre menace cependant l'État.

❑ ***L'entreprise de guerre.*** La crise économique et l'affaiblissement de la seigneurie atteignent de plein fouet les nobles. Nourris d'une éthique guerrière et chevaleresque, ceux-ci sont d'autant plus prêts à s'engager dans la guerre, qu'ils espèrent que soldes, rançons et butins feront leur fortune. Les Anglais ont généralisé l'armée contractuelle : un capitaine, véritable entrepreneur de guerre, passe des contrats, « retenant » un soldat pour la durée d'une campagne contre un paiement spécifié ; il constitue une *retenue*, une *route*, ou une *compagnie* qu'il *montre* pour vérifier que le contrat est bien rempli. Le roi passe à son tour contrat avec ce capitaine. L'armée est donc une armée de professionnels disciplinés, expérimentés et prêts à tout, combattant à pied s'il le faut, connaissant l'utilité des archers et de la cavalerie légère. Les armées françaises adoptent rapidement ce modèle, le dépassant à leur tour avec l'organisation de la première armée professionnelle permanente, les compagnies d'ordonnances (1445).

L'introduction de l'artillerie, qui est d'abord utilisée au cours des sièges, puis dans les batailles rangées (les canons étant devenus moins volumineux et plus fiables grâce aux progrès de la poudre et de la métallurgie), professionnalise encore plus la guerre, qui obéit à des codes stricts. Ainsi, un droit de la guerre couvre les activités des routiers et des « Écorcheurs », qui ne sont que des *routes* provisoirement sans employeur et concerne les prises de villes et surtout les rançons, l'une des sources de revenus recherchées par les hommes d'armes. Alors que la guerre féodale était l'apanage d'une classe, les XIVe-XVe siècles réinventent le militaire, souvent noble, mais pas toujours.

❑ ***Féodalisme bâtard et féodalisme d'État.*** Pour ces hommes d'armes la paix n'est guère attirante. Aussi, princes et nobles importants retiennent-ils une partie de leurs hommes « en temps de paix comme en temps de guerre ». Sans parler ici des *routes* de mercenaires, ou des « Écorcheurs » dont les ravages sont terribles. Jusqu'en 1445, où une partie d'entre eux est intégrée par Charles VII dans l'armée régulière, rois, princes et grands nobles disposent en permanence de clientèles militaires. Mais juristes et hommes de loi, ecclésiastiques et administrateurs grossissent les rangs des *retenues*, qui ne sont donc pas exclusivement militaires. Comme le roi, les grands nobles ont leur hôtel et leur maison : l'hôtel d'un roi ou d'un prince est le cœur de son système de patronage ; là sont gérés son pouvoir et son prestige. L'hôtel est lui-même un champ clos où s'affrontent affinités et où se nouent, alliances, amitiés, jusqu'à ce qu'en son conseil le roi ou le prince apporte son arbitrage. Ce vocabulaire de sang et de sentiment souligne l'importance de la fidélité et du lien personnel, encore féodal, entre ces hommes : certes, il n'y a plus ni fief ni vassal, mais il y a toujours le lien charnel symbolique qui est l'essence de la féodalité. Cependant, au lieu de la terre, ce sont désormais l'argent, le pouvoir, et la *maintenance*, cette protection qui suspend la justice du roi, supprime l'impôt et ouvre l'accès aux offices, qui circulent entre les différents niveaux de la hiérarchie.

L'essor de l'État secrète ainsi son contraire, la fragmentation du pouvoir ; les princes servent l'État parce qu'ils en tirent un maximum de ressources : 43 % des revenus de Jean sans Peur et 90 % de ceux de Louis d'Orléans en 1404-1406, 90 % de ceux de l'infant de Castille Jean en 1444. Ils reconstituent à leur niveau hôtel, conseil, Chambre de comptes etc... ; autour d'eux naissent des luttes de partis aussi âpres que celles dont ils sont les protagonistes autour des rois. L'argent qu'ils tirent de l'État leur sert à en exiger davantage. Ils sont ainsi engagés dans une spirale d'accroissement de leur pouvoir dont l'issue est soit la chute ignominieuse (la *roue de la Fortune* est l'image favorite du temps), soit l'établissement à leur profit d'une principauté autonome et indépendante, destinée d'ailleurs à être soumise aux mêmes tensions.

Les partis nobiliaires naissent au XIVe siècle, autour de Thomas de Lancastre en Angleterre et Charles le Mauvais en France. L'imprudence de Richard II, la folie de Charles VI et d'Henri VI, la faiblesse des Transtamares leur font la part belle. D'ailleurs, Transtamare, Aviz, Lancastre sont autant de dynasties issues d'un coup de force. De plus, si les Valois se maintiennent face à Bourgogne et à Lancastre, l'issue de la lutte est longue à se dessiner. Sans doute les monarques s'efforcent-ils de discipliner les noblesses ; la multiplication des ordres de chevalerie en est un exemple : la *Banda* en Castille en 1330, la Jarretière en Angleterre en 1344-1349, l'Étoile en France en 1352, la Toison d'Or en Bourgogne en 1430, Saint-Michel en France en 1469 sont les plus célèbres. Il n'empêche que les grands royaumes d'Occident sont secoués par la turbulence nobiliaire.

L'Angleterre (1377-1450)

❑ ***Le règne de Richard II.*** Richard II succède à son grand-père en 1377. Le consensus qui a fait le succès d'Édouard III est mort : en 1386 au *Good Parliament* la gentry est réticente devant les exigences fiscales de la monarchie et les aventures militaires de Jean de Gand en Espagne. En 1381, la demande d'une nouvelle *poll-tax*, impôt de capitation essayé depuis 1377, se conjugue avec la résistance à la réaction seigneuriale et provoque la révolte des Travailleurs : les paysans du Kent et de l'Essex envahissent Londres. Richard, âgé de 14 ans, leur promet en personne l'abolition du servage, mais exaltés par des prédicateurs populaires comme John Ball, les émeutiers massacrent le chancelier Simon Sudbury (archevêque de Canterbury) et le tésorier Robert Hales et brûlent le palais de Jean de Gand. Le lendemain, au cours d'une altercation confuse autour du roi, leur chef, Wat Tyler, est tué par le maire de Londres, William Walworth. La répression s'abat immédiatement. Le mouvement se répand pourtant : les troubles continuent jusqu'à l'automne.

Moins que la monarchie, le mouvement vise les hommes de loi, la seigneurie et la richesse de l'Église. Un fort mouvement anticlérical existe, auquel Wyclif donne un solide fondement théorique et théologique. Il veut que les biens de l'Église servent à la défense du royaume, à l'enseignement ou au soulagement des pauvres, non à assurer la puissance des prélats. Ce programme séduit une partie des couches dirigeantes : Wyclif est protégé par Jean de Gand. Mais sa doctrine de l'eucharistie choque, et l'amalgame fait par ses adversaires entre ses vues et celles des révoltés de 1381 ruine son prestige. S'il meurt en 1384 sans être sérieusement inquiété, la réforme n'a pas lieu. Pourtant, le mariage de Richard II avec Anne de Bohême et la venue à Oxford de clercs tchèques font connaître ses idées à Prague et influence Hus. Ses adeptes, les *lollards*, sont actifs en Angleterre jusqu'au début du XVIe siècle, participant en 1415 à la révolte de

Sir John Oldcastle ; mais la répression de l'hérésie à Oxford entraîne la dégénérescence de sa doctrine.

Le trouble est accru par l'imprudence politique du roi. Débarrassé de Jean de Gand, le puissant duc de Lancastre, alors occupé en Castille, Richard s'appuie d'abord sur la *household* (maison) royale et ses favoris (le comte d'Oxford Robert de Vere, le comte de Suffolk Michael de la Pole) : les Lords, inquiets du recul en France, le font plier au Parlement en 1386. Il remet cependant en cause ce compromis et cinq des Lords (les comtes d'Arundel, de Warwick, de Gloucester — oncle du roi —, de Nottingham et de Derby — le futur Henri IV, fils de Jean de Gand) font « appel » de la trahison des proches du roi au Parlement : les *retenues* des favoris royaux sont écrasées à Radcot Bridge (décembre 1387). Les amis du roi exécutés ou exilés, les *appelants* prennent le pouvoir au nom de la réforme du royaume. Leur échec militaire en France et en Écosse permet cependant à Richard II de reprendre dès 1389 le contrôle du gouvernement. Peu à peu, s'appuyant sur la principauté galloise et sur le Cheshire voisin où il recrute une *retenue*, il se constitue une force personnelle ; Gloucester est arrêté et assassiné, Arundel exécuté (1397). Inquiets, Nottingham (devenu duc de Norfolk) et Derby se querellent sur l'attitude à tenir ; Richard II saisit le prétexte pour les exiler. A la mort de Jean de Gand, il confisque le duché de Lancastre.

❑ ***La révolution lancastrienne.*** C'en est trop : l'arbitraire royal met en cause la propriété terrienne, fondement de la puissance de la noblesse et de la *gentry*. La politique de rapprochement avec la France (Richard II épouse Isabelle de France en 1396) est aussi impopulaire. Quand Henri de Lancastre (Derby) débarque en Angleterre à l'été 1399, profitant du départ de Richard II pour l'Irlande, les Percy (comte de Northumberland) et le duc d'York, censés l'arrêter, se rallient. Richard II abdique (29 septembre) et est bientôt assassiné. Henri IV monte sur le trône, inaugurant la dynastie Lancastre dans l'ambiguïté. En termes dynastiques, il n'est pas le plus proche héritier de Richard, car le second fils d'Édouard III, Lionel de Clarence (Jean de Gand n'est que le troisième) a une fille, Philippa, épouse d'un Mortimer, comte de March. Si, de prisons en assassinats, la ligne masculine des Mortimer s'éteint en 1425, une fille, Anne Mortimer, épouse Richard de Cambridge (exécuté à la suite d'un complot en 1415), fils du duc d'York (quatrième fils d'Édouard III). La branche d'York est donc, en vertu même des règles que les Anglais appliquent à la succession française, mieux placée pour régner qu'un Lancastre. Le titre d'Henri IV à la couronne n'est pas non plus parlementaire.

❑ ***Les Lancastres.*** Les conditions mêmes de la « révolution lancastrienne » condamnent la nouvelle dynastie au succès permanent. Le règne d'Henri IV n'est qu'une suite de révoltes (les plus graves sont celle d'Owen Glyn Dwr au Pays de Galles, et celles animées dans le Nord par les Percys) matées avec peine. Mais son successeur Henri V galvanise l'énergie anglaise et, profitant des divisions françaises, relance la guerre de Cent Ans. Son triomphe en France assure la stabilité de la monarchie, et le petit Henri VI, âgé de neuf mois à la mort de son père en 1422, lui succède sans difficultés.

La régence permet aux partis aristocratiques de se reconstituer. Les Beaufort (Henri, évêque de Winchester et Thomas, duc d'Exeter, issus d'un troisième mariage de Jean de Gand) s'opposent au frère d'Henri V, Humphrey de Gloucester, et avec l'accord de la plus grande partie de la noblesse et du régent de France, Bedford (autre frère du défunt), contiennent ses ambitions. Plus tard, un parti de la cour, cherchant la paix avec la France, se constitue autour d'Henri VI, avec les Beaufort comtes de Somerset et le duc de Suffolk, William de la Pole. Contre eux, se dressent successivement Gloucester (qui meurt après avoir été arrêté en 1447), puis le duc d'York, Richard. En 1450, Suffolk, sur le point d'être jugé pour trahison, est exilé par Henri VI qui tente ainsi de le sauver : peine perdue, il est massacré par les marins en traversant la Manche. Alors que les réfugiés de Normandie arrivent, les communs du Kent se révoltent sous la conduite d'un prétendu Mortimer, Jack Cade ; ils prennent Londres et massacrent les amis de Suffolk qui s'y trouvent. Vaincue en France, la dynastie Lancastre est bientôt balayée par la guerre des Deux Roses.

La France (1380-1419)

Charles V sent venir la crise et sur son lit de mort abolit les fouages. L'allégement fiscal complète l'œuvre militaire pour permettre le redressement du royaume ; il ne fait pas l'affaire des princes.

❑ ***Les débuts du règne de Charles VI (1380-1392).*** Les oncles de Charles VI, âgé de douze ans, sont les ducs de Berry, d'Anjou et de Bourgogne, frères de Charles V, et le duc de Bourbon, frère de sa mère. Ils ont besoin d'argent : Berry se contente d'une lucrative lieutenance générale du Languedoc, mais Bourgogne doit pacifier la Flandre révoltée, et Anjou conquérir son royaume de Naples ; parti pour l'Italie, il meurt en 1384. Les vœux de Charles V sont bafoués et les révoltes contre les impôts se multiplient. Mais après sa victoire sur Gand en 1382, Philippe le Hardi reprend le contrôle de la situation, exécutant les meneurs à Paris et à Rouen : grâce aux ressources du royaume, il rétablit sa position en Flandre (1385). De plus, il marie Charles VI à Isabeau de Bavière, pour conforter son alliance avec les Wittelsbach (qui tiennent Hainaut et Hollande) contre les Luxembourg.

En 1388 Charles VI décide de gouverner seul. Il s'appuie sur un groupe, les Marmousets : d'anciens serviteurs de Charles V (Le Mercier, Bureau de La Rivière), des soldats (le connétable de Clisson, un Breton, et l'amiral Jean de Vienne), le maître de l'Hôtel Jean de Montaigu, le président du Parlement Arnaud de Corbie. Ils reviennent à l'allègement fiscal, supprimant la taille créée en 1384, et réforment le gouvernement du royaume en chassant Berry du

Languedoc. Mais lors d'une expédition contre le duc de Bretagne Jean IV, soupçonné d'avoir voulu faire assassiner Clisson, Charles VI est saisi de folie furieuse (1392) ; il ne retrouve la raison qu'épisodiquement et ne gouverne plus. Les oncles, Bourgogne surtout, reviennent au pouvoir : les Marmousets sont chassés, certains se retrouvant autour du frère du roi, le duc Louis d'Orléans.

❑ ***Bourgogne, Orléans, Armagnac (1392-1419).*** Bourgogne et Orléans s'opposent en tout. Bourgogne s'intéresse d'abord aux Pays-Bas. Il veut la paix avec l'Angleterre, et la fin du schisme (la Flandre est urbaniste, la Bourgogne clémentiste). Il s'appuie sur les villes, avec lesquelles il négocie les impôts au coup par coup ; il est soutenu par elles, et particulièrement par celles qui (comme Paris) commercent avec la Flandre. Louis d'Orléans est quant à lui clémentiste et belliqueux. Autoritaire, il fait siens les éléments « technocratiques » du programme marmouset, ce qui effraie les villes. Duc d'Orléans, comte de Blois et de Valois, fastueux avec un air de prince de la Renaissance (il a épousé Valentine Visconti), il achète des droits sur le Luxembourg et acquiert une série de domaines (Coucy, la Fère, le Soissonais et le Porcien) qui, d'Orléans à Luxembourg en passant par le Valois, coupent l'axe Bourgogne-Flandre ; il y renforce d'immenses châteaux (La Fère, la Ferté-Milon, Pierrefonds). L'affrontement est inévitable quand Jean sans Peur, moins lié à la cour, succède à Philippe le Hardi en 1404. Orléans, allié à la reine et aux ducs de Berry et de Bretagne, l'exclut des affaires. Sa politique met en danger l'État bourguignon : l'Église de France ayant retiré son obédience au pape d'Avignon, Louis interdit la publication de la décision, supprime les pensions du Bourguignon, lance la flotte française contre les navires anglais allant en Flandre et s'abouche avec les Liégeois révoltés contre leur évêque, allié de Jean sans Peur. Le 23 novembre 1407, Jean sans Peur, vainqueur des Liégeois à Othée, fait assassiner Louis d'Orléans à Paris.

Orléans était détesté, et Jean sans Peur fait faire par un de ses hommes, le théologien Jean Petit, l'apologie du tyrannicide ; une réconciliation de tous les princes Valois est organisée à Chartres en 1409. Elle est de pure forme : allié à la reine, ayant la garde du dauphin, Bourgogne en profite pour liquider les hommes d'Orléans encore en place, tel l'ancien Marmouset Jean de Montaigu. Du coup, Berry se rallie au jeune Charles d'Orléans et au beau-père de ce dernier, le comte Bernard d'Armagnac. Les trois princes concluent la ligue de Gien (1410) : à trois reprises, en 1411, 1412 (avec des contingents anglais) et 1413, les « Armagnac » marchent sur Paris. Ils ne peuvent y entrer, et doivent accepter des paix hypocrites (paix de Bicêtre en 1411, paix d'Auxerre en 1412) qui ne résolvent rien.

Les États Généraux, réunis à Paris en 1413, refusent l'impôt et demandent une réforme. Jean sans Peur impose ses vues en soutenant en sous-main l'agitation cabochienne — du nom du boucher Simon Caboche — à Paris. L'ordonnance « cabochienne » qui, en mai 1413, propose la réforme du royaume demandée par les États est un texte intéressant mais les excès des Cabochiens déconsidèrent les partisans de la réforme et le dauphin Louis de Guyenne et les Parisiens imposent à Jean sans Peur la paix de Pontoise. Le dauphin paraît à même de proposer une troisième voie, mais Charles VI retrouvant la raison rappelle les Armagnac qui ferment Paris au duc de Bourgogne en 1414 puis assiègent Arras. Finalement, Louis de Guyenne impose à nouveau la paix (paix d'Arras, mars 1415). Mais il est trop tard : en juin, c'est la rupture avec l'Angleterre, en octobre, la défaite d'Azincourt et le 15 décembre, Louis de Guyenne meurt.

La conquête de la Normandie par Henri V n'interrompt pas la lutte. Les Armagnac font régner la terreur à Paris ; peu à peu, Bourgogne fait le vide autour d'eux, gagnant à sa cause la reine Isabeau de Bavière, alors que le nouveau dauphin, Charles, est Armagnac. Mais en mai 1418, les Bourguignons prennent Paris : le dauphin Charles fuit, Armagnac et ses partisans sont massacrés. Jean sans Peur et la reine Isabeau s'y installent en juillet. Charles gagne Bourges. S'il y a deux gouvernements, la rupture n'est pas totale, car Jean sans Peur et Isabeau hésitent encore devant les exigences d'Henri V. Mais en septembre 1419, lors d'une entrevue avec le dauphin, les hommes de ce dernier tuent Jean sans Peur sur le pont de Montereau. Son fils, Philippe le Bon, n'a d'autre recours que l'entente avec l'Anglais : l'histoire de la France se confond dès lors entièrement avec celle de la seconde phase de la guerre de Cent Ans.

La péninsule ibérique

A partir de 1389, les royaumes ibériques ne participent quasiment plus à la guerre de Cent Ans. Les noblesses n'en sont pas moins turbulentes.

❑ ***La Castille.*** La victoire d'Henri II (1369-1379) et de la nouvelle dynastie en Castille interrompt l'essor de l'absolutisme. Pour consolider leur pouvoir, des Transtamares ont besoin du soutien de la noblesse : Henri II, Jean Ier (1379-1390) et Henri III (1390-1406) multiplient pour leurs partisans les concessions de biens (*mercedes*) et de revenus royaux, déjà nombreuses pendant la guerre contre Pierre. Les maisons nobles consolident leur pouvoir en obtenant du roi la création de *mayorazgos* (majorats) qui concentrent richesse et pouvoir entre les mains du chef de famille. Elles augmentent leurs revenus en imposant une « protection » (*encomienda*) fort coûteuse aux monastères, et profitent de leur force pour essayer de remédier à la baisse des revenus seigneuriaux, en dépit des résistances paysannes.

L'agitation nobiliaire engendre une anarchie continuelle, dont témoignent aussi les pogroms de 1391. Les longues minorités royales (Henri III a onze ans en 1390, Jean II un an en 1406) laissent à la noblesse tout loisir de se déchirer. Sous Henri III, les princes de la famille royale sont éliminés au profit de la petite noblesse (Mendoza, Velasco, Manriques, Davalos, Pimentel). La longue minorité de Jean II (1406-1454) laisse la régence à son oncle, Fernand (de Antequera), de 1406 à 1412. Il construit une principauté familiale pour son fils Jean (le futur Jean II d'Aragon) et fait d'un autre fils, Henri, le tout-puissant maître de

Santiago. Mais il reprend aussi la guerre contre Grenade : en 1410, il prend Antequera, gagnant ainsi le prestige qui lui vaut d'être élu roi d'Aragon en 1412 (compromis de Caspe). Quand Jean II, marié en 1418 à la fille de Fernand de Antequera, Marie d'Aragon, prend en main le pouvoir, il doit démanteler le parti « aragonais ». Appuyé sur son favori, le connétable Alvaro de Luna, devenu à son tour maître de Santiago, il se lance dans une interminable guerre civile : vaincu en 1427 et en 1439, il écrase finalement le parti aragonais à Olmedo en 1445. Luna, devenu trop puissant, est à son tour éliminé en 1453.

Henri IV (1454-1474), faible et malade, choque la noblesse ; il fait de son favori, Bertrand de la Cueva, le nouveau maître de Santiago, au détriment d'un représentant de la grande noblesse, le marquis de Vilena. La Cueva est détesté, et la noblesse prétend que Jeanne, la fille d'Henri IV est en réalité fille du favori (d'où son surnom, la « Beltraneja »). Avec l'accord de la sœur du roi, Isabelle, les nobles se soulèvent contre la Cueva et le roi : Henri IV est même déposé en 1465 ; mais la Cueva est finalement vainqueur à la bataille d'Olmedo en 1467. Il ne peut pourtant empêcher le mariage d'Isabelle et du fils et héritier du roi Jean II d'Aragon, Ferdinand en 1469 : l'avenir de la fille d'Henri IV paraît dès lors menacé.

Le paradoxe est que l'institution monarchique souffre peu de l'anarchie : au plan des principes, rien ne porte atteinte à la couronne. Les nobles ne veulent pas limiter son pouvoir, mais le confisquer. Les *Cortes* ne servant pas à l'affirmation du pouvoir nobiliaire, elles voient leurs prérogatives diminuer ; elles n'ont plus rien ou presque de représentatif, et ne décident plus de l'impôt à partir de 1393. La monarchie est riche : la taxe la plus importante, l'*alcabala*, typiquement ibérique dans sa forme (une taxe urbaine sur les transactions commerciales, que la couronne s'approprie et généralise) échappe au contrôle des *Cortes* ; exigées pour financer la guerre contre Grenade, les *alcabalas* permettent en fait une pression militaire telle que Grenade paie à la Castille de lourds tributs, les *parias*. Malgré l'anarchie, la couronne dispose donc de finances importantes ; d'où des moyens militaires considérables qui expliquent le succès final de Jean II, malgré les *mesnadas*, armées privées des grands nobles. Mais les troupes royales sont peu fiables, les commandements étant confiés à des nobles à la fidélité douteuse. De même, la noblesse laisse la monarchie installer dans les villes des *corregidores*, pour contrôler la vie municipale.

Avant tout, la Castille a une marine remarquable, développée grâce aux Génois et les flottes castillanes jouent un rôle croissant sur les routes commerciales de l'Atlantique et de la Méditerranée. Actives contre l'Angleterre jusqu'en 1404, elles interviennent peu ensuite, tout en continuant à bénéficier des privilèges accordés par le roi de France. Les Castillans éliminent même les Hanséates de l'Atlantique au sud de la Bretagne en écrasant la flotte hanséate à La Rochelle en 1419, puis en obtenant en 1443 une paix favorable. Surtout, ils concurrencent les Portugais sur la route du sud, s'attaquant aux Canaries.

❑ ***Aragon.*** La couronne d'Aragon est épuisée par la guerre avec la Castille, et la concurrence castillane et génoise réduit les ressources de son Empire maritime. Pierre IV ne peut vaincre la rébellion des juges d'Arboréa en Sardaigne où la domination catalane n'est réaffirmée qu'en 1409 (bataille de Sanluri). La Corse est pratiquement abandonnée aux Génois ; les États catalans de Grèce se donnent à Pierre IV en 1379, qui les perd cependant les uns après les autres : Athènes en 1388, Néopatras en 1391, Salona en 1394. Seule, Égine reste catalane jusqu'en 1451. En revanche, le futur Martin Ier conquiert de 1392 à 1396 la Sicile, dont l'héritière Marie épouse son fils. La mort du jeune couple sans enfant réunit Sicile et Aragon. Le déclin catalan génère la piraterie, pis-aller qui aggrave les choses en entraînant la rupture des relations commerciales avec l'Égypte ou la Flandre. La supériorité génoise confine les Catalans en Méditerranée occidentale ; après 1425, le trafic de Barcelone décline. La grande bourgeoisie barcelonaise se détourne du commerce et investit dans l'achat de terres et surtout dans la gestion des finances urbaines ou publiques.

Le problème monétaire est donc central à Barcelone : le maintien de la valeur du *croat* et du florin, dont dépend le revenu des rentiers, freine le développement des exportations et du commerce ; marchands et artisans demandent donc une dévaluation. Le parti de l'oligarchie rentière, la *Biga*, s'oppose ainsi avec violence au parti « populaire » de la *Busca*. La dévaluation de 1456, trop tardive pour être utile, exacerbe les tensions. La crise des revenus de l'élite dirigeante atteint aussi les campagnes par la *remensa*, droit payé par le ruraux pour racheter les *malos usos* imposés par le seigneur et pour faire reconnaître son statut libre. Les seigneurs essaient de transformer tous les paysans en paysans de *remensa* (« rachat »). D'où une violente tension dans les campagnes.

Or le pouvoir royal est faible. La diversité de l'Empire impose le recours à des lieutenants généraux, garants de l'autonomie des provinces plus que représentants du roi. Les *Cortes* maintiennent des comités permanents entre les sessions : la *Generalitat* est établie en 1365 à Barcelone ; le système est adopté pour l'Aragon en 1412 et pour le royaume de Valence en 1419. Le changement de dynastie en 1412 et l'absence continue d'Alphonse V favorisent l'autonomie. *Cortes* et *Generalitats* gardent le contrôle des taxes douanières et des impôts, gèrent la dette publique et créent un système de rentes sophistiqué. Le *Consolat del mar* à Barcelone domine la vie maritime. Ces institutions « pactistes », qui transforment l'État en une monarchie contractuelle, sont aux mains de la noblesse et de l'oligarchie bourgeoise : la monarchie cherche des contrepoids, d'où son alliance avec les *remensas* d'une part, avec la *Busca* de l'autre.

Les fils de Pierre IV, Jean Ier (1387-1395) et Martin l'Humain (1395-1410) n'ont pas d'héritier direct. Le candidat catalan, Jaume d'Urgel, est déconsidéré par sa complicité supposée dans le meurtre de l'archevêque de Saragosse, Heredia, chef des partisans de Louis d'Anjou. Auréolé par sa victoire d'Antequera, Fernand, frère d'Henri III et régent de Castille, dont les moyens sont considérables, est élu roi en 1412 au compromis de Caspe, inspiré par le pape Benoît XIII (l'Aragonais Pedro de Luna). Mais Ferdinand, une fois la révolte de Jaume d'Urgel réprimée, meurt en 1416. Son fils, Alphonse V (1416-1458) ne s'intéresse qu'à la Sicile et à l'Italie et laisse gouverner ses terres espagnoles par sa femme Marie de Castille. A sa mort, son frère Jean II devient roi en Aragon, son bâtard Ferrante en Italie.

Jean II, lui, ne pense qu'à la Castille ; désireux d'obtenir l'aide française, il fait rompre le blocus de Gênes, et au désespoir des Barcelonais, renonce à intervenir en Méditerranée. Il épouse en 1420 Blanche de Navarre. La mort du roi de Navarre Charles III, en 1425, fait donc de leur fils Charles de Viane l'héritier du royaume. Mais à la mort de Blanche en 1441, Jean qui a besoin de la Navarre pour défendre ses intérêts castillans, garde le pouvoir. Appuyé par une partie de la noblesse (les Beaumont), Charles s'oppose à son père aidé par une autre faction (les Agramunt) dans une guerre qui de 1451 à 1461 ravage la Navarre. Aîné du roi (*primogenit*), Charles devrait aussi faire office de vice-roi en Catalogne ; mais Jean II le fait arrêter. La généralité de Catalogne proteste ; refusant un roi qui ne connaît que la loi castillane, Barcelone et les Catalans se révoltent en 1461. Jean II libère Charles et accepte la *capitulacion* de Villafranca. Mais la mort de Charles de Viane, attribuée communément au poison, déclenche à nouveau la révolte.

La guerre civile entretient les tensions nées d'un siècle de luttes pour les *remensas* et le contrôle de Barcelone. Elle attise aussi les convoitises de Louis XI (qui joue double jeu mais soutient d'abord Jean II), et les espoirs de la maison d'Anjou : après Pedro de Portugal (petit-fils de Jaume d'Urgel) mort en 1466, le roi René est choisi comme roi par la *Generalitat*, et son fils Jean de Calabre commande les troupes catalanes. Mais sa mort, en 1470, affaiblit son parti, et Jean II, soutenu par Majorque et Valence, l'emporte finalement, obtenant la reddition de Barcelone en 1472. Le roi et la Catalogne sont ruinés. Louis XI saisit le Roussillon et la Cerdagne dès 1463 : si la population chasse les Français en 1473, ceux-ci reprennent Perpignan en 1475. Son fils Ferdinand étant occupé en Castille, Jean II ne peut rien.

LA REPRISE DE LA GUERRE DE CENT ANS

Henri V et la double monarchie

A la faveur de la guerre civile, les Anglais reprennent pied en France où le duc de Clarence, frère du roi, conduit une chevauchée en 1412. Henri V, soutenu par l'opinion anglaise, veut les provinces promises au traité de Calais.

❑ ***Azincourt et la conquête de la Normandie.*** Ses prétentions repoussées, Henri V débarque en septembre 1415 en Normandie, prend Harfleur puis se met en route pour Calais. L'armée française le rattrape et est écrasée à Azincourt ; la noblesse Armagnac est décimée, le duc Charles d'Orléans prisonnier. Le retentissement de la victoire est immense : l'empereur Sigismond, sollicité comme arbitre, s'allie avec Henri V et le duc de Bourgogne négocie. En 1417, Henri V entame la conquête de la Normandie, terminée en 1419 par la capitulation de

Rouen après un terrible siège. En France, les dissensions s'exaspèrent : au dauphin Charles et au connétable Bernard d'Armagnac s'oppose la reine Isabeau de Bavière, soutenue par les Bourguignons ; en mai 1418, le dauphin s'installe à Bourges. L'assassinat de Jean Sans Peur en 1419 à Montereau amène son successeur, Philippe le Bon, à s'entendre avec Henri V et le gouvernement de Charles VI et d'Isabeau à Paris.

❑ ***Le traité de Troyes.*** Henri V veut maintenant la couronne de France. Le traité de Troyes (mai 1420) accepte cette exigence : Charles VI reste roi jusqu'à sa mort, mais ensuite, la couronne de France reviendra à Henri V et à ses héritiers ; le dauphin est déshérité et Henri V, conservant en domaine propre la Normandie et l'Aquitaine, épouse Catherine de Valois, fille de Charles VI. Les deux royaumes restent distincts et Henri jure de respecter les coutumes du royaume de France. Une double monarchie naît du traité de Troyes. En réalité, la France est divisée en trois (sans compter la Bretagne, indépendante de fait). Les Anglais gouvernent la Guyenne, la Normandie, Paris et sa région ; ils étendent cette domination vers la Loire et la Brie, malgré la défaite et la mort de Clarence, battu à Baugé en 1421. Le duc de Bourgogne contrôle, outre ses fiefs (Bourgogne, Boulogne, Mâconnais), la Picardie et une partie de la Champagne. Le dauphin se maintient dans les autres régions. Les morts successives d'Henri V en août et de Charles VI en octobre 1422, ne modifient rien ; le frère d'Henri, John, duc de Bedford, installé à Paris, exerce la régence de France pour le compte de son neveu Henri VI, fils d'Henri V et de Catherine de Valois, alors âgé de neuf mois.

❑ ***La double monarchie.*** Non sans talent, profitant des sympathies bourguignonnes d'une partie des élites, Bedford gouverne la Normandie et Paris, malgré une résistance (surtout paysanne) en Normandie. L'administration anglaise essaie de financer la guerre par la fiscalité régionale. Au plan militaire, le contrôle anglais est étendu au Maine (prise du Mans en 1424) et aux marges de l'Anjou. Poussant vers la Loire, l'armée anglaise, mieux organisée, mieux commandée, remporte les victoires de Cravant (1423) et de Verneuil (1425). En 1428 le comte de Salisbury met le siège devant Orléans.

Mais l'atmosphère change, Bedford ne pouvant surveiller ce qui se passe en Angleterre. Or, malgré l'évêque de Winchester Henry Beaufort, qui domine le Conseil et dont les vues sont proches de celles de Bedford, le frère de celui-ci Humphrey de Gloucester, se lance dans une aventure aux Pays-Bas, chasse gardée bourguignonne, en épousant Jacqueline de Hainaut qu'il aide en 1423-1424 contre Philippe le Bon, meilleur allié et beau-frère de Bedford. Au même moment, les Armagnac, responsables du meurtre de Jean Sans Peur, sont écartés du pouvoir à Bourges. L'alliance anglo-bourguignonne résiste, mais chancelle.

La victoire française

Le changement se manifeste de façon éclatante par l'extraordinaire équipée de Jeanne d'Arc, qui rend au timide et fragile Charles VII la confiance qui fait de lui un souverain habile et calculateur, artisan du redressement français.

❑ ***Jeanne d'Arc.*** La cour de Bourges est paralysée par les luttes des factions. L'armée de Charles VII, mise en déroute par les Anglais à la « bataille des harengs » en février 1429, ne peut quant à elle dégager Orléans ; l'issue du siège paraît inéluctable, malgré la mort de Salisbury. Or, arrive à la cour une jeune paysanne lorraine, Jeanne d'Arc ; elle reconnaît le roi au milieu des courtisans et lui communique la foi qui l'habite. Galvanisant les énergies, elle rejoint l'armée de secours qui part pour Orléans : le 8 mai, Orléans est délivrée, puis Jargeau (où Suffolk est pris) tombe et l'arrière-garde anglaise est écrasée à Patay. Le rôle de Jeanne d'Arc est plus psychologique que militaire ; elle inspire le sacre de Charles VII à Reims, victoire idéologique qui démontre aux hésitants, aux timides et aux opportunistes où est la vraie légitimité. Partis de la Loire, Charles VII et sa cour, malgré les Bourguignons, gagnent Reims où le sacre est célébré le 18 juillet 1429. La Champagne, la Brie, le Soissonnais se soumettent, mais l'armée royale échoue devant Paris. Mal vue par ceux qui cherchent à négocier avec Philippe le Bon, Jeanne d'Arc est prise par les Bourguignons à Compiègne, et livrée aux Anglais qui la brûlent à Rouen après sa condamnation par l'Église (novembre 1431) sans que Charles VII intervienne.

❑ ***La fin de l'alliance anglo-bourguignonne : le traité d'Arras.*** L'adversité ne réchauffe pas l'alliance anglo-bourguignonne qui paraît d'autant plus dangereuse à Philippe le Bon que les routiers français ravagent l'Ile-de-France et que la situation financière et militaire des Anglais se détériore. Malgré les efforts du cardinal Beaufort, la réconciliation franco-bourguignonne a lieu au congrès d'Arras (août 1435) en présence des représentants du pape et du concile de Bâle : le traité d'Arras scelle l'accord entre Charles VII, qui désavoue le meurtre de Jean Sans Peur, et cède quelques territoires ainsi que ses droits (rachetables) sur le Ponthieu et les villes de la Somme à Philippe le Bon, dispensé d'hommage sur tout ce qu'il contrôle en France. Peu après, la Haute Normandie se révolte contre les Anglais, et Paris, soulevé par le Bourguignon Villiers de l'Isle Adam, s'ouvre à l'armée française du connétable de Richemont (1436). Seul des princes français, le duc de Bretagne Jean V croit encore à la double monarchie.

❑ ***La reconquête de la Normandie et de la Guyenne.*** La situation financière des Anglais est désastreuse ; la Normandie dévastée, agitée par des révoltes, ne peut plus subvenir à l'entretien de l'armée et les demandes d'argent animent au Conseil royal la lutte entre partisans de solutions diplomatiques (Beaufort ou Suffolk) et partisans de la guerre (Gloucester et plus tard York). Henri VI est incapable d'arbitrer ces luttes ; en 1444, Suffolk conclut les trêves de Tours et négocie le mariage d'Henri VI avec la fille de René d'Anjou, Marguerite d'Anjou. Au lieu de Richard d'York, il impose en France le commandement d'un Beaufort, le comte de Somerset ; mais les trêves ne rétablissent pas les finances anglaises et l'opinion publique reste hostile à tout abandon de territoire.

Au contraire, le Valois règle ses problèmes. L'administration royale est réorganisée à Paris, la fiscalité stabilisée à partir de 1440 et la révolte des partis aristocratiques échoue (la *Praguerie*, 1440). Les ordonnances de 1439 et surtout de 1445 organisent une armée permanente composée de compagnies de gens d'armes (les compagnies d'ordonnance). Les exactions des « Écorcheurs », qui depuis 1435 ravagent les campagnes, prennent ainsi fin et le roi se voit doté d'une armée disciplinée, renforcée par une artillerie de campagne importante (dirigée par Jean et Gaspard Bureau) et une infanterie auxiliaire de francs archers (exemptés d'impôt). A l'été 1448, les hostilités reprennent : les Anglais abandonnent le Maine et en 1449, un de leurs capitaines, François de Surienne (« l'Aragonais ») saisit Fougères, s'aliénant ainsi le nouveau duc de Bretagne, François Ier. C'est le signal de la reconquête : en un an, la Normandie tombe, l'armée de secours anglaise de Thomas Kyriel étant écrasée à Formigny (1450).

La perte de la Normandie est un choc terrible. Suffolk, déchu, est massacré alors qu'il part en exil. Le lieutenant du roi en Normandie, Somerset, est accusé par York, son prédécesseur, d'avoir abandonné le pays : la lutte des factions s'envenime. L'afflux des réfugiés normands et des soldats débandés crée une situation sociale explosive : l'Angleterre est au bord de la guerre civile. La Guyenne est pourtant pour Charles VII un problème difficile. La population, et surtout celle de Bordeaux qui vit de l'exportation du vin en Angleterre, est en effet favorable aux Anglais. Bordeaux se rend une première fois en 1451, mais Talbot la reprend dès 1452. Ses troupes étant insuffisantes, il est battu et tué en 1453 à la bataille de Castillon. Les Anglais ne conservent plus en France que Calais. La guerre est finie, et s'ils arborent le titre et les armes des rois de France, les rois anglais ne revendiquent plus sérieusement le trône de France : au-delà du droit féodal et du sort des armes, la logique de l'État national a définitivement séparé France et Angleterre.

LA REMISE EN ORDRE DE L'OCCIDENT

Les grandes monarchies sortent de la tourmente. La plus touchée, la France, est la première : l'État est réorganisé à partir des années 1430. L'Angleterre, vaincue, passe par l'épreuve de la guerre des Deux Roses, l'Aragon et la Castille, par celle de leurs guerres civiles respectives : mais ces royaumes connaissent une brillante fin de siècle, comme l'Écosse et le Portugal.

La France (1429-1498)

Charles VII, sacré à Reims, entreprend la reconstruction de l'État, suivi par son fils Louis XI et la régente Anne de Beaujeu ; cela passe par l'élimination des principautés.

❑ ***Le renforcement de l'autorité royale.*** Charles VII utilise à Bourges les structures de la principauté du duc de Berry, mort en 1416. Son administration et son Parlement (à Poitiers) reviennent à Paris en 1436 : le fil est renoué. A-t-il jamais été rompu? Non, la politique envers la papauté le montre : l'entourage de Charles reste attaché aux traditions d'indépendance de l'Église gallicane, qui donnent en fait le contrôle de l'Église au roi. Charles VII obtient ainsi du pape Martin V en 1426 (bulles de Genazzano) une version plus favorable du concordat accepté au concile de Constance. Les gallicans profitent des démêlés d'Eugène IV et du concile de Bâle pour faire adopter en 1438 à l'assemblée du clergé de l'Église de France la *Pragmatique Sanction* ; sa disposition essentielle est le retour à l'élection pour les bénéfices majeurs, qui ne ferait pas plus l'affaire du roi que celle du pape : le roi de France s'en sert comme d'une menace permanente dans ses négociations avec Rome. La *Pragmatique*, jamais appliquée, est beaucoup utilisée : grâce à ce chantage le roi contrôle le haut clergé français sans véritable concordat.

Tenant bien en main l'Église, ses officiers (les purges, comme celle opérée maladroitement par Louis XI en 1461, sont sévères), depuis 1439 et surtout 1445, son armée, le roi réaffirme son autorité. Les États sont de moins en moins consultés sur l'impôt : à partir de 1440, celui-ci est fixé et levé par l'administration royale, chaque année, sans consultation. L'ordonnance de Montils-lès-Tours lance la rédaction des coutumes régionales, qui doivent être entérinées par le Parlement de Paris. Les Parlements de Languedoc à Toulouse (1443), de Grenoble (1453), de Bordeaux (1462), la Cour des aides de Montpellier (1437) renforcent l'administration du royaume, qui profite aussi des créations anglaises en Normandie (université de Caen, Cour des aides de Rouen).

❑ ***Les princes.*** Ils réagissent devant cette évolution, mais de 1440 à 1485 se heurtent à la même fermeté royale. La Praguerie (allusion aux guerres hussites) unit en 1440-1442 les ducs de Bretagne, d'Orléans, d'Alençon, de Bourbon, de Bretagne, d'Anjou (le roi René), le comte d'Armagnac et même le dauphin Louis ; elle vise surtout les réformes militaires et le connétable de Richemont. Mais Charles VII riposte avec habileté : Jean IV d'Armagnac qui essaie de s'approprier le Comminges est puni ; son successeur, Jean V, qui a épousé sa propre sœur, est exilé en 1450. Alençon qui recommence à comploter en 1455 est condamné à mort mais libéré en 1461. Plus grave, le dauphin Louis mène en Dauphiné une politique indépendante ; lorsque son père l'attaque, il se réfugie en 1456 auprès de Philippe le Bon.

Roi en 1461, Louis XI intensifie la politique paternelle. En 1465, les princes et notamment son frère Charles de France et Charles de Charolais (le futur Téméraire) montent contre lui la ligue du Bien Public : Louis XI, après la bataille indécise de Montlhéry, paraît céder aux demandes des princes (traités de Conflans et de Saint-Maur, octobre 1465). Mais il divise les alliés de la veille pour reprendre ce qu'il a concédé ; en 1467 et 1468, il déjoue à nouveau leurs manœuvres. Charles le Téméraire a eu en 1465 une partie de la Picardie ; en 1468, Louis XI accepte l'entrevue de Péronne, et son aide aux Liégeois révoltés étant découverte, il est même gardé prisonnier par le duc et obligé d'aller assister au châtiment de Liège. Mais les complices de Charles dans l'entourage royal sont éliminés (Charles de Melun, cardinal Balue). Les princes échouent à nouveau en 1472. Alençon est arrêté, et une expédition est montée contre Jean V d'Armagnac : celui-ci est tué à Lectoure et sa principauté démembrée (1473). En 1475, un nouveau complot lié à la venue d'Édouard IV aboutit à l'exécution pour trahison du connétable de Saint-Pol et du duc de Nemours. La mort du roi René en 1480 détruit une grande principauté : il a donné son duché de Lorraine en 1473 à son neveu René de Vaudémont, mais Louis XI annexe en 1480 l'Anjou et le Barrois, et en 1481 la Provence et Marseille.

Louis XI meurt en 1483 : la nécessité d'une régence redonne espoir aux princes. La mort du Téméraire en 1477 a donné les premiers rôles au duc d'Orléans (le futur Louis XII) et à la Bretagne. La régence est exercée par la fille aînée du roi, Anne de Beaujeu, et son mari, frère du duc de Bourbon, Pierre de Beaujeu. Leur habileté à manœuvrer les états généraux de 1484, où les officiers royaux sont très nombreux, leur permet de rejeter les princes du Conseil. Louis d'Orléans mène contre les Beaujeu la « Guerre Folle » appuyé par le ministre du duc de Bretagne François II, Pierre Landais, désireux d'assurer l'indépendance bretonne que réclament les villes du duché : mais Landais est exécuté, la noblesse bretonne se rangeant du côté français, et Orléans échoue. En fait, le problème des princes est devenu depuis 1477 un problème européen.

❑ ***Entre Bretagne, Flandre et Italie.*** Charles le Téméraire meurt en 1477, le duc de Bretagne François II en 1488 : leurs filles, Marie de Bourgogne et Anne de Bretagne, sont la clé de leurs successions respectives. Louis XI en tant que suzerain s'empare de la partie française de l'État bourguignon, y ajoutant la Franche-Comté pour faire bonne mesure : les habitants d'Arras sont expulsés, Avesnes et Dôle rasées. Mais Marie de Bourgogne a épousé Maximilien. Au traité d'Arras en 1482, Louis XI doit donc se contenter de la Picardie et de la Bourgogne ; l'Artois et la Franche-Comté sont la dot de Marguerite d'Autriche, fille de Marie et de Maximilien, fiancée au futur Charles VIII. En Bretagne, Louis d'Orléans est candidat à la main de l'héritière Anne de Bretagne, solution inacceptable aux Beaujeu ; une réédition de la « Guerre Folle » en 1488 se termine par la victoire française de Saint-Aubin-du-Cormier, où Orléans est fait prisonnier. Anne choisit alors Maximilien, (Marie de Bourgogne est morte en 1482) ; mais il a trop à faire dans l'Empire pour la défendre contre la France. En 1491, Anne de Bretagne épouse Charles VIII, promettant, au cas où ils n'auraient pas d'enfant, d'épouser son successeur (ce sera Louis XII) : l'indépendance de la principauté bretonne est terminée.

Le mariage breton repose le problème du traité d'Arras. Mais Charles VIII, qui commence son règne personnel en 1492, regarde ailleurs, vers l'Italie : le roi René laisse en effet en 1480 aux rois de France ses droits sur Naples. Charles VIII sacrifie tout à la chimère italienne : le Roussillon est rendu à l'Aragon, la Franche-Comté à Maximilien. Comptant sur leur neutralité, allié à Ludovic Sforza qu'il a aidé à prendre le pouvoir à Milan, il descend en Italie où le roi de Naples Ferrand d'Aragon est mort en 1494. Sans opposition, il est couronné à

Naples en 1495 : mais son armée s'effondre dès que les Aragonais reprennent l'offensive, et il rentre en France. Louis XII, qui, en tant que duc d'Orléans, a hérité des prétentions de Valentine Visconti sur Milan, reprendra l'affaire avec plus de sérieux, tout comme son successeur François Ier ; l'Italie a pris dans la politique française la place des États bourguignons abandonnés aux Habsbourg.

L'Angleterre (1450-1512)

La lutte dynastique dure jusqu'en 1485 ; mais dès 1461, Édouard IV commence à restaurer l'autorité royale.

❑ ***La guerre des Deux Roses 1453-1461.*** Richard d'York, héritier du trône jusqu'en 1453, répugne au coup de force. D'ailleurs, de l'été 1453 à Noël 1454, la folie du roi oblige à faire appel à lui comme protecteur. Mais le retour du roi à la raison rend le pouvoir à Somerset ; de plus, Henri VI et Marguerite d'Anjou ont un fils, Édouard. En mai 1455, à la première bataille de Saint-Albans, les Yorkistes s'emparent d'Henri VI et York reçoit un second protectorat (1455-1456). La guerre dite bien après des Deux Roses (rose rouge de Lancastre, blanche d'York) est en réalité un entrelacs de guérillas et de vendettas entre nobles (York-Somerset, Neville-Percy etc.). Le 31 décembre 1460, York est battu et tué par les troupes royales à Wakefield, mais en mars 1461 son fils le comte de March, aidé par Richard Neville, comte de Warwick, le venge à Towton ; Henri VI et Marguerite s'enfuient, March devient Édouard IV.

❑ ***Les Yorkistes au pouvoir 1461-1485.*** D'abord dominé par les Neville, Édouard IV épouse en 1464 Élisabeth Woodeville et recrute un entourage plus fiable (Woodeville, Grey, Herbert, Stafford) : il ne peut déjouer le coup de force de son frère Clarence et de Warwick (1469), mais ces derniers doivent vite se réfugier auprès de Louis XI, qui arrange au nom d'Henri VI une alliance contre nature entre Warwick et Marguerite d'Anjou ; le débarquement de Warwick en septembre 1470 surprend Édouard IV, qui fuit auprès de Charles le Téméraire. La restauration d'Henri VI est brève : aidé par la Bourgogne, Édouard revient et écrase les Lancastriens à Barnet puis à Tewkesbury (1471). Warwick, Somerset et l'héritier Lancastre Édouard sont tués, Henri VI assassiné. Le pouvoir yorkiste est solidement établi. Édouard IV s'entend avec Louis XI, malgré la reconnaissance due au Téméraire. Au terme d'un spectaculaire déploiement de force autour de Calais, il conclut le profitable traité de Picquigny, le roi de France versant 75 000 couronnes et promettant une pension annuelle de 25 000 couronnes.

L'or français et la paix retrouvée rendent à l'Angleterre une prospérité oubliée depuis longtemps. Mais à la mort d'Édouard IV, en 1483, son frère Richard, duc de Gloucester, s'impose comme protecteur au nom de son neveu Édouard V qui a 13 ans. Édouard V et son frère Richard sont proclamés bâtards et assassinés à la Tour de Londres. Gloucester est couronné sous le nom de Richard III. Le crime est patent : réfugié en Bretagne, Henri de Richmond, petit-fils du Gallois Owen Tudor (époux de la reine Catherine de Valois, veuve d'Henri V) et fils de Margaret Beaufort (fille de Somerset et dernière descendante de Jean de Gand) promet d'épouser Elisabeth, la fille d'Édouard IV, et de mettre ainsi fin à la rivalité des Yorks et des Lancastres. Débarquant au Pays de Galles en août 1485 avec des troupes fournies par la France et rapidement grossies par ses partisans, il écrase et tue Richard III, affaibli par les défections, à Bosworth.

❑ ***Les débuts de la monarchie Tudor.*** Avec Henri VII Tudor, une famille britannique accède au trône d'Angleterre. Les Gallois en sont ravis, et ce retour, présenté comme l'accomplissement d'une prophétie du magicien Merlin, fait la joie des propagandistes. A son tour, la monarchie anglaise qui jusque-là insistait surtout sur ses droits féodaux (fondement de ses prétentions françaises) affirme son prestige national. Henri VII unifie le royaume sous son autorité. Sa politique extérieure prudente et sans scrupule lui évite de trop dépenser. A l'égard de la noblesse, il dose habilement répression et patronage. Comme Édouard IV, il convoque individuellement devant le conseil les nobles et les oblige sous peine d'énormes pénalités à accepter les décisions de la justice royale ; comme lui encore, il fait en sorte que les hommes du roi soient présents, puissants et respectés dans les comtés, assurant ainsi l'emprise royale sur la gestion locale, si importante en Angleterre.

Il peut donc résister au complot de Lovel et des Staffords (1486), aux tentatives des faux prétendants Lambert Simnel — soutenu par le comte de Lincoln et les Irlandais (bataille de Stoke, 1487) — et Perkin Warbeck — peu soutenu en Angleterre, mais utilisé contre Henri VII par Maximilien et l'Écosse (1491-1495) — mais aussi à la révolte anti-fiscale de la Cornouailles (bataille de Blackheath, 1497). Les plus proches descendants Yorkistes ne peuvent rien : le comte de Warwick est exécuté en 1499 et le comte de Suffolk se réfugie auprès de Maximilien. Le fils de celui-ci, Philippe le Beau le livre à Henri VII en 1506. La dynastie est solidement établie.

L'Écosse

Après Otterburn, l'Écosse joue un rôle secondaire dans la guerre de Cent Ans : des troupes écossaises combattent cependant en France, les luttes nobiliaires assurant un flot régulier d'exilés. On ne peut parler ici de crise et de remise en ordre. En fait, tout le siècle n'est qu'une lutte continuelle entre les grandes familles de la noblesse, qui disposent d'importants contingents armés en vertu des contrats qui lient les membres de l'aristocratie (*bonds of manrent*) et la monarchie Stewart. Énergiques, les souverains écossais remportent de grands succès, remis en cause par la captivité ou de longues minorités. Sous Robert III (1390-1406), le danger vient du frère du roi, le duc d'Albany ; Robert III envoie son fils Jacques (James) en France pour qu'il échappe à son oncle, mais intercepté en 1406 par les Anglais, il est prisonnier jusqu'en 1424. A son retour, Jacques Ier restaure l'autorité royale, mais Sir Robert Graham l'assassine. Son fils Jacques II est tout aussi décidé : il assassine lui-même le comte de Douglas, bat le comte de Crawford à Brechin en 1452 et confisque les terres des Douglas en 1455. Il est tué à Roxburgh en 1460 par l'explosion d'un canon lors d'une campagne contre l'Angleterre. La longue minorité de Jacques III redonne force aux nobles et aux Douglas mais lorsque le roi passe à l'offensive, il est battu et tué à Sauchieburn (1488). Son fils, Jacques IV (1488-1513), reprend avec succès la lutte contre les nobles : la monarchie des Stewarts sort victorieuse de sa lutte séculaire.

L'Espagne 1479-1499

A la mort de Jean II, en 1479, il faut parler d'Espagne : son fils Ferdinand qui a épousé en 1471 Isabelle de Castille lui succède en Aragon ; le couple se fait accepter en Castille.

❑ ***La guerre civile en Castille.*** L'objectif de la réunification dessinée au compromis de Caspe n'est jamais perdu de vue et les intermariages fréquents entre les deux branches de la famille le prouvent. Reconnue héritière de Castille en 1468 au détriment de la fille d'Henri IV (Juana), Isabelle, sœur du roi, a épousé Ferdinand d'Aragon, fils et héritier de Jean II. A la mort d'Henri IV, la guerre civile éclate entre les partisans d'Isabelle, aidés par l'Aragon et les « Juanistas » (le marquis de Vilena, le duc d'Arevalo, l'archevêque de Tolède Carrillo), partisans de la « Beltraneja » et soutenus par la France et le Portugal. En 1475, Juana est fiancée à Alphonse V de Portugal qui envahit la Castille : mais au lieu d'attaquer l'Andalousie, il échoue par deux fois devant Burgos où son allié Arevalo s'est enfermé : la cité se rend (1476). Isabelle et Ferdinand, multipliant les concessions aux nobles, reprennent l'avantage : la bataille de Toro (1476) tourne en leur faveur, et ils pacifient le pays en 1477-1478. La paix est signée avec Louis XI : la Castille abandonne l'alliance avec la Bourgogne, la France celle avec le Portugal. Alphonse V tente une nouvelle invasion en 1479, mais doit traiter à Alcaçovas : il renonce à ses prétentions à la Castille ; la Castille en revanche, garde les Canaries mais accepte le monopole du Portugal sur la côte africaine. Juana entre au couvent à Coïmbre.

❑ ***La conquête de Grenade (1482-1492).*** La mort de Jean II en 1479 entraîne l'union de la Castille et de l'Aragon ; la Navarre est annexée au nouvel ensemble en 1512. L'énergie de l'Espagne unie est immédiatement engagée dans une œuvre prestigieuse, une nouvelle croisade, la conquête du royaume de Grenade. La prise de la ville frontière de Zahara par les Maures en 1481 en est le prétexte. Malgré leur supériorité numérique et leur artillerie, les Castillans mettent dix ans pour conquérir un Émirat divisé, où l'émir Abu-al-Hasan doit faire face à la rébellion de son fils Boabdil, allié à Ferdinand ; il est d'ailleurs déposé en 1485 par son frère Al Zagal. Ronda tombe en 1485, Malaga en 1487. Al Zagal est vaincu en 1489, mais Boabdil ne rend Grenade que le 1er janvier 1492.

❑ ***L'unité politique et religieuse.*** Les élites quittent rapidement le royaume de Grenade : ceux qui restent sont une nouvelle population, *mudejar*, avec laquelle les traités de capitulation prévoient l'établissement d'un régime de *convivencia*, maintenu jusqu'en 1499 malgré un début de colonisation (40 000 immigrés chrétiens jusqu'en 1500). Mais Ferdinand et Isabelle veulent faire l'unité de l'Espagne autour de la couronne et pour cela le facteur religieux est décisif. Les « rois catholiques » (titre reçu en 1496) s'assurent d'abord, avec la complicité d'une papauté qui a besoin d'eux en Italie, un contrôle complet des Églises de Castille et d'Aragon, vigoureusement réformées par le Cardinal Cisneros, qui fonde l'université d'Alcala, seule université espagnole où la théologie l'emporte sur le droit. Les ordres militaires et leurs immenses richesses (Alcantara, Santiago et Calatrava) sont pour leur part incorporés à la couronne.

De plus, pour s'assurer de la réelle adhésion de la population au christianisme, ciment de l'unité, une nouvelle Inquisition contrôlée par l'État est créée : le pape Sixte IV l'accepte en 1483. Le *Consejo de la Suprema y General Inquisicion*, dirigé par Torquemada (1483-1498), assure la supériorité de la juridiction inquisitoriale, appuyée par la couronne, sur celle des évêques. L'efficacité de la procédure (identité du procureur et du juge ; anonymat des témoins et recours à la torture) et la dureté des peines (le bûcher pour les relaps) rendent l'Inquisition redoutable. Elle vise moins les *mudejares* que les *conversos*, les juifs convertis en masse depuis les grands pogroms de 1391 : la sincérité de ces conversions était douteuse et le pogrom de Cordoue (1473) prouve la permanence de l'antisémitisme. L'Inquisition nouveau modèle est vite introduite en Castille, plus difficilement en Aragon, où l'Inquisition pontificale existe déjà. Les bûchers se répandent, et les *conversos*, dont beaucoup occupent des postes importants (juristes, financiers, médecins), sont confondus dans une même suspicion. A partir de 1486, les ordres religieux et plusieurs professions se ferment aux *conversos* par des statuts de pureté du sang (*limpieza de sangre*). Quant aux juifs, jusque-là protégés par la monarchie, ils doivent quitter le pays en 1492 : environ 100 000 personnes partent. Le Portugal adopte en 1497 une mesure similaire, sous pression espagnole. En 1499 enfin, Cisneros s'attaque aux *mudejares* de Grenade qui doivent dès lors choisir entre exil ou conversion.

L'unité religieuse est d'autant plus importante pour l'autorité de la couronne qu'elle est la seule. Tout en gardant en main leurs atouts, le maintien des prérogatives royales en Castille pendant l'anarchie et l'affaiblissement de l'autonomisme catalan après l'échec de la révolution, les rois catholiques respectent les particularismes des deux royaumes. Surtout, ils ménagent les fondements du pouvoir des grandes maisons nobles. Les majorats sont maintenus et les rois concluent une série de contrats (*pactos*) avec les grands lignages ; ceux-ci renoncent en partie à leur indépendance politique, mais gagnent souvent d'énormes revenus. La base sociale de la monarchie unifiée est bien la noblesse, dont le pouvoir et la richesse ne cessent de croître.

Le Portugal

Le Portugal est de tous les royaumes occidentaux celui dont l'histoire est la moins troublée par la noblesse. La dynastie d'Aviz fondée par Jean Ier (1385-1433) est soutenue par les villes marchandes de Lisbonne et de Porto. Certes, il y a des rivalités entre les infants, et la minorité d'Alphonse V (1433-1481) donne lieu à un affrontement des factions nobiliaires, mais les souverains, Alphonse V et Jean II (1481-1495) font preuve d'énergie et d'autorité. Le dynamisme portugais est après la prise de Ceuta, en 1415, tourné principalement vers la poursuite de l'expansion maritime, sous l'impulsion d'hommes comme l'infant Henri le Navigateur († 1460). La paix conclue avec la Castille en 1411 favorise cette activité, même si la rivalité est grande jusqu'au traité d'Alcaçovas en 1479 : l'unité de l'Espagne ne se fera pas du côté de Lisbonne, mais du côté de Barcelone. Le destin du Portugal est sur les mers.

Chacune à sa manière, les grandes monarchies d'Occident abordent le XVIe siècle avec les deux atouts qui ont permis leur survie. D'abord, elles ont réglé le problème des noblesses ; celles-ci restent riches et puissantes, mais elles sont intégrées à l'appareil d'État monarchique. Quelques soubresauts mis à part, il n'y a plus de tentatives de constitution de principautés. Aussi, la féodalité bâtarde se dissout-elle en une autre structure, celle des clientèles nobiliaires, dominante jusqu'au milieu du XVIIe siècle. Les rois s'appuient d'ailleurs sur d'autres couches sociales : la bourgeoisie, et surtout, quel que soit le nom qu'on lui donne, sur cette « noblesse d'État », engendrée par les offices administratifs, financiers et judiciaires de l'État.

Ensuite, ces monarchies se veulent nationales. L'idéologie de l'unité en Espagne, le thème du retour de l'Angleterre à une dynastie britannique, l'exaltation de l'indépendance écossaise, celle de l'expansion triomphante du Portugal, participent toutes de cette affirmation. La nation n'apparaît nulle part mieux qu'en France comme une construction politique consciente. La dynastie capétienne, qui gère de vastes territoires où des langues diverses ont cours et où s'affirment longtemps des pouvoirs rivaux, sans parler de l'autonomie des grands fiefs (Flandre, Bretagne), s'engage dès le XIIe siècle dans la construction systématique d'une « nation France », voulue et protégée par Dieu, symbolisée par la dynastie royale à laquelle elle est identifiée. Le passage des Capétiens aux Valois intensifie la construction idéologique, et l'existence du royaume de Bourges, au début du XVe siècle, fait passer au Midi d'abord négligé une image élaborée au Nord. Une religion royale, appuyée sur des sanctuaires, nourrie de mythes et de légendes, assure l'indissolubilité du couple roi-nation ; Jeanne d'Arc n'est ainsi que la spectaculaire manifestation d'un mouvement de fond.

■ L'État bourguignon
A. Azincourt 1415
B. Beauvais 1472
B.S. Bar-s.-Seine 1435
G. Guinegate 1479
H. Hesdin 1435
R. Roosebeke 1382
FRISE
HOLLANDE 1433
Utrecht
Amsterdam
Delft
Rotterdam
GUELDRE 1473
Zutphen
Munster
ZÉLANDE 1433
Clèves
Calais (ang. de 1347 à 1558)
Geldern 1473
Neuss 1474
Cologne
Aix-la-Chapelle
LIMBOURG 1430
Bruges
FLANDRE 1384
Gand
Anvers
Malines
BRABANT 1430
Lille
Tournai
Boulogne 1435
ARTOIS 1384
Arras
Mons
Namur
Liège
HAINAUT
Coblence
Picquigny
Péronne
Amiens 1435
Avesnes
Cambrai
VERMANDOIS
Roye
Montdidier
LUXEMB. 1451
Luxembourg
Mayence
Trèves
Rethel 1384
Compiègne
Reims
Senlis
VALOIS
CHAMPAGNE
Conflans
Paris
Marne
Verdun
Metz
1465 Montlhéry
Bar
1477 Nancy
Rhin
Strasbourg
Seine
Troyes
Vaucouleurs
Domrémy
LORRAINE 1475
Colmar
Brisach 1469
Montereau
Yonne
Auxerre 1435
Châtillon
Langres
Luxeuil
Héricourt 1474
Mulhouse
BRISGAU
Bâle
SUNDGAU 1469
Loire
DUCHÉ DE BOURGOGNE
Champmol
Dijon
COMTÉ DE BOURGOGNE 1384
Besançon
Montbéliard
CANTONS SUISSES
COMTÉ DE NEVERS 1384
Nevers
Beaune
Chalon-s.-Saône
Doubs
Salins
Neuchâtel
Morat 1476
Grandson 1476
Allier
Charolles 1390
1435
Gex
Mâcon
Genève
Saône
Lyon
Rhône
SAVOIE
DAUPHINÉ
Limite du Saint Empire
52°
48°
4°
8°
Avènement de Philippe le Hardi (1363)
Acquisitions de Philippe le Hardi (1364-1404)
Apanages des fils de Philippe le Hardi
Acquisitions de Philippe le Bon (1419-1467)
Acquisitions de Charles le Téméraire (1467-1477)
Reconquêtes de Charles le Téméraire
Zones momentanément soumises à Charles le Téméraire
Principautés ecclésiastiques soumises à l'influence des ducs de Bourgogne
Échelle : 1/7 500 000
0 100 200 300 km

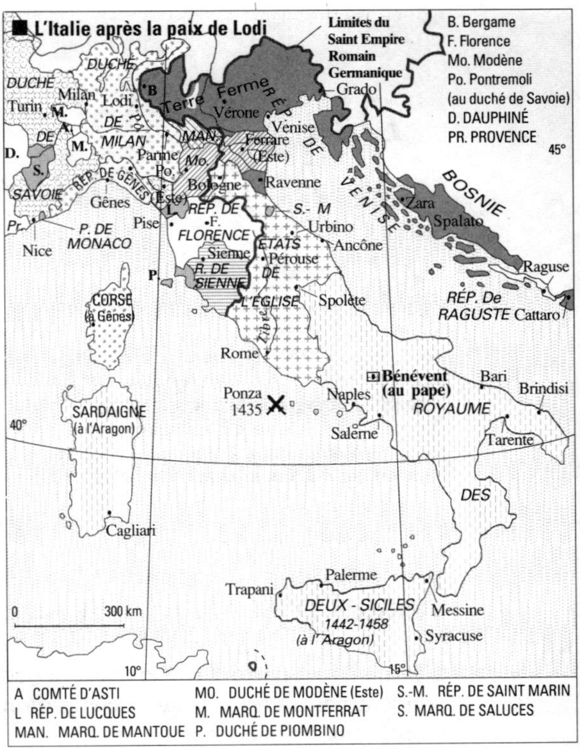
■ L'Italie après la paix de Lodi
Limites du Saint Empire Romain Germanique
B. Bergame
F. Florence
Mo. Modène
Po. Pontremoli (au duché de Savoie)
D. DAUPHINÉ
PR. PROVENCE
DUCHÉ DE MILAN
Milan
Lodi
Turin
DUCHÉ DE SAVOIE
Terre Ferme
RÉP. DE VENISE
Grado
Vérone
Venise
Ferrare (Este)
Parme
Bologne
Ravenne
RÉP. DE GÊNES
Gênes
Nice
P. DE MONACO
Pise
RÉP. DE FLORENCE
S.-M
Urbino
Ancône
Sienne
R. DE SIENNE
ÉTATS DE L'ÉGLISE
Pérouse
Spolète
Tibre
BOSNIE
Zara
Spalato
Raguse
RÉP. De RAGUSTE
Cattaro
CORSE (à Gênes)
Rome
Bénévent (au pape)
Bari
Brindisi
Ponza 1435
Naples
ROYAUME DES DEUX-SICILES 1442-1458 (à l'Aragon)
SARDAIGNE (à l'Aragon)
Salerne
Tarente
Cagliari
Palerme
Trapani
Messine
Syracuse
45°
40°
10°
15°
0 300 km
A COMTÉ D'ASTI
L RÉP. DE LUCQUES
MAN. MARQ. DE MANTOUE
MO. DUCHÉ DE MODÈNE (Este)
M. MARQ. DE MONTFERRAT
P. DUCHÉ DE PIOMBINO
S.-M. RÉP. DE SAINT MARIN
S. MARQ. DE SALUCES

CARTES

4

Des Mongols aux Ottomans : la fermeture de l'Orient

L'Islam porte la marque des Mongols, même s'ils n'ont pu franchir l'obstacle mamelouk. Les aristocraties militaires turco-mongoles dominent les steppes, déchaînant une infructueuse tempête de violences. Pourtant, trois Empires émergent : ottoman en Asie mineure et dans les Balkans, séfévide en Iran, et celui du Grand Moghol en Inde. L'essor ottoman amène une recomposition de l'Europe orientale : l'Empire byzantin disparaît, la Lituanie et surtout la Russie moscovite se développent plus au nord. Les routes de l'Orient coupées, les Occidentaux, déjà lancés sur l'Atlantique sud, partent chercher l'Inde vers l'ouest, participant ainsi, comme les marins arabes, à un gigantesque élargissement du monde.

TERRES D'ISLAM ET DÉCADENCE MONGOLE

L'Islam étend partout son emprise. Pourtant, ses structures politiques ne correspondent pas au brillant de sa civilisation et à son dynamisme religieux : elles se morcellent à l'ouest comme à l'est et le regroupement opéré par Tamerlan ne repose que sur la violence et la force.

Hors de l'emprise mongole : Maghreb et Mamelouks

Les États du Maghreb déclinent et ne peuvent s'opposer à l'installation des Espagnols et des Portugais. L'Égypte elle aussi connaît au XVe siècle une grave crise : l'Islam fait cependant des progrès spectaculaires en Afrique.

❑ ***Le Maghreb.*** Le déclin des Almohades à partir de 1230 permet la réapparition de dynasties autonomes. Sans parler des dynasties andalouses (les Banû Hûd à Cordoue jusqu'en 1236, et surtout les Banû Nasr [Nasrides] à Grenade jusqu'en 1492), trois dynasties dominent le Maghreb à la fin du Moyen Age : les Hafsides, les Abdelwadides et les Mérinides.

Les Hafsides de Tunisie sont des Almohades qui se rendent indépendants au Maghreb oriental où, malgré de multiples vicissitudes (prise de Tunis par le Mérinide Abou Inan en 1350), ils se maintiennent à peu près. Leur apogée se situe de 1370 à 1488 : ils battent Alphonse V d'Aragon à Djerba en 1432 et imposent leur suzeraineté aux Abdelwadides de Tlemcen et aux Wattassides

(1472). Au Maroc, les Mérinides, venus du Sud du Maroc, sont à la fois tentés par l'Espagne et par la volonté de briser les Abdelwadides de Tlemcen – ils prennent la ville en 1337 –, mais ils s'effondrent après 1358, déchirés par les querelles dynastiques. Leurs successeurs, les Wattassides, ne peuvent empêcher les Portugais de s'installer à Ceuta (1415), Anfa (1469), Safi (1504) et Agadir (1505). Quant à la dynastie berbère des Abdelwadides, au Maghreb central, elle se maintient malgré les assauts mérinides et regagne même un certain brillant après la restauration de 1359 (règne d'Abu Hammu Musa II, 1359-1389), sans empêcher les Espagnols de s'installer à Oran (1509) ; en 1517 les Abdelwadides sont soumis par les Turcs d'Alger.

❑ ***Les Mamelouks.*** Bien qu'ennemis jurés des Mongols, et particulièrement des Ilkhans dont ils ont stoppé la progression à Aïn-Djalout en 1260, les Mamelouks qui dominent l'Égypte et la Syrie sont proches des élites turquisées des États mongols : la plupart d'entre eux sont originaires des steppes de Russie du Sud ou du Caucase où ils sont « razziés » enfants avant de gagner les casernes égyptiennes. Ils règnent sur une Égypte où l'administration très perfectionnée est toujours aux mains des Coptes et des Juifs. Par ailleurs, l'immensité des biens *waqf* (fondations pieuses placées sous la protection de la loi religieuse) assure la splendeur des grandes mosquées et des institutions culturelles, tandis que les troubles de l'Asie rendent à l'Égypte au XIVe siècle son rôle d'intermédiaire commercial entre l'Orient et l'Occident.

La prospérité égyptienne est manifeste sous les sultans bahrites (du nom de leur caserne près du *bahr*, le fleuve), qui recourent au principe dynastique : Qalawun (1279-1290), Al Nasir Muhammad (1310-1341). Les Mamelouks en prenant Acre en 1291 ont définitivement mis fin aux États latins ; leur autorité est reconnue à La Mekke et à Médine (1317). Ils résistent aux Ilkhans : vaincus à Hims en 1299, ils reprennent la Syrie dès 1300 et battent les Mongols à Chahqah (1303). En 1365, ils résistent à la croisade que le roi de Chypre Pierre Ier de Lusignan mène à l'assaut d'Alexandrie. En 1315, une grande réforme renforce le pouvoir du sultan : les *iqtâ* (terres tenues par les émirs et les officiers à titre temporaire contre une dîme, à charge pour eux d'y lever l'impôt) sont réduites au profit des terres du sultan et redistribuées. Cela n'améliore pas la situation des paysans : l'exode rural et la baisse de la production amoindrissent le rendement de l'*iqtâ*, provoquant à la longue une situation de crise dans l'armée qui reste la base du pouvoir mamelouk.

Aussi en 1382 le régime des sultans bahrites est remplacé par celui des sultans bourdjites (du nom de leur caserne près d'une tour, *bourdj*). D'origine tcherkesse, ils sont en général élus : les plus remarquables sont Barkouk (1382-1399) et Barsbay (1422-1438). Mais ils ne parviennent pas à enrayer la décadence économique de l'Égypte, ravagée par de cruelles épidémies de peste. Les *fellah* sont écrasés d'impôts, et le commerce souffre à son tour d'une crise profonde : pour soudaine qu'elle soit, la conquête ottomane en 1516-1517 sanctionne l'impuissance du régime mamelouk à renouveler les bases économiques et sociales de son pouvoir.

❑ ***L'Islam et l'Afrique.*** Il est en revanche une zone dans laquelle l'Islam est en plein essor : l'Afrique. Dès la conquête arabe, les Berbères Sanhadja repoussés vers le Sud sont entrés en contact avec le monde noir. Un premier État nomade s'est ainsi constitué au IXe siècle en Mauritanie, avec sa capitale à Aoudaghost, provoquant en réaction la création d'un grand royaume noir sédentaire, celui du Ghana, qui prend Aoudaghost en 990. Les Almoravides reprennent Aoudaghost en 1054 ; ils atteignent le Niger et s'il n'est pas sûr qu'ils aient pris le Ghana en 1076, ce royaume est islamisé à cette date. Mais la domination berbère s'effondre rapidement et le Ghana est conquis par les Soso animistes.

Dès lors, l'expansion de l'Islam suit les routes du commerce : or d'Afrique et esclaves noirs sont échangés contre le sel et les produits méditerranéens. Des royaumes noirs, dont les chefs se convertissent à l'islam, se développent : le Songhay, dont la capitale, Gao, est prise par les Maliens en 1325 ; et surtout le royaume mandingue du Mali. Il connaît son apogée sous le règne de Kankan Moussa (1307-1332) et domine sans partage les régions sahéliennes jusque vers 1400. Mais le Mali est victime de la renaissance songhay : les rois songhay prennent Tombouctou en 1463 et écrasent successivement les Mandingues, les Touaregs sahariens et les Mossis voltaïques, assurant l'hégémonie de « l'Empire de Gao » sur l'Afrique occidentale : il connaît son apogée sous les règnes de Soni Ali (1464-1492) et de l'askiya Muhammad Touré (1493-1528). Au cœur de l'Afrique, se développent Kanem, à l'est du lac Tchad, islamisé dès le règne de Muhammad ben Jil (1210-1248) puis à partir de 1382 le Borno, créé à l'ouest du lac Tchad par les élites de Kanem chassées par la pression arabe. Plus au sud, il y a des sultans musulmans à Kano au XVe siècle et les missionnaires songhay islamisent les Haoussas.

Les Arabes sont très tôt présents en Afrique orientale aussi : mais la puissance du royaume amhara chrétien en Éthiopie fait longtemps obstacle à l'Islam. A partir du XIIIe siècle les Mamelouks interviennent au Soudan, où ils imposent leur protectorat au royaume nubien chrétien de Maqurra en 1276 : son roi se convertit à l'islam en 1317. Le dernier royaume chrétien de la région, celui d'Alwa, disparaît en 1504. Les Sultanats musulmans d'Ifat puis d'Adal et les nomades Afars et Somalis secouent la suzeraineté éthiopienne, et la *djihad* est lancée en 1506 contre les chrétiens d'Éthiopie. Enfin, sur la côte orientale de l'Afrique, des comptoirs arabes se sont établis à Zanzibar au VIIIe siècle, à Mogadiscio et à Kilwa au Xe siècle. Souvent fondés par des groupes religieux dissidents, ces États maritimes sont prospères : Kilwa étend ainsi son emprise au XIVe siècle jusqu'à Sofala au sud du Zambèze et aux îles Comores. Mais ils ne cherchent pas à convertir ou à dominer les indigènes : leurs préoccupations sont commerciales, et utilisant une langue unique pour ce commerce (le *swahili*), ils se procurent l'or et les esclaves qu'ils revendent en Égypte et en Iraq ; leurs navires vont jusqu'en Inde et en Chine.

La décadence des États mongols

❑ ***Races, élites, religions.*** Les Mongols, dans tous les États de l'immense Empire acquis par Gengis Khan et ses successeurs immédiats au cours du XIIIe siècle, ne représentent qu'une petite minorité. Leur choix religieux revêtent donc une importance exceptionnelle. Ils essayent parfois de pratiquer une religion totalement indépendante de celle des peuples qu'ils dominent : ainsi les Ilkhans Abaqa (1265-1282) et Arghoun (1284-1291) sont-ils bouddhistes. En position d'arbitres, ils utilisent les rivalités et les haines qui opposent les différents groupes religieux de leur Empire comme arme politique. Mais cette attitude a ses dangers : les Grands Khans, eux aussi le plus souvent bouddhistes, se heurtent en Chine au taoïsme dominant qui devient un puissant ferment de résistance, d'autant que les mariages entre Chinois et Mongols étant interdits, les Mongols restent en Chine des étrangers complets.

La conversion à la religion dominante des régions que contrôlent les Mongols met en danger leur identité. La conversion à l'islam, outre qu'elle les plonge dans la rivalité entre shi'ites et sunnites, rend les tribus mongoles presque semblables aux tribus turques, avec lesquelles elles partagent genre de vie nomade et traditions de la steppe. Au fur et à mesure que la loi islamique, la *charia*, remplace la loi mongole, la *yasa*, l'identité mongole se fond dans une société turco-mongole musulmane ; certains groupes adoptent d'ailleurs de nouveaux noms de peuple (Tatars, Ouzbeks). La langue turque remplace partout le mongol, même au Mongolistan. L'éminence des descendants de Gengis Khan ne s'impose plus aux chefs de ces tribus, seigneurs de la guerre des steppes, qui se disputent le pouvoir au nom d'une seule loi, celle du plus fort. Le résultat est le morcellement des États nés de la conquête mongole, tout au long du XIVe siècle.

❑ ***Les Grands Khans.*** Kubilaï, la conquête de la Chine terminée, installe sa capitale à Khanbalik (Pékin). Il mène une lutte incessante contre les descendants de Djagataï et d'Ogodeï, pour leur imposer sa suzeraineté. Les troupes mongoles sont aussi présentes sur d'autres fronts : le Japon, avec deux grandes expéditions en 1274 et 1281, la Birmanie, l'Annam, et Java. Les résultats de ces entreprises sont maigres : seul le Yunnan est conquis. Sous son règne et celui de ses successeurs (la dynastie Yuan, dont Temur, 1294-1306), la situation alimentaire et économique de la Chine se détériore. Les révoltes populaires se multiplient et à partir de 1352 se développe dans le Honan une rébellion organisée par Kouo Tseu-Hing. Après sa mort en 1355, Tchou Yan Tang (le premier empereur Ming, Hong-Wo) prend la tête de la révolte et gagnant l'appui de toutes les couches de la société et de toutes les régions, évince en 1368 l'empereur mongol Toghan Temur (1333-1368) qui se réfugie avec ses partisans en Mongolie. Les empereurs de la dynastie Ming continuent à imposer leur suzeraineté à cette région et occupent Kara Qoroum à deux reprises, en 1372 et en 1398.

❑ ***Les Ilkhans.*** Le titre ilkhan (khan « secondaire ») marque bien la dépendance à l'égard des Grands Khans dans laquelle se situent les Ilkhans, qui installent leur capitale à Tabriz. Centrés sur la Perse et l'Iraq, ils imposent leur protectorat à une série de principautés : l'Arménie cilicienne, la Géorgie et le Sultanat seldjoukide à l'ouest, les principautés de Fars, Kirman, Ormuz et Hérat (entre autres) à l'est. Leur politique consiste à défendre au nord la frontière naturelle du Caucase contre la Horde d'Or, et au sud-ouest, à progresser aux dépens des Mamelouks. Mais, après s'être longtemps appuyés sur les chrétiens nestoriens ou syriaques, les juifs et même les shi'ites, ils se convertissent à l'islam sunnite sous le règne de Ghazan (1295-1304) : ils cessent du même coup d'être extérieurs aux querelles qui divisent l'Islam, religion largement majoritaire dans leur État.

Impliqués dans les rivalités religieuses à partir de la conversion d'Öldjeïtu (1304-1316) au shi'isme en 1310, ils ne peuvent empêcher un processus rapide d'émiettement des pouvoirs. La principauté mouzaffaride se développe à partir de 1319 à Yezd et, absorbant en 1353 le Kirmân, connaît son apogée sous Châh Chodja. Les chefs de la tribu mongole des Djalaïrides (Hassan le Grand 1340-1356, Ouvaïs, 1356-1374) s'installent à Bagdad et dominent Iraq et Azerbaïdjan ; il y a même une sorte d'« État-pirate », celui des Serbedars (les « gibiers de potence ») dans le Khurasân. Même si le khan de la Horde d'Or, Djanibeg, qui prend Tabriz après avoir franchi le Caucase en 1357 ne peut s'y maintenir, le domaine ilkhanide est en pleine décomposition à la fin du XIVe siècle.

❑ ***Les Hordes.*** La Horde d'Or (ou Khanat de Kiptschak) a sa capitale sur la Volga à Saraï. Ici aussi, l'islamisation favorise la fusion des Turcs et des Mongols, qui, mélangés aux populations locales (Bulgares et Finnois de la Volga) donnent naissance au « peuple » tatar. L'essentiel des ressources de la Horde vient de l'exploitation fiscale des principautés russes, mais elle entretient par l'intermédiaire des colonies génoises de la mer Noire (Caffa, Tana) un commerce actif avec l'Occident et avec l'Égypte mamelouke : celle-ci influence profondément le système politique et l'art des pays de la Horde. Mais les Khans s'épuisent dans la lutte contre les Ilkhans, défendus par la forteresse naturelle du Caucase.

Ici aussi les tendances centrifuges se manifestent. Le khan Tokhtou (1291-1313) lutte contre un autre chef, Nogaï, qui établit jusqu'en 1299 un Khanat indépendant au sud des steppes. Özbeg (1313-1341) est, par sa conversion à l'islam, le vrai fondateur de la nation tatare et réussit à ramener l'unité, déléguant aux princes de Moscovie la tâche de prélever le tribut sur les autres principautés russes et leur conférant le titre de grand-duc (1328). Son successeur Djanibeg (1313-1357) prend Tabriz, mais la Horde sombre dans le chaos à la mort de son fils en 1359 : les conséquences sont immédiates. Les Lituaniens, vainqueurs à la bataille des Eaux bleues en 1362, étendent leur domination jusqu'à Kiev en 1370, et les Russes de Dimitri Donskoï, s'émancipent et remportent la victoire de Koulikovo (1380), tandis que les Moldaves s'emparent de la Bessarabie. Le chef Toktamys réagit alors : soutenu par Tamerlan, il devient khan de la Horde d'Or. Il mène une expédition de représailles jusqu'à Moscou qu'il détruit en 1382 et devient khan de la Horde blanche, qui, comme la Horde bleue, a été fondée par les frères de Batou : les Ouzbeks (ces tribus ayant pris le nom d'Özbeg), établies entre Oural et Irtych, sont eux aussi turquisés.

❑ ***L'Asie centrale.*** Djagataï avec les terres qui s'étendent du sud du lac Balkach au Turkestan est le voisin d'Ogoday, dont le domaine est la Mongolie originelle. Bien que face à la perversion sinisante des Grands Khans, les descendants de Djagataï et d'Ogoday représentent la légitimité ethnique mongole et subissent les conséquences de la défaite de 1259. S'ils ont l'appui de la Horde d'Or, ils ne parviennent pas, après la mort du petit-fils d'Ogoday, Qaïdou (1301), à empêcher la désagrégation de leurs États épuisés par l'interminable lutte contre les Grands Khans.

Ici aussi turquisés car convertis à l'islam, les Mongols sont divisés par les rivalités familiales. Les descendants d'Ogoday finissent par être éliminés par ceux de Djagataï, mais la Transoxiane et le Mongolistan se séparent à partir de 1334, se fractionnant ensuite en une multitude d'États. En Transoxiane, des émirs turcs détiennent la réalité du pouvoir au nom de « khans » gengiskhanides. L'insécurité et les guerres frappent surtout l'économie développée de la Transoxiane : la décadence de cette région, par laquelle s'exerçait l'influence iranienne sur l'Asie centrale, augmente d'autant le poids turc : la langue iranienne ne subsiste qu'en pays tadjik. En Mongolistan, le clan mongol des Doughlats est le plus puissant, mais un Djagataïde, Toughlouq-Temur, installé comme khan par les Doughlats vers 1345 et converti à l'islam en 1360, réussit à chasser l'aristocratie turque de Transoxiane et à reconstituer l'unité du Khanat.

❑ ***Tamerlan.*** Tamerlan (Timur Leng, Timur le boiteux) est né en 1336 à Kelch en Transoxiane. Fils du chef de la tribu turco-mongole des Barlas, il commence sa carrière au service d'un émir de la Transoxiane djagataïde, mais chassé de sa tribu par son oncle, il prend le parti du conquérant Toughlouq-Temur : celui-ci, s'étant emparé de la Transoxiane, la confie à son fils Ilyas Khan, et laisse Tamerlan à ses côtés comme conseiller. Tamerlan se heurte à l'entourage mongol d'Ilyas : contraint de fuir, il constitue une armée rebelle avec laquelle il reprend Kelch et bat Ilyas Khan en 1363 : Ilyas prend sa revanche en 1364 mais, ne pouvant prendre Samarcande, il doit quitter la Transoxiane et est assassiné par le chef du clan doughlat, Kamar ed Din. Jusque-là, rien, sinon la chance, ne distingue Tamerlan des autres seigneurs de la guerre.

Mais proclamé par ses troupes « Grand Émir » de Transoxiane à Balkh en 1370, il commence à construire un véritable État : sa capitale, Samarcande, est dotée d'une formidable citadelle et d'immenses murailles, tandis qu'une administration rigoureuse (en langue persane) est mise en place. Son armée est organisée strictement, pourvue d'armes (y compris d'excellents canons) grâce aux arsenaux de Samarcande. Des officiers de valeur, tout dévoués au Grand Émir, et des ingénieurs hors pair assurent sa supériorité tout autant que le génie militaire et l'énergie de Tamerlan. Celui-ci agit avec une terrifiante détermination : si une ville s'ouvre à lui, elle est mise à contribution ; si elle se rend alors qu'il a fallu mettre le siège, seuls les défenseurs sont massacrés ; s'il faut la prendre, elle est pillée, et tous les habitants massacrés ou réduits en esclavage et déportés. Font exception les docteurs de l'Islam, les savants et les bons artisans, qui sont envoyés à Samarcande.

Avec cette armée, il s'assure le contrôle du Khwarezm (1378) et, voulant recréer l'Empire de Gengis Khan, il se lance à la conquête du monde en 1380. Ayant pris Herat (1382), il atteint la Caspienne en 1383 ; en 1385, il achève la conquête du Khurasân puis envahit l'Azerbaïdjan et la Géorgie (1386), attaquant l'année suivante l'Arménie et le Fars (sac d'Ispahan, où 60 000 habitants au moins sont massacrés). Il se heurte dans ces campagnes à l'un de ses anciens alliés, Toktamys, khan de la Horde d'Or et de la Horde blanche : allié à l'émir doughlat du Mongolistan, Qamar ed Din, celui-ci représente une menace sérieuse. Les cavaleries tatare et mongole obligent l'armée de Tamerlan à parcourir d'effrayantes distances, du Caucase au Sin Kiang. Bien que Qamar ed Din soit vaincu en 1389 et 1390, Tamerlan renonce à conquérir le Mongolistan ; Toktamys, vaincu en 1387 et en 1391, n'est définitivement écrasé qu'au Terek en 1395 : il doit se réfugier en Lituanie et la Horde d'Or devient un État vassal. Au hasard de ces campagnes, Tamerlan réduit la révolte de Mansûr Chah dans le Fars (1393) ; il détruit les dernières forteresses des Assassins (Hashishins) dans le Mazandaran et le comptoir génois de Tana sur la mer Noire, il prend Van, Edesse, Tikrit et Bagdad dont le sultan djalaïride Ahmed s'est enfui, Astrakhan, Saraï...

En 1398, il se tourne vers l'Inde. L'Islam a aussi beaucoup progressé depuis que le Ghaznévide Mahmud a conquis Lahore et le Pendjab (1026). Sous les Ghaznévides, abattus en 1186 par l'Afghan Mohammed de Ghor († 1210), sous les sultans mamelouks qui règnent à Delhi de 1211 à 1290, sous les souverains turcs Khiljites (1290-1320) et Toughlouq (1320), l'Islam gagne le Bengale et même, de façon superficielle, une partie de Dekkan (établissement par Hasan de l'État des Bahmanides en 1347). Mais le pays est divisé, le Sultanat tughluq est après le règne du grand Mohamed ibn Tughluq (1325-1351) en proie à des luttes dynastiques et l'Islam est combattu par le puissant royaume hindou de Vijayanagar fondé au sud du Dekkan en 1336 par Hari Hara († 1353) et Boukka († 1379). Parti de l'Afghanistan que gouverne son petit-fils Pir Mohammed, Tamerlan franchit l'Indus et prend Delhi, dont les habitants sont massacrés ; il repart aussitôt, laissant son lieutenant Khizr Khan gouverner Multan et Lahore. L'Inde du Nord, dévastée, sombre dans l'anarchie.

Pendant ce temps, une coalition s'est formée à l'ouest : le sultan de Bagdad Ahmed, le sultan mamelouk Faradj, la Horde turque du Mouton noir et bientôt le sultan ottoman Bayezid Ier s'unissent contre lui : en 1400, Tamerlan envahit la Syrie, bat les Mamelouks ; il prend Damas en 1401, châtiant Bagdad de sa révolte en massacrant 90 000 habitants et en 1402 écrase le sultan ottoman Bayezid Ier à Ankara (1402), obligeant les Ottomans à se réfugier (grâce aux Génois) en Europe. Il se tourne alors vers la Chine, prétendant châtier l'empereur Ming Yong-Lo au nom des descendants de Gengis Khan : mais alors que son armée traverse, au plus fort de l'hiver, l'Asie centrale pour fondre sur la Chine, le Grand Émir meurt soudainement à Oltrar (1405).

LES CONSÉQUENCES DE LA DÉCADENCE MONGOLE

Construction spectaculaire mais fragile, l'Empire de Tamerlan ne peut masquer les conséquences de la décadence mongole. Que ce soit en Europe ou en Asie, des États nouveaux apparaissent sur les décombres des États des princes timourides.

L'Asie

Tamerlan a dû répéter sans cesse ses campagnes : sitôt son armée partie, les pouvoirs locaux se reconstituaient. Cette incapacité à édifier une structure politique stable handicape ses successeurs, et le processus de morcellement du pouvoir se poursuit jusqu'à l'apparition des Empires safavide et ottoman.

❑ ***La succession de Tamerlan.*** Les princes timourides, apprenant la mort de Tamerlan, entrent aussitôt en lutte pour le pouvoir : Khalil Sultan, gouverneur de Tachkent, entre le premier à Samarcande et s'impose. Mais, incapable, il est déposé en 1408 par l'un des fils de Tamerlan, Chah Ruk, jusque-là gouverneur du Khurasân. Chah Ruk impose son pouvoir au Khurasân, au Mazandaran, à la Transoxiane (dont le gouvernement est confié à son fils Oulough Beg), au Fars et au Kerman. Il réside quant à lui à Hérat, où il fait édifier une extraordinaire « Maison du Livre », tandis qu'Oulough Beg édifie à Kourach un prodigieux observatoire qui permet d'importantes découvertes astronomiques.

Mais l'éclat de la civilisation ne doit pas faire oublier les échecs politiques. La horde du Mouton noir s'empare de l'Iraq et de l'Azerbaïdjan ; elle occupe Bagdad où le sultan djalaraïde Ahmed est tué en 1410. Oulough Beg est déposé par son fils Abd al-Latif et immédiatement assassiné (1449). Une période d'anarchie s'ouvre alors : Abou Saïd qui règne à Samarcande depuis 1452 et à Hérat à partir de 1457 reconstitue l'Empire, mais il est tué en 1469 par Ouzoun Hassan, le chef de la horde du Mouton blanc. Les Timourides sont chassés de Transoxiane en 1495-1500 : le fils d'Abou Saïd, Housaïn Boqara, règne encore à Hérat jusqu'en 1506. Néanmoins, la dynastie disparaît en 1507, balayée par l'invasion ouzbeke.

Toutefois, un petit-fils d'Abou Saïd, Babur, tente encore sa chance : installé à Kaboul en 1504, il s'allie avec les vainqueurs des Ouzbeks, les Safavides, et rentre à Samarcande sous leur protection en 1511. Mais le shi'isme des Safavides horrifie les Turcs Sunnites de Transoxiane et Babur doit rentrer en Afghanistan dès 1514. Il s'oriente alors vers l'Inde : en 1525, il franchit la passe de Khaïber ; victorieux à Delhi en 1526, il s'installe à Agra et fonde l'Empire du Grand Moghol, prolongement inattendu mais glorieux de l'Empire de Tamerlan.

❑ ***Les Hordes turques.*** Deux tribus turques jouent en Asie un rôle important : celle des Qaraqoyunlu (Mouton noir), shi'ite, installée autour de Mossoul vers 1375, et celle des Aqqoyunlu (Mouton blanc), sunnite, établie autour d'Edesse vers 1400. Le chef du Mouton noir, Youssouf, fait partie de la grande alliance occidentale contre Tamerlan : après la mort de ce dernier, il rompt avec le djalaïride Ahmed qu'il bat, et s'installe à Bagdad. Il meurt en 1420, et son successeur Iskender est assassiné en 1437 par son propre fils. Le Mouton noir sombre alors dans les querelles jusqu'à ce que Djahan Chah rassemble l'Azerbaïdjan et une partie de l'Iraq et de l'Iran : mais il est battu et tué en 1466 par ce chef du Mouton blanc, Ouzoun Hassan (Hassan le Long). Le Mouton blanc, jusque-là totalement anarchique, connaît une rapide ascension sous ce chef, qui abat la principauté du Timouride Abou Saïd en 1469. Mais il est battu par les Ottomans en 1472 et 1473 et la domination des Aqqoyunlu s'effrite après la mort de leur chef en 1478 ; elle disparaît en 1503.

❑ ***L'Asie centrale.*** Elle est dominée par le jeu de deux puissances : à l'Est, le Mongolistan, et à l'Ouest, les Ouzbeks. Au Mongolistan, après les troubles qui suivent la mort du khan Vaïs (1418-1429), règnent le djagataïde Esène Bogha II (1429-1462) puis son frère Younous (1462-1487). Ils luttent contre les Timourides et, à la mort d'Abou Saïd, s'emparent de Tachkent (1484) ; ils règlent le problème doughlat en installant le clan dans le bassin du Tarim, aux confins de la Chine. A la mort de Younous, ses deux fils se partagent son État : Mahmoud (1487-1508) règne sur l'Ouest à Tachkent, Ahmed sur l'Est à Tourfan. Ils luttent contre les Doughlats du Tarim et la Chine, mais les Ouzbeks abattent leurs États en 1507 ; seule survit une principauté fondée par le djagataïde Mansour (1502-1543) et son frère Saïd Khan aux confins de la Chine.

Les Ouzbeks (Horde blanche chaïbanide) se dégagent rapidement de l'emprise des successeurs de Tamerlan. Le khan chaïbanide Aboul Khaïr (1428-1458) constitue un vaste État, englobant le Ferghana et le Khwarizm, mais cet État s'effondre sous les coups des Mongols Oïrates, venus du Nord. Son descendant Chaïbani forme à son tour un grand État, conquérant la Transoxiane sur les derniers princes Timourides (1495-1500), puis la principauté timouride d'Hérat ; il abat ensuite les Djagataïdes (1507-1508). Il se heurte alors à l'autre puissance montante de la région : les Safavides. Chaïbani est battu et tué à Merv (1510). L'État chaïbanide se fractionne alors en plusieurs principautés (Khiva étant la plus prospère) : si les shi'ites safavides ne peuvent s'établir au nord de l'Amour Darya en pays sunnite, du moins ont-ils éliminé la menace ouzbeke.

❑ ***La naissance de la dynastie safavide.*** Pendant le XVe siècle, les Timourides dominent l'Iran à partir d'Hérat, mais les Turcs du Mouton noir et du Mouton blanc s'emparent de l'Iran occidental. Le sunnisme militant du Mouton blanc provoque une violente réaction : le chef de la confrérie Safavi d'Ardabil (Azerbaïdjan), Ismaïl (probablement d'origine kurde) se fait l'apôtre du shi'isme duodécimain. Ses partisans fanatisés, les tribus turques Kizilbach (les Têtes rouges : ils portent un turban rouge à douze plis, symbolisant les douze imams) battent le Mouton blanc dont le chef Mourad est éliminé en 1503. Ismaïl est couronné Chah à Tabriz (1501-1524). Il instaure un pouvoir solide, appuyé sur le shi'isme comme religion d'État avec un « clergé » nombreux et puissant. La dynastie safavide se maintiendra ainsi jusqu'au XVIIIe siècle. Bien que le pouvoir safavide soit d'origine turco-mongole, il s'identifie rapidement avec l'Iran. Les Safavides, tenus en échec par les Ouzbeks (bataille Gurgan, 1512), ne peuvent franchir l'Amour Darya, et ils sont écrasés par les Ottomans de Sélim Ier à Tchaldiran en 1514 ; le pouvoir shi'ite est ainsi cantonné au plateau iranien.

L'Europe

En Europe, la Horde d'Or ne se remet pas de sa défaite : démembrée, elle ne peut faire obstacle au développement de la puissance de deux États européens, la Lituanie et surtout la Moscovie.

❑ ***Le démembrement de la Horde d'Or.*** Vaincu par Tamerlan, Toktamys se réfugie auprès du maître de la Lituanie, Vitautas : il compte sur son aide pour abattre son successeur, homme de paille de Tamerlan, mais il est écrasé avec les Lituaniens à la bataille de la Vorskla (1399). La Horde obtient ainsi un répit ; l'instabilité politique reste malgré tout continuelle jusqu'à ce qu'un général, Edigu, impose son pouvoir. En 1438, l'un des prétendants au titre de Khan, Oulough Mehmed (Mehmed le Grand) installe un Khanat indépendant à Kazan, laissant la Grande Horde à son rival Kutchuk Mehmed (Mehmed le Petit) ; peu après, en 1441, le Khanat de Crimée est fondé : il prend, sous la direction de Guraï († 1466) et de son successeur Mengli Guraï, une grande importance. Il y a encore un Khanat indépendant à Astrakhan : le monde tatar est éclaté.

Les Guraï, d'abord alliés de la Lituanie, se tournent vers la Russie : ayant accepté la suzeraineté ottomane, ils éliminent avec la flotte ottomane les derniers comptoirs génois de la mer Noire, Tana et Caffa (1475) et, surtout, ils mènent une lutte mortelle contre la Grande Horde, soutenue par la Lituanie et la Pologne. Le khan de la Grande Horde, Ahmed, est finalement écrasé en 1502 (et exécuté en 1505) grâce à l'alliance de la Russie et de la Crimée. Seul le Khanat de Crimée, protégé par les Ottomans, est dès lors en mesure de résister à l'avance russe : le Khanat de Kazan est absorbé par la Russie en 1552, celui d'Astrakhan en 1557.

❑ ***La Lituanie face aux Tatars et aux Russes.*** La Lituanie, malgré la menace des Teutoniques, s'est intéressée à ses possibilités d'expansion à l'est : les princes du XIVe siècle ont conquis successivement la Russie noire et les principautés de Minsk et de Vitebsk (Russie blanche : Biélorussie). Algirdas affronte la Horde d'Or et, victorieux en 1362 et en 1368, s'empare de la Podolie et de la principauté de Kiev. Cet immense État qui s'est si rapidement constitué reste cependant disparate : les principautés russes soumises subsistent avec leurs dynasties propres ; elles ont simplement échangé le joug tatar pour la domination assez lointaine du prince lituanien. De ce point de vue, l'événement capital est la conversion de Jagellon au catholicisme en 1386, et non à l'orthodoxie. Le successeur d'Algirdas, Vitautas (Vitold) qui règne sur la partie orientale de la Lituanie, l'a bien senti (traité d'Ostrow avec son cousin Jagellon, devenu roi de Pologne, en 1392) : il se convertit d'abord à l'orthodoxie, et ne passe au catholicisme qu'après 1386. Les princes lituaniens sont des étrangers pour leurs sujets russes, farouchement hostiles à toute union avec le catholicisme, même après le décret d'union du concile de Florence : la Moscovie orthodoxe, rivale de la Lituanie, a un avantage décisif.

Vitautas s'est efforcé de trouver des alliés contre la Moscovie. Il soutient ainsi le khan Toktamys ; il est néanmoins vaincu à la Vorskla (1399). En 1404, avec l'aide de Jagellon, il soumet la principauté de Smolensk, mais doit renoncer à Pskov et Novgorod, que vise Moscou (1407). La tentative d'installer un métropolite indépendant en 1415 à Kiev (déjà menée par Algirdas au XIVe siècle) fait long feu et seule la mort du grand-duc de Moscou Basile Ier en 1425 lui permet d'obtenir de presque toutes les principautés russes (Moscou et Novgorod exceptées) un serment d'allégeance : réussite éphémère, remise en cause dès sa mort en 1430.

En fait, malgré l'affaiblissement des Teutoniques, l'alliance dynastique polono-lituanienne est de plus en plus absorbée par les intérêts polonais. L'alliance avec la Grande Horde d'Ahmed ne permet pas de contrer l'alliance de la Crimée et de Moscou, qui est soutenue par les Ottomans. A partir de 1475, la Lituanie est pratiquement coupée de la mer Noire : en 1482, avec la bénédiction de Moscou, les Tatars de Crimée attaquent Kiev. Tout en luttant contre la Moscovie, les Jagellons concentrent leurs efforts vers le sud : le roi de Pologne Jean-Albert et le grand-duc Alexandre mènent en 1497 une armée au siège de Suczawa, la capitale du prince de Moldavie Étienne le Grand, alors allié de la Hongrie et des Turcs. C'est un échec et les contre-attaques ottomanes atteignent par deux fois Lwow : les Jagellons concluent une trêve avec les Ottomans en 1500, et font la paix avec Bogdan de Moldavie en 1505. Une ultime victoire sur Mengli Giraï en 1506 ne change rien et c'est seulement l'impérialisme ottoman qui une vingtaine d'années plus tard amène les Jagellons à se préoccuper sérieusement de leur frontière méridionale.

❑ ***L'ascension de la Russie moscovite.*** Moscou apparaît au XIIe siècle mais elle ne revêt une importance politique que lorsque son premier souverain, Daniel (1263-1303), l'un des fils d'Alexandre Nevski, conquiert la principauté de Pereiaslav. La jeune principauté est rivale de celle de Tver : le prince George (1303-1325) est assassiné par le fils du prince de Tver à Saraï, la capitale du khan de la Horde d'Or. Les Moscovites doivent en réalité leur fortune aux Tatars : c'est grâce à l'aide de la Horde, qui fait exécuter le prince de Tver Alexandre, qu'ils triomphent de leurs rivaux ; surtout, le prince Ivan « Kalita » (l'escarcelle) devient le principal (mais non le seul) responsable de la perception du tribut des princes russes aux Tatars. Il est ainsi un prestigieux intermédiaire, disposant de sommes considérables (qu'il utilise entre autre pour racheter des prisonniers, qu'il implante comme colons sur ses terres), et rachetant les principautés incapables de s'acquitter du tribut : à sa mort, il règne sur Tver, Riazan, Souzdal et sa capitale Vladimir, où s'était installé le métropolite de Kiev après la ruine de sa ville. En 1326, il le transfère à Moscou qui devient la capitale de l'orthodoxie russe.

Cette position religieuse explique sans doute que la puissance de Moscou ait survécu sans dommage aux règnes médiocres de Siméon (1341-1353) et d'Ivan II Krotki (1353-1359), ainsi qu'à la minorité du fils de ce dernier, Dimitri. Celui-ci est renommé grand-prince par le khan en 1363 : il bat d'abord le prince de Souzdal, puis entame une longue guerre contre la Lituanie. La rivalité avec la Lituanie est dès lors une constante de la politique russe : mais la présence de ce grand État à leur frontière occidentale explique que l'expansion et la colonisation russes se fassent à partir du XIVe siècle vers l'est et vers le nord. Dimitri bat l'allié des Lituaniens, le prince Michel de Tver (1375) et surtout remporte la prestigieuse victoire de Koulikovo sur le Don (d'où son surnom « Donskoï ») sur les Tatars et les Lituaniens coalisés. Sans doute Toktamys vient-il piller Moscou dès 1382 : la victoire de Donskoï est néanmoins, après l'installation du métropolite à Moscou, la deuxième pierre fondatrice de l'État russe. Jusque-là client privilégié des Tatars, le grand-prince de Moscou apparaît désormais comme le champion des Slaves contre les descendants des Mongols. Le règne de Donskoï est important sur un autre plan : il transmet la principauté presqu'entière à son successeur, alors que ses prédécesseurs la partageaient traditionnellement entre tous leurs fils.

Le successeur de Donskoï, Basile Ier (1389-1425), allié aux Teutoniques, se préoccupe surtout de contenir la poussée lituanienne ; il bénéficie des querelles entre Jagellons et Vytautas, dont il est le gendre. Conséquence de la mainmise de Tamerlan sur la Horde d'Or après la défaite de Toktamys, il faut à nouveau payer le tribut aux Tatars qui assiègent Moscou à la suite de la bataille de la Vorskla. Basile Ier annexe les principautés de Nijni Novgorod et Murom. Son successeur Basile II, un moment menacé par les campagnes de Vytautas, profite après sa mort des querelles dynastiques qui paralysent les Lituaniens (1430-1434). Il essaie quant à lui de profiter de la décomposition de la Horde d'Or, jouant des rivalités entre les factions : emprisonné par le khan de Kazan Oulough Mehmed en 1445, il réussit à se faire des amis et des vassaux parmi les Tatars. Libéré, il utilise ses nouveaux alliés ce qui provoque une révolution anti-tatare à Moscou, sous la conduite de son cousin Dimitri Chemiacka. Un moment prisonnier de Chemiacka qui lui fait crever les yeux, Basile II est finalement vainqueur ; Chemiacka est assassiné en 1453. Basile II triomphe aussi des Tatars en 1449 et 1451, et installe ses vassaux tatars dans un Khanat, centré sur Gorodets, sur l'Oka, à l'est de Riazan.

Mais au-delà des conquêtes, l'acte le plus décisif est peut-être l'arrestation du métropolite Isidore en 1448 : Isidore, qui a participé au concile de Florence en 1439, proclame en effet l'union des Églises latines et orthodoxes. Basile II, soutenu par la très large majorité du clergé et de l'opinion russe, refuse cette mesure acceptée par les Grecs uniquement dans le but de voir Constantinople secourue par les Latins. Et de sa propre autorité, il fait désigner Jonas de Riazan pour succéder à Isidore, sans même l'avis du patriarche de Constantinople. C'est là un pas décisif vers l'autocratie russe, qui subordonne l'Église au souverain ; et en même temps, puisque Constantinople est conquise par les Turcs en 1453, le prestige de Moscou, défenseur de la vraie foi orthodoxe et troisième Rome, est définitivement affirmé. Le roi de Pologne Casimir Jagellon fait d'ailleurs le jeu de Moscou ; lorsqu'il demande au pape de désigner un nouveau métropolite pour la Russie après la chute de Constantinople, toute l'église orthodoxe, y compris celle des territoires Jagellons, se regroupe derrière Moscou (synode de 1459).

Ivan III (1462-1505) parachève l'œuvre de son prédécesseur avec une vigueur exceptionnelle. Il élimine les princes russes, qu'ils soient ou non ses parents (Iaroslav, 1453 ; Vereïa, 1465 ; Rostov, 1474 ; Tver, 1485). Il lutte sur deux fronts : à l'ouest, il s'attaque à Novgorod, prise en 1471 et annexée en 1477 ; les Hanséates (et c'est un coup très dur pour eux) sont chassés en 1494. Profitant du désintérêt de Casimir Jagellon, absorbé par sa lutte contre Mathias Corvin, il se construit une solide clientèle de boïars dans les territoires des Jagellons : en 1494, le grand-duc de Lituanie Alexandre lui cède Viazma et les domaines de ses boïars, et il épouse sa fille Hélène. Une guerre (1500-1503) avec Alexandre devenu roi de Pologne ne change rien : le traité de 1503 reconnaît les gains d'Ivan. A l'est, il progresse aux dépens des Tatars : il impose son protectorat au khan de Kazan en 1487 et, allié au khan de Crimée, finit par abattre la Grande Horde en 1502. En 1494 comme en 1503, Ivan III se proclame souverain de toute la Russie : un nouvel Empire est né.

L'EXPANSION OTTOMANE ET LA RÉORGANISATION DES BALKANS

L'Empire ottoman est le plus puissant et le mieux organisé de tous les États turco-mongols ; il s'étend rapidement et ferme aux Européens les routes de l'Orient.

L'expansion turque au XIVe siècle

Fuyant les Mongols, une tribu turque de 400 tentes s'est établie en Asie mineure : elle est à l'origine d'un État qui dès la fin du XIVe siècle, a absorbé les vestiges de l'Empire byzantin et du Sultanat seldjoukide.

❑ ***Des origines à Bajazet Ier.*** La tribu d'Osman († 1324), fils d'Ertoghrul, installée sur la frontière occidentale du Sultanat seldjoukide au nord de l'Asie mineure, entre dans l'histoire avec la victoire de Bapheus (1302) sur les Byzantins : un petit Émirat apparaît, comparable à beaucoup d'autres dans cette région où le déclin du Sultanat seldjoukide permet la floraison de ces *beyliks*. Orkhan (1324-1362) prend Brousse (1326) puis, ayant battu à Philokréné l'empereur Andronic III Comnène, il annexe Nicée où il installe sa capitale, ainsi qu'en 1334-1335 l'Émirat rival de Karesi (Pergame). Les Ottomans prennent le parti des Cantacuzènes dans leur lutte contre Jean V Paléologue : Orkhan épouse Théodora Cantacuzène, et son fils Soliman, vainqueur à Emphytion (1352), s'empare de Gallipoli (1353) ; Ankara est occupée en 1354.

Les Ottomans contrôlent désormais la route d'Andrinople à Constantinople ; leurs progrès en Thrace sont tels que l'empereur Jean V Paléologue obtient du pape qu'une croisade soit lancée contre le successeur d'Orkhan, Mourad Ier (1362-1389) : commandée par Amédée de Savoie, elle reprend Gallipoli et une bonne partie des conquêtes turques. Mais la brouille entre Jean V et son fils Andronic, doublée de la rivalité entre Gênes et Venise, redonne une chance aux Ottomans : allié à Andronic et aux Génois, Mourad reprend Gallipoli et soumet les beys turcs qui avaient profité de la retraite ottomane pour s'établir en « Roumélie », comme les Turcs appellent leur territoire européen. La guerre qu'il mène contre les Serbes et Manuel Paléologue lui permet de prendre Sofia (1385), Nich (1386) et Salonique (1387). En 1387, Manuel Paléologue, Théodore Paléologue, despote de Morée, et le duc d'Athènes Nero Acciaiuoli se rangent sous la bannière ottomane : d'abord vaincu à Plochnik, Mourad Ier est vainqueur à la bataille de Kossovo (1389) d'une coalition serbe et bosniaque. Il est assassiné, mais son fils Bajazet lui succède sans problème.

❑ ***L'Empire de Bajazet.*** Bajazet (1389-1402) est victorieux avec l'aide de ses vassaux serbes et byzantins (1389-1390) de la coalition menée par l'émir Karamanide Aladin : il annexe cinq des Émirats turcs d'Asie mineure (Sarukhan, Aydïn, Menteche, Hamideli, Germiyan). Assiégeant Konya en 1390, il est trahi par son allié l'émir djandaride de Kastamonu, Suleyman : il tue Suleyman et annexe son Émirat, Sinope excepté. En Roumélie, il continue à jouer des rivalités dynastiques byzantines : il obtient un quartier à Constantinople pour les marchands turcs et soutient l'avance des beys turcs en Albanie et en Thessalie, tout en maintenant la Bulgarie sous un étroit protectorat. Menacé par l'alliance de la Hongrie de Sigismond et de la Valachie de Mircéa, Bajazet mène une grande expédition jusqu'à Tirnovo, annexant la Bulgarie danubienne et cantonnant le tsar bulgare Jean Sisman à Nicopolis : en 1394, il assiège Constantinople, mais sans succès. Avec les Serbes de Stéphane Lazarevic, Bajazet attaque alors Valaques et Bulgares révoltés : vaincu à Rovine (1395), Mircea traite et Jean Sisman est exécuté, sa capitale Nicopolis étant prise.

Manuel Paléologue et Sigismond unissent leurs efforts pour relancer la croisade : bon nombre de chevaliers français, dont le futur duc de Bourgogne Jean (qui gagne là son surnom de Sans Peur) apportent leur concours, mais leur précipitation et leur suffisance provoquent le désastre de Nicopolis (1396). Sans doute le despote de Morée Théodore, soutenu par Venise et par les Hospitaliers, et Manuel II Paléologue qui reçoit le concours de Boucicaut, entré en 1399 à Constantinople, résistent-ils avec vaillance : leur chute paraît inéluctable. Mais la venue de Tamerlan dans cette région du monde bouleverse tout : l'alliance que Bajazet a formé avec les Mamelouks, le Mouton noir et les Djalaïrides détermine le Grand Émir à attaquer Bajazet. Celui-ci réunit une puissante armée, avec un excellent contingent serbe : il est néanmoins écrasé par Tamerlan à l'issue d'une terrible bataille, à Ankara (1402). Fait prisonnier, enfermé dans une cage, Bajazet ne tarde pas à mourir, tandis que son fils Soliman, grâce aux Génoix, réussit à s'enfuir avec le reste de ses troupes en Roumélie. La catastrophe est totale, les Émirats turcs soumis en Asie mineure retrouvent leur indépendance, et les quatre fils de Bajazet se disputent les vestiges de l'Empire paternel.

L'Europe balkanique au XIV*e siècle*

A la fin du XIIIe siècle, l'Europe balkanique est structurée par deux alliances rivales construites autour de la Byzance des Paléologues et de Charles d'Anjou ; mais Angevins et Byzantins sont absorbés par leurs problèmes dynastiques, et seule la Serbie paraît apte à résister aux Turcs.

❑ ***La décadence byzantine.*** Les Vêpres Siciliennes sauvent Byzance des visées de Charles d'Anjou. Mais les terres grecques sont partagées entre les Paléologues (Byzance), les Anges (Épire, Thessalie) et les Latins (Péloponèse, Attique, les îles) ; les finances et la monnaie sont épuisées, l'activité économique contrôlée par les Italiens. Le fils de Michel VIII, Andronic II Paléologue (1282-1328) associé à son propre fils Michel IX († 1320) ne peut enrayer la décadence, malgré une lourde fiscalité : ses revenus n'égalent pas le quinzième de ceux de l'Empire d'autrefois. Byzance n'est plus qu'une petite puissance régionale, menacée par les Serbes et par le prince angevin Philippe de Tarente, installé en Épire où il prend Durazzo (1306), et en Achaïe. Avec les Serbes, Andronic traite (1299) : Byzance leur laisse leurs conquêtes, mais son influence progresse à la cour serbe. En revanche, Byzance est entraînée aux côtés de Gênes dans une guerre ruineuse et inutile contre Venise. Les Génois, de leur côté, fortifient Galata, et l'amiral Benedetto Zaccaria s'empare de Chio (1304). Dans ces conditions, Andronic se rabat sur des étrangers pour défendre ce qui reste de l'Asie mineure contre les Turcs : les Alains sont écrasés, mais la compagnie catalane de Roger de Flor, engagée en 1303, libère Philadelphie assiégée (1304). Les Catalans sont bientôt pires que les Turcs : Flor assassiné (1305), ils écrasent les Byzantins à Apros et ravagent la Thrace.

Charles de Valois, époux de Catherine de Courtenay, héritière de l'Empire latin de Constantinople, allié à Venise, obtient le soutien de la compagnie catalane (1308) : mais les Catalans ne lui obéissent pas et, ayant dévasté la Thessalie, créent une principauté catalane après leur victoire de Céphissos (1311) sur le duc d'Athènes Gauthier de Brienne. En revanche, la dynastie Ange disparaît à la fois en Épire où Niccolo Orsini s'empare du pouvoir, et en Thessalie, que se partagent Byzance et les Catalans (1318). Qui plus est, une violente querelle oppose alors Andronic II à son petit-fils Andronic III qui se révolte (1321-1328), soutenu par Jean Cantacuzène : coupée d'accords précaires, impliquant Serbes et Bulgares, la guerre civile se termine par la victoire d'Andronic III. Andronic III et Cantacuzène construisent une marine qui permet de reprendre Chio (1329) à Zaccaria, de défendre Lesbos et d'imposer la suzeraineté byzantine à Foggia (la nouvelle Phocée génoise) par où s'exporte l'alun d'Asie mineure, produit essentiel pour l'industrie textile. La Thessalie est soumise, l'Épire conquise et annexée (1337). Mais ces succès, acquis avec l'aide des Bulgares et des petits Émirats turcs, ne doivent pas cacher la faiblesse de Byzance qui ne peut s'opposer ni à l'essor des Ottomans, ni à celui des Serbes.

Une nouvelle guerre civile éclate à la mort d'Andronic III (1341) entre Cantacuzène et l'entourage du petit empereur Jean V Paléologue. Elle est compliquée d'une guerre religieuse entre partisans (Cantacuzène) et adversaires (régence) de l'hésychasme (théorie mystique de la lumière divine) prôné par Grégoire Palamas et les moines de l'Athos, et d'une révolte populaire contre les féodaux personnifiés par Cantacuzène. Les villes, surtout Salonique, tombent aux mains des zélotes populaires, qui imposent un régime de terreur. Appuyé d'abord par les Serbes puis par les Turcs de son gendre Orkhan, Cantacuzène entre à Constantinople en 1347 où il se fait couronner co-empereur (Jean VI), mariant sa fille Hélène à Jean V. En 1350, Salonique est prise : Palamas en est le métropolite. La guerre reprend en 1352 : Cantacuzène rompt avec Jean V et proclame son fils Mathieu co-empereur, mais Jean V l'emporte avec l'aide du Génois Francesco Gattilusio (1354) ; Jean VI est déposé ; néanmoins ses fils Manuel puis Mathieu gardent le contrôle de la Morée byzantine jusqu'en 1382 ; Théodore Paléologue, despote de Mistra, récupère alors la Morée.

Les grands bénéficiaires de la crise sont le roi serbe Étienne Dusan qui annexe de nombreux territoires jusqu'à sa mort (1355), les Génois qui récupèrent Chio (1346), écrasent la flotte byzantine en 1349 et gagnent Lesbos (Gattilusio) et surtout les Ottomans : les terres conquises sur les Byzantins forment en 1363 le *beyberlik* de Roumélie. Ils profitent des luttes entre Jean V Paléologue (1354-1391), ses fils Andronic IV (1376-1379) et Manuel II (1391-1425) et le fils d'Andronic, Jean VII (1390) pour imposer leur suzeraineté à tous. Jean V est impuissant à obtenir l'aide de l'Occident : la croisade de 1366 est sans lendemain. L'union religieuse avec les Latins heurte profondément les Grecs ; et la papauté est, à partir de 1378, paralysée par le grand schisme. Venise et Gênes sont affaiblies par la lutte farouche qu'elles se livrent pour la possession de l'île de Ténédos (1373-1381), mais les Ottomans exploitent les rivalités au sein de la famille Paléologue pour imposer leur suzeraineté. En 1399, Manuel II, qui a obtenu de Charles VI l'envoi à Constantinople d'une petite armée confiée au maréchal de Boucicaut, entreprend une dernière tournée en Occident pour demander de l'aide : il n'obtient rien, mais la victoire de Tamerlan va prolonger la vie de Byzance d'un demi-siècle.

❑ ***L'hégémonie serbe*** La Hongrie et la Bulgarie, durement frappées par l'attaque mongole, sont aussi affaiblies. Après le meurtre de Constantin Tich, remplacé par le faible Jean III Asen (1279-1280), les tsars bulgares qui appartiennent au parti favorable aux Tatars, comme Smilec (1292-1298), tantôt à celui de leurs adversaires, comme Georges Ier Terter (1280-1292), Théodore Svetoslav (1300-1322) et Georges II (1322-1323), n'arrivent pas à renforcer leur pouvoir. Le premier souverain de la nouvelle dynastie Sisman, Michel III, est écrasé et tué à Velbuzd par les Serbes qui placent sur le trône son neveu Jean-Étienne ; une révolte des boïars le remplace par Jean-Alexandre (1331-1371) grâce à une révolution de palais en Serbie, mais la situation du tsar bulgare reste fragile : l'État bulgare se morcelle sous les coups de Louis de Hongrie (province de Vidin gouvernée par Jean Stracimir, 1365-1396), et vaincus par les Turcs, les Bulgares deviennent vassaux des Hongrois.

En Serbie, Étienne Uros II Milutin (1282-1321) enlève Skoplje aux Byzantins (1282). Sous son règne et celui de son fils Étienne Uros III (1321-1331), les Serbes progressent à la fois en Macédoine, sur la côte dalmate et vers le nord jusqu'à la vallée du Danube. Une seule région leur échappe, la Bosnie où le chef bogomil Kotromanic (1322-1353) prend l'Herzégovine et s'assure un débouché sur l'Adriatique. Ayant déposé son père en 1331, Étienne Dusan étend la domination serbe en Albanie et en Macédoine. S'étant proclamé empereur des Serbes et des Grecs (1346) et ayant promulgué un ambitieux code juridique (le *Zakonik*, 1349), il va conquérir la Bosnie quand une double offensive de Byzance et de la Hongrie l'en détourne. Victorieux de Louis de Hongrie, il annexe Belgrade et s'apprête à marcher sur Constantinople quand il meurt soudainement (1355). La Serbie d'Étienne Dusan aurait pu arrêter les Turcs, mais elle éclate après sa mort.

Étienne Uros IV ne règne que sur la vieille Rascie : son oncle Siméon garde l'Épire et la Thessalie, Vukasin est roi de Macédoine, les Baltsa tiennent le Monténégro, sans compter un puissant féodal, le prince Lazare Hrebeljanovic. Vukasin est battu et tué à Tchernomen (1371) et les Turcs annexent la Macédoine à la mort de son fils Marko (1395). Le ban de Bosnie Tvrtko Ier (1353-1391) réussit pourtant à regrouper Serbes, Bosniaques, Albanais et Valaques : ils sont écrasés par les Turcs à la bataille qui scelle le sort des Balkans, Kossovo (1389) : Hrebeljanovic est exécuté. Les Serbes, vassaux des Turcs, combattent aux côtés des Ottomans les Valaques de Mircea et Tamerlan.

Le deuxième Empire ottoman

Tamerlan disparu, les Ottomans reconstruisent rapidement leur Empire : leurs armées sont victorieuses en Anatolie et dans les Balkans, et ils mettent aussi sur pied une marine. Au début du XVIe siècle, ils règnent sur un Empire immense.

❑ ***Les structures de l'Empire.*** Après la bataille d'Ankara, le relèvement est rapide : il tient à des structures originales. D'abord, une solide administration, dirigée par un vizir, qui a aussi la haute main sur l'armée. Son pouvoir est immense, mais il dépend entièrement du sultan, qui n'hésite pas à s'en débarrasser. Les deux *beyberliks* de Roumélie et d'Anatolie regroupent des circonscriptions régionales, administrées par les *sandjak beys*. Mais les États vassaux, y compris dans les Balkans, gardent une autonomie politique et religieuse considérable.

L'armée pose plus de problèmes : à l'origine, les *ghazi*, volontaires de la guerre sainte qui vivent dans des sortes de couvents militaires des frontières, les *ribat*, sont essentiels. Fanatiques et courageux, ils sont liés aux derviches membres des confréries soufites, ascètes mystiques souvent hétérodoxes, incontrôlables et donc dangereux. Pour contrebalancer leur prestige, Mourad Ier organise le corps d'élite des janissaires (*yenitcheri*), soldats « domestiques » totalement dévoués au sultan. Pour renforcer ce dévouement, Bajazet institue le *devchirmé* (ramassage) : dans les provinces chrétiennes, des jeunes garçons sont enlevés à leur famille ; islamisés, ils deviennent « esclaves de la Porte » (*kapi kullarï*), futurs janissaires ou administrateurs, de toute façon étroitement dépendants du sultan. En récompense, ils obtiennent comme les membres de l'aristocratie locale des *timar*, terres contre lesquelles est versée une redevance et assuré un service militaire. L'administration est sous le contrôle du sultan par l'intermédiaire des *defterdâr*, conservateurs des registres (*defter*).

Tout, donc, dépend du sultan. Au-delà en effet de la religion (la loi de l'État est la *charia*, la loi musulmane) et de la race (le sultan est le khan des clans turcs oghouzes), le fondement de l'Empire est la loi de l'épée. Une armée perfectionnée, une administration sophistiquée n'empêchent pas que l'État ottoman soit un despotisme impérial, à la manière de ceux qu'édifient les grands capitaines turco-mongols. Il est seulement plus efficace, et donc plus durable. L'édifice ne paraît fragile que lors des crises de succession, ou en cas de révolte des janissaires. Aussi Mehmed II prend-il la « loi du fratricide », qui élimine le plus voyant des défauts de la cuirasse : tous les frères du prince qui monte sur le trône sont étouffés.

❑ ***Jusqu'à la prise de Constantinople.*** La défaite d'Ankara laisse les Ottomans divisés. En Roumélie, Soliman est si menacé qu'il rend à Byzance Salonique, la Chalcidique et les côtes de la mer Noire et de la mer de Marmara. Venise (la côte face à l'Eubée) et Gênes (exemptions douanières) ont aussi leur part. En Anatolie, son frère Mahomet annexe l'Émirat de Sarukhan après avoir éliminé son frère Isa. Mais Soliman le vainc en 1407, puis bat avec l'aide byzantine le quatrième frère, Musa, à Kosmidion (1411). Musa ayant assassiné Soliman, Mahomet triomphe de lui avec l'aide de Manuel II à Sofia (1413). Sultan incontesté, il consolide un pouvoir encore fragile, comme le montrent en 1416 l'affaire du faux Mustapha, un faux prince ottoman soutenu par Mircea de Valachie, et la révolte à la fois religieuse et sociale du cheikh Bedreddin. L'Empire progresse surtout en Asie mineure, où Éphèse, Smyrne et Konya sont reprises.

Mourad II (1421-1451) assiège immédiatement Constantinople, mais il doit lui aussi consolider son pouvoir : le faux Mustapha (1422), son propre frère Mustapha (1423) et l'émir de Smyrne Djurneyd (1425) sont tour à tour vaincus et exécutés. Venise, protectrice d'un Empire byzantin exsangue qui lui confie la défense de Salonique (1423) et l'empereur Sigismond se dressent alors sur la route de Mourad : intervenant en Valachie où il soutient le prince Radu contre le protégé de Sigismond, Dan II, en Serbie, et dans la région de Belgrade, Mourad réussit à prendre Salonique en 1430, contraignant Venise à la paix. La paix ouvre l'Albanie aux Turcs, mais soutenus par Ferrante de Naples, les grands féodaux albanais se révoltent (1432) sous la conduite de Georges Castriote (Scanderbeg).

Sigismond coordonne la résistance des Balkans : les Albanais, le despote de Serbie Georges Brancovic, le voïevode de Valachie Vlad Dracul Ier (Dracul parce que membre de l'ordre du Dragon, fondé par Sigismond) et le despote de Morée Constantin qui reprend le contrôle de tout le Péloponèse et soumet le duché d'Athènes de Nero II Acciaiuoli. L'empereur byzantin Jean VIII entreprend en Occident une grande tournée pour obtenir enfin une aide décisive : il participe avec plusieurs ecclésiastiques au concile de Florence (1439) où, enfin, est décidée l'union des Églises latine et grecque, certes profondément impopulaire à Constantinople. Malgré la mort de Sigismond (1437), les Ottomans ne peuvent prendre Belgrade et commandée par Janos Hunyadi, Georges Brancovic et le roi de Pologne Ladislas VI, une croisade emporte Nich, puis Sofia (1443). Mais trop confiants dans leur force, les chrétiens ne respectent pas la trêve consentie par les Turcs : ils sont écrasés à Varna (1444). Le despote de Morée Constantin (futur Constantin IX) doit se soumettre (1446).

A la mort de Mourad II en 1451, Mahomet II lui succède. Après avoir soumis les émirats turcs à nouveau révoltés et s'être procuré une formidable artillerie, il met le siège devant Constantinople : malgré les efforts de l'empereur Constantin IX (1449-1453), aucun secours ne parvient à Constantinople. Les États d'Occident sont ou bien indifférents, ou bien eux-mêmes absorbés dans des conflits. En 1453, Constantinople est prise d'assaut : Mahomet II qui veut en faire une grande capitale, laisse massacrer les Latins, mais protège les Grecs. Un patriarche anti-unioniste, Gennadios, est désigné, assurant au sultan la reconnaissance des orthodoxes et les élites des villes d'Anatolie sont déportées pour peupler « Istanbul ». Il est en tout cas remarquable que les frontières de l'Empire de Mahomet soient presqu'identiques à celles de l'Empire de Basile II ; seule la religion paraît avoir changé.

❑ ***Les vicissitudes des Empires maritimes italiens.*** La prise de Constantinople en 1204 marque la naissance des Empires maritimes italiens, 1453 sonne-t-il leur glas ? Mahomet II a maintenant une marine : la génoise Galata se donne à lui, il impose un tribut aux colonies italiennes de la mer Noire (1454), à Lesbos et à Chio, et il prend Phocée, Thasos, Enos, Imbros, Samothrace et Lemnos (1455-1456). Lesbos et Argos sont prises en 1463. Jusque-là, les conflits n'ont pas manqué entre Venise, Gênes et les Turcs : mais soucieuses de ne pas compromettre leur commerce, les Républiques italiennes jouent des divisions des puissances régionales, n'hésitant pas à s'allier le cas échéant avec les Ottomans. Rivales, elles s'épuisent dans des guerres impitoyables (guerre de Chioggia, guerre de Ténédos). La défense de l'Empire génois est rendue difficile par sa structure éclatée, chaque île, chaque comptoir étant en fait indépendant ; les îles tomberont l'une après l'autre, les colonies génoises de la mer Noire étant en 1475 prises avec l'aide du khan de Crimée ; Chio ne tombera qu'en 1556. Le régime de l'Empire vénitien où des Bailes représentent Venise, mais où une certaine autonomie est laissée aux cités et aux seigneuries locales, est plus efficace, mais le coût de la défense est exorbitant alors que le revenu des *partes Levantis* décline : au milieu du XVe siècle, il est inférieur de moitié à celui de la Terre Ferme.

A partir de 1453, et plus encore des victoires de Mahomet II en 1458-1463, l'impérialisme turc menace directement l'Empire de Gênes et de Venise. Seuls les Hospitaliers, qui tiennent Rhodes et Cos, sont à leurs côtés ; les tentatives d'alliance avec les Mamelouks, le Mouton blanc ou les émirs karamanides d'Anatolie ne donnent rien. Celle de Venise avec les Hongrois et les Albanais en 1463 paraît efficace : le Péloponèse est conquis. Mais victorieuse sur mer, Venise ne peut empêcher la reconquête du Péloponèse par les Turcs qui construisent une forteresse à Elbasan pour neutraliser Scanderbeg, qui meurt en 1468. Négrepont (l'Eubée) est prise, sa population massacrée. Les victoires de Mathias Corvin et du Moldave Étienne le Grand redonnent espoir en 1476 : néanmoins, avec la mort du chef du Mouton blanc et la chute des forteresses d'Albanie (1478), Venise traite et renonce à Lemnos, à Négrepont, aux places albanaises (Scutari, Kroïa) et au Péloponèse (le Magne). Elle paie une indemnité énorme, et doit racheter le droit de commercer dans l'Empire ottoman. Les Turcs échouent devant Rhodes, mais le sac d'Otrante (1430) révèle à l'Occident la proximité du danger qu'ils représentent.

Venise détient encore d'importants territoires en Méditerranée : la Crète, Corfou, Nauplie et Malvoisie en Morée, des îles de la mer Egée. En 1489, elle obtient l'île de Chypre de Catherine Cornaro, veuve du dernier roi Lusignan de Chypre ; ce royaume a joué un rôle important dans les croisades du XIVe siècle, bien qu'il ait détourné l'énergie des croisés contre les Mamelouks au lieu des Turcs. Mais une dernière guerre (1499-1503) oblige Venise à admettre la puissance maritime des Ottomans : Lépante est prise en 1499, Modon, Coron et Navarin en 1500, Durazzo en 1503. Certes l'Empire maritime de Venise n'a pas disparu : mais pour les villes italiennes, les routes méditerranéennes de l'Orient sont désormais précaires ; la prise d'Alexandrie par les Ottomans achève de les fermer en 1516.

❑ ***Le grand Empire.*** Après la chute de Constantinople, le sultan poursuit ses conquêtes. Dans les Balkans, il impose sa suzeraineté au despote de Serbie (1455) et à la Moldavie. Si les Ottomans échouent à nouveau devant Belgrade (1456) et si Scanderbeg remporte une victoire au mont Tomer (1457), la mort de leur principal adversaire Janos Hunyadi leur laisse les mains libres : à la mort de Lazare Brankovic (1458), deux partis s'opposent et Mahomet en profite pour annexer la Serbie, tandis que la révolte du despote de Morée Thomas permet de soumettre le pays. La Bosnie de Stéphane Tomasevic (1463) est annexée. En Valachie, le voïevode Vlad Dracul III est déposé et remplacé par son frère Radu, qui devient vassal du sultan. Mais en 1476, Mathias Corvin envahit la Bosnie ; les Hongrois remportent la victoire de Kenyermezö (1479) et stabilisent leur frontière avec les Ottomans. En Asie mineure, l'Empire de Trébizonde est annexé (1461), les Karamanides d'Anatolie vaincus (1465-1471). Ouzoun Hassan, le chef du Mouton blanc est écrasé à Otlkbeli (1473). Pourtant, ces conquêtes, financées par une politique d'inflation qui gêne le commerce, ont épuisé les ressources de l'Empire : le sultan confisque propriétés privées et terres *waqf* pour les transformer en *timar*, provoquant l'hostilité des derviches.

Aussi la succession de Mahomet II (peut-être assassiné par son fils) provoque-t-elle une grave crise. Bajazet II (1481-1512) est soutenu par les derviches ; contre lui se dresse son frère Djem. Vaincu (1481-1482), Djem est finalement confié aux Hospitaliers, qui le gardent en otage jusqu'à sa mort en 1495. Confronté à la révolte des janissaires, Bajazet II réduit l'activité militaire. Il annexe l'Herzégovine (1482) et empêche le voïevode de Moldavie, Étienne le Grand, d'imposer son hégémonie à la Valachie : après la bataille indécise de Valea Alba, les Ottomans prennent en 1484 Kilia et Akerman, les deux villes principales de la Moldavie. Étienne le Grand qui ne peut les reprendre en 1485 préfère traiter avec Istanbul et se range aux côtés du sultan lors de l'attaque des Jagellons (1497-1498). Une guerre contre les Mamelouks (1485-1488) est indécise.

La politique du parti religieux favorise la décomposition rapide du pouvoir ottoman en Asie mineure où les Kizilbach d'Ismaïl Chah sont en pleine effervescence. Il revient au successeur de Bajazet II contraint d'abdiquer, Sélim Ier (1512-1520), de rétablir la situation : par la victoire de Tchaldiran (1514), il met fin à la menace séfévide et stabilise la frontière orientale de l'Empire, tandis que la victoire de Marfj Dabik sur le sultan mamelouk Qansuh (1516) donne aux Ottomans l'Égypte, la Syrie et la suzeraineté sur les lieux saints. Toute la Méditerranée orientale est désormais sous contrôle ottoman.

L'ÉLARGISSEMENT DU MONDE

La Méditerranée orientale se ferme mais les marins d'Occident sillonnent déjà l'océan. Formées à l'école des marins génois, les marines ibériques partent de l'Andalousie castillane et du Portugal pour découvrir les côtes d'Afrique, l'océan Indien et, de façon inattendue, l'Amérique. Le mouvement est plus timide dans les mers nordiques, mais Terre Neuve est atteinte.

Les premiers pas

C'est encore un Génois (Lancellotto Malocello ?) qui découvre les Canaries en 1312 ; Madère est peut-être connue dès la fin du XIIIe siècle et il semble que les

Portugais aient repéré les Açores en 1341. Portugais et Castillans fréquentent les Canaries et Madère à partir des années 1423-1435, et les Génois leur sont étroitement associés, exploitant le sucre de Madère et impulsant le commerce depuis les ports de Lisbonne, San Lucar de Barrameda, Séville, Cadix, Palos, Moguer. La mise en valeur de la « Méditerranée atlantique » commence au début du XVe siècle. L'attrait commercial de l'Afrique est grand : la route de l'or et des esclaves est contrôlée par le Maghreb musulman, et il est tentant de la capter. L'installation des Portugais à Ceuta montre qu'il est possible de prendre pied sur la côte africaine. En outre, les moyens des navigateurs progressent : sur des vaisseaux remarquables, les caravelles, les marins ont à leur disposition la boussole, et les portulans mis au point par les marins catalans et majorquins ; les techniques de navigation s'améliorent, la géographie et la cosmographie vont de découverte en découverte.

Mais ni l'attrait économique, ni les progrès de la science et de la technique ne suffisent. Les difficultés sont grandes : si l'on veut une navigation efficace, les alizés obligent en effet à accomplir une boucle *(volta)* vers le grand large pour rejoindre la côte plus au sud. Passé l'Équateur, la boucle doit être faite dans l'autre sens. Il faut apprendre cela en tâtonnant, perdre des vaisseaux, allonger les temps de navigation, souvent sans fret rentable. Les découvertes sont impossibles sans une volonté politique. Elle existe plus ou moins dans les pays atlantiques, mais surtout au Portugal où Lisbonne, ville bourgeoise et marchande, a porté sur le trône la dynastie d'Aviz, lors de la « révolution » de 1383-1385. L'infant Henri (« le Navigateur »), soutenu par cette bourgeoisie et par les revenus de son apanage, entend bien poursuivre le long de la côte marocaine la reconquête, avec l'accord de la papauté (1420). Sans pouvoir prendre appui sur les Canaries castillanes, il met tout le poids de l'État dans la balance pour se lancer le long de la côte d'Afrique ; l'impulsion vient de Sagres (la résidence d'Henri) et de Lagos plus que de Lisbonne. Les voyages portugais sont une affaire méthodique, qui ne doit rien au hasard. L'exemple portugais est suivi, mais avec retard, en Espagne (Colomb) et en Angleterre (voyage de Cabot – encore un Génois parti de Bristol en 1496 et soutenu par Henri VII).

Les voyages portugais

Installés à Ceuta en 1415, les Portugais continuent par cabotage jusqu'au cap Bojador, doublé en 1434 par Gil Eanes. En dix ans, la côte est reconnue jusqu'à l'embouchure du Sénégal et au cap Vert, atteint par Dinis Diaz (1444) ; elle est en même temps exploitée, et le commerce des esclaves se développe pendant que des forts sont construits (tel le château royal d'Arguin, au sud du cap Blanc). Après une pause, la Sierra Leone est atteinte par Pero de Sintra en 1460 et les îles du cap Vert découvertes par Diogo Afonso (1461-1462). A la mort d'Henri le Navigateur (1460), la supervision de l'exploration et de la mise en valeur passe de l'Algarve à Lisbonne. Dans les années 1470, la Côte de l'Or (La Mina, concédée dès 1469 à Fernao Gomes, dont le château est terminé en 1484) est reconnue : rapidement, le trafic de l'or vers le Maghreb à travers le Sahara est dérouté vers l'Atlantique. L'embouchure du Niger puis l'île de Sao Tomé (1471) sont ensuite reconnues et Lopo Gonçalvès franchit l'Équateur.

Jean II monte sur le trône du Portugal en 1481 et donne une impulsion nouvelle à la marche en avant. Diogo Cao atteint et explore l'embouchure du Congo en deux voyages (1482-1485). Les Portugais ont entendu parler du débouché des mines d'or de l'Afrique du Sud, Sofala, un peu plus tard. L'océan Indien est désormais leur objectif. Tandis qu'une ambassade conduite par Pero de Covilha part par la voie de terre jusqu'à Calicut et Goa en Inde, via Alexandrie et Aden (1487-1491), les marins portugais de Bartolomeo Dias doublent le cap de Bonne Espérance (1488). Nouvelle impulsion quand Manuel Ier monte sur le trône en 1495 : Vasco de Gama cingle délibérément (1497) vers l'océan Indien, décrivant une vaste boucle à travers l'Atlantique pour utiliser au mieux les alizés selon la méthode découverte par Dias. Le Zambèze est atteint en 1498 : remontant la côte orientale de l'Afrique jusqu'à Melinde, Vasco traverse droit sur Calicut en Inde avec un pilote arabe. En 1500, il est de retour à Lisbonne : la route des Indes est ouverte.

Les voyages castillans

Christophe Colomb (1451-1506), Génois de naissance, a une longue expérience. Installé à Lisbonne en 1477 et parfaitement au courant des voyages africains des Portugais (il a épousé la fille du navigateur Bartolome Perestrelo), il a aussi navigué sur les routes de l'Atlantique nord jusqu'à l'Islande. L'idée de gagner l'Inde par l'ouest n'est pas originale, puisqu'il est admis que l'univers est sphérique : mais Colomb, connaissant les travaux du savant Toscanelli, est sans doute le premier à l'avoir pensé possible. Les Portugais, totalement engagés dans la conquête de l'océan Indien via le cap de Bonne-Espérance, refusent le projet de Colomb en 1485 : il l'offre à la Castille. Grâce aux Franciscains de la Rabida, il donne à son projet la coloration religieuse (retrouver les chrétiens d'Asie, convertir les païens) qui lui vaut l'adhésion d'Isabelle la Catholique. Les négociations avec Colomb sont longues : il est exigeant, et l'État castillan n'a pas la maîtrise politique de la découverte déjà acquise par les Portugais. La Capitulation de Santa Fé règle les détails de l'accord entre Colomb (1492), sur le modèle des chartes portugaises. Avec les marins de Palos (Pinzon) et de Moguer (Niño), Colomb monte son expédition. En août 1492, ses trois caravelles quittent Palos pour les Canaries. De là il atteint en octobre 1492 les Caraïbes : il n'a pas touché l'Asie, mais découvert l'Amérique.

Sur les routes de l'univers

La présence des marins d'Occident sur les routes océaniques n'est pas en soi une révolution. Ils n'y sont pas seuls : Vasco de Gama n'a fait en 1498 que rejoindre la grande route des marins arabes. Peut-être a-t-il eu comme pilote pour la suite du voyage le grand navigateur arabe Ahmad ibn Mâdjid ; et ces Arabes vont plus loin, puisque l'Islam gagne au XVe siècle Java, Sumatra, les Philippines (1475), les Moluques (1486) et Bornéo. De leur côté, les empereurs Ming de Chine organisent de 1405 à 1431 avec des navires et des instruments de navigation supérieurs à ceux dont disposent alors les Portugais, de grandes expéditions vers Sumatra, Ceylan, Java, l'Inde et l'Arabie. Après 1431, les expéditions cessent sans qu'on sache pourquoi.

L'originalité occidentale est politique : derrière les marins, on trouve les États modernes, l'idée de territoires et de souverainetés nouvelles. Les rois portugais font marquer par des croix de pierre, les *padrãoes*, les terres découvertes par leurs marins. A peine rentré en Espagne, Colomb repart avec 17 vaisseaux et entame immédiatement l'exploitation de sa découverte, jetant les bases d'une véritable colonisation à Saint-Domingue. Le roi de Portugal et les rois catholiques éprouvent d'ailleurs le besoin de conclure un traité en bonne et due forme pour se partager le monde : signé à Tordesillas (1494), et conclu sous l'égide de la papauté, il donne à la Castille tout ce qui est à l'ouest du méridien qui passe à 370 lieues à l'ouest des îles du cap Vert, au Portugal tout ce qui est à l'est. L'Ottoman est tourné, la conquête du monde peut commencer.

La découverte de l'Amérique donne au monde, pour l'essentiel, la dimension que nous lui connaissons aujourd'hui. Elle est l'œuvre d'un Occident pourtant menacé : si l'Islam arabe et berbère est mal en point à la fin du XVe siècle, les grands khans turco-mongols ont, dans la foulée de Gengis Khan multiplié des constructions politiques grandioses auprès desquelles les États d'Occident sont bien maigres. Ces constructions se révèlent éphémères jusqu'au XIVe siècle, y compris la plus prestigieuse, l'Empire du Grand Khan en Chine ; mais surgissent ensuite trois États solides, l'Empire des Ottomans, la Perse des Séfévides et, un peu plus tard, l'Inde du Grand Moghol. Les succès des Ottomans contre l'Occident, le recul de Gênes et de Venise, la conquête des Balkans, le sac d'Otrante, les défaites de la Pologne, de la Lituanie et de la Hongrie, montrent que rien n'est joué.

■ L'Empire ottoman vers 1503

- Emirat d'Osman vers 1326
- Empire de Bayezid 1er vers 1402
- Limites de l'Empire vers 1503
- Territoires sous domination vénitienne
- Territoires sous domination génoise
- États vassaux des Turcs vers 1503
- Principaux raids ottomans

Conclusion

Dans le millénaire médiéval, l'Europe, à partir de laquelle le fil du temps a été dévidé, s'est formée : unissant les terres du Nord à une partie de l'Empire romain, elle s'est christianisée, s'opposant avec violence au monde musulman. La Méditerranée, de centre, est devenue frontière. Les cultures et les civilisations se sont heurtées, influencées, tuées, et succédées dans des espaces politiques sans cesse mouvants à l'intérieur de ces deux grandes divisions. Byzance, longtemps l'une des trois grandes forces politiques médiévales, est morte. Mais l'univers vu d'Europe est désormais élargi à l'échelle du globe : sans avoir encore perdu leurs mystères, l'Amérique, la Chine, le Japon, ne sont plus des mythes. A la géographie fantastique de Mandeville peut se substituer celle des marins, des marchands, des *conquistadores* et bientôt des savants.

Mais le sort de l'Europe est rien moins qu'assuré. Sur ses frontières orientales s'est levé un puissant Empire dont la pression est croissante. Son maître dispose d'un pouvoir plus absolu que ceux d'aucun souverain d'Occident. D'ailleurs l'avenir appartient-il aux royaumes d'Occident? Le rôle de deux d'entre-eux dans les découvertes semble le montrer. Mais la conquête des Empires ibériques ne dépend-elle pas aussi de Lisbonne et de Séville? En fait, la richesse et la puissance des cités des Pays-Bas, de la Hanse, de l'Allemagne méridionale, et surtout de l'Italie montre que la forme politique de l'État moderne est loin de l'avoir emporté en Europe. D'ailleurs, sur ses marges orientales, l'Europe connaît d'autres types de souveraineté, associant étroitement noblesses et monarchie.

Pourtant, parmi toutes les formes politiques nées au Moyen Age ou adaptées des périodes précédentes, l'État moderne est celle qui, nous le savons, l'emportera (provisoirement, bien sûr) et l'histoire de sa genèse médiévale est donc capitale. Le processus est long, complexe : né de l'impuissance de la classe dominante à assurer la continuité du prélèvement seigneurial, il implique à la fois une forme de rapports sociaux bien précise dérivée du féodalisme, et un pluralisme social qui permet aux souverains de jouer sur plusieurs forces politiques pour établir un équilibre de pouvoirs avec l'aristocratie. Ainsi est créé un État, entité abstraite qui, bien que personnifiée par le souverain, impose sa légitimité à l'ensemble de la société politique (et, beaucoup plus tard, à l'ensemble des citoyens). L'enfantement de cette forme d'État se fait dans la guerre : il n'est pas surprenant que le Moyen Age se « termine » (s'il faut observer les coupures traditionnelles) sur les guerres d'Italie et l'amorce d'un cycle de guerres européennes presque ininterrompu jusqu'à l'ère napoléonienne. Dans cette compétition forcenée qui oblige les États à une « compétence » sans cesse accrue, se forge la victoire de l'Europe qui sera, aussi, pour le meilleur et pour le pire, celle de l'État moderne.

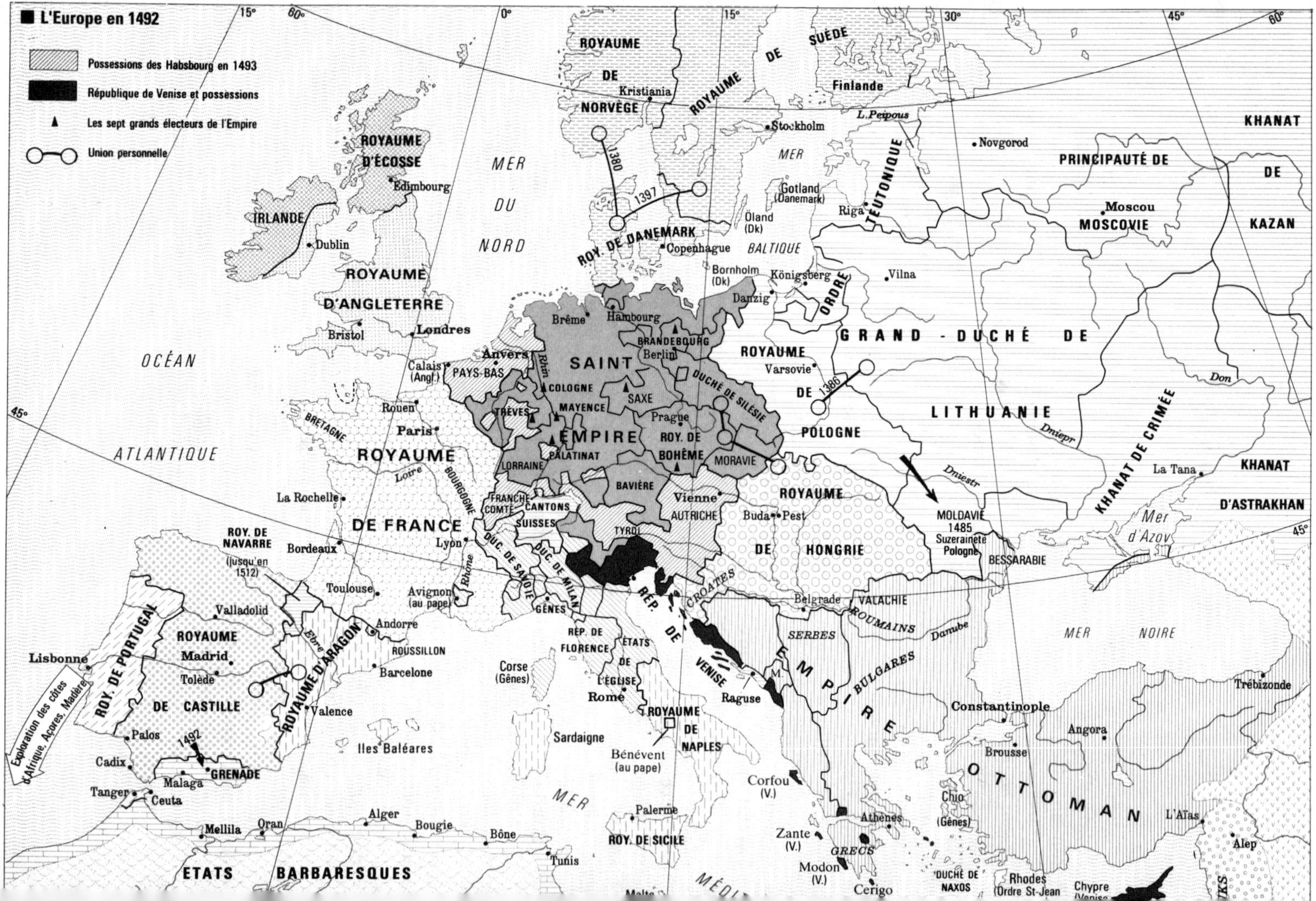
L'Europe en 1492
Possessions des Habsbourg en 1493
République de Venise et possessions
Les sept grands électeurs de l'Empire
Union personnelle
ROYAUME D'ÉCOSSE
Edimbourg
IRLANDE
Dublin
ROYAUME D'ANGLETERRE
Bristol
Londres
MER DU NORD
OCÉAN ATLANTIQUE
ROYAUME DE NORVÈGE
Kristiania
ROYAUME DE SUÈDE
Finlande
Stockholm
ROY. DE DANEMARK
Copenhague
1380
1397
MER BALTIQUE
Gotland (Danemark)
Öland (Dk)
Bornholm (Dk)
Riga
L. Peipous
ORDRE TEUTONIQUE
Königsberg
Danzig
Novgorod
PRINCIPAUTÉ DE MOSCOVIE
Moscou
KHANAT DE KAZAN
Vilna
GRAND - DUCHÉ DE LITHUANIE
Don
Dniepr
Dniestr
KHANAT DE CRIMÉE
La Tana
KHANAT D'ASTRAKHAN
Mer d'Azov
ROYAUME DE POLOGNE
Varsovie
1386
SAINT EMPIRE
Brême
Hambourg
BRANDEBOURG
Berlin
DUCHÉ DE SILÉSIE
Anvers
PAYS-BAS
Calais (Angl.)
Rhin
COLOGNE
SAXE
TRÈVES
MAYENCE
Prague
ROY. DE BOHÊME
MORAVIE
PALATINAT
LORRAINE
BAVIÈRE
Vienne
AUTRICHE
TYROL
FRANCHE COMTÉ
CANTONS SUISSES
Rouen
Paris
BRETAGNE
ROYAUME DE FRANCE
Loire
BOURGOGNE
La Rochelle
Bordeaux
Lyon
Rhône
Toulouse
Avignon (au pape)
ROYAUME DE HONGRIE
Buda
Pest
MOLDAVIE 1485 Suzeraineté Pologne
BESSARABIE
DUC. DE SAVOIE
DUC. DE MILAN
GÊNES
RÉP. DE VENISE
CROATES
Belgrade
VALACHIE
ROUMAINS
Danube
SERBES
BULGARES
MER NOIRE
RÉP. DE FLORENCE
ÉTATS DE L'ÉGLISE
Rome
ROYAUME DE NAPLES
Bénévent (au pape)
Raguse
M.
EMPIRE OTTOMAN
Constantinople
Trébizonde
Angora
Brousse
Corse (Gênes)
Sardaigne
ROY. DE NAVARRE (jusqu'en 1512)
Andorre
ROUSSILLON
Barcelone
Ebre
ROYAUME D'ARAGON
Valence
Iles Baléares
Valladolid
ROYAUME DE CASTILLE
Madrid
Tolède
Lisbonne
ROY. DE PORTUGAL
Palos
Cadix
1492
GRENADE
Malaga
Tanger
Ceuta
Exploration des côtes d'Afrique, Açores, Madère
Mellila
Oran
Alger
Bougie
Bône
Tunis
ETATS BARBARESQUES
MER MÉDI
Palerme
ROY. DE SICILE
Malte
Corfou (V.)
Zante (V.)
Modon (V.)
GRECS
Athènes
Cerigo
Chio (Gênes)
DUCHÉ DE NAXOS
Rhodes (Ordre St-Jean)
Chypre
L'Aïas
Alep
15°
60°
0°
30°
45°

Glossaire

Althing : assemblée de tous les hommes libres de l'Islande.

Apanage : avance d'hoirie consentie aux fils cadets du roi, en échange de leur renonciation totale au reste de la succession royale.

Bailli : agent royal chargé d'une mission temporaire (baillie) de contrôle puis, vers 1250, de l'administration d'une circonscription, le bailliage.

Ban : gouverneur d'une province croate, chef d'un banat.

Bannum : pouvoirs de commandement et de contrainte appartenant autrefois au roi, et accaparés par le seigneur.

Banquier : à l'origine, changeur installé à un banc où il se livre au change manuel des espèces.

Borough : lieu habité qui, une fois fortifié, prit ce nom. Certains devinrent des villes.

Bouteiller : il s'occupe de l'approvisionnement de la table du seigneur en vins, gère les domaines et surveille les intendants.

Chancelier : appelé ainsi parce qu'à l'origine il se tient debout près du chancel, clôture en pierre sculptée de la chapelle, le chancelier, appelé aussi protonotaire, prend soin des archives du palais où sont conservés tous les documents envoyés au roi et les copies de tous ceux qu'il a expédiés.

Chapelle : la Chapelle, ainsi nommée parce qu'elle contient la relique la plus insigne du royaume des Francs, la chape, ou cape, de Saint-Martin, n'assure pas seulement le service religieux de la cour, mais aussi la publication de la législation ecclésiastique, l'envoi de la correspondance officielle et la promulgation des diplômes royaux.

Comput : calcul des jours et des mois pour les fêtes mobiles religieuses.

Conciles œcuméniques : conciles où sont convoqués tous les évêques de la chrétienté.

Concordat : accord entre le pape et un État pour régler (entre autres) l'organisation ecclésiastique de l'État en question.

Connétable : avec deux maréchaux-ferrants, il assure la remonte des chevaux, les transports de ravitaillement de l'armée.

Domaine royal : le domaine royal ne se réduit pas aux terres directement administrées par le roi ou ses représentants. Il est fait aussi d'une poussière de droits, profits de justice, taxes de circulation, revenus de nature féodale que perçoit le roi en tant que seigneur foncier, haut justicier et suzerain.

Échiquier : formé d'une trésorerie et d'une Chambre des comptes, il examine et note les comptes des agents locaux, les sheriffs. Son nom vient d'un tapis quadrillé sur lequel on contrôlait les comptes des sheriffs à l'aide de jetons.

Exarchat : ensemble de provinces commandées par un exarque, détenteur de pouvoirs civils et militaires.

Fédérés : ceux qui ont conclu un fœdus.

Fœdus : traité d'alliance que les Barbares ont conclu avec Rome sur un pied d'égalité avec elle, en échange d'un territoire et de la reconnaissance de leurs coutumes ; ils rendent à l'Empire le service militaire.

Gorodas : premiers établissements urbains des Slaves.

Gibelin : De Waiblingen, nom d'un château des Hohenstaufen, désigne les partisans d'un pouvoir impérial fort.

Guelfe : De Welf, patronyme de la famille d'Otton IV, rival de Frédéric II ; désigne les adversaires des empereurs germaniques.

Honores, honneurs : bien foncier accordé en salaire pour l'exercice d'une fonction. La puissance de ce bien dure le temps de l'exercice de la fonction.

Khan : « seigneur » ou « prince » chez les peuples turco-mongols.

Maire : du latin *major*. Ce mot désigne l'ancien du village, servant d'auxiliaire au prévôt.

Manses : petites surfaces de terre de 5 à 30 hectares cultivées par des familles de paysans libres.

Mesta : « l'honorable assemblée de la Mesta des bergers » regroupe les grands éleveurs qui font transhumer leurs troupeaux.

Onction : fait de répandre une huile sainte sur le front d'un prince à l'instar de ce que fit Samuel pour David.

Pape : titre donné à l'évêque de Rome et à celui d'Alexandrie.

Patriarche : titre donné aux évêques d'Antioche et d'Alexandrie, puis de Constantinople et de Jérusalem.

Patronage : pouvoir de protection d'un grand propriétaire d'origine sénatoriale sur les paysans.

Patriciat : terme moderne utilisé pour désigner une aristocratie bourgeoise d'une ville, surtout lorsque des conditions juridiques précises en limitent l'accès.

Prévôt : du latin *praepositus*. A l'origine, intendant d'un domaine ; ensuite, agent du roi.

Ridda : mouvement de sécession de certaines tribus arabes après la mort de Mahomet.

Ring : sorte de fortification ronde en terre couverte de palissades dans laquelle se trouvait tout le butin issu des pillages des nomades.

Sénéchal : le plus vieux des valets. Officier de cour chargé de présenter les plats.

Sestiers : circonscription d'une ville divisée en six parties (ex. : Venise).

Simonie : achat et vente des pouvoirs sacramentaux et des charges ecclésiastiques, à l'instar de ce que voulut faire Simon le Magicien avec les Apôtres.

Sklavinies : petites principautés slaves à caractère tribal, indépendantes les unes des autres.

Stratiôtes : paysan propriétaire qui fournit un soldat à l'armée du thème et bénéficie d'importantes mesures fiscales et de protection.

Sunna : coutume, tradition.

Terre Ferme : ce terme désigne les possessions continentales de Venise en arrière des lagunes.

Thèmes : 1. contingent militaire d'une province ; 2. La province elle-même commandée par un stratège.

Varègues : nom générique désignant les nordiques à Constantinople ; l'empereur possédait une garde varègue.

Wali : gouverneur militaire et civil.

Bibliographie sommaire

Il ne s'agit pas ici d'une brève orientation bibliographique : pour cela, on se reportera à la bibliographie donnée dans les deux volumes de la collection U : M. BALARD, J.P. GENET, M. ROUCHE, *L'Occident médiéval*, et A. DUCELLIER, M. KAPLAN, B. MARTIN, *L'Orient médiéval*, Hachette Université, n^lle^. éd., Paris, 1991, à compléter pour les travaux français les plus récents par le volume publié par la Société des Historiens médiévistes de l'Enseignement supérieur, *L'Histoire médiévale en France, Bilan et Perspectives*, Le Seuil, Paris, 1991 (notamment la contribution de J. DEVISSE sur l'histoire de l'Afrique noire). Mais nous indiquerons ici des livres qui nous paraissent particulièrement utiles à la réflexion sur les domaines abordés dans ce volume :

■ **Sur le plan général** : J. HEERS, *Précis d'Histoire du Moyen Age*, Paris (PUF), 1968 et R. GROUSSET et E.G. LEONARD, dir., *Histoire Universelle*, t. II, Paris, Encyclopédie de la Pléïade, 1958. Pour l'expansion de l'Europe, voir P. CHAUNU, *L'Expansion européenne du XIIIe au XVe siècle*, Paris, PUF, 2e. éd., 1983.

■ **Il est indispensable d'utiliser des Atlas** : *Westermanns Atlas zur Weltgeschichte*, II, Mittelalter, Berlin (nombreuses rééditions) et *Grosser Historischer Weltatlas*, II Teil, Mittelalter, Munich, 1970, ainsi que M. BALARD (ed.), *Atlas historique*, Paris, Hachette, à paraître en octobre 1991.

■ **Pour le Moyen Age européen**, vue d'ensemble dans G. FOURNIER, *L'Occident fin du Ve-fin du IXe siècle*, Paris, Colin, 1970 ; G. DEVAILLY, *L'Occident fin du Xe au milieu du XIIIe siècle*, Paris, Colin, 1970 et B. CHEVALIER, *L'Occident de 1280 à 1492*, Paris, Colin, 1969.

— Haut Moyen Age : vue d'ensemble dans L. MUSSET, *Les Invasions*, 2 vol., Paris, PUF, 2e éd., 1969 ; M. ROUCHE, *Les Empires universels, IIe-IVe siècle* et P. RICHÉ, *Grandes Invasions et Empires*, Paris, Larousse, 1968.

— Europe Féodale : pour la problématique d'ensemble, G. DUBY, *Guerriers et Paysans*, Paris, Gallimard, 1973 et A. GUERREAU, *Le Féodalisme, un horizon théorique*, Paris, Sycomore, 1980 ; pour les Croisades et l'expansion de l'Occident, M. BALARD, *Les Croisades*, Paris, MA Editions, 1988 et M. BALARD, *État et colonisation au Moyen Age*, Lyon, La Manufacture, 1989.

– *Fin du Moyen Age : vue d'ensemble dans* D. HAY, *Europe in the Fourteenthand Fifteenth Centuries*, Londres, Longman, 2e éd., 1989 ; à compléter par B. GUENÉE, *L'Occident aux XIVe et XVe siècles*, Paris, PUF, 4e éd., 1991 ; PH. CONTAMINE, *La Guerre au Moyen Age*, Paris, PUF, 2e éd., 1986 ; J.P. GENÊT (éd.), *L'État moderne. Genèse*, Paris, CNRS, 1989 ; R.W. KAEUPER, *War, Justice and Public Order*, Oxford, OUP, 1988 ; P. ANDERSON, *L'État absolutiste*, 2 vol., Paris, Maspero, 1978 ; et, pour la guerre de Cent Ans, CH. ALLMAND, *La Guerre de Cent Ans*, Paris, Payot, 1988.

– France : on se reportera à la *Nouvelle Histoire de la France médiévale*, Paris, Seuil, 5 vol., 1989-1990 ; voir aussi J. FAVIER, *Philippe le Bel*, Paris, Fayard, 1978.

– Iles Britanniques : J. CAMPBELL, (éd.), *The Anglo-Saxons*, Londres, 1982 ; M.T. CLANCHY, *England and its rulers 1066-1272*, Oxford, Blackwell, 1983 ; M. PRESTWICH, *The Three Edwards. War and State in England 1272-1377*, Londres, Methuen, 2e éd., 1980 ; M. KEEN, *England in the later Middle Ages*, Londres, Methuen, 1972 ; W.C. DICKINSON et A.M. DUNCAN, *Scotland from the Earliest Times to 1603*, Oxford, OUP, 3e éd., 1977.

– Péninsule ibérique : excellente vue d'ensemble dans A. MAC KAY, *Spain in the Middle Ages*, Londres, Macmillan, 1977 ; à compléter par J.N. HILLGARTH, *The Spanish Kingdoms 1250-1516*, Oxford, OUP, 2 vol., 1976-1978 ; A. RUCQUOI, *Realidad e imagines del poder*, Valladolid, Ambito, 1988, et *Genèse médiévale de l'État moderne : la Castille et la Navarre*, Valladolid, Ambito, 1987 ; pour la Navarre, B. LEROY, *La Navarre au Moyen Age*, Paris, Albin Michel, 1984.

– Pays-Bas : W. PREVENIER et W. BLOCKMANS, *Les Pays-Bas Bourguignons*, Paris, Albin Michel, 1983 et R. VAUGHAN, *Philip the Bold, John the Fearless, Philip the Good* et *Charles the Rash*, 4 vol., Londres, Longman, 1962, 1966, 1970, 1973.

– Italie : vue d'ensemble dans C. WICKHAM, *Early Medieval Italy*, Londres, Macmillan, 1981, J.K. HYDE, *Society and Politics in Medieval Italy (...) 1000-1350*, Londres, Macmillan, 1973, J. LARNER, *Italy in the Age of Dante and Petrarch, 1216-1380*, Londres, Longman, 1980 ; D. HAY et J. LAW, *Italy in the Age of Renaissance, 1380-1530*, Londres, Longman, 1980 et C. BEC, I. CLOULAS, B. JESTAZ, A. TENENTI, *L'Italie de la Renaissances*, Paris, Fayard, 1990 ; pour Venise, voir R. DELORT ET PH. BRAUNSTEIN, *Venise. Portrait historique d'une cité*, Paris, Seuil, 1971.

– Monde germanique : vue d'ensemble dans J.P. CUVILIER, *L'allemagne médiévale*, 2 vol., Paris, Payot, 1979 et 1984 ; à compléter par CH. HIGOUNET, *Les Allemands en Europe centrale et orientale au Moyen Age*, Paris, Aubier,

1989 ; F. RAPP, *Les origines médiévales de l'Allemagne moderne*, Paris, Aubier, 1989 et par H. THOMAS, *Deutsche Geschichte des Spätmittelalters 1250-1500*, Stuttgart, Kohlhammer, 1983.

– Monde slave et Hongrie : F. DVORNIK, *Les Slaves*, Paris, Seuil, 1970 et le chapitre de J.M. BAK dans D. HAY, *Europe (...), op. cit.* ; pour la Hongrie, CL. MICHAUD, « L'Europe centrale et le cas hongrois », in N. COULET et J.P. GENÊT, (éd.), *L'État Moderne : le droit, l'espace et les formes de l'État*, Paris, C.N.R.S., 1991.

■ **Pour le monde byzantin :** excellentes vues d'ensemble dans G. OSTROGORSKI, *Histoire de l'État Byzantin*, Paris, Payot, 1956 ; P. LEMERLE, *Histoire de Byzance*, Paris, PUF, 10e éd., 1990 ; A. DUCELLIER, *Les Byzantins. Histoire et culture*, Paris, Seuil, 1988 ; à compléter par J.C. CHEYNET, *Pouvoir et contestations à Byzance (963-1210)*, Paris, Pub. de la Sorbonne, 1990.

■ **Pour le monde islamique :** la vue d'ensemble de CL. CAHEN, *L'Islam I*, Paris, Bordas, 1970, est le meilleur point de départ, à compléter par R. MANTRAN, *L'Expansion musulmane VIIe-XIe siècles*, Paris, PUF, 3e éd., 1986 ; pour la fin du Moyen Age, voir : B. SPULER, *Les Mongols*, Paris, Payot, 1961 ; L. KEHREN, *Tamerlan*, Paris, Payot, 1980, et R. MANTRAN (dir.), *Histoire de l'Empire Ottoman*, Paris, Fayard, 1989. R. MANTRAN, (dir.), *Les grandes dates de l'Islam*, Paris, Larousse, 1990 est particulièrement utile.

Table

Imprimé en France par I.M.E. - 25-Baume-les-Dames
Dépôt légal n° 2374-04/1991
Collection n° 80 - Edition n° 01
14/4639/2